Administração Hospitalar no Brasil

Administração Hospitalar no Brasil

Enio Jorge Salu
Membro da Federação Brasileira de
Administradores Hospitalares, professor e especialista
em Tecnologia da Informação

Manole

Copyright © Editora Manole Ltda., 2013, por meio de contrato com o autor.

Este livro contempla as regras do Acordo Ortográfico da
Língua Portuguesa de 1990, que entrou em vigor no Brasil.

Capa: O Capista
Projeto gráfico e diagramação: Departamento Editorial da Editora Manole

Dados Internacionais de Catalogação na Publicação (CIP)
(Câmara Brasileira do Livro, SP, Brasil)

Salu, Enio Jorge
Administração Hospitalar no Brasil/Enio Jorge Salu. – Barueri, SP:
Manole, 2013.

Bibliografia.
ISBN 978-85-204-3436-9

1. Hospitais – Administração 2. Serviços de saúde – Administração
I. Título.

12-07627
CDD-362.1068

Índices para catálogo sistemático:
1. Administração de serviços de saúde : Técnicas de
organização   362.1068

Todos os direitos reservados.
Nenhuma parte deste livro poderá ser reproduzida, por qualquer processo,
sem a permissão expressa dos editores. É proibida a reprodução por xerox.

A Editora Manole é filiada à ABDR – Associação Brasileira de Direitos Reprográficos.

1ª edição – 2013

Editora Manole Ltda.
Av. Ceci, 672 – Tamboré
06460-120 – Barueri – SP – Brasil
Fone: (11) 4196-6000 – Fax: (11) 4196-6021
www.manole.com.br
info@manole.com.br

Impresso no Brasil
Printed in Brazil

Sumário

Introdução IX

Apresentação XIII

Citações. XVII

Sobre o autor XXI

Capítulo 1   Organização do sistema de saúde no Brasil 1
    Introdução. 1
    Atores em saúde – governo 2
    Atores em saúde – saúde suplementar. 12
    Atores em saúde – serviço de saúde. 21
    Tipos de gestão dos serviços de saúde 26
    Organização do sistema de saúde – resumo. 32
    Considerações finais 36
    Sites para consulta. 36

Capítulo 2   Financiamento do sistema de saúde no Brasil 39
    Introdução. 39
    Classificação do atendimento 40
    Tipos de atendimento hospitalar 45
    Saúde pública 52
    Saúde suplementar 58

VI Administração hospitalar no Brasil

Estrutura do contrato entre operadora e serviço de saúde 64
Formação da conta hospitalar em saúde suplementar 80
Financiamento do sistema de saúde – resumo 87
Sites para consulta. 90

Capítulo 3   Hospital típico. 91
Introdução. 91
Pronto-socorro. 95
Ambulatório. 103
Serviço de apoio ao diagnóstico e tratamento (SADT). 109
Unidades de internação. 131
Bloco cirúrgico (centro cirúrgico ou CC) 140
Suprimentos 148
Farmácia 159
Administração 164
Comercial e marketing 179
Engenharia hospitalar 186
Tecnologia 192
Hotelaria 199
Equipes assistenciais. 212
Serviços de apoio assistencial 232
Telemedicina. 244
Ensino e pesquisa 248
Resumo 257

Capítulo 4   Termos, conceitos e práticas de mercado. 259
Introdução. 259
Protocolos, pacotes e gestão do custo e preços 260
Cadastro, prontuário médico e prontuário administrativo 270
Códigos identificadores 276
Turno, jornada, plantão e passagem de plantão 279
Práticas comuns de administração hospitalar 283
Censo hospitalar 290
Consignação, órteses, próteses e nutrição especial 292
Gestão de contratos. 296
Considerações finais 300

Capítulo 5   Tecnologia hospitalar 302
Introdução. 302
Desafio da informatização hospitalar 304
Bases de dados e segurança da informação 316
Conectividade 324
Data Center 342
Tecnologias usuais em hospitais 357
Estruturação da equipe de TI dos hospitais. 361
Conclusões sobre tecnologia hospitalar 362

Sumário VII

Capítulo 6 Processos hospitalares 364
- Introdução. 364
- Estruturação da análise dos processos 365
- Processos do grupo de etapas do pré-atendimento 372
- Processos do grupo de etapas de admissão do paciente 373
- Processos do grupo de etapas do atendimento assistencial . . . 375
- Processos do grupo de etapas de apoio assistencial 380
- Processos do grupo de etapas da gestão pós-atendimento 384
- Processos do grupo de etapas da gestão empresarial hospitalar. 386
- Resumo sobre processos hospitalares 391

Capítulo 7 Fatores de competitividade hospitalar 392
- Gestão do trabalho em equipe. 392
- Atendimento humanizado e atitudes comportamentais 405
- Motivação 416
- Gestão operacional por análise de *guest comments* 424
- Técnicas de produtividade. 434

Capítulo 8 Considerações finais 453
- Interatividade 453
- Comentário final 453

Referências 455
- Sites de referência. 455
- Publicações consultadas e de referência 457

Índice remissivo 459

Introdução

O hospital é uma empresa fascinante:

- Você deve ter nascido em um deles.
- Deve ter passado momentos marcantes de alegria, dor e aflição em um deles, ou presenciado pessoas muito próximas passando por isso.
- E é quase certo que, no momento em que sua missão nessa coisa divina chamada vida estiver por terminar, ele fará parte do cenário de alguma forma.

Na minha vida profissional também atuei e ainda atuo em empresas de hotelaria, construção civil, serviços públicos, indústria, jornal, gráfica, empresa de engenharia, banco, seguradora e previdência, e permito-me a arrogância de dizer que não existe organização mais complexa que um hospital.

Um centro de conflitos de interesses de profissionais assistenciais de formações diversas, da população, da indústria de insumos, das farmacêuticas e, principalmente, das fontes pagadoras e reguladoras. Uma empresa que vende um produto que ninguém gosta de comprar. O "cliente-paciente" não vem ao hospital por prazer, por impulso de adquirir um bem, ou para mostrar ostentação – muito pelo contrário, na maioria das vezes se sente constrangido em demonstrar que necessita dos serviços de um hospital. Ele vem ao hospital comprar um produto, a cura, mas na maioria das vezes o hospital está vendendo outro: o tratamento da consequência da doença, porque esta não tem cura.

O profissional assistencial formado em Medicina, Enfermagem, Fisioterapia ou outra das dezenas de especialidades presentes em um hospital necessita que ele seja mais do que um simples local de trabalho: só neste ele poderá absorver o conhecimento e inovação necessários ao seu desenvolvimento. E mais do que se imagina, o hospital necessita fundamentalmente também de outros tipos de profissionais. Não se viabiliza sem engenheiros, assistentes sociais, administradores, assessores de imprensa, contadores, economistas e tantos outros.

O hospital é literalmente a casa do "cliente-paciente" durante alguns dias da sua vida, e não pode escolhê-los; ou seja, diferentemente de uma loja de grife que segmenta seus clientes por classe econômica, ou do comércio popular que define seu produto para os menos favorecidos economicamente, o hospital atende pessoas de todas as classes sociais, religiões, raças, opções sexuais, orientações políticas, da sua própria região geográfica ou de qualquer país do mundo.

Em hospitais desenvolveram-se algumas das maiores invenções da história da humanidade, das quais certo número foi adaptado para utilização em cenários absolutamente surpreendentes, como o emprego de raio X na revista em aeroportos.

No ambiente hospitalar, todos são profissionais de saúde – independentemente de terem formação assistencial – que têm como motivação trabalhar em uma empresa que existe para cuidar da saúde e da vida das pessoas. Ao contrário da indústria que vende álcool, fumo, gordura saturada e CO_2, ou de empresas do segmento financeiro, que causam estresse e efeitos colaterais graves em sua busca por lucro, o profissional de saúde que atua em hospital existe justamente para corrigir o dano que essas indústrias e empresas causam à saúde do ser humano.

Nesse contexto, a administração hospitalar contribui organizando esse caos, zelando pela estrutura organizacional adequada para que profissionais com níveis de escolaridade e especialização tão distintos possam conviver de forma minimamente harmoniosa; definindo e aferindo a correta execução dos processos, principalmente para não expor o paciente ao risco, essência do conceito de garantia da qualidade; otimizando o controle do orçamento para tratar o máximo de pacientes com o menor custo possível; e oferecendo condições físicas e publicidade adequada para o desenvolvimento do conhecimento nessa universidade de especialidades chamada hospital.

O fascinante da administração hospitalar é entender sua limitação nesse cenário e mantê-lo sob controle, ajustando, a cada dia, algo que possa se transformar em maior oferta de serviços para os que necessitam deles, com maior lucratividade.

Apresentação

O Brasil escolheu um caminho diferente da maioria absoluta dos demais países do mundo para gerir a saúde.

Chamado de político-demagógico por alguns, e de justo, mas insano, por outros; o que não se discute é que a sociedade já se acostumou com os erros e acertos dele e, entre os 200 milhões de usuários, existem milhões de pessoas envolvidas no aparelhamento do sistema, que não dependem só dele como pacientes, mas também como meio de subsistência. Essa parcela da população, de diversas especializações, trabalha em seguradoras, em medicinas de grupo, em fábricas de medicamentos e insumos, e em serviços de saúde, sobretudo hospitais. Mesmo quem não trabalha neles, quando milita no segmento da saúde é quase certo que se envolve com eles e com os seus problemas estruturais e fundamentais.

No país, os hospitais têm a particularidade de relacionar-se com dois sistemas de financiamento no mínimo "engraçados" e a eles reportar. Os públicos são vinculados ao Sistema Único de Saúde (SUS) – algo singular no mundo –, o qual, baseado na Constituição, garante a saúde da população de forma ampla e irrestrita, mas, evidentemente, não possui recursos financeiros para isso. Quando o cidadão percebe a dificuldade, não reclama do SUS, mas sim do hospital que não recebe recursos suficientes para cumprir sua missão, conferida pelo SUS. Já os privados são pressionados pela regulamentação da Agência Nacional de Saúde Suplementar (ANS). A agência governamental regula tanto a relação do segurado com a operadora, como desta com o hospital, o que é um erro clássico; pois seria como se a Superintendência de Seguros Privados (Susep), que regula a relação entre segurado e seguradora, passasse também a fazer o mesmo entre a seguradora e as empresas que lhe prestam serviços, fixando os preços dos serviços de funilaria dos carros, por exemplo; ou como se o Banco Central, além de fixar taxas de juros, passasse a determinar o preço que a empresa de segurança cobra do banco para cuidar da agência.

Quando um único órgão – no caso da saúde suplementar, a ANS – propõe-se a regular a cadeia econômica inteira é evidente que errará no atacado, mas acertará no varejo, e a corda sempre arrebenta do lado do hospital, que retém o risco do negócio.

A junção desses dois sistemas desenvolveu serviços de saúde sem identidade própria, que fogem das melhores práticas de hierarquização da saúde, fazendo com que hospitais, que deveriam prestar apenas serviços de atenção terciária, passem a realizar atendimentos ambulatoriais. Além disso, alteram a missão social que os originou, estimulando que hospitais privados atendam o SUS, e que hospitais públicos atuem na saúde suplementar.

Este trabalho pretende descrever esse cenário, conceituando os serviços de saúde e detalhando sua estrutura organizacional, seus principais processos operacionais de gestão, além de algumas das melhores práticas de mercado para se manterem competitivos.

Pela própria leitura é possível comprovar que essa pretensão se restringe ao âmbito da gestão hospitalar, abordando superficialmente o lado assistencial naquilo que interessa para o administrador desta área, primeiro porque o tema é muito maior do que se pode enquadrar em um livro, e segundo porque o foco é discutir a "empresa hospital", e não a atenção à saúde.

Tive, e tenho, a oportunidade de conviver com alguns dos mais brilhantes e conceituados administradores hospitalares do Brasil, dessa forma, tentarei passar, além do conhecimento e da vivência adquirida pessoalmente nos diversos assuntos tratados, um pouco do que aprendi com eles. Aprendi que administrar hospitais no Brasil é completamente diferente da forma como se faz fora daqui, portanto deve-se olhar o hospital como um negócio que precisa se viabilizar financeiramente para que o lado assistencial continue a fazer o bem para as pessoas que necessitam de atenção à saúde.

Sinto-me recompensado apenas pelo fato de ter a oportunidade de transmitir meus conhecimentos a quem se interessa por gestão de serviços hospitalares, ou que necessita se desenvolver por força da sua missão na área da saúde.

Em um tema tão amplo, não poderia conduzir a discussão de forma diferente: abrangente e generalista.

Citações

Escutamos dizer que as pessoas não se realizam atuando sozinhas, mas sim com ajuda dos amigos. Não consigo definir exatamente o que são amigos, porque o significado me parece diferente dependendo do contexto em que se dá o foco, que pode ser pessoal, profissional, sentimental etc. Mas aprendi que a realização profissional depende diretamente de quem nos cerca. Quando amigos competentes nos auxiliam, tudo parece simples – os problemas são simples degraus na subida de uma escada. Quando os inimigos são competentes, trazem desafios que nos obrigam ao desenvolvimento profissional, para poder superá-los.

Tive a oportunidade de conviver com amigos de extrema competência. Alguns eu pude convidar para estar comigo na introdução deste livro, infelizmente, não tive a oportunidade de convidar alguns outros que tiveram participação fundamental no meu desenvolvimento profissional.

Alguns dos convidados aceitaram escrever algumas palavras sobre o tema do livro, sobre a iniciativa de escrever o livro ou sobre a minha pessoa e, com o maior orgulho, compartilho este registro.

O autor

"Tive o prazer de trabalhar com o Enio Salu e acompanhar boa parte do desenvolvimento de sua carreira, e confesso que descobrir que ele estava escrevendo um livro sobre administração hospitalar foi ao mesmo tempo uma surpresa e uma satisfação. Surpresa por descobrir mais uma faceta deste amigo de tantos anos, e satisfação ao ver que também nesta seara ele manteve o nível de excelência com o qual sempre tratou dos assuntos profissionais. Parabéns, Enio, por mais essa conquista."

Paulo Amorim, Diretor de Atendimento da Leega Consultoria

"Este livro revela, de forma objetiva e didática, todos os passos e fases que envolvem a administração de uma organização hospitalar com a eficácia necessária à gestão do negócio, independentemente se público ou privado, filantrópico ou lucrativo.

Mais do que um livro técnico, nestas páginas, cujo conteúdo navega da conceituação e financiamento das organizações de saúde; estruturas básicas; práticas e processos hospitalares aos mais recentes fatores de competitividade hospitalar, está contida toda a experiência que o autor adquiriu ao longo de décadas de um trabalho exercido com competência, determinação e visão corporativa de vanguarda.

Os profissionais que atuam no segmento da Saúde, não importando a área de atuação, devem ter este livro como referência para o seu dia a dia."

Celso Dezidério Gomes, Administrador Hospitalar e Especialista em Gestão Organizacional

"O Enio tem muito a compartilhar com os leitores, sejam jovens iniciando suas carreiras, sejam profissionais que desejam ter uma visão diferenciada sobre Administração Hospitalar.

O livro é bastante abrangente e aborda todos os pontos de interesse dos gestores, inclusive os mais atuais, como a Tecnologia Hospitalar, tema cada vez mais importante."

Paula Loureiro, Gestora de Tecnologia Hospitalar

"Perguntei ao Enio sobre o que eu poderia escrever, e ele respondeu de uma forma que revela como ele é: 'Os amigos que dominam o conteúdo do livro vão falar sobre ele, fique à vontade para escrever o que quiser, o importante para mim é ter os amigos junto comigo'. Este é o Enio, profissional experiente, pai e marido dedicado, amigo atencioso.

Tive o privilegio de participar de algumas fases da vida do Enio e vivenciar que o trabalho e a amizade podem estar em perfeita sintonia. O Enio é um estudioso, agregador de ideias e boas práticas, mas especialmente um grande amigo que nos incentiva a perseguir nossos objetivos e sonhos.

Tenho certeza de que os leitores deste livro apreciarão um conteúdo proveitoso, e também terão a oportunidade de conhecer uma pessoa especial, o meu amigo Enio Salu."

Rogério de Assis Nunes, Empresário e Gestor de Projetos no Segmento de Tecnologia e Segurança da Informação

"Durante onze anos tive a honra e o privilégio de ser membro da equipe de TI do Hospital Sírio-Libanês quando o gestor da área era o Enio. Foi um período de aprendizado constante com ele, sempre compartilhando uma visão diferenciada de como atender as necessidades do negócio, e agregando valor através dos serviços que prestava. O lançamento deste livro é uma nova maneira encontrada por ele de fazer algo de que sempre demonstrou gostar muito: compartilhar sua visão e experiência com outras pessoas."

José Roberto Andrade dos Santos, Gestor de Infraestrutura Tecnológica

"Conheço o Enio desde quando o Hospital Sírio-Libanês tornou-se o líder no uso de TI e ele, Enio, era o titular do departamento. Em nossas conversas, o tema invariavelmente derivava para a administração do hospital, em particular sobre alguma nova forma que encontrava do uso de TI na administração hospitalar, abrangendo todos os setores operacionais, que iam desde a farmácia até a saída do paciente, passando pelo controle dos diversos convênios em saúde com os quais o Sírio-Libanês mantinha/mantém relacionamento.

O Enio é uma daquelas raras pessoas que possuem uma natural curiosidade pela busca de novas formas e processos para a otimização de custos na complexa administração hospitalar.

Este livro é, sem dúvida, base indispensável para um planejamento organizacional nas organizações hospitalares."

Amedeo Petrocco, Consultor Especialista em Gestão Empresarial e Relacionamento Comercial

"Este é um livro que faltava sobre a complexa área da saúde, nascido da longa experiência em hospitais públicos e privados, fundamental para aqueles que pretendem ingressar em seus mais diversos setores.

Composto por temas tratados de forma didática, o leitor encontra uma visão detalhada dos vários sistemas que compõem a dinâmica do segmento da saúde.

Um livro técnico, escrito com a objetividade tão característica, conhecida por todos aqueles que tiveram a oportunidade de atuar profissionalmente com o autor."

José Pereira Leite, Especialista em Gestão de Pessoas e de Contratos no Segmento Hospitalar

"Já na introdução, o livro escrito por Enio Salu chama atenção ao descrever o hospital como uma empresa ao mesmo tempo complexa e fascinante. Esta afirmação nos leva a algumas reflexões. A primeira delas, eu diria, é de olhar o hospital como uma corporação. Comum para quem é da área de Saúde, este pensamento está sempre muito distante quando nos relacionamos com hospitais enquanto 'pessoas físicas', como menciona o autor quando fala de uma empresa com a qual mantemos contato em momentos marcantes de nossas vidas. Ao falar dos hospitais como centro de conflitos de interesses de profissionais assistenciais de diversas formações, da população, da indústria de insumos, das farmacêuticas e das fontes pagadoras e reguladoras, Enio lembra que se trata de uma empresa que vende um produto que ninguém quer comprar. E *Administração hospitalar no Brasil* vai muito além dessas reflexões, trazendo os bastidores dos hospitais e um amplo panorama da Saúde no país em um documento único para todos aqueles hoje ligados ao setor ou que pretendem fazer parte dele. A clareza do texto, o didatismo e a riqueza de detalhes são próprios de Enio Salu, que traz para este livro a vivência adquirida ao longo de uma ampla e variada experiência profissional conduzida sempre de forma ética e colaborativa."

Stela Lachtermacher, Diretora Editorial do Grupo IT Mídia

"O setor da Saúde precisava de uma obra fácil, direta e de leitura agradável. Enio, com sua vasta experiência dentro e fora do setor da Saúde, conseguiu criar com uma linguagem simples um livro dinâmico e completo sobre administração hospitalar, capaz de atender todos os profissionais: desde estudantes, administradores, gerentes, diretores até investidores do setor."

Ricardo Pereira Tolentino, Administrador Hospitalar, especialista em Planejamento Estratégico e Gestão de Projetos no Segmento da Saúde

Sobre o autor

Pós-graduado em Administração Hospitalar pela Universidade de São Paulo (USP), com especializações em Epidemiologia Hospitalar e Gestão Financeira e Custos em Saúde pela Fundação Getulio Vargas (FGV-SP), e Gestão de Unidades Comerciais pela Subway Co. Formado em Tecnologia da Informação pela Universidade Estadual Paulista "Júlio de Mesquita Filho" (Unesp).

Membro da Federação Brasileira de Administradores Hospitalares (FBAH), professor da Fundação Instituto de Administração (FIA) da Faculdade de Economia e Administração (FEA-USP), da Fundace (Fundação para o Desenvolvimento da Administração, Contabilidade e Economia da FEA-USP) e da Faculdade Impacta de Tecnologia (FIT).

Ex-membro do Congresso Anual de Tecnologia da Informação (Cati) da FGV-SP, ex-associado da National Contract Management Association (NCMA) e ex-associado da Sociedade Brasileira de Informática em Saúde (SBIS).

Atuação em projetos de gestão empresarial, gestão de contratos e tecnologia da informação em dezenas de serviços de saúde privados e públicos, dentro e fora do Brasil.

1 Organização do sistema de saúde no Brasil

INTRODUÇÃO

Diferentemente de todos os outros ramos de atividade, com pequena similaridade em relação ao da Educação, o sistema de saúde no Brasil é totalmente influenciado pela atuação do governo.

Todos os ramos de atividade são regulados de alguma forma pelo governo, mas ele atua tão diretamente somente em alguns deles, como saúde, educação, mineração e bancário.

A razão pela qual a saúde sofre regulação direta do governo é porque esta, como finalidade, é o item mais essencial que ele pode prover à população, e, como ação governamental, um dos mais estratégicos.

Para que não restem dúvidas, pode-se exemplificar:

- Existem bancos operados diretamente pelo governo federal, como o Banco do Brasil e a Caixa Econômica Federal. Contudo, o governo não concentra a operação da maioria das contas correntes da população.
- A maioria das escolas do ensino fundamental é do governo, mas a maior parte das entidades de ensino superior é privada.

Existem no Brasil cerca de 8 a 9 mil hospitais. A maioria absoluta é operada diretamente pelo governo ou pela iniciativa privada para atendimento quase exclusivo dos pacientes do Sistema Único de Saúde (SUS), como é o caso das Santas Casas. A iniciativa privada, atuando em saúde suplementar, concentra-se nos grandes centros metropolitanos, nos quais conseguem se viabilizar economicamente.

Além de operar diretamente sobre a maioria dos serviços, no setor da saúde a influência do governo chega ao ponto de definir uma obrigação ao hospital privado se isso for do interesse da saúde pública, como notificar compulsoriamente determinado evento. Determinados procedimentos só ocorrem sob comando direto de um controle do governo. Por exemplo: existe uma única fila para transplante de órgãos controlada pelo governo, ou seja, não há uma fila de espera de rim no SUS e outra na saúde suplementar – é a mesma, administrada unicamente pelo governo.

Para entender administração hospitalar, é necessário fixar os conceitos de saúde pública e saúde suplementar, relembrar quais são os atores desses sistemas, e o quanto são diferentes entre si, mesmo que o seu nome incite a acreditar que sejam iguais.

ATORES EM SAÚDE – GOVERNO
Atores e principais atribuições do governo
União

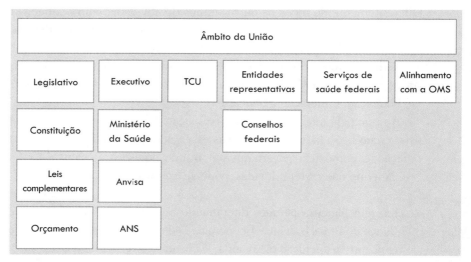

Figura 1.1 Governo – União. ANS: Agência Nacional de Saúde Suplementar; Anvisa: Agência Nacional de Vigilância Sanitária; OMS: Organização Mundial da Saúde; TCU: Tribunal de Contas da União.

Poder Legislativo – Congresso Nacional (Senado Federal e Câmara dos Deputados Federais)

- Edição da Constituição Federativa, em particular o Título VIII – Capítulo II (Seguridade Social), que define a Saúde (Seção II) e a Assistência Social (Seção IV) e o Título VI (Da Tributação e Orçamento).
- Edição das Leis Complementares da União, particularmente as que se referem ao SUS, da saúde suplementar, da vigilância sanitária e das regras para enquadramento das empresas para benemerência, utilidade pública e benefícios e incentivos fiscais relacionados às ações de prevenção e promoção da saúde.
- Aprovação do orçamento anual da União.

Poder Executivo

- Ministério da Saúde:
  - Organização e manutenção dos serviços e órgãos de saúde de âmbito nacional.
  - Elaboração e fiscalização das políticas de prevenção e promoção da saúde de âmbito federal.
  - Coordenação dos planos de ação que envolvam governo e iniciativa privada e/ou órgãos regionais de saúde dos governos estaduais e municipais, nas atividades de abrangência nacional.
- Manutenção do SUS:
  - Captação e repasse dos recursos originados pelos tributos federais para a União, os Estados, o Distrito Federal e os Municípios.
  - Fiscalização do repasse dos recursos originados pelos tributos estaduais ou distritais aos municípios.
  - Agência Nacional de Vigilância Sanitária (Anvisa): homologação de insumos e equipamentos para uso em saúde em todo o território nacional; definição de regras e fiscalização para a entrada e saída de pessoas, animais e insumos; auditoria da fiscalização técnica dos órgãos e empresas de saúde.
  - Agência Nacional de Saúde Suplementar (ANS): responsável pelas políticas e regras de atuação das empresas que atuam em saúde suplementar (fora do SUS), fiscalização das atividades de saúde suplementar e auditoria das empresas que atuam nessa área da saúde.

Tribunal de Contas da União (TCU)

- Auditoria da captação e destinação dos recursos do SUS no âmbito federal.
- Aprovação das contas dos órgãos e serviços de saúde públicos da União ou vinculados ao Governo Federal.

Confederações nacionais de entidades de classe

Representam os interesses de sindicatos patronais, de empresas e de trabalhadores junto aos órgãos da União.

Exemplo: Confederação Nacional das Unimeds, que representa as cooperativas regionais de médicos (Unimeds regionais).

Conselhos federais representativos de profissões regulamentadas em saúde

Representam os interesses de entidades de classe junto aos órgãos da União.

Exemplo: Conselho Federal de Medicina (CFM), que representa os Conselhos Regionais de Medicina (CRM).

Na ausência de legislação específica, suas resoluções, na prática, têm força de lei.

Faculdades de medicina de universidades federais

Organizações que mesclam o ensino e a pesquisa com atividades de promoção e prevenção à saúde por meio dos hospitais universitários e demais serviços de saúde vinculados ao *campus*. Na ausência de legislação específica, a produção científica produzida em conformidade com as práticas acadêmicas de mestrado e doutorado é reconhecida como referência na prática da saúde.

Serviços de saúde federais

Hospitais, clínicas especializadas, ambulatórios de especialidades, unidades básicas de saúde vinculadas diretamente à União. Mais comuns em regiões mais distantes dos grandes centros urbanos, nas quais a captação dos recursos pelo repasse de tributos não viabiliza a criação de serviços autossustentáveis.

Órgãos centrais especializados de programas de saúde pública

Autarquias ou fundações vinculadas ao Ministério da Saúde especializados em promoção e prevenção à saúde em regiões não emancipadas, indígenas e regiões mais isoladas.

Alinhamento com a Organização Mundial da Saúde

Programas específicos de acordos de cooperação: autarquias ou fundações criadas para atingir um objetivo social específico definido por uma política da Organização Mundial da Saúde (OMS). Exemplo: grupo de estudo e desenvolvimento da técnica de análise do DNA humano.

Ações coordenadas: autarquias ou fundações criadas para atingir um objetivo social específico definido por uma ação da OMS. Exemplo: erradicação de uma doença por meio de campanhas de vacinação em diversos países de uma mesma região.

Estados e Distrito Federal

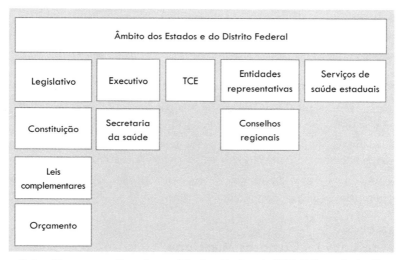

Figura 1.2 Governo – Estados e Distrito Federal. TCE: Tribunal de Contas do Estado.

Poder Legislativo – Assembleia Legislativa Estadual

- Edição da Constituição Estadual, ou Distrital, em particular os capítulos relacionados à Saúde e Orçamento.
- Edição das Leis Complementares do Estado, ou Distrito Federal, particularmente as que se referem ao repasse dos tributos federais e estaduais, ou distritais, à saúde.
- Aprovação do orçamento anual do Estado, ou Distrito Federal.

Poder Executivo do Estado/Distrito Federal

- Secretaria da Saúde do Estado ou Distrito Federal:
  - Organização e manutenção dos serviços e órgãos de saúde de âmbito estadual, distrital e regional.
  - Coordenação dos planos de ação que envolvam a União, o Estado (ou Distrito Federal) e os Municípios da sua legislação.
  - Captação e repasse dos recursos gerados pelos tributos federais para a saúde no Estado (ou Distrito Federal) e nos Municípios de sua legislação.

- Repasse dos recursos gerados pelos tributos estaduais (ou distritais) para os municípios.

Tribunal de Contas do Estado (TCE)

- Auditoria da captação e destinação dos recursos do SUS no âmbito estadual (ou distrital).
- Aprovação das contas dos órgãos e serviços de saúde públicos do Estado (ou Distrito Federal) ou vinculados ao Governo Estadual (ou Distrital).

Federações regionais de entidades de classe

- Representam os interesses de sindicatos patronais, de empresas e de trabalhadores junto aos órgãos do Estado ou Distrito Federal.
- Na ausência de uma Confederação, representam junto aos órgãos da União.
- Exemplo: Federação das Unimeds do Norte do Estado, que representa as cooperativas regionais de médicos (Unimeds).

Municípios
Poder Legislativo – Câmaras Municipais

- Edição da Constituição Municipal, em particular os capítulos relacionados à Saúde e Orçamento.

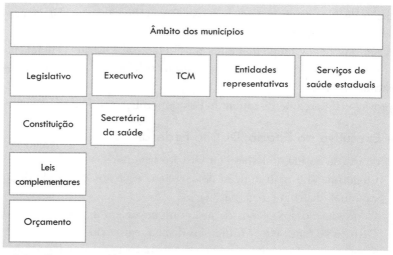

Figura 1.3 Governo – Municípios. TCM: Tribunal de Contas do Município.

- Edição das Leis Complementares do Município, particularmente as que se referem ao repasse dos tributos federais, estaduais e municipais à saúde.
- Aprovação do orçamento anual do Município.

Poder Executivo do Município

- Secretaria Municipal da Saúde:
  - Organização e manutenção dos serviços e órgãos de saúde municipais.
  - Captação dos recursos gerados pelos tributos federais, estaduais e municipais.

Tribunal de Contas do Município (TCM)

- Auditoria da captação e destinação dos recursos do SUS no âmbito municipal.
- Aprovação das contas dos órgãos e serviços de saúde públicos do Município ou vinculados ao Governo Municipal.

Serviços de saúde municipais

- Hospitais, clínicas especializadas, ambulatórios de especialidades, unidades básicas de saúde vinculadas diretamente ao Município.
- Hospitais, clínicas especializadas, ambulatórios de especialidades e unidades básicas de saúde vinculadas indiretamente ao Município, prestando serviço de saúde gratuito à população, remunerados pelo SUS e por convênios de isenção de tributos municipais e/ou estaduais. Exemplo: Santa Casa.

Órgãos municipais especializados de programas de saúde pública

- Autarquias ou fundações vinculadas à Secretaria da Saúde Municipal criados para promoção ou prevenção da saúde em atividade ou programa especializado.
- Exemplo: programa de apoio aos dependentes químicos, programa de apoio aos HIV positivos.

Referências significativas da Constituição Federal[1] (CF)

Art. 196. A saúde é direito de todos e dever do Estado, garantido mediante políticas sociais e econômicas que visem à redução do risco de doença e de outros agravos e ao acesso universal e igualitário às ações e serviços para sua promoção, proteção e recuperação.

---

1   Texto atualizado em abril de 2011.

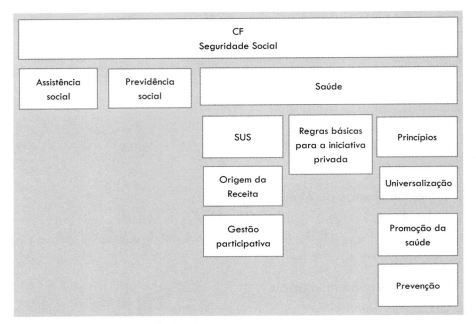

Figura 1.4 Constituição Federal.

Art. 197. São de relevância pública as ações e serviços de saúde, cabendo ao Poder Público dispor sobre sua regulamentação, fiscalização e controle, devendo sua execução ser feita diretamente ou através de terceiros e, também, por pessoa física ou jurídica de direito privado.

Art. 198. As ações e serviços públicos de saúde integram uma rede regionalizada e hierarquizada e constituem um sistema único, organizado de acordo com as seguintes diretrizes:

I - descentralização, com direção única em cada esfera de governo;

II - atendimento integral, com prioridade para as atividades preventivas, sem prejuízo dos serviços assistenciais;

III - participação da comunidade.

§ 1º. O sistema único de saúde será financiado, nos termos do art. 195, com recursos do orçamento da seguridade social, da União, dos Estados, do Distrito Federal e dos Municípios, além de outras fontes. (Parágrafo único renumerado para § 1º pela EC29 2000)

§ 2º A União, os Estados, o Distrito Federal e os Municípios aplicarão, anualmente, em ações e serviços públicos de saúde recursos mínimos derivados da aplicação de percentuais calculados sobre: (Inc EC29 2000)

I - no caso da União, na forma definida nos termos da lei complementar prevista no § 3º; (Inc EC29 2000)

II - no caso dos Estados e do DF, o produto da arrecadação dos impostos a que se refere o art. 155 e dos recursos de que tratam os arts. 157 e 159, inciso I, alínea a, e inciso II, deduzidas as parcelas que forem transferidas aos respectivos Municípios; (Inc EC29 2000)

III - no caso dos Municípios e do Distrito Federal, o produto da arrecadação dos impostos a que se refere o art. 156 e dos recursos de que tratam os arts. 158 e 159, inciso I, alínea b e § 3º.(Inc EC29 2000)

§ 3º Lei complementar, que será reavaliada pelo menos a cada cinco anos, estabelecerá: (Inc EC29 2000)

I - os percentuais de que trata o § 2º; (Inc EC29 2000)

II - os critérios de rateio dos recursos da União vinculados à saúde destinados aos Estados, ao Distrito Federal e aos Municípios, e dos Estados destinados a seus respectivos Municípios, objetivando a progressiva redução das disparidades regionais; (Inc EC29 2000)

III - as normas de fiscalização, avaliação e controle das despesas com saúde nas esferas federal, estadual, distrital e municipal; (Inc EC29 2000)

IV - as normas de cálculo do montante a ser aplicado pela União.(Inc EC29 2000)

§ 4º Os gestores locais do sistema único de saúde poderão admitir agentes comunitários de saúde e agentes de combate às endemias por meio de processo seletivo público, de acordo com a natureza e complexidade de suas atribuições e requisitos específicos para sua atuação. (Inc EC51 2006)

§ 5º Lei federal disporá sobre o regime jurídico, o piso salarial profissional nacional, as diretrizes para os Planos de Carreira e a regulamentação das atividades de agente comunitário de saúde e agente de combate às endemias, competindo à União, nos termos da lei, prestar assistência financeira complementar aos Estados, ao Distrito Federal e aos Municípios, para o cumprimento do referido piso salarial. (Redação dada pela EC63 2010) Regulamento.

§ 6º Além das hipóteses previstas no § 1º do art. 41 e no § 4º do art. 169 da Constituição Federal, o servidor que exerça funções equivalentes às de agente comunitário de saúde ou de agente de combate às endemias poderá perder o cargo em caso de descumprimento dos requisitos específicos, fixados em lei, para o seu exercício. (Inc EC51 2006)

Art. 199. A assistência à saúde é livre à iniciativa privada.

§ 1º As instituições privadas poderão participar de forma complementar do sistema único de saúde, segundo diretrizes deste, mediante contrato de direito público ou convênio, tendo preferência as entidades filantrópicas e as sem fins lucrativos.

§ 2º É vedada a destinação de recursos públicos para auxílios ou subvenções às instituições privadas com fins lucrativos.

§ 3º É vedada a participação direta ou indireta de empresas ou capitais estrangeiros na assistência à saúde no País, salvo casos previstos em lei.

§ 4º A lei disporá sobre as condições e os requisitos que facilitem a remoção de órgãos, tecidos e substâncias humanas para fins de transplante, pesquisa e tratamento, bem como a coleta, processamento e transfusão de sangue e seus derivados, sendo vedado todo tipo de comercialização.

Art. 200. Ao sistema único de saúde compete, além de outras atribuições, nos termos da lei:

I – controlar e fiscalizar procedimentos, produtos e substâncias de interesse para a saúde e participar da produção de medicamentos, equipamentos, imunobiológicos, hemoderivados e outros insumos;

II – executar as ações de vigilância sanitária e epidemiológica, bem como as de saúde do trabalhador;

III – ordenar a formação de recursos humanos na área de saúde;

IV – participar da formulação da política e da execução das ações de saneamento básico;

V – incrementar em sua área de atuação o desenvolvimento científico e tecnológico;

VI – fiscalizar e inspecionar alimentos, compreendido o controle de seu teor nutricional, bem como bebidas e águas para consumo humano;

VII – participar do controle e fiscalização da produção, transporte, guarda e utilização de substâncias e produtos psicoativos, tóxicos e radioativos;

VIII – colaborar na proteção do meio ambiente, nele compreendido o do trabalho.

Universalização, promoção da saúde e atividades de prevenção

De maneira distinta da maioria das demais atividades econômicas, em virtude de suas características de ser de interesse social, de alta especialização e de representar necessidade básica do ser humano desde sua concepção, a CF define as regras de sustentabilidade, execução e fiscalização, dentro de três fundamentos:

Universalização da saúde:

- O Governo deve promover a saúde e prevenir doenças para toda a população brasileira, sem distinção de raça, cor, opção religiosa, sexual, política, social ou de qualquer outro tipo.
- Dentro da sua competência técnica e operacional, não pode haver limitação de atendimento.
- O orçamento da saúde é definido em lei, executado pelos órgãos públicos e fiscalizado pelas instâncias competentes.
- O SUS tem soberania sobre as atividades complementares quando se tratar de saúde pública. É estruturado de forma a ser executado de forma coordenada pela União, Estados e Municípios.

- Deve obrigatoriamente ter representantes da população nas atividades de gestão da promoção e prevenção.

A CF define o que se chama de "Leis Orgânicas Básicas de Captação, Repasse e Fiscalização da Utilização dos Recursos Públicos para a Saúde".
Promoção da saúde:
- Pode ser explorada pela iniciativa privada (saúde suplementar).
- Não pode ser praticada por empresas ou capital estrangeiros.
- Define regras rígidas para concessão de incentivos e benefícios fiscais às empresas que atuam no segmento.

A CF define as atribuições básicas do Ministério da Saúde, das Secretarias Estaduais, Distrital e Municipais de Saúde e da ANS, embora não nominando os órgãos diretamente.
Prevenção:
- Define o governo como responsável pelas ações coordenadas de prevenção à saúde e de fiscalização das empresas e ações relacionadas.

Ela ainda define atividades de prevenção à saúde, como ações coordenadas e complementares em relação ao trabalho e meio ambiente.

Situação prática da saúde na primeira década do século XXI

O governo não consegue prestar atendimento adequado à população da forma como preconiza o SUS.

Embora mantenha alguns centros de excelência tanto nos níveis federais, estaduais, quanto nos distrital e municipal, a maioria dos serviços públicos é insuficiente para a promoção e prevenção da saúde, fazendo com que a maior parte da população não tenha acesso aos serviços básicos de saúde.

A saúde suplementar provê serviços de saúde para quase um terço da população, mas, diferente do fundamento do SUS, com limitações e exclusões de cobertura, o que faz, inclusive, com que parte dessa população acabe utilizando os poucos serviços públicos de excelência para complementar aquilo que as operadoras não cobrem.

A ANS não consegue, com suas resoluções, fazer com que os contribuintes da saúde suplementar tenham assistência integral quando fazem adesão aos planos de mercado.

Diferente do disposto na CF, empresas e capital estrangeiro participam do segmento da saúde no Brasil.

Nas atividades de prevenção, o Brasil se coloca como referência mundial em diversos projetos, com destaque para as campanhas de vacinação para erradicação de doenças infectocontagiosas, em especial a Aids. Já nas atividades de pesquisa, o país se mantém com o mesmo *status*, em particular nos projetos de cooperação com a OMS.

Os serviços de saúde públicos – pressionados pela universalização do atendimento pelo SUS – vinculados às universidades são reconhecidos como de excelência assistencial, enquanto os não vinculados são classificados como de baixa resolutividade, entretanto todos são considerados como de baixa competência operacional e com problemas insolúveis de gestão administrativa.

Quadro 1.1 Resumo: governo.

No âmbito da responsabilidade
O governo tem a obrigação de prover saúde integral e gratuita para toda a população
No âmbito financeiro
Não há recursos suficientes para prover saúde integral e gratuita para toda a população da forma como preconiza o SUS
Há somente recurso suficiente para a promoção da saúde de forma minimamente digna pela saúde suplementar
Os recursos arrecadados para a saúde não são adequadamente aplicados em saúde
A promoção à saúde por parte do governo é de abrangência e qualidade infinitamente inferior ao que poderia ser se o orçamento fosse respeitado e a administração bem feita
No âmbito prático
Grande parcela da população, sobretudo a economicamente ativa, utiliza serviços oferecidos pela saúde complementar

ATORES EM SAÚDE – SAÚDE SUPLEMENTAR
Saúde suplementar
Saúde suplementar em serviços de saúde públicos e privados

Os serviços públicos podem reservar até 25% da sua capacidade de atendimento para pacientes particulares e de operadoras de planos de saúde (convênios). Essa previsão legal permite que os serviços de saúde públicos possam captar recursos adicionais aos destinados pelo SUS, dando maior capacidade financeira para seu autodesenvolvimento.

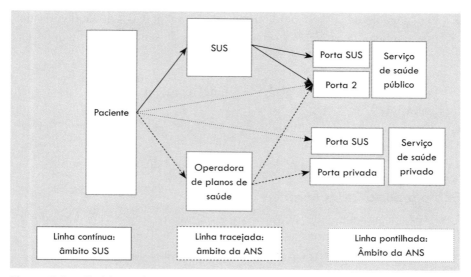

Figura 1.5 – Saúde suplementar.

Os serviços privados podem realizar atendimento público gratuito para a população, desde que se sujeitem às regras de remuneração do SUS para tais fins, e que os atendimentos do SUS sejam exclusivamente remunerados por ele mesmo, não sendo permitido nenhum tipo de complementação financeira por parte do paciente.

Fluxos de atendimento possíveis

Pela rede de atendimento público (SUS), representado pela linha contínua da Figura 1.5:
- Nesse fluxo, o maior volume de atendimento é realizado nos próprios serviços públicos de saúde (porta SUS).
- O paciente também pode ser atendido na porta SUS dos serviços de saúde privados conveniados.
- Esse fluxo representa o atendimento SUS, ou seja, não relacionado à saúde suplementar.

Diretamente nos serviços de saúde, representado pela linha pontilhada da Figura:
- Nesse fluxo, o financiamento é feito exclusivamente com recursos do próprio paciente, que deve arcar com todas as despesas (honorários, taxas, medicamentos, materiais e demais despesas médico-hospitalares).

- O maior volume desses atendimentos ocorre nos serviços de saúde privados, mas também é possível nos serviços públicos de saúde que tenham porta 2 para pacientes particulares e de operadoras de planos de saúde.

Por meio da operadora de planos de saúde, representado pela linha tracejada da Figura 1.5:
- Nesse fluxo, o maior volume de atendimento é realizado nos serviços privados de saúde.
- O atendimento também pode ocorrer na porta 2 dos hospitais públicos.

Sobre a porta 2 dos hospitais públicos

Uma vez iniciado o atendimento particular ou de operadora (representados pelas linhas pontilhada e tracejada da Figura 1.5), é ilegal que:
- Um atendimento se inicie pela porta 2 e seja transferido para a porta SUS.
- Seja exigido qualquer tipo de repasse de recursos do SUS para compensar despesas no caso de inadimplência do paciente ou da operadora, ou no caso de não cobertura da operadora.

Organizações de classe
Organizações que representam empresas e profissionais do setor da saúde

As organizações vinculadas ao governo editam resoluções que têm força de lei, quando a lei específica não dispõe sobre o tema.

As não vinculadas ao governo editam circulares normativas que são aceitas na prática pelos membros:

- Mesmo sem força de lei são adotadas como regra, quando lei específica não dispõe sobre o tema, especialmente nas discussões referentes à prestação e auditoria de contas médico-hospitalares.

Organizações representativas de empresas do setor

Federações, associações e sindicatos. Representam tipos de serviços de saúde. Exemplos:

- FEHOSP — Federação das Santas Casas e Hospitais Beneficentes do Estado de São Paulo.
- AHESP — Associação dos Hospitais do Estado de São Paulo.
- SINDHOSP — Sindicato Patronal dos Estabelecimentos de Saúde.

- APFISIO — Associação Paranaense de Empresas Prestadoras de Serviços de Fisioterapia.

Organizações representativas de profissionais do setor

Federações, associações, sindicatos e conselhos. Representam especialidades. Exemplos:

- Medicina:
  - CFM — Conselho Federal de Medicina.
  - CRM-MG — Conselho Regional de Medicina do Estado de Minas.
- Enfermagem:
  - Cofen — Conselho Federal de Enfermagem.
  - Coren-RJ — Conselho Regional de Enfermagem do Estado do Rio de Janeiro (www.coren-rj.org.br).
- Farmácia:
  - Fenafar — Federação Nacional dos Farmacêuticos.
  - Sinfar — Sindicato dos Farmacêuticos do Estado de São Paulo.
  - Sindifarma — Sindicato dos Auxiliares e Técnicos de Farmácias, Drogarias, Distribuidoras, Perfumarias, Similares e Manipulações do Estado de São Paulo.
- Fisioterapia:
  - Coffito — Conselho Federal de Fisioterapia e Terapia Ocupacional.
  - Aficamp — Associação de Fisioterapeutas de Campinas – SP.
- Nutrição:
  - CFN — Conselho Federal de Nutricionistas.
  - CRN5 — Conselho Regional de Nutricionistas da 5ª Região – Bahia e Sergipe.
- Odontologia:
  - CFO — Conselho Federal de Odontologia.
  - CRO-DF — Conselho Regional de Odontologia do Distrito Federal.
- Psicologia:
  - Conselho Federal de Psicologia.

O plano de saúde

É comercializado tanto de forma individual como coletiva. Realiza-se o pagamento de uma quantia mensal fixa, independentemente do uso que se faz dos serviços de saúde credenciados.

Os planos coletivos são analisados como populações isoladas. O preço é formado a partir da característica epidemiológica do grupo e a gestão é feita

16 Administração hospitalar no Brasil

analisando-se periodicamente a sinistralidade. Para calcular a sinistralidade, avalia-se a frequência de uso efetivo dos serviços contratados; analisa-se quanto custaram os serviços prestados; compara-se com o custo estimado na formação do preço; e ajusta-se o preço de modo a manter o equilíbrio financeiro do contrato. Nos planos individuais não existe análise de sinistralidade: caso o segurado/associado não utilize os serviços, nenhum desconto é concedido.

Nesse tipo de plano é comum a prática de coparticipação, na qual o segurado/associado paga uma parte do valor do serviço prestado. Essa prática é utilizada para que o segurado/associado não faça uso indevido do plano, como emprestar seu plano para outras pessoas ou realizar exames e procedimentos em excesso. Geralmente representa um percentual do valor do serviço, e é empregada somente nos casos de consultas e exames simples, ficando os atendimentos mais complexos isentos da coparticipação.

Os planos individuais são precificados por faixa de idade:

- O exemplo ilustra a oferta feita nas ruas de São Paulo em 2011.
- A diferença entre o preço para menores de 18 e maiores de 59 chega a 500%.

Os planos odontológicos têm preço fixo independente da faixa etária do associado/segurado.

Além da idade, a variação dos preços é identificada pela cobertura (cuja definição é rol de serviços e especialidades que a operadora é obrigada a prestar ao segurado/associado. O rol básico é definido pela ANS) e pelo nível de hotelaria dos serviços (por meio do padrão de acomodação dos serviços de saúde). Por exemplo, em hospitais: tamanho dos quartos; equipamentos acessórios (televisão, ar condicionado etc.); áreas comuns para acompanhantes (restaurante, lanchonete, áreas de lazer etc.).

Todos os planos definem carências (ou seja, tempo em que o associado/segurado deve aguardar até começar a fazer uso de determinado serviço. É estipulada para evitar fraudes dos associados).

Ao segurado/associado é assegurado o direito de não ser obrigado a cumprir novas carências quando mudar de operadora, desde que não haja intervalo de tempo entre a saída de uma e o ingresso na outra.

Agência Nacional de Saúde Suplementar

A ANS é a agência reguladora vinculada ao Ministério da Saúde responsável pelo mercado de planos de saúde no Brasil. Edita o conjunto de medidas e ações do

Organização do sistema de saúde no Brasil **17**

governo que envolvem a criação de normas, o controle e a fiscalização de segmentos de mercado explorados por empresas para assegurar o interesse público. Tem como missões a defesa do interesse público na assistência suplementar à saúde, a regulação das operadoras setoriais e a contribuição para o desenvolvimento das ações de saúde. Apresenta-se à sociedade estabelecendo como meta regrar as ações da saúde suplementar para auxiliar o SUS de forma coordenada:

- Centrando no cidadão.
- Realizando ações de promoção da saúde e prevenção de doenças.
- Observando princípios de qualidade, integralidade e resolutividade.
- Dando oportunidade para todos os profissionais de saúde.
- Respeitando a participação da sociedade.
- Estando adequadamente alinhada aos objetivos e metas do Ministério da Saúde.

Principais leis e regulamentação:

- Lei n. 9.656, de 3 de junho de 1998: regulamenta o setor de planos de saúde.
- Lei n. 9.961, de 28 de janeiro de 2000: criação da ANS.
- Decreto n. 3.327, de 5 de janeiro de 2000: aprovação do Regulamento da ANS.
- Lei n. 10.185, de 12 de fevereiro de 2001: sobre as sociedades seguradoras em planos privados de assistência à saúde.
- Regimento Interno da ANS – RN n. 197

Instruções normativas ANS de maior significância:

- IN 23 – dispõe sobre os procedimentos do registro de produtos, previstos na resolução normativa – RN n. 85, de 7 de dezembro de 2004, e revoga as instruções normativas – INs DIPRO n. 15, de 14 de dezembro de 2007, e n. 17, de 17 de dezembro de 2008.
- IN 30 – dispõe sobre a instituição da terminologia unificada da saúde suplementar (TUSS) do padrão TISS para procedimentos médicos para a troca de informações entre operadoras de plano privado de assistência à saúde e prestadores de serviços de saúde sobre os eventos assistenciais realizados aos seus beneficiários mais significantes para o setor.
- IN 34 – dispõe sobre a instituição da TUSS do padrão TISS para procedimentos em saúde para a troca de informações entre operadoras de plano

privado de assistência à saúde e prestadores de serviços de saúde sobre os eventos assistenciais realizados aos seus beneficiários.

- RN 42 – estabelece os requisitos para a celebração dos instrumentos jurídicos firmados entre as operadoras de planos de assistência à saúde e prestadores de serviços hospitalares.
- RN 54 – estabelece os requisitos para a celebração dos instrumentos jurídicos firmados entre as operadoras de planos privados de assistência à saúde e prestadores de serviços auxiliares de diagnóstico e terapia e clínicas ambulatoriais.
- RN 71 – estabelece os requisitos dos instrumentos jurídicos a serem firmados entre as operadoras de planos privados de assistência à saúde ou seguradoras especializadas em saúde e profissionais de saúde ou pessoas jurídicas que prestam serviços em consultórios.
- RN 124 – dispõe sobre a aplicação de penalidades para as infrações à legislação dos planos privados de assistência à saúde.
- RN 167 – atualiza o rol de procedimentos e eventos em saúde, que constitui a referência básica para cobertura assistencial nos planos privados de assistência à saúde, contratados a partir de 1º de janeiro de 1999, fixa as diretrizes de atenção à saúde e dá outras providências.
- RN 211 – atualiza o rol de procedimentos e eventos em saúde, que constitui a referência básica para cobertura assistencial mínima nos planos privados de assistência à saúde, contratados a partir de 1º de janeiro de 1999, fixa as diretrizes de atenção à saúde e dá outras providências.

Operadoras de planos de saúde

Por definição, as empresas que administram planos de saúde podem fazê-lo por dois motivos:

- Para obter lucro na atividade de intermediação entre a necessidade de assistência do paciente e a oferta de serviço dos serviços de saúde.
- Para reduzir custos com a saúde de determinada parcela da população que representa.

São atividades de risco:

- Definir a população que forma a carteira de contribuintes (financiadores).
- Definir o perfil epidemiológico desta população e, consequentemente, o tipo e frequência de utilização dos serviços de saúde.
- Definir a rede credenciada para atender a necessidade dessa população.

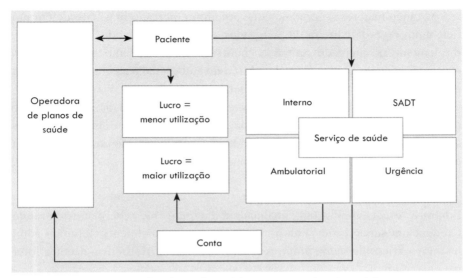

Figura 1.6 Operadora de plano de saúde *versus* serviço de saúde.

- Definir o custo da operação.
- Estimar a margem de lucro desejada.
- Calcular o preço a ser cobrado do associado.

Como todo o cálculo é estatístico, baseado em eventos passados, a operação deve considerar uma margem de segurança para eventuais mudanças no perfil epidemiológico e condições econômicas de mercado.

Independente da classificação da empresa que opera a gestão do plano de saúde, a operação é similar à de seguro.

Atuam na área de maior conflito de interesses do segmento da saúde:

- A operadora obtém mais lucro quanto menos seu associado utilizar a rede credenciada (os serviços de saúde).
- Os serviços de saúde, por sua vez, só obtêm lucro quando os associados da operadora utilizam seus serviços.

Seguradoras

Empresas que atuam no ramo de seguros — o segmento saúde, na quase totalidade dos casos, é apenas mais um do seu portfólio. Além de se adequarem às regras das ANS, também são afetadas pelas regulamentações da Superintendência de Seguros Privados do Ministério da Fazenda (Susep).

As cinco maiores seguradoras que atuam no mercado brasileiro detêm praticamente 60% da carteira de associados aos planos de saúde. Além de atuar diretamente no mercado captando clientes individuais, também utilizam sua competência técnica e operacional ofertando autogestão para grandes empresas e planos próprios para segmentos de mercado específicos.

Trabalham quase que exclusivamente com rede credenciada, não possuindo rede própria de serviços de saúde. Participam como acionistas em determinadas situações pontuais, mas sem interferir diretamente na gestão do serviço de saúde. Exemplos: Bradesco Saúde, SulAmérica Saúde.

Medicinas de grupo

Empresas especializadas cuja finalidade é a administração de planos de saúde. Credenciam serviços de saúde terceirizados e, eventualmente, também administram serviços de saúde próprios. Exemplos: Amil – Assistência Médica Internacional; Omint.

Empresas de autogestão

Empresas que fazem a autogestão de planos de saúde de população específica, que podem ser os funcionários de uma grande empresa ou uma associação de pessoas.

Algumas grandes empresas fazem autogestão do plano de saúde dos próprios funcionários e, nesse caso, enquadram-se nessa categoria. Já a maioria das empresas e associações terceiriza essa atividade para seguradoras e medicinas de grupo.

Também se enquadram nessa classificação as caixas beneficentes e os fundos de pensão que administram previdência e saúde dos seus associados, geralmente em empresas públicas ou que representam categoria profissional pública. Exemplos: Fundação Assistencial dos Servidores do Ministério da Fazenda (Assefaz); Instituto de Seguridade Social do Metropolitano de São Paulo (Metrus).

Cooperativas

Associação de médicos ou odontólogos que operam um plano de saúde. Exemplos: Unimed Porto Alegre, Uniodonto.

Cartões de desconto

Empresas que negociam preços diferenciados com serviços de saúde e/ou operadoras. Quando o associado se filia a uma operadora, paga preço diferenciado

Organização do sistema de saúde no Brasil **21**

por conta dessa negociação com a empresa de cartões de desconto. Quando o associado utiliza um serviço de saúde, paga a conta como se fosse um atendimento particular (sem vínculo com operadora), porém com desconto no preço, de acordo com a negociação. Exemplo: Nipomed.

ATORES EM SAÚDE – SERVIÇO DE SAÚDE
Serviços de saúde

Termo genérico para designar empresa, associação, grupo ou indivíduo que presta algum tipo de serviço de saúde.

No Brasil, os nomes utilizados para designar o tipo de serviço prestado são ambíguos/confusos.

O próprio dicionário da língua portuguesa não oferece uma definição clara, citando, por exemplo, hospital como lugar onde se tratam doentes, e clínica como lugar onde o médico atende o paciente.

Em alguns outros países de língua portuguesa, denomina-se clínica o que no Brasil se chama hospital, e, até mesmo em algumas regiões nacionais, esta diferença é notada.

E ainda existem no país grandes serviços de saúde chamados hospitais das clínicas, nos quais cada especialidade é associada a uma clínica, mas a maior parte dos serviços internos é compartilhada.

Considerando-se a prática mais comum no Brasil, sobretudo nos grandes centros urbanos, os serviços de saúde podem ser nominados conforme classificação que define que tipo de público atinge, e com qual finalidade.

Classificação genérica dos serviços de saúde
Clínica

Centro de assistência à saúde especializado na:
- Assistência para determinadas doenças – tratamento oncológico por radioterapia.
- Realização de determinados procedimentos independentes da doença – oftalmologia.
- Realização de exames e procedimentos de apoio ao diagnóstico e tratamento – exames anatomopatológicos.

Hospital

Grande centro de assistência à saúde, que conta com:
- Profissionais especializados em diversas disciplinas.
- Equipamentos adequados para realização de procedimentos médicos.

Administração hospitalar no Brasil

- Insumos específicos para a prática assistencial, como medicamentos, órteses, próteses e materiais descartáveis padronizados.
- Equipes de apoio especialmente treinadas para servir de retaguarda em rotinas comuns, de acordo com as necessidades específicas de atenção à saúde, especialmente higiene e limpeza, lavanderia, nutrição e segurança.

Tipos comuns de serviços de saúde
Ambulatório de Especialidades

Centro ambulatorial de diversas especialidades, geralmente constituído de central de agendamento, recepção, consultórios para médicos e profissionais de especialidades diversas, salas para exames e procedimentos específicos.

Nos grandes centros, os grandes hospitais privados possuem instalações específicas para ambulatórios de especialidades. No SUS, os ambulatórios de especialidades são órgãos de atenção secundária: clínicos gerais atuam nos centros básicos de saúde (ver clínica ambulatorial); enquanto médicos de outras especialidades atuam nos ambulatórios de especialidades, referenciados pelo clínico geral quando necessário.

O serviço de Apoio ao Diagnóstico e Tratamento (SADT) realiza determinado procedimento ou exame específico.

Quadro 1.2 Serviços mais comuns realizados pelo SADT.

Anatomia patológica (D)	Banco de sangue (T)
Ecocardiograma (D)	Eletroencefalograma (D)
Eletrocardiograma (D)	Fisioterapia e fisiatria (T)
Hemodiálise (T)	Laboratório clínico (D)
Medicina do sono (D/T)	Medicina nuclear (D)
Quimioterapia (T)	Radiologia geral (raio X) (D)
Radiologia vascular (D/T)	Radioterapia (T)
Reabilitação (T)	Ressonância magnética (D)
Teste de esforço (D)	Tomografia computadorizada (D)
Ultrassonografia (D)	

D: diagnóstico; T: tratamento.

Centro de diagnósticos

Concentração de alguns serviços de apoio ao diagnóstico, costuma ser constituído de central de agendamento, recepção, salas de coleta (no caso de laboratórios), salas de exames e central de laudos.

No Brasil existem grandes empresas especializadas de âmbito nacional e regional.

Os hospitais costumam aproveitar a estrutura existente para diagnóstico dos seus pacientes em internação para compartilhar os recursos em um centro de diagnóstico anexo, aberto para outros tipos de pacientes. Exemplos: Fleury Medicina e Saúde; Hermes Pardini.

Centro de tratamento especializado

Unidade independente especializada em um ou mais tipos de serviços de tratamento.

Geralmente especializadas em serviços cujo custo de implantação e manutenção da infraestrutura é elevado. Por exemplo, presta serviços para diversos outros serviços de saúde que não têm volume para manter uma unidade própria; e atende diretamente pacientes particulares e de operadoras de planos de saúde.

Os tipos mais comuns são: banco de sangue, hemodiálise, quimioterapia e radioterapia. Exemplos: Instituto Halsted de Quimioterapia Curitiba; Centro de Oncologia e Radioterapia Cuiabá.

Serviço de apoio especializado em saúde

Prestadora de serviços especializados para apoio ao diagnóstico e tratamento dos pacientes.

Na prática, trata-se de unidades que terceirizam serviços diversos:

- Telemedicina: infraestrutura para troca de informações por telecomunicações viabilizando serviços de segunda opinião e central de laudos.
- Central de agendamento: estrutura para controle de agenda de serviços de diagnóstico.
- Coleta domiciliar: estrutura para coleta de material em domicílio e entrega no laboratório.
- Central de diagnóstico: grupo de médicos e infraestrutura necessária para elaboração de laudos remotos (fora do ambiente físico da realização do exame).
- Central de laudos: estrutura técnico-administrativa para a formalização dos laudos de exames, controle de entrega e entrega domiciliar.
- Centrais de manipulação: estrutura técnico-administrativa para produção de medicações e dietas especiais (manipulação, fracionamento e preparação para ministração).
- Remoção.
- Atendimento domiciliar (*home care*).

Clínica ambulatorial

É a união de consultórios de uma ou algumas especialidades. Geralmente é constituída de central de agendamento, consultórios, salas para procedimentos e exames ambulatoriais. Seu propósito difere do dos ambulatórios de especialidades, já que não se propõe à realização de procedimentos e exames de média ou alta complexidade.

Grandes hospitais metropolitanos costumam manter clínicas para seus médicos credenciados, que acabam sendo a porta de entrada para internações. A cessão ao médico ocorre em duas modalidades:

- Aluguel do espaço, permitindo assim que o médico atenda qualquer paciente e organize a sua agenda conforme sua necessidade.
- Cooperação, sendo a agenda controlada pelo hospital. Nesse caso, a receita pode ser do hospital com repasse ao médico, ou a consulta paga pelo hospital de forma subsidiária, de maneira independente do valor arrecadado junto ao paciente, operadora ou SUS.

No Brasil, as clínicas ambulatoriais costumam obedecer ao seguinte padrão: na área privada são em grande maioria apenas locais em que médicos e outros profissionais de saúde compartilham a mesma área física de recepção, com consultórios individuais; já na área pública são as chamadas unidades básicas de saúde (antigos postos de saúde) que basicamente se equipam com clínicos gerais, obstetras, pediatras, serviços assistenciais básicos e vacinação.

Consultórios

Os consultórios são o mais simples tipo de serviço de saúde existente, constituídos basicamente de consultório e recepção. Praticamente metade dos médicos e a quase totalidade dos dentistas no Brasil têm o seu próprio consultório.

Além desses, existem os de outros profissionais especializados do segmento da saúde. Por exemplo: psicologia; fisioterapia e fisiatria; nutrição.

Serviço de apoio multidisciplinar

Infinidade de serviços relacionados ao atendimento, regulamentados ou não, geralmente de altíssima especialização.

Os mais comuns são:

- Farmácia de manipulação e homeopatia.
- Clínicas de emagrecimento e SPA.
- Cirurgia plástica estética.

- Clínica de repouso.
- Clínica de acolhimento de idosos.
- Clínica de acolhimento de drogados e dependentes químicos.
- Centro de reabilitação física multidisciplinar.
- Centros especializados de *check-ups* para populações específicas (p. ex.: cardiopatas, HIV positivos etc.).
- Academias de ginástica especializadas para populações específicas (p. ex.: portadores de síndromes, de necessidades especiais etc.).
- Centros de produção de materiais especiais (p. ex.: próteses, botas ortopédicas etc.).
- Centros de serviços profissionais (p. ex.: protéticos, produtores de moldes para radioterapia etc.).

Hospitais
Hospital geral

É assim definido o hospital que não tem especialidade determinada, e que, portanto, propõe-se a servir de base para a realização de qualquer tipo de procedimento, desde que suportado por sua estrutura técnico-administrativa.

Geralmente é constituído de pronto-socorro, unidades de internação, bloco cirúrgico, centro de diagnóstico e ambulatório de especialidades.

Representa a maioria absoluta dos hospitais brasileiros, tanto na área pública como na iniciativa privada. Exemplos: Hospital Albert Einstein – Sociedade Beneficente Israelita Brasileira; Grupo Santa Casa de Belo Horizonte.

Hospital especializado

Hospital que atua prioritariamente em determinadas especialidades, não tendo vocação técnico-administrativa para prestar serviços na maioria das especialidades.

Geralmente constitui-se de pronto-socorro, unidades de internação, centro de diagnóstico e ambulatório de especialidades, porém dimensionado para atender com excelência apenas as especialidades do seu foco de atuação, e costuma não ter recursos técnicos para as demais especialidades. Dependendo da especialidade pode ou não contar com bloco cirúrgico.

Representa a minoria dos hospitais brasileiros, sendo encontrado apenas nos maiores complexos hospitalares públicos, e na iniciativa privada em grandes centros urbanos.

Ao contrário da necessidade da especialização dos hospitais, ocorre no Brasil movimento justamente inverso: hospitais idealizados para atender determinadas especialidades vão ampliando seu portfólio de serviços e tornando-se cada vez mais gerais. Por outro lado, os poucos hospitais especializados vão se tornando centros de excelência mais competentes. Exemplos: Hospital AC Camargo – Hospital do Câncer de São Paulo; InCor – Instituto do Coração HCFMUSP.

Hospital de referência sem emergência

Criado para dar suporte de internação aos hospitais gerais e pronto-socorros. Pode ser geral ou especializado. Não atende no nível primário da atenção (ambulatório e pronto-socorro), recebendo apenas pacientes referenciados do sistema de saúde ao qual pertence, geralmente de uma região geográfica específica.

Ao contrário da necessidade do sistema de saúde, carente de leitos para atendimento assistencial de segundo e terceiro níveis, existem poucos hospitais dessa categoria no Brasil, sendo essa uma das principais causas da falta de leitos para pacientes crônicos e agudos do SUS. Exemplos: Hospital Auxiliar de Suzano HCFMUSP; Hospital Itaci.

Pronto-socorro

Hospital especializado em urgência e emergência. Geralmente constituído pelo pronto-socorro propriamente dito, unidades de observação e repouso, salas de procedimentos e centro de diagnóstico de exames de rotina. Por definição, não possui unidades de internação, bloco cirúrgico e especialidades de apoio ao diagnóstico e tratamento de maior complexidade.

A vocação do pronto-socorro é eliminar o risco iminente ou dor do paciente e dispensar ou encaminhar para internação em hospital. Nos grandes centros é comum a existência de prontos-socorros especializados, especialmente em maternidade, pediatria e ortopedia.

No Brasil, a população utiliza os prontos-socorros como ambulatórios, em vez de procurar os centros de saúde e consultórios médicos. Essa prática é a principal origem da fila de atendimento nos pronto-socorros, tanto do SUS como nos da iniciativa privada. Por essa razão, a maioria dos pronto-socorros brasileiros está vinculada a um hospital e integrada ao complexo ambulatorial hospitalar. Exemplos:

- Pronto-socorro Infantil Unimed Manaus.
- Pronto-socorro Santa Marcelina São Paulo.

TIPOS DE GESTÃO DOS SERVIÇOS DE SAÚDE

O tipo de gestão do serviço de saúde é um dos fatores determinantes para entender as grandes diferenças que existem entre os serviços de saúde, em particular os hospitais.

O tipo de gestão influencia diretamente:

- No objetivo social.
- Na definição das suas metas operativas.
- Em seu nível técnico-assistencial.
- Em sua estrutura organizacional.
- Em seus processos administrativos.

Os vários tipos de serviços de saúde, particularmente hospitais que se enquadram em tipos de gestão diferentes, têm em comum apenas o nome "hospital": na prática são empresas que administrativamente funcionam de forma diferente umas das outras.

Tipos de organização dos serviços de saúde
Organização dos serviços de saúde públicos

Quanto ao vínculo organizacional:

- Federal, vinculado ao Ministério da Saúde.
- Estadual ou distrital, vinculado à Secretaria Estadual ou Distrital de Saúde.
- Municipal, vinculado à Secretaria Municipal de Saúde.

Quanto ao enquadramento funcional:

- Independente.
- Vinculado à universidade.
- Vinculado à fundação específica.

Organização dos serviços de saúde privados

Quanto à composição societária:

- Sociedades anônimas.
- Sociedades por cotas limitadas.

Quanto ao vínculo:

- Independente.
- Vinculado à fundação específica.
- Vinculado à associação benemerente.

Tipos comuns de gestão
Serviço de saúde público

Totalmente inserido no contexto do SUS e, dessa forma, com seu orçamento definido pelo órgão do poder executivo ao qual se vincula (Ministério da Saúde, Secretaria Estadual da Saúde, Secretaria Distrital de Saúde ou Secretaria Municipal de Saúde), sua meta operativa é definida pelo poder executivo.

Tem como missão o atendimento básico de toda a população da região em que se localiza. Seus planos de expansão e modernização são definidos fora do âmbito da administração hospitalar, e sua gestão é totalmente sensível às endemias, epidemias e catástrofes naturais.

No caso de vínculo com universidade (p. ex., hospital universitário), além da influência da linha direta do poder político, deve se adequar às diretrizes acadêmicas, destinando parcela dos seus recursos para a formação de mão de obra, produção científica e manutenção da estrutura de ensino e pesquisa. Também deve prover ações coordenadas com outras universidades, sobretudo nos programas de desenvolvimento de âmbito nacional, definidos pelo Ministério da Saúde, e regional, definidos pelas secretarias estadual, distrital e/ou municipal.

Aos grandes hospitais públicos ainda são atribuídas funções específicas:

- Hospital sentinela, responsável pelo registro e controle de determinada doença de notificação compulsória, ou pelo controle de utilização de determinado insumo.
- Coordenação de grupos:
  - De homologação de fornecedores e/ou insumos.
  - De avaliação de técnicas assistenciais específicas.
- Controle de filas de doação, captação e destinação de órgãos.

O serviço de saúde público é sensível às mudanças de governo, que a cada eleição geralmente redefine o corpo diretivo e as metas de curto, médio e longo prazos.

Os serviços de saúde 100% públicos estão desaparecendo, tendendo a permanecer ativos apenas os que não podem oferecer ao mercado os mesmos serviços ofertados pelos hospitais privados aos associados/segurados de planos de saúde. Exemplo: Casa da AIDS São Paulo.

Em resumo, este tipo de gestão se preocupa exclusivamente com ações de saúde pública, e mantém-se no limite dos recursos financeiros para sua manutenção.

Serviço de saúde privado

Administrado como uma empresa de qualquer outro segmento de mercado, com metas de negócio necessárias para se manter e obter lucro, cumpre as normas governamentais, mas tem total liberdade de ação, captando e aplicando seus recursos da forma como julgar mais adequada.

Quando bem administradas, são empresas de alta rentabilidade, uma vez que captam recursos de diversas fontes:

- SUS e/ou particulares e/ou operadoras.
- Serviços educacionais.
- No caso de hospitais, exploração de serviços de apoio, como restaurantes, lojas e serviços de hotelaria.
- Patrocínio, publicidade e *merchandising*.

Diferente dos hospitais públicos, não se preocupa com questões de saúde pública, dando total atenção à resolutividade do atendimento dado ao paciente específico, e da relação comercial que mantém com operadoras, médicos e clientes.

Já existem no Brasil empresas constituídas como sociedades anônimas, mas são exceção: a regra são empresas por sociedade limitada. Exemplo: Clínica São Vicente Rio de Janeiro.

Concluindo, trata-se de uma atividade comercial como a de qualquer outro segmento de mercado, visando à maximização do lucro para remunerar o capital investido e formar reservas de investimento para contínuo desenvolvimento e modernização.

Serviço de saúde tipo organização social

Parceria estabelecida entre o governo e a iniciativa privada. O modelo mais adotado é aquele em que o governo entrega um hospital pertencente a ele, bem como os recursos financeiros necessários à sua manutenção para uma organização privada que se responsabilizará pela administração deste e pelo cumprimento das metas assistenciais definidas, em troca de benefícios fiscais.

A organização social (OS) tem total autonomia de gestão, sem a necessidade de licitar, de se envolver com questões da administração pública e nem ter de adotar o regime de funcionalismo público de servidores, trabalhando exclusivamente em regime CLT.

A OS não pode, porém, expandir ou modificar o patrimônio que lhe foi entregue sem autorização do poder público, inclusive se responsabilizando por eventuais danos que sua administração vier a causar.

Isso dá estabilidade administrativa ao serviço, porém inibe ações de desenvolvimento e modernização, da mesma forma que ocorre nos serviços 100% públicos.

Não pode também utilizar os recursos do serviço de saúde em benefício próprio, devendo seguir rigorosamente o plano operativo, em geral completamente aderente às necessidades do SUS da sua região. Exemplo: Hospital Estadual de Vila Alpina São Paulo – é uma parceria entre governo e iniciativa privada, na qual os recursos são do governo, a gestão é da iniciativa privada, e o foco são as ações de saúde pública da região.

Serviço de saúde público com porta 2

Destina 20% dos seus atendimentos para pacientes particulares e de operadoras de planos de saúde[2].

Esses atendimentos são controlados à parte, fora do SUS, e por essa razão não precisam se enquadrar na fila de atendimento do SUS. Além disso, é exigido que o pronto-socorro e as unidades de internação destinadas à porta 2 sejam totalmente separadas das do SUS, e a capacidade física seja identificada de forma simples. Por exemplo:

- Se o hospital tem mil leitos, somente 200 podem ser para particulares e conveniados.
- Se o pronto-socorro tem 10 salas, somente 2 podem ser para pacientes particulares e conveniados.

Já as unidades de alta complexidade geralmente não são separadas. Por exemplo: salas cirúrgicas, leitos de UTI, salas e equipamentos de exames são os mesmos para particulares, convênios e SUS, e assume-se que a limitação de leitos e consultórios é suficiente para manter a demanda de utilização nessas unidades proporcionalmente iguais às demais.

Um pouco diferente do serviço de saúde público, consegue captar algum recurso fora do sistema SUS. Esse recurso geralmente é administrado por uma fundação de direito privado, vinculada exclusivamente ao hospital. A fundação é que celebra os contratos com pacientes particulares e conveniados, sendo todas as contas (captação e pagamentos) controladas fora da administração pública, inclusive contabilidade e contas bancárias. Essa fundação, contando exclusivamente

---

2   Esse número pode chegar a 25%, dependendo de condições estabelecidas por lei.

com os recursos captados na operação porta 2, pode aplicar esses recursos (exclusivamente esses) da forma como julgar mais adequado; comprar sem licitação, desde que comprove que a aquisição se dará pelo uso exclusivo desses recursos; complementar salários de servidores, podendo, a qualquer momento, extinguir essa remuneração, desde que tudo seja feito de acordo com a Consolidação das Leis do Trabalho (CLT); e contratar empresas para prestação de serviços.

A organização divide-se em dois comandos que coexistem com dificuldade, uma vez que o do hospital geralmente está afeto à administração pública, sendo sensível aos eventos e movimentos desta, enquanto a fundação possui administração mais estável, sujeitando-se apenas às suas próprias movimentações políticas. Um exemplo é o Instituto de Psiquiatria da FMUSP (www.ipqhc.org.br).

Em resumo, esse tipo de gestão tem a mesma preocupação com a saúde pública dos hospitais 100% públicos, porém conta com um adicional de recursos financeiros que flexibiliza a administração, uma vez que o valor captado em um atendimento não SUS é muito maior do que o captado no mesmo atendimento SUS.

Serviço de saúde privado benemerente

Entidade de direito privado, geralmente criada por uma associação de pessoas que se propuseram a prestar benemerência para determinada população, por exemplo:

- Colônias de imigrantes que se estabeleceram no Brasil.
- Grupos religiosos.
- Pessoas da mais baixa camada socioeconômica.

Atuam como hospitais privados, mas destinam parte de sua capacidade para atendimentos gratuitos, por isso obtêm título de empresa de utilidade pública. Essa classificação lhes confere benefícios fiscais, teoricamente na mesma proporção do custo das ações de benemerência praticadas.

De modo geral, têm o mesmo objetivo social dos hospitais privados, porém especificamente na atividade benemerente que dá foco, sua atuação extrapola o objetivo maior do lucro e acaba exercendo papel fundamental nas ações de saúde pública relacionadas.

Por se tratar de empresa "sem dono" vinculada a uma associação, sua administração geralmente é feita por uma estrutura organizacional que tem total autonomia operacional, mas que deve prestar contas ao conselho que representa a associação fundadora (ou mantenedora). Exemplo: Hospital Santa Catarina (www.hsc.org.br).

Essa é a forma mais antiga de convênio entre o poder público e o setor privado no segmento da saúde, no qual os benefícios fiscais obtidos pela empresa privada são revertidos em atendimento público gratuito, que passa a ser inclusive um diferencial de *marketing* para ambas as partes.

Serviço de saúde próprio de operadora de planos de saúde

Geralmente trata-se de hospitais privados de propriedade das operadoras de planos de saúde do tipo medicina de grupo.

Criados para reduzir os custos da operadora junto à rede credenciada.

Seu foco são os atendimentos mais padronizados, em que a operadora consegue realizar os procedimentos. Exemplos:

- Maternidade.
- Atendimento clínico de pacientes crônicos.
- Atendimento assistencial aos pacientes terminais.

Com foco totalmente em redução de custos, são serviços de saúde de baixo desenvolvimento tecnológico.

Geralmente ficam totalmente à margem das ações de saúde pública, dando foco exclusivo ao resultado financeiro definido pela operadora, inclusive não prestando serviço para o SUS, pacientes particulares e de outras operadoras. Especificamente onde a operadora domina o mercado, com destaque para as Unimeds fora dos grandes centros metropolitanos, os serviços de saúde do tipo hospital acabam prestando serviço para operadoras de âmbito nacional, em especial às empresas de autogestão de funcionários da administração pública. Como exemplo, temos o Hospital e Maternidade São Joaquim Franca. São serviços de saúde com objetivo de redução de custos, procurando atuar dentro do que é considerado como mínimo necessário para a atenção à saúde no caso específico.

ORGANIZAÇÃO DO SISTEMA DE SAÚDE – RESUMO
Serviços de saúde

Basicamente, são divididos em públicos e privados, sendo que a saúde pública utiliza tanto os serviços públicos como os privados para tentar cumprir a missão definida pelo SUS. E a saúde suplementar é definida basicamente pelos serviços de saúde privados, e ocorre também nos hospitais públicos com porta 2.

Serviços de saúde públicos			Serviços de saúde privados		
Vínculo	Enquadramento funcional	Tipo	Composição societária	Vínculo	Tipo
Federal	Independente	Público	Sociedade anônima	Independente	Privado
Estadual	Vinculado à universidade	Público com porta 2	Sociedade por cota limitada	Vinculado à fundação específica	Privado benemerente
Municipal	Vinculado à fundação	Organização social		Vinculado à associação benemerente	Próprio de operadora

Figura 1.7 Fatores que diferenciam a gestão e atuação dos serviços de saúde no mercado.

Para modernizar o atendimento à população, o governo tem buscado parceria com a área privada também na formação de organizações sociais, geridas pela iniciativa privada mas com recursos do governo para administrar hospitais públicos.

A saúde suplementar existe apenas porque o governo não consegue cumprir a missão definida pelo SUS.

Particularmente em relação aos hospitais, apesar de terem o mesmo nome (hospital), são geridos de forma totalmente diferente dependendo do seu vínculo com a entidade controladora; do seu enquadramento funcional ou missão social; da sua composição societária; do seu tipo; e da sua localização geográfica. Isso faz com que ele se relacione de forma muito diferente com seus clientes, colaboradores, fornecedores e fontes pagadoras.

Operadora de plano de saúde

Apesar de todas prestarem ao usuário (ou segurado ou associado) o mesmo serviço, ou seja, oferecerem uma rede credenciada para atenção à saúde, diferenciam-se muito em relação à forma de atuação no mercado.

Seguradoras

Para as seguradoras, a saúde geralmente é apenas um entre os diversos segmentos em que atua (vida, previdência, automóvel, residência etc.). Dessa maneira, o plano de saúde é uma operação financeira que deve dar lucro. Atuam para o público geral, mas com foco em contratos com empresas que compram seus serviços para oferecer aos seus funcionários. Algumas seguradoras também têm foco na venda direta ao segurado.

Medicina de grupo

Geralmente só atuam no segmento da saúde. Também é uma operação financeira, como no caso das seguradoras. Atuam também para o público geral, porém com mais foco na venda direta ao segurado.

Empresas de autogestão

Existem para prestar assistência médica a um grupo específico de pessoas. Não é uma operação financeira, e sua principal diferença em relação à seguradora e a medicina de grupo é que atua também na prevenção, como forma de reduzir custos a longo prazo.

Cooperativas

Atuam de forma similar à medicina de grupo, a grande diferença é que, por ser uma associação de profissionais de saúde, também zelam pelo desenvol-

Organização do sistema de saúde no Brasil 35

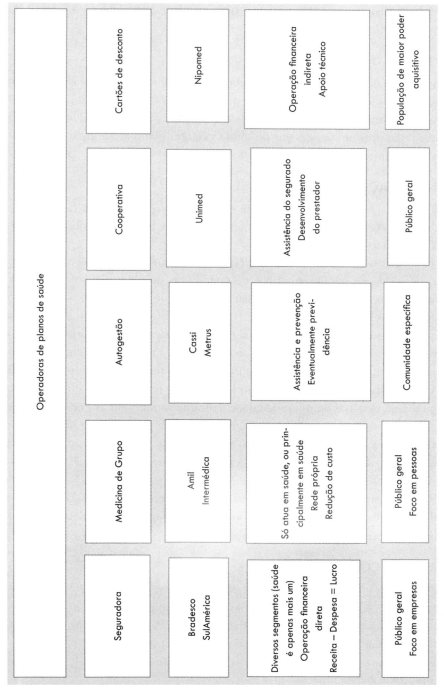

Figura 1.8 Características dos principais tipos de operadoras de planos de saúde.

vimento profissional dos cooperados, que, em última instância, são donos da cooperativa.

Cartões de desconto

Nem se pode classificar como operadora de plano de saúde, uma vez que atuam basicamente garantindo preço menor quando o associado necessita do serviço. Geralmente atua com foco na faixa da população com maior poder aquisitivo. Aqueles que utilizam os serviços de saúde não têm plano de saúde e têm condições de pagar pelo atendimento.

CONSIDERAÇÕES FINAIS

Esta classificação é teórica, não existe regulamento que enquadre todas, e que as obrigue a atuar no mercado fundamentalmente de forma diferente na relação com os serviços de saúde.

Entender o conceito da diferença que existe entre os diversos tipos de serviços de saúde e os inúmeros tipos de operadoras de plano de saúde é fundamental para o administrador hospitalar, uma vez que não se pode tomar como modelo de melhor prática algo que é feito em um hospital público e levar para um privado, ou vice-versa. Desse modo, não é possível imaginar que uma ação de sucesso do hospital junto a uma seguradora terá o mesmo resultado se conduzido para uma empresa de autogestão, da mesma forma que não se pode replicar uma prática administrativa em um hospital que tem um dono em um outro hospital cuja gestão é de uma sociedade anônima sem avaliar as consequências, que certamente serão significativas. Uma operadora também não pode aplicar as mesmas regras de credenciamento para todos os serviços de saúde da sua rede sem considerar as principais características deles, e enquadrar as ações de acordo com elas.

O administrador hospitalar deve estar atento às características do serviço de saúde e às características das operadoras e fontes pagadoras envolvidas para se certificar que terá sucesso em alguma ação.

SITES PARA CONSULTA

ANS – Agência Nacional de Saúde Suplementar (www.ans.gov.br)
Aficamp – Associação de Fisioterapeutas de Campinas (www.aficamp.org.br)
Ahesp – Associação dos Hospitais do Estado de São Paulo (www.ahesp.com.br)
Amil – Assistência Médica Internacional (www.amil.com.br)
Apfisio – Associação Paranaense de Empresas Prestadoras de Serviços de Fisioterapia (www.apfisio.org)

Assefaz – Fundação Assefaz (www.assefaz.org.br)
Bradesco Saúde (www.bradescosaude.com.br)
Casa da Aids São Paulo (www.aids.gov.br/endereco/casa-da-aids)
Centro de Oncologia e Radioterapia Cuiabá (www.centronrad.com.br)
CFM – Conselho Federal de Medicina (www.cfm.org.br)
CFN – Conselho Federal de Nutricionistas (www.cfn.org.br)
CFO – Conselho Federal de Odontologia (www.cfo.org.br)
Clínica São Vicente Rio de Janeiro (www.clinicasaovicente.com.br)
Cofen – (www.cofen.gov.br)
Coffito – Conselho Federal de Fisioterapia e Terapia Ocupacional (www.coffito.org.br)
Conselho Federal de Psicologia (www.pol.org.br)
Coren-RJ – Conselho Regional de Enfermagem do Rio de Janeiro (www.coren-rj.org.br)
CRM-MG – Conselho Regional de Medicina de Minas Gerais (www.crmmg.org.br)
CRN5 – Conselho Regional de Nutricionistas 5ª Região – Bahia e Sergipe (www.crn5.org.br)
CRO-DF – Conselho Regional de Odontologia do Distrito Federal (www.cro-df.org.br)
Fehosp – Federação das Santas Casas e Hospitais Beneficentes do Estado de São Paulo (www.fehosp.com.br)
Fenafar – Federação Nacional de Farmacêuticos (www.fenafar.org.br)
Fleury Medicina e Saúde (www.fleury.com.br)
Grupo Santa Casa de Belo Horizonte (www.santacasabh.org.br)
Hermes Pardini (www.hermespardini.com.br)
Hospital AC Camargo – Hospital do Câncer de São Paulo (www.accamargo.org.br)
Hospital Albert Einstein – Sociedade Beneficente Israelita Brasileira (www.einstein.br)
Hospital Auxiliar de Suzano HCFMUSP (www.hcnet.usp.br/haux/has)
Hospital e Maternidade São Joaquim Franca (www.saojoaquimhospital.com.br)
Instituto de Tratamento do Câncer Infantil (www.itaci-fc.org.br)
Hospital Santa Catarina (www.hsc.org.br)
InCor – Instituto do Coração HCFMUSP (www.incor.usp.br)
Instituto de Psiquiatria HCFMUSP (www.ipqhc.org.br)
Instituto Halsted de Quimioterapia Curitiba (www.institutohalsted.com.br)
Metrus – Instituto de Seguridade Social (www.metrus.org.br)
Nipomed Sistema de Saúde (www.nipomed.com)

Omint (www.omint.com.br)

Pronto-socorro Infantil Unimed Manaus (www.unimedmanaus.com.br)

Pronto-socorro Santa Marcelina São Paulo (www.santamarcelina.org/sm/ps.asp)

Sindhosp – Sindicato (www.sindhosp.com.br)

Sindifarma – Sindicato (www.sindifarma.com.br)

Sinfar – Sindicato de Farmacêuticos do Estado de São Paulo (www.sinfar.org.br)

SulAmérica Saúde (www.sulamericasaudesa.com.br)

Susep – (www.susep.gov.br)

Unimed Porto Alegre (www.unimedpoa.com.br)

Uniodonto (www.uniodonto.com.br)

2 Financiamento do sistema de saúde no Brasil

INTRODUÇÃO

Assim como qualquer atividade social, este complexo sistema chamado saúde necessita de recursos financeiros para subsistir.

Na essência, quem paga pelo serviço é a própria população: por meio dos impostos que financiam o Sistema Único de Saúde (SUS); comprando serviços de uma operadora de planos de saúde, ou simplesmente pagando diretamente a conta apresentada por esses serviços. Basicamente, o recurso financeiro chega ao serviço de saúde por uma dessas três vias.

Após entender como se organiza o sistema de saúde, fica mais fácil para o administrador hospitalar posicionar-se como serviço de saúde no contexto, compreender os tipos de atendimento prestado e fazer a gestão da captação dos recursos necessários para viabilizar sua empresa e fazer com que ela se mantenha competitiva em relação à concorrência.

O segmento público trabalha com metas, que quando ultrapassadas não significam maior remuneração, ou seja, cumprindo ou extrapolando a meta, a remuneração permanece a mesma. Na verdade, não cumprir a meta, na maioria absoluta dos casos, também pode significar a mesma remuneração. Dessa forma, o hospital público concorre com os demais procurando não absorver mais atendimentos, ou seja, tentando evitar que o paciente que pode ser atendido nos demais não seja encaminhado a ele. No segmento público, o papel da concorrência é não fazer com que o serviço a ser prestado pelo outro seja encaminhado a você. O não equilíbrio da carga de atendimento em relação à capacidade do hospital prejudica a população (e a saúde pública). A ocorrência de superlotação causa estresse social e envolve diversos escalões da administração pública, prejudicando a imagem do administrador hospitalar e a estrutura política (poder executivo) à qual este se vincula.

Já no segmento privado acontece o inverso. Como os recursos são consequência direta do volume de atendimento, e a empresa privada tem flexibilidade para se adaptar à demanda de forma independente, o serviço de saúde busca constantemente fazer com que o serviço que deveria ser prestado pelo concorrente seja direcionado para ele. A eventual superlotação no serviço hospitalar privado é, na verdade, o sonho de qualquer administrador hospitalar.

Vamos então discutir como os serviços de saúde são organizados para prestar o atendimento, e como os recursos financeiros chegam para que ele se viabilize.

CLASSIFICAÇÃO DO ATENDIMENTO
Hierarquização da atenção à saúde

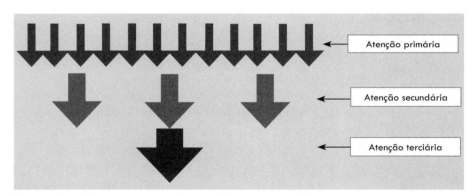

Figura 2.1 Hierarquização do atendimento em saúde.

A prevenção e promoção da saúde são hierarquizadas em três níveis de atenção, de acordo com a complexidade dos procedimentos. Os serviços de saúde são classificados de acordo com o nível de complexidade dos procedimentos que executa. Dessa forma, o resultado que o serviço de saúde pode gerar é maximizado, os profissionais e serviços de saúde não são exigidos a realizar procedimentos acima da sua capacidade técnica, e os serviços de saúde que executam procedimentos de maior complexidade não ficam sobrecarregados com atendimentos de menor complexidade. Os serviços públicos são organizados fisicamente dessa maneira.

Os serviços privados, que não têm foco na saúde pública, não se organizam assim, mas, quando remunerados pelo SUS, recebem o repasse de acordo com o enquadramento do procedimento nessa classificação. Os planos de saúde autorizam procedimentos de maior complexidade apenas quando o segurado/associado teve encaminhamento dos serviços de atenção de menor complexidade. Assim, reduzem-se os custos de procedimentos de maior complexidade, cujo custo é maior, quando o caso pode ser tratado em serviços de menor complexidade, que possuem menor custo.

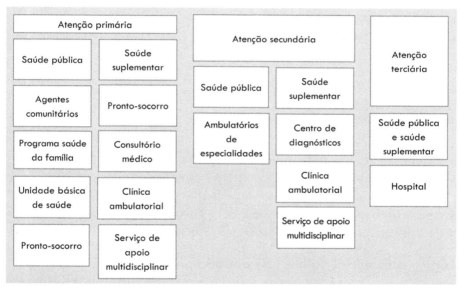

Figura 2.2 Hierarquização do atendimento em saúde.

Atenção primária

Executada pelos serviços que controlam a saúde geral do paciente, são os serviços de maior capilaridade (maior quantidade) existentes no sistema de saúde.

Atenção primária em saúde pública

São os agentes comunitários, no que se refere às ações que acontecem no próprio domicílio (ou comunidade) da população, por exemplo, as ações relacionadas às campanhas de vacinação, controle sanitário e combate a epidemias.

Há também o Programa Saúde da Família, no que se refere a esse tipo de assistência, como: consultas médicas e procedimentos especializados para portadores de necessidades especiais (enfermagem, fisioterapia etc.). Esse programa só se viabiliza com a união do profissional assistencial, que domina a técnica (ou especialização), ao agente comunitário, que conhece as condições, necessidades e dificuldades da população (ou comunidade) que representa.

Temos também as unidades básicas de saúde (ou postos de saúde) no que se refere aos procedimentos em que a população se desloca para o serviço básico de saúde, por exemplo:

- Consultas com clínico-geral, pediatra, geriatra, infectologista, psicólogo, dentista, nutricionista e outros profissionais que executam procedimentos ambulatoriais de baixo custo, de acordo com a vacinação.
- Coleta de exames laboratoriais.
- Exames de radiologia geral convencional.

Os pronto-socorros, por sua vez, atuam nos atendimentos de urgência e emergência.

Atenção primária em saúde suplementar

- Pronto-socorros, no que se refere aos atendimentos de urgência e emergência.
- Consultórios, no que se refere às consultas com médicos e dentistas.
- Clínicas ambulatoriais, no que se refere às consultas e procedimentos ambulatoriais de baixa complexidade realizados por médicos e dentistas.
- Serviços de apoio multidisciplinares, no que se refere às consultas e procedimentos de baixa complexidade realizados por profissionais de outras especializações.

Lógica assistencial do nível de atenção primária

Primeiramente, faz-se a constituição do histórico (prontuário) do paciente. Em seguida, passa-se à interação nos casos em que haja necessidade de o serviço de saúde atuar no próprio domicílio do paciente.

Apenas quando necessário, faz-se o encaminhamento do paciente para os níveis de atenção de maior complexidade, de forma assertiva para a especialidade adequada, evitando desconforto para este e desperdício de recursos para os demais tipos de serviços de saúde.

Especialmente na área pública, nos casos de doenças sociais[1], deve-se:

---

1   Doenças transmissíveis, especialmente através do ato sexual (p. ex.: Aids e doenças venéreas), e casos de dependência química ou psíquica (p. ex.: álcool, drogas, compulsões).

- Dar atenção à comunidade em que o paciente se insere, evitando que a doença se propague.
- Evitar que o paciente deixe de ser tratado em razão da publicidade inadequada do seu caso.

Em saúde suplementar é comum que o paciente acesse diretamente o médico de especialidade, sem encaminhamento do generalista.

Atenção secundária

Executada pelos serviços dotados de competência técnica e operacional para a realização de procedimentos de maior complexidade.

Atendimento que necessita de maior especialização, mas não tem como foco os pacientes em situação aguda.

Em saúde pública – ambulatórios de especialidades

Realizam consultas e procedimentos ambulatoriais com médicos de especialidades não generalistas. Por exemplo, oftalmologia, oncologia e cardiologia.

Também são responsáveis por consultas e procedimentos ambulatoriais com profissionais de especialidades não médicas. Por exemplo: ortodontia e nutrição.

- Podem ser locais onde são feitos tratamentos contínuos:
  - Quimioterapia, radioterapia e outras terapias baseadas em seções programadas.
  - Hemodiálise e outros procedimentos terapêuticos necessários aos pacientes crônicos.
  - Fisioterapia, fisiatria e outros procedimentos utilizados em reabilitação física e psíquica.
  - Terapia ocupacional e outros procedimentos utilizados em reabilitação e inclusão social do indivíduo.
- Nos ambulatórios de especialidades, também são feitos exames para diagnóstico:
  - Laboratório clínico, anatomia patológica e outros de investigação de amostras e peças.
  - Radiologia convencional, tomografia computadorizada (TC), ressonância nuclear magnética (RNM), ultrassonografia, radiologia vascular e outros que utilizam imagem.
  - Eletrocardiograma, ecocardiograma, medicina do sono e outros que utilizam captação de sinais.

44 Administração hospitalar no Brasil

    ❑ Teste ergométrico, Holter e outros que analisam registros contínuos de sinais vitais.

Em saúde suplementar

Centro de diagnósticos, no que se refere a exames para diagnóstico:

- Laboratório clínico, anatomia patológica e outros de investigação de amostras e peças.
- Radiologia convencional, TC, RNM, ultrassonografia, radiologia vascular e outros que utilizam imagem.
- Eletrocardiograma, ecocardiograma, medicina do sono e outros que utilizam captação de sinais.
- Teste ergométrico, Holter e outros que analisam registros contínuos de sinais vitais.

Clínicas ambulatoriais, no que se refere a consultas e procedimentos ambulatoriais com médicos de especialidades não generalistas. Por exemplo: oftalmologia, oncologia e cardiologia.

Também no que se refere a tratamentos contínuos:

- Quimioterapia, radioterapia e outras terapias baseadas em sessões programadas.
- Hemodiálise e outros procedimentos terapêuticos necessários aos pacientes crônicos.
- Fisioterapia, fisiatria e outros procedimentos utilizados em reabilitação física e psíquica.
- Terapia ocupacional e outros procedimentos utilizados em reabilitação e inclusão social do indivíduo.

Serviços de apoio multidisciplinares, no que se refere aos procedimentos ambulatoriais realizados por profissionais de especialidades não médicas. Por exemplo: ortodontia e nutrição.

Lógica assistencial do nível de atenção secundária

Executar os principais serviços de diagnóstico e tratamento de pacientes, que não se encontram em situação aguda, em serviços especializados e salas ambulatoriais específicas.

Já no caso de pacientes em situação aguda, prestar serviços de apoio ao diagnóstico e tratamento.

Na saúde suplementar, a atenção secundária também é prestada pelos mesmos serviços de saúde de atenção primária, porém em outra porta de entrada. Por exemplo: centros de diagnóstico anexos aos hospitais.

Atenção terciária

Executada pelos serviços dotados de competência técnica e operacional para a realização de procedimentos de alta complexidade.

São atendimentos que geralmente acontecem em hospitais gerais e especializados.

Casos de pacientes em estado agudo:

- Transplantes.
- Cirurgias.
- Terapia intensiva e semi-intensiva.
- Isolamento.
- Internação para terapia e estabilização de quadro clínico.

Casos de pacientes em estado crônico:

- Internações em casos de pacientes com quadro terminal;
- Internações em casos de pacientes que necessitam de terapia para atingir estado favorável para cirurgia. Por exemplo: redução de peso para pacientes em estado de obesidade mórbida.

A lógica assistencial do nível de atenção terciário desenvolve-se da seguinte maneira: trata-se de procedimentos que exigem o envolvimento de diversas especialidades e elevado volume de procedimentos e insumos, são prestados por serviços de saúde de alto custo, especialmente os fixos. Por essa razão, os níveis de atenção primária e secundária devem funcionar como filtros, de modo que somente os casos que realmente necessitem desse tipo de atendimento cheguem ao serviço.

TIPOS DE ATENDIMENTO HOSPITALAR

O tipo de atendimento é a base para todo o sistema de remuneração dos serviços de saúde.

Cada tipo de atendimento é definido segundo o nível de atenção básica que será dado ao paciente, além de definir os procedimentos básicos esperados para o caso e os denominadores dos indicadores para efeitos estatísticos, tanto na área pública como na iniciativa privada.

Em relação ao tipo, existem fluxos clássicos de atendimento representados pelas linhas da Figura 2.3:

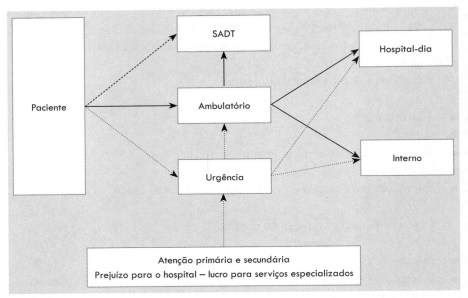

Figura 2.3 Tipos de atendimento.

- A linha contínua representa o fluxo eletivo, em que o paciente não se encontra em quadro de urgência ou emergência, passa pela etapa de atendimento ambulatorial, a qual eventualmente pode se transformar em internação (ou hospital-dia).
- A linha tracejada é uma consequência do atendimento ambulatorial, na qual o paciente, por consequência do atendimento ambulatorial, passa pela etapa de atendimento tipo Serviço de Apoio ao Diagnóstico e Tratamento (SADT) para a realização de exames.
- A linha pontilhada representa o fluxo não eletivo, em que o paciente se encontra em quadro de urgência ou emergência e, portanto, passa pela etapa de atendimento tipo urgência, que pode se transformar em internação (ou hospital-dia) ou encaminhamento para atendimento ambulatorial.

Atendimento tipo interno

Atendimento em que o paciente pernoita no serviço de saúde (fica internado). Trata-se do tipo mais oneroso, uma vez que o simples fato de o paciente se hospedar no serviço de saúde exige suportes de hotelaria como higiene, alimentação e acomodação.

A internação atribui ao serviço de saúde a responsabilidade sobre sua vida no período de tempo compreendido entre a admissão (entrada) e a alta (saída). Essa responsabilidade exige o envolvimento de profissionais de diversas disciplinas, o que contribui para o aumento do custo do atendimento.

Para completar o cenário, esse tipo de atendimento é indicado no nível de atenção terciária, em que os procedimentos assistenciais são mais complexos e, consequentemente, mais caros.

Para ser considerado como atendimento interno é necessário que o paciente permaneça por mais de 12 horas no serviço de saúde.

Os atendimentos internos são classificados em dois tipos:

- Cirúrgico, quando a internação foi indicada para a realização de um procedimento desse tipo.
- Clínico, quando a internação foi indicada para procedimentos de terapia clínica, sem a realização de procedimentos cirúrgicos.

É comum que o atendimento seja iniciado como cirúrgico e transforme-se em clínico ou vice-versa, por consequência de um fato inesperado, chamado intercorrência, que muda o plano de cuidados, e pode ser de dois tipos. O primeiro é a mudança de quadro, de doença principal ou reação adversa do paciente ao planejamento assistencial que originou a internação; e o segundo, problema técnico ou operacional do serviço de saúde que impede a realização do planejamento definido para o paciente.

Independentemente dos outros registros realizados pelo serviço de saúde, a internação inicia-se quando o paciente é alocado no leito, e é encerrado quando o médico registra a alta. O tempo entre a recepção do paciente e a alocação no leito, e entre a alta médica e a saída do leito são perdas operacionais do serviço de saúde, não devendo ser computadas como tempo de internação.

As principais razões para a indicação de um atendimento tipo internação são:

- O tempo de realização dos procedimentos (cirúrgicos e clínicos) ultrapassa o período de 12 horas.
- O tempo de recuperação do paciente aos procedimentos realizados ultrapassa 12 horas.
- O procedimento a ser realizado está associado a risco de utilização de salas especiais de terapia intensiva, recuperação pós-anestésica ou cirurgia.

As internações ocorrem seguindo dois tipos de fluxo: eletivo e de urgência. No primeiro, a internação é planejada, e o paciente não se encontra em quadro de urgência ou emergência a ponto de ter que ser internado inesperadamente; já no segundo, a internação é sequência (ou seguimento) de um atendimento do tipo emergência.

Nos atendimentos eletivos, são realizados agendamentos prévios tanto da internação como da cirurgia; mas nos atendimentos não eletivos, as cirurgias são agendadas em regime de urgência, como encaixes em horários disponíveis nas salas cirúrgicas, ou em horários extraordinários.

Esse tipo de atendimento interno obriga o serviço de saúde a agir de acordo com as normas dos conselhos de profissionais assistenciais envolvidos no atendimento: registrar a admissão e a alta e manter guarda do prontuário médico do paciente com todos os registros assistenciais do atendimento.

Sua rentabilidade está associada à complexidade dos procedimentos: existe equilíbrio entre o custo fixo e o variável. Quanto maior o volume de procedimentos, quanto mais agudo o estado do paciente, maior a lucratividade.

Atendimento do tipo hospital-dia

Variação do atendimento tipo interno: estatisticamente o paciente ficará internado por um período de tempo menor que 24 horas.

Para todos os efeitos, o atendimento entra nas estatísticas de internação, já que o serviço de saúde é tão responsável pelo paciente durante um atendimento tipo hospital-dia quanto o hospital de internação. Valem para os atendimentos tipo hospital-dia praticamente todas as regras do atendimento tipo interno, exceto os descritos em contrário no termo de registro.

Os atendimentos tipo hospital-dia são classificados em dois tipos:

- Cirúrgico: a internação é indicada para a realização de um procedimento desse tipo. Os mais comuns são cirurgias plásticas para estética de baixa complexidade e cirurgias para extração de corpo estranho, ou peças para biópsia de baixa complexidade.
- Clínico: a internação é indicada para procedimentos de terapia clínica, sem a realização de procedimentos cirúrgicos. Os mais comuns são quimioterapia em pacientes cardiopatas; hemofílicos ou acometidos de outras patologias que requerem atenção especial; e medicação para pacientes crônicos que necessitam de assistência mecânico-ventilatória.

As principais razões para a indicação de um atendimento do tipo hospital-dia são:

- Tempo de realização dos procedimentos (cirúrgicos e clínicos) inferior a 24 horas.
- Tempo de recuperação do paciente aos procedimentos realizados inferior a 24 horas.
- Procedimento a ser realizado está associado a risco de utilização de salas especiais de terapia intensiva, recuperação pós-anestésica ou cirurgia.

Os atendimentos do tipo hospital-dia ocorrem seguindo dois tipos de fluxo: eletivo e de urgência, quando a internação é planejada. O paciente não se encontra em quadro de urgência ou emergência a ponto de ter que ser internado inesperadamente. Urgência, quando a internação é sequência (ou seguimento) de um atendimento tipo emergência.

Nos demais aspectos, o atendimento tipo hospital-dia é idêntico ao do atendimento tipo interno e sua rentabilidade está associada aos protocolos. O serviço de saúde utiliza hospital-dia para maximizar o retorno sobre o custo fixo, reduzindo a ociosidade. Quanto mais previsível o custo variável associado a ele, melhor a formação do preço e, consequentemente, melhor a lucratividade.

Atendimento do tipo urgência

Atendimento que ocorre de forma inesperada (não agendado ou não eletivo) quando o paciente está correndo risco de morte ou está acometido de incômodo (ou dor) não suportável.

Incluem-se nessa categoria:

- O resgate do paciente do seu domicílio (ou local onde tenha sofrido acidente ou mal súbito) até o pronto-socorro.
- O transporte do paciente do pronto-socorro para um serviço de saúde que tenha condições técnico-operacionais para dar seguimento ao atendimento.
- Ausência de competência do serviço de saúde em prestar o serviço necessário.
- Decisão do paciente, responsável ou médico.

Por definição, o tempo máximo de um atendimento de urgência não pode ultrapassar 12 horas. Caso haja necessidade de seguimento após este período, é necessário internar o paciente (transferir o paciente para um atendimento do tipo interno ou hospital-dia).

Por definição, não podem fazer parte do atendimento de urgência procedimentos cirúrgicos ou clínicos que ultrapassem o período de 12 horas. Existem exceções regulamentadas para ministração de medicamentos cuja avaliação de resolutividade ultrapassa esse tempo. Há também resoluções específicas para realização de procedimentos que exigem retorno ao pronto-socorro após esse período.

Independentemente dos outros registros realizados pelo serviço de saúde, o atendimento em pronto-socorro: inicia-se quando o paciente recebe o primeiro contato com um profissional assistencial (médico ou enfermagem) e encerra-se quando o médico registra a alta. O tempo entre a recepção do paciente e o contato assistencial, e entre a alta médica e a saída do pronto-socorro são perdas operacionais do serviço de saúde, não devendo ser computadas como tempo de atendimento.

Esse tipo de atendimento obriga o serviço de saúde a agir de acordo com as normas dos conselhos de profissionais assistenciais envolvidos no atendimento: registrar a admissão e a alta e manter guarda do prontuário médico do paciente com todos os registros assistenciais do atendimento.

Sua rentabilidade está associada ao número de atendimentos que se transformarão em atendimentos tipo internação e/ou ambulatoriais, já que o custo fixo do pronto-socorro é elevado e, portanto, os atendimentos de pronto-socorro não são rentáveis. Geralmente assume-se a baixa lucratividade do pronto-socorro em função do retorno que será obtido no encaminhamento.

Atendimento do tipo SADT

O atendimento do tipo SADT é pontual, específico para realização de exames. É executado por centros de diagnóstico. No Brasil existem grandes empresas explorando essa atividade, inclusive os hospitais dos grandes centros urbanos (públicos com porta 2 e privados).

O atendimento geralmente é agendado (exceto no caso de exames laboratoriais e de radiologia geral de rotina). Os exames mais usuais são:

- Anatomia patológica.
- Ecocardiograma.
- Eletroencefalograma.
- Eletrocardiograma.
- Laboratório clínico.
- Medicina do sono.
- Medicina nuclear.
- Radiologia geral (radiografia).
- RNM.
- Teste de esforço.

- TC.
- Ultrassonografia.

Não existe tempo ou prazo entre o início e o término do atendimento. Inicia-se quando o registro do paciente é feito na recepção e termina quando a última etapa do último exame é executada.

Não existe alta, e o laudo geralmente é gerado após o atendimento.

Esse tipo de atendimento não gera prontuário (não cria vínculo entre o paciente e o serviço de saúde), mas obriga o serviço de saúde a manter registro dos dados a seguir:

- Da data e hora do atendimento, com identificação clara do paciente.
- De diversos tipos de registro, dependendo do tipo de exame. Por exemplo:
  - Carga de radiação a que o paciente foi submetido.
  - Nome legível nas etiquetas de identificação de tubos de coleta.
  - Do laudo entregue ao paciente e do registro da data de entrega e responsável pela guarda.
  - Especificamente nos casos de exames laboratoriais, guarda da amostra em local adequado para eventual reanálise.

É o tipo de atendimento em saúde mais simples e sua rentabilidade está associada à escala. A maior parcela do custo do SADT é fixa, portanto, quanto maior o volume de exames realizados, melhor a lucratividade.

Atendimento do tipo ambulatorial

Abrange todos os atendimentos que não se enquadram nos demais tipos.

Caracteriza-se pelo fato de o paciente manter vínculo com o serviço de saúde, sem que seja em decorrência de urgência ou internação.

Os mais usuais são:

- Consultas com médicos ou outros profissionais de saúde.
- Pequenos procedimentos que não necessitam do aparato de um centro cirúrgico para realização.
- Tratamentos contínuos que não exigem internação do paciente, mas estabelecem vínculo entre ele e o serviço de saúde. Por exemplo:
  - Quimioterapia.
  - Radioterapia.
  - Hemodiálise.

Alguns serviços de saúde são equipados com salas cirúrgicas denominadas "salas para cirurgia ambulatorial", mas não existe norma para definir o que pode diferenciar uma sala cirúrgica normal e uma ambulatorial.

O tempo de um atendimento ambulatorial pode ser de alguns minutos, no caso de consulta sem seguimento, ou de meses, como no de tratamentos de oncologia clínica (combinando a atenção do médico oncologista e as sessões de quimio e radioterapia).

A regra básica é a de que o atendimento se inicia no registro e termina com a alta médica referente aos procedimentos do diagnóstico que originou o atendimento.

Esse atendimento gera prontuário e obriga o serviço de saúde a manter a guarda, de forma organizada, de todos os registros administrativos referentes à admissão e estada do paciente no serviço de saúde, e de todos os registros assistenciais produzidos.

Sua rentabilidade está associada proporcionalmente ao volume de atendimento, já que o custo fixo do ambulatório é menor do que o custo variável, e a lucratividade está diretamente relacionada ao volume de atendimento.

SAÚDE PÚBLICA
Financiamento do SUS

A captação, a aplicação e o repasse de recursos originados pelos tributos ocorrem da seguinte maneira: a distribuição dos recursos é descrita pelas próprias Constituições federal, estadual, distrital e municipal, que definem a forma a ser seguida, e pelas leis complementares, que definem os percentuais em relação ao produto bruto da arrecadação. Os impostos e contribuições são captados pelo Poder Executivo federal, estadual, distrital ou municipal, conforme sua competência (linha grossa da Figura 2.4).

Do que é captado pela União por meio dos tributos federais, uma parte é repassada para os estados e o Distrito Federal (linha cinza da Figura) e outra é destinada aos serviços e ações públicas de saúde do âmbito federal (linha pontilhada da Figura 2.4).

Do que é captado pelos estados e pelo Distrito Federal com os tributos estaduais e distritais, somado ao repasse do governo federal, uma parte é repassada aos municípios de sua jurisdição (linha contínua da Figura 2.4) e outra é destinada aos serviços e ações públicas de saúde do âmbito estadual ou distrital (linha pontilhada da Figura 2.4).

Do que é captado pelos municípios com os tributos municipais, mais o repasse do governo estadual ou distrital, parte é destinada aos serviços e ações públicas de saúde do âmbito municipal (linha contínua da Figura 2.4).

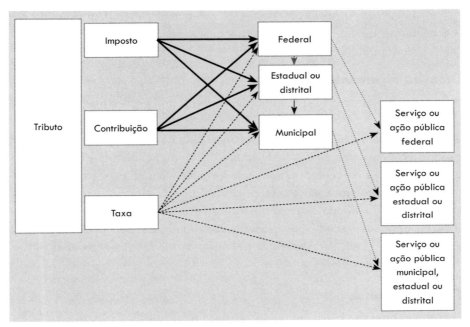

Figura 2.4 Financiamento do sistema SUS.

As taxas podem ser captadas pelo governo, caso a contrapartida ao contribuinte seja prestada diretamente pelo Ministério da Saúde, ou pelas secretarias estaduais, distrital ou municipais de saúde; ou pelo próprio serviço de saúde, caso a contrapartida seja prestada diretamente por ele.

Outras formas de captação são:

- Recursos extraorçamentários originados por programas sociais específicos, a saber:
  - Em situações de catástrofe climática, para ações de vigilância sanitária;
  - Em situações de epidemia, quebra de estoques de medicamentos ou outros eventos não previstos no planejamento;
  - Na destinação de recursos específicos de órgãos financiadores, a título de subvenção (p. ex.: Finep, Fapesp).
- Recursos por meio de convênios com a iniciativa privada em troca de prestação de serviços específicos, a saber:
  - Homologação de equipamentos e insumos hospitalares fabricados no exterior;

□ Recursos por meio de convênios com outros países. Um exemplo é o fornecimento de vagas para residência médica para estrangeiros em serviços públicos brasileiros.

Dotação orçamentária básica

Na prática, no mínimo 15% da arrecadação dos tributos é destinada à saúde no Brasil.

O Brasil é um dos países de maior carga tributária, além de ser uma das dez maiores economias mundiais. Se levarmos em conta também que a lei obriga a destinação dessa porcentagem dos recursos para a saúde, pode-se afirmar que o Brasil é um dos cinco países com maior volume de recursos para aplicar em saúde pública do mundo. No entanto, existe falha na apropriação adequada dos recursos nessa área, sendo que é atribuição da administração hospitalar pública a fiscalização e dotação orçamentária correta, de modo que os recursos sejam entregues onde devem chegar.

Tipos de tributos

O sistema tributário brasileiro prevê três tipos de tributos:

- Imposto:
    □ Valor arrecadado a partir de determinada origem de receita, cuja destinação não é específica.
    □ O governo arrecada o recurso e faz uso dele da forma como lhe for mais adequada, respeitando algumas regras definidas em lei, na saúde pública.
    □ O imposto é devido pelo contribuinte (empresa ou indivíduo), independentemente de sua vontade.
    □ Não existe contrapartida definida ao contribuinte em relação ao valor arrecadado: existe a contrapartida em relação à sociedade, mas não diretamente proporcional ao contribuinte em específico.
    □ Exemplo: todos os proprietários de imóvel urbano pagam o Imposto sobre Propriedade Territorial Urbana (IPTU), mas o dinheiro arrecadado pode ser utilizado pelo governo para qualquer finalidade, mesmo que não se relacione a benefício aos proprietários de imóvel.
- Taxa:
    □ Valor arrecadado especificamente em troca de um produto ou serviço prestado pelo governo;

- A contrapartida é direta para o contribuinte em específico: a taxa é paga em troca de algum benefício que será concedido a ele.
- Exemplo: os proprietários de empresas pagam a taxa de fiscalização de empresas (TFE), e o valor arrecadado é correspondente ao serviço de fiscalização prestado pelo governo.
- Contribuição:
  - Valor arrecadado para uma determinada finalidade, embora não necessariamente seja em benefício direto para o contribuinte;
  - O governo estabelece uma contribuição para aplicar o recurso em algo e não pode utilizar esse recurso para outra finalidade.
  - Exemplo: contribuição social ao Instituto Nacional de Seguridade Social (INSS), paga pelas empresas e pelos trabalhadores. Os recursos provenientes dessa contribuição só podem ser utilizados pelo INSS para ações de seguridade social (previdência social, assistência social e saúde).

Regras básicas de formação dos tributos:

- Os impostos são definidos em função de um fato gerador:
  - Não pode haver dois impostos em relação a um mesmo fato gerador. Por exemplo, não pode haver dois impostos sobre a circulação de mercadorias.
  - Havendo incidência de dois impostos sobre o mesmo fato gerador é configurada a bitributação, podendo o contribuinte exigir restituição.
  - As taxas são definidas em função de uma única contrapartida ao contribuinte, mesmo que se refiram à mesma origem (ou fato gerador). Por exemplo, pode ser cobrada uma taxa de saneamento e uma taxa de aferição de composição química para um mesmo serviço de distribuição de água por parte do governo.
  - As contribuições não têm regras em relação ao fato gerador ou ao retorno para o contribuinte. Por exemplo, a Contribuição Provisória sobre Movimentação ou Transmissão de Valores e de Créditos e Direitos de Natureza Financeira (CPMF) incidia sobre movimentação financeira (mesmo fato gerador do Imposto sobre Operações Financeira – IOF) e, teoricamente, destinava-se a captar recursos para melhorar o sistema de saúde, que já possuía fontes de receita definidas pelo repasse de impostos, conforme a Constituição.

Principais tributos

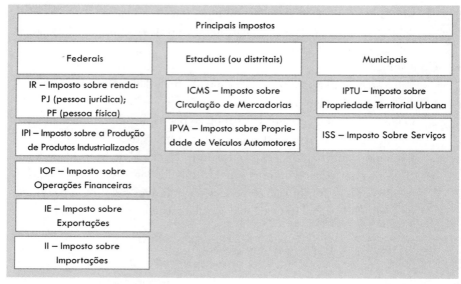

Figura 2.5 Principais tributos.

Federal (União)

- Impostos:
    - IR – Imposto sobre Renda: PJ (pessoa jurídica) e PF (pessoa física).
    - IPI – Imposto sobre a Produção de Produtos Industrializados.
    - IOF – Imposto sobre Operações Financeiras.
    - IE – Imposto sobre Exportações.
    - II – Imposto sobre Importações.
- Contribuições
    - CSSL – Contribuição Social Sobre Lucro (INSS PJ).
    - Contribuição social (INSS PF).
    - FGTS – Fundo de Garantia por Tempo de Serviço (patronal e PF).
    - PIS – Programa de Integração Social.

Estados e Distrito Federal

- Impostos:
    - ICMS – Imposto sobre circulação de mercadorias[2].

---

2   O ICMS é apurado como conta corrente no caso de empresas, representando a diferença en-

Financiamento do sistema de saúde no Brasil   57

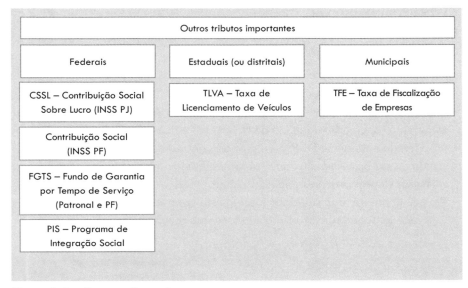

Figura 2.6   Outros tributos importantes.

- IPVA – Imposto sobre Propriedade de Veículos Automotores.
- Taxas:
    - TLVA – Taxa de Licenciamento de Veículos.

Municípios

- Impostos:
    - IPTU – Imposto sobre Propriedade Territorial Urbana;
    - ISS – Imposto sobre Serviços.
- Taxas:
    - TFE – Taxa de Fiscalização de Empresas.

Nota

Existem mais de cem diferentes tipos de impostos, taxas e contribuições, se considerados os âmbitos federal, estadual, distrital e municipal. Por exemplo: Cofins, Pasep, Finsocial, taxa de lixo, ITBI, ITCM etc. Sendo que esses são apenas os principais.

---

tre os valores pagos no recebimento das mercadorias e o valor devido na remessa dos produtos.

SAÚDE SUPLEMENTAR
Plano de saúde
Contrato de prestação e serviços em saúde

- Contratante: PF, no caso de planos individuais, ou PJ, no caso de planos empresariais ou associações.
- Contratado: seguradora, empresa de medicina de grupo ou empresa de autogestão (operadora do plano de saúde).
- Segurado ou associado: PF – o próprio contratante, no caso de planos individuais, ou os associados que fizeram adesão ao plano empresarial ou associação. Representa dois papéis, a saber:
    - Cliente, no que se refere a quem está contratando o serviço;
    - Paciente, no que se refere à pessoa que recebe o serviço.

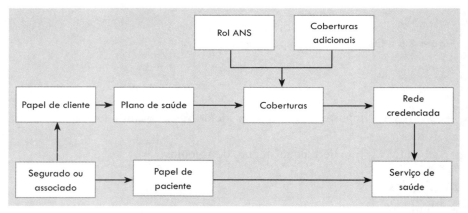

Figura 2.7 Plano de Saúde.

Cobertura

Trata-se de uma lista de serviços que a operadora tem a obrigação de fornecer ao cliente. A Agência Nacional de Saúde Suplementar (ANS) define uma lista mínima, apelidada de rol ANS[3]. A operadora não pode recusar cobertura dos itens que constam na lista. Em algumas situações, os planos de saúde formalizados antes dessa regulamentação da ANS podem se eximir de cobrir determinados itens: são os chamados planos não regulamentados. Estes são obrigados a cobrir apenas o que consta no contrato específico, mas raros, uma vez que a maioria dos planos

---

3 Rol de procedimentos e eventos – vide site da ANS: http://www.ans.gov.br.

anteriores à regulamentação, que não tinham cláusulas que impediam a migração para as novas regras, foram reformalizados entre as partes. Ficaram como exceção, por exemplo, os planos mais antigos, nos quais o segurado adquiria um título remido, não existe contribuição mensal, e a adequação às novas regras inviabiliza a reformalização. Além do rol, a operadora pode definir coberturas adicionais, que são o seu diferencial competitivo em relação às demais operadoras do mercado. Uma vez inserida uma cobertura adicional no contrato com a operadora, não poderá mais se extinguir, a não ser que este seja repactuado entre as partes.

A cobertura define os serviços de saúde que o segurado pode utilizar, quais especialidades e serviços devem estar disponíveis e as regras para utilização dos serviços de saúde, ou seja, em que condições ele pode utilizar diretamente os serviços de saúde e em quais é necessária autorização prévia antes de utilizá-los. Também define as carências.

Rede credenciada

Lista de serviços de saúde que a operadora autoriza o segurado a utilizar.

A regra mais importante é a de que a operadora é obrigada a dar cobertura a todos os procedimentos do rol e dos adicionais contratados, mas não em todos os serviços de saúde credenciados.

O fato de haver, na lista credenciada, um serviço de saúde capacitado para determinado procedimento não significa que a operadora é obrigada a autorizar que o segurado o faça nele. A operadora tem o direito de definir quais os serviços de saúde podem executar determinados procedimentos. Mas, uma vez que existe cobertura para determinado procedimento em mais de um serviço de saúde, o segurado pode escolher onde deseja ser atendido. Essa escolha não pode ser alterada pela operadora, a não ser que haja justificativa técnica fundamentada para o seu caso específico.

Regras gerais

O próprio site da ANS define as regras básicas dos planos:

- Nem todos os planos têm direito à internação hospitalar. Os planos que dão direito à internação hospitalar são os de tipo hospitalar com obstetrícia, hospitalar sem obstetrícia ou plano referência, e essa definição deve estar explícita no contrato.
- O contrato deve explicitar quais são os hospitais, laboratórios e médicos a que o segurado tem direito.
- Especificamente em relação aos hospitais credenciados, a operadora só pode descredenciá-los em caráter excepcional. E, nesses casos, é obriga-

tório substituir o hospital descredenciado por outro equivalente, além de comunicar essa mudança ao consumidor e à ANS com 30 dias de antecedência, exceto nos casos de fraude ou infração sanitária ou fiscal por parte do hospital retirado do convênio. Caso a operadora opte por descredenciar um hospital sem substituí-lo por outro equivalente, só poderá efetivar e comunicar a redução da rede hospitalar aos beneficiários após autorização da ANS.

- O serviço de saúde credenciado não pode tratar de forma diferente os segurados de planos distintos. A exceção é a cobertura, que pode diferenciar um atendimento do outro, mas tudo o que for coberto deve ser executado da mesma forma, sem qualquer tipo de privilégio, ressalvados os direitos de preferência estabelecidos no estatuto da criança e do adolescente e do idoso.
- O segurado só pode utilizar os serviços após a contratação, e depois de vencidos os prazos de carência. Todos os prazos de carência devem estar explícitos no contrato.
- Os contratos firmados a partir de 2 de janeiro de 1999 ou adaptados à lei podem ter como carência:
  - Casos de urgência, acidentes pessoais ou complicações no processo gestacional, e emergência, risco imediato à vida ou lesões irreparáveis: 24 horas.
  - Partos a termo, excluídos os partos prematuros: 300 dias.
  - Doenças e lesões pré-existentes (quando contratou o plano de saúde a pessoa já sabia possuir: 24 meses.[4]
  - Demais situações: 180 dias.

O contrato entre operadora e serviço de Saúde – ponto de vista da operadora

Ao definir um plano de saúde, a operadora se obriga a formalizar um contrato com cada serviço de saúde da rede credenciada. Como a operadora geralmen-

---

4 Para as doenças e lesões preexistentes, o consumidor tem cobertura parcial temporária até cumprir dois anos de carência. Durante esse período, ele não tem direito à cobertura para procedimentos de alta complexidade, leitos de alta tecnologia – Centro de Terapia Intensiva (CTI) e Unidade de Terapia Intensiva (UTI) – e cirurgias decorrentes dessas doenças. Entretanto, se o paciente decidir ser atendido nesses casos, mesmo sem ter aguardado ainda o tempo estabelecido, poderá optar por pagar um valor adicional para ter acesso a esses atendimentos (esse procedimento chama-se agravo).

te opera com diversos planos, para simplificar a gestão dos contratos costuma definir um único contrato com o serviço de saúde, especificando as diferenças de cobertura de cada plano e, quanto maior for a abrangência geográfica da cobertura, maior é a quantidade de contratos que a operadora se obriga a formalizar. Uma operadora de abrangência nacional comumente formaliza acima de 10 mil contratos.

Independente do tamanho do serviço de saúde, que pode ser um simples consultório de um único médico ou um hospital geral, exige-se a necessidade da formalização do contrato de credenciamento. Para viabilizar o controle desses contratos, os formalizados com consultórios médicos costumam ser do tipo termo de adesão, padronizado, no qual a única diferença entre os milhares desse tipo que ela possui é a identificação do credenciado, o endereço e a especialidade.

Os contratos com serviços de saúde tipo hospital costumam não ser totalmente padronizados:

- Para os hospitais de menor expressão de mercado, e que podem ser substituídos com maior simplicidade por outro, a operadora impõe seu contrato-padrão.
- Para os hospitais que são referência aos clientes, e cuja substituição por outro pode trazer impacto significativo para o negócio, a operadora é mais flexível.

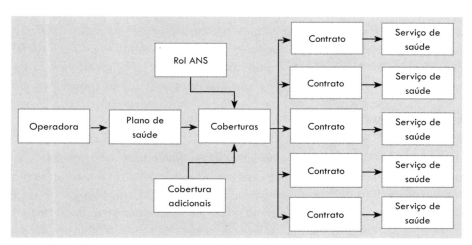

Figura 2.8 O contrato sob o ponto de vista da operadora.

Administração hospitalar no Brasil

O grande desafio da operadora é manter os contratos atualizados em relação à cobertura. Uma vez definida uma alteração no rol da ANS, uma cobertura adicional por pressão do mercado ou uma regra operacional relacionada a formação da conta, auditoria da conta, faturamento, remessa, recurso de glosa ou pagamento, a operadora se obriga a aditivar:

- Todos os contratos, dependendo do caso.
- Determinados contratos, dependendo do caso.

O desafio deve-se ao fato de que os serviços de saúde não são obrigados a aceitar a alteração, o que torna inviável padronizar os milhares de contratos que as operadoras mantêm com eles.

Outro desafio é a própria data de vigência dos contratos, que são formalizados em épocas diferentes. Mesmo a operadora adotando tabelas padronizadas de preços, os reajustes não acontecem na mesma época. Na prática, para cada contrato são praticados preços diferentes. Trabalhar com preços diferentes pode trazer um grande problema operacional nos planos em que existe coparticipação dos segurados, pois, se um serviço de saúde executa determinado procedimento com o mesmo nível de qualidade de outro sendo remunerado por um preço menor, passa a haver maior procura por parte dos segurados gerando fila ou negativa de atendimento.

Quando existe coparticipação, se uma operadora autoriza o procedimento somente no serviço de saúde A, e o segurado descobre que é mais barato no serviço de saúde B, que também tem contrato com a operadora mas não para este procedimento, geralmente o caso se transforma em ação judicial para devolução da diferença, e não raro justamente em procedimentos de maior valor.

O contrato entre operadora e serviço de saúde – ponto de vista do serviço de saúde

Ao contrário da operadora, cujo principal foco é a administração dos seus contratos com os serviços de saúde, o serviço de saúde possui mais contratos com fornecedores do que com as operadoras. Mesmo assim, um hospital de grande porte em um centro metropolitano como São Paulo, por exemplo, formaliza cerca de 500 contratos com operadoras de planos de saúde, e inclusive outros serviços de saúde que compram e vendem serviços complementares da sua capacidade técnica ou operacional.

Em geral, os hospitais aceitam o padrão contratual definido pelas operadoras que trazem maior movimento, e impõem seu próprio padrão contratual às demais operadoras. Geralmente 15% dos contratos representam 70% do seu faturamento total.

É improvável encontrar em um hospital dois contratos com a mesma condição comercial – geralmente são todos diferentes na forma, na cobertura, nos preços e nas regras gerais.

Os contratos com operadoras obrigam os serviços de saúde a executarem controles complexos que não se relacionam com a atividade fim da atenção assistencial aos pacientes, a saber:

- Verificar a carência do plano.
- Solicitar autorização prévia e complementar à operadora.
- Disponibilizar recursos para auditoria das contas.
- Compartilhar processos de aquisição de insumos de alto custo.

Mesmo os hospitais mais profissionalizados não executam esses controles com a eficiência necessária para evitar descontrole e perdas.

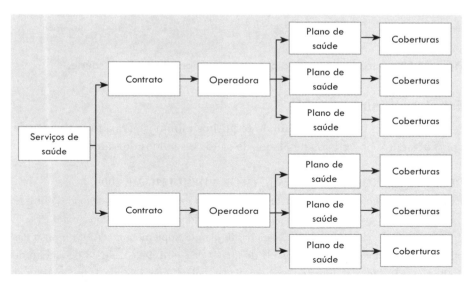

Figura 2.9 O contrato sob o ponto de vista do serviço de saúde.

ESTRUTURA DO CONTRATO ENTRE OPERADORA E SERVIÇO DE SAÚDE

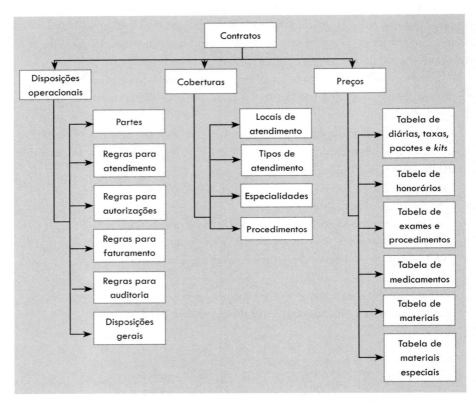

Figura 2.10 Estrutura do contrato entre operadora e plano de saúde.

Estrutura mínima exigida

A ANS publicou resolução definindo requisitos mínimos para a formalização de contratos entre operadoras de planos de saúde e serviços de saúde:

RESOLUÇÃO NORMATIVA – RN n. 42, DE 4 DE JULHO DE 2003
Estabelece os requisitos para a celebração dos instrumentos Jurídicos firmados entre as operadoras de planos de assistência à saúde e prestadores de serviços hospitalares.
A Diretoria Colegiada da Agência Nacional de Saúde Suplementar – ANS, no uso das atribuições que lhe confere o inciso II do art. 4º da Lei n. 9.961, de 28 de janeiro de 2000, considerando as diretrizes encaminhadas pela Câmara Técnica de Contratualização e contribuições da Consulta Pública n. 9, de 14 de março de 2003, em reunião

realizada em 21 de maio de 2003, adotou a seguinte Resolução Normativa, e eu, Diretor-Presidente, determino a sua publicação:

Art. 1º As operadoras de planos privados de assistência à saúde e as seguradoras especializadas em saúde deverão ajustar as condições de prestação de serviços pelas entidades hospitalares, vinculadas aos planos privados de assistência à saúde que operam, mediante instrumentos formais nos termos e condições estabelecidos por esta Resolução Normativa.

Art. 2º Os instrumentos jurídicos de que trata esta Resolução Normativa devem estabelecer com clareza as condições para a sua execução, expressas em cláusulas que definam os direitos, obrigações e responsabilidades das partes, aplicando-se-lhes os princípios da teoria geral dos contratos.

Parágrafo único – São cláusulas obrigatórias em todo instrumento jurídico as que estabeleçam:

I – qualificação específica:

a) registro da operadora na ANS; e

b) registro da entidade hospitalar no Cadastro Nacional de Estabelecimentos de Saúde, instituído pela Portaria SAS nº 376, de 3 de outubro de 2000, e pela Portaria SAS n. 511, de 2000;

II – objeto e natureza do ajuste, bem como descrição de todos os serviços contratados ou seja:

a) definição detalhada do objeto;

b) perfil assistencial e especialidade contratada, serviços contratados, inclusive o Apoio ao Diagnóstico e Terapia;

c) procedimento para o qual a entidade hospitalar é indicada, quando a prestação do serviço não for integral;

d) regime de atendimento oferecido pela entidade: hospitalar, ambulatorial, médico-hospitalar e urgência 24h; e

e) padrão de acomodação.

III – prazos e procedimentos para faturamento e pagamento dos serviços contratados com:

a) definição de prazos e procedimentos para faturamento e pagamento do serviço prestado;

b) definição dos valores dos serviços contratados e insumos utilizados;

c) rotina para auditoria técnica e administrativa, quando houver;

d) rotina para habilitação do beneficiário junto à entidade hospitalar; e

e) atos ou eventos médico-odontológicos, clínicos ou cirúrgicos que necessitam de autorização administrativa da operadora.

IV – vigência dos instrumentos jurídicos:

a) prazo de início e de duração do acordado; e

b) regras para prorrogação ou renovação.

V – critérios e procedimentos para rescisão ou não renovação, com vistas ao atendimento do disposto no art. 17 da Lei n. 9.656, de 1998, em especial:

66 Administração hospitalar no Brasil

a) o prazo mínimo para a notificação da data pretendida para a rescisão do instrumento jurídico ou do encerramento da prestação de serviço; e

b) a identificação por parte da entidade hospitalar dos pacientes em tratamento continuado, pré-natal, pré-operatório ou que necessitam de atenção especial.

VI – informação da produção assistencial, com a obrigação da entidade hospitalar disponibilizar às operadoras contratantes os dados assistenciais dos atendimentos prestados aos beneficiários, observadas as questões éticas e o sigilo profissional, quando requisitados pela ANS, em atendimento ao disposto no inciso XXXI do art. 4° da Lei n. 9.961, de 2000; e

VII – direitos e obrigações, relativos às condições gerais da Lei n. 9.656, de 1998, e às estabelecidas pelo CONSU e pela ANS, contemplando:

a) a fixação de rotinas para pleno atendimento ao disposto no art. 18 da lei acima citada;

b) a prioridade no atendimento para os casos de urgência ou emergência, assim como às pessoas com mais de sessenta e cinco anos de idade, as gestantes, lactantes, lactentes e crianças até cinco anos de idade;

c) os critérios para reajuste, contendo forma e periodicidade;

d) a autorização para divulgação do nome da entidade hospitalar contratada;

e) penalidades pelo não cumprimento das obrigações estabelecidas; e

f) não discriminação dos pacientes e da vedação de exclusividade na relação contratual.

Art. 3° As operadoras, juntamente com as entidades hospitalares, deverão proceder a revisão de seus instrumentos jurídicos atualmente em vigor, a fim de adaptá-los ao disposto nesta Resolução Normativa, até 30 de abril de 2004. (Redação dada pela RN n. 60, de 2003).

§ 1° Para as relações ainda sem instrumento jurídico formal, o prazo para implementação do disposto nesta Resolução Normativa é até 31 de janeiro de 2004. (Incluído pela RN n. 60, de 2003)

§ 2° Excepcionalmente, quando por motivos de força maior, o registro previsto na alínea "b", do inciso I, do parágrafo único, do art. 2°, não estiver disponível no prazo disposto no *caput* deste artigo, a informação deverá ser incorporada em aditivo contratual específico a ser firmado no prazo máximo de trinta dias, contados da data da sua disponibilidade divulgada no sítio www.datasus.gov.br. (Incluído pela RN n. 60, de 2003).

Art. 4° Esta Resolução Normativa entra em vigor na data de sua publicação.

Januario Mantone
Diretor-Presidente

Como o tamanho e a abrangência das operadoras e serviços de saúde são muito variados, mesclando desde operadoras que cuidam de milhões de vidas às que cuidam de milhares, e desde complexos hospitalares a serviços de saúde básicos, a resolução trata apenas de itens fundamentais, que não regram efetivamente de forma geral os contratos, mas devem ser seguidos.

Na prática, a forma e o conteúdo dos contratos são definidos pelas grandes operadoras e hospitais que atuam no mercado.

A resolução editada em 2003 definiu o prazo de 180 dias para que os contratos fossem reformalizados e adaptados, mas até 2010 a minoria absoluta dos contratos do mercado estava aderente à resolução.

Tabelas de preços

Figura 2.11 Tabelas de preços relacionadas ao contrato entre hospital e operadora de planos de saúde.

Tabela de diárias, taxas, pacotes e kits

Editada pelo hospital por não ser passível de uniformização, é definida em relação ao padrão de hotelaria e serviços do hospital, o que varia muito de um para outro.

Diárias

- Preço por tipo de acomodação:
  - Hospital-dia;
  - Retaguarda;
  - Enfermaria (quarto com mais de um leito de paciente);
  - Apartamento (quarto com apenas um leito de paciente, ou um leito de paciente e berço para recém-nascido);
  - Unidade semi-intensiva (USI) ou semimonitorada (USM).

- UTI ou CTI.
- Regras que devem estar explícitas na tabela:
  - Preço por dia.
  - Horário-padrão de vencimento da diária.
  - Carência de entrada antes do horário-padrão.
  - Carência de saída para alta após o horário-padrão.
- Regras implícitas da tabela:
  - Remunera:
    - Aluguel do espaço, incluindo mobiliário.
    - Utilidades (água, energia elétrica, ar condicionado, televisão).
    - Higienização e assepsia da acomodação e do paciente.
    - EPI (equipamentos e insumos para proteção individual dos profissionais assistenciais do hospital).
    - Alimentação do paciente, exceto as dietas especiais.
    - Uso de equipamentos fixos da acomodação, exceto os de emergência;
    - Procedimentos de enfermagem que são realizados em todos os pacientes.
    - Transporte intra-hospitalar do paciente.
  - Não remunera:
    - Procedimentos de enfermagem que não são realizados em todos os pacientes.
    - Procedimentos dos demais profissionais assistenciais (nutrição e dietética, fisioterapia, psicologia etc.).
    - Honorários médicos.
    - Uso de equipamentos não fixos da sala.
    - Uso de equipamentos de emergência.
    - Insumos (medicamentos, materiais, materiais especiais, gases etc.), exceto equipamento de proteção individual (EPI) e os utilizados na higienização e assepsia da sala e do paciente.

Taxas de sala

- Preço por tipo de sala:
  - Emergência.
  - Recuperação pós-anestésica.
  - Repouso.
  - Salas para procedimentos específicos (quimioterapia, hemodiálise, angiografia etc.).

- Regras que devem estar explícitas na tabela:
  - Preço por hora.
  - Adicionais e condições de cobrança.
  - Kits de materiais.
  - Kits de medicamentos.
  - Honorários de visitas e plantonistas médicos.
  - Definição de horário normal e horário extraordinário, e adicionais de utilização em horário extraordinário.
- Regras implícitas da tabela:
  - Remunera: mesmas regras das diárias.
  - Não remunera: mesmas regras aplicadas às diárias.

Taxas de procedimentos de profissionais assistenciais (exceto honorários médicos)

- Procedimentos de enfermagem.
- Procedimentos de fisioterapia, realizados por fisioterapeutas.
- Procedimentos de nutrição.
- Serviços de aconselhamento (enfermagem, farmácia, nutrição, psicólogo, assistente social, fisioterapia etc.).
- Regras que devem estar explícitas na tabela:
  - Preço por hora, por procedimento ou por internação.
  - Diferenciação de preço quando o procedimento é realizado em atendimento de internação ou ambulatorial.

Taxas de uso de equipamentos

- Equipamentos móveis.
- Equipamentos portáteis.
- Regras que devem estar explícitas na tabela:
  - Preço por hora ou por uso.

Taxas de consumo de gases medicinais

- Ar comprimido.
- Carbogênio (mistura de CO_2 e O_2).
- Dióxido de carbono (CO_2).
- Óxido nítrico (NO).
- Oxigênio (O_2).
- Protóxido de azôto (óxido nitroso – N_2O).
- Regras que devem estar explícitas na tabela:
  - Preço por hora, por dia ou por fração de hora.

Taxas de nutrição e fornecimento de refeições (para acompanhantes e avulsos)

- Café da manhã.
- Almoço ou jantar.
- Lanche.

Taxas de serviços especiais

- Remoção.
- Resgate.
- Preparo de corpo (óbito).

Pacotes

- Define preço fixo para realização de determinado procedimento.
- Regras que devem estar explícitas na tabela:
  - ❑ O que está incluso ou não no pacote: honorários, diárias, taxas, insumos etc.
- Condições para aplicação do pacote:
  - ❑ Tipo de paciente.
  - ❑ Tipo de atendimento.
  - ❑ Condições de exceção.
- Data de validade do pacote.

Kits

- Define preço fixo para conjunto de insumos, a saber:
  - ❑ *Kit* de materiais e medicamentos para anestesia.
  - ❑ *Kit* de materiais, medicamentos e contrastes para exames.
- Regras que devem estar explícitas na tabela:
  - ❑ O que está incluso no kit: lista de insumos.
  - ❑ Data de validade da aplicação do *kit*.

Tabela de honorários médicos
Tabelas da AMB (Associação Médica Brasileira)

A AMB define valores mínimos para a remuneração dos médicos. Essa definição começou em 1990, com a edição de uma tabela de remuneração conhecida como tabela AMB 90.

Nessa época de alta inflação, a tabela descrevia preços indexados, e não em moeda corrente, da mesma forma que era comum essa prática em diversas atividades econômicas. Por exemplo, o taxímetro (aparelho que contabiliza o preço a ser pago por uma corrida de táxi), conforme o carro se deslocava ia acumulando unidades taximétricas (UTs). Ao final da corrida, multiplicava-se a quantidade de UTs apontada pelo taxímetro pelo valor tabelado da UT para se calcular o preço em moeda corrente da corrida. A tabela AMB 90 seguiu o mesmo critério. Apontava para cada procedimento uma quantidade de CHs (coeficientes hospitalares), e, para se chegar ao valor do procedimento em moeda corrente, multiplicava-se esta quantidade de CHs pelo valor padrão da CH.

A estrutura básica da tabela era um código, uma descrição padronizada do procedimento e a quantidade de CHs correspondente.

Para alguns procedimentos, o mesmo código descrevia mais de um valor. Por exemplo:

- Um exame de radiologia descrevia a quantidade de CHs referente ao honorário médico e a área do filme radiológico necessária para a impressão da imagem.
- Uma cirurgia descrevia a quantidade de CHs referente ao honorário médico, e o porte da cirurgia. O porte da cirurgia definia a quantidade de CHs devida ao anestesista.

A estrutura dessa tabela é a mesma para todas as editadas posteriormente, apenas acrescentando ou eliminando determinados códigos. A tabela de 1992 (tabela AMB 92) foi editada com algumas centenas a mais de códigos, mas ainda indexada por CH, já a tabela editada em 1995 já não era mais indexada, grafando valores em moeda corrente.

Os contratos passaram a se basear nas tabelas AMB, mas os valores da CH sempre foram livres, fazendo com que cada contrato entre operadora e hospital passasse a ter valores diferentes para o mesmo procedimento.

Ao se reajustarem os contratos, operadoras e hospitais definiam valores diferentes de CH para grupos de procedimentos, tornando, na prática, as tabelas inúteis sob o ponto de vista de padronização de preços – sempre serviram apenas para padronizar o código e a descrição dos procedimentos, com alguma relação de valor entre eles.

Após alguns movimentos de descontentamento do mercado, por parte dos médicos reivindicando maiores valores de remuneração, e por parte das fontes pagadoras reclamando se tratar de cartel, as tabelas AMB mudaram de estrutura, para as chamadas CBHPM (Classificação Hierarquizada de Honorários e Procedimentos Médicos).

Essas tabelas vêm sendo atualizadas a cada ano, e a estrutura de códigos teve alterações significativas em relação às antigas AMBs.

Além disso, as CBHPM voltaram a ser indexadas:

- Cada procedimento tem um código, uma descrição e um porte.
- Uma lista editada a cada ano define o valor do porte em moeda corrente.
- Alguns procedimentos definem um valor extra para compensar custos operacionais para a realização do procedimento. Nesse caso, multiplica-se o valor de referência do custo operacional (UCO) pelo valor extra, e o resultado é somado ao valor do porte correspondente para se calcular o valor total do procedimento.
- O valor do UCO em moeda corrente é editado na mesma lista que edita o valor dos portes.

O histórico deveria supor, para quem lê, que, uma vez que as tabelas definem um valor mínimo para os procedimentos, a tabela que vale é sempre a última, mas a realidade é bem diferente.

Mesmo com a padronização de códigos (TUSS) definida pela ANS, e mesmo que essa padronização tenha tido como base a CBHPM, os preços praticados são invariavelmente diferentes dos preços definidos pela tabela.

Ainda é comum a existência de contratos baseada nas referências de preços definida na tabela AMB 90:

- Código TUSS.
- Descrição TUSS.
- Valor com base na tabela AMB 90, indexado por uma CH invisível, que é base do reajuste dos preços.

Importância das tabelas AMB

Menos importante que a definição de preços, apesar de serem tabelas de preços, as tabelas CBHPM definem regras que não existem em outros instrumentos normativos e legais, e são respeitadas no mercado como lei:

- Regras para cobrança de honorários de auxiliares em função do honorário do cirurgião.
- Adicionais de turno.
- Organização da codificação de acordo com a prática médica (grupos e subgrupos de procedimento).

- Uma série de detalhes descritos nos capítulos que são base para a remuneração dos médicos.

Mesmo quando essas tabelas não são adotadas como base nos contratos, é comum a referência a essas regras. Por exemplo: "a contratante remunerará a contratada de acordo com a tabela própria da contratada, anexa a este contrato, seguindo as regras de remuneração da tabela CBHPM última versão".

Outras tabelas

Várias instituições publicaram tabelas de honorários médicos para serem adotadas por grupos específicos de empresas, uma vez que as tabelas AMB não são normas de fato.

Diferente das tabelas AMB, são criadas para padronizar preços e as empresas que as adotam geralmente seguem os preços descritos sem algum tipo de deflação. Um exemplo é a tabela Ciefas, publicada pela União Nacional das Instituições de Autogestão em Saúde (Unidas – www.unidas.org.br).

Na ausência de uma tabela de referência de honorários editada por uma entidade, geralmente é adotada a TPR (ver tabela de preços referencial). Nesse caso, as partes costumam aplicar um desconto linear em todos os preços da tabela-base do hospital.

Tabela de medicamentos
Brasíndice

Relaciona os medicamentos homologados pela Anvisa e define três tipos de preço:

- PMC – Preço máximo ao consumidor:
  - É o preço máximo que qualquer serviço de saúde ou farmácia pode praticar na venda do medicamento ao cliente final, ou seja, aquele que consumirá o medicamento – no caso dos hospitais, o paciente.
  - Independentemente do valor pelo qual o serviço de saúde adquirir o medicamento (o preço de compra), ou dos custos de armazenamento, manipulação e distribuição, não se pode vender por preço maior do que o definido na coluna PMC do Brasíndice. É possível vender por preço menor, mas, na prática, emprega-se sempre o preço definido na tabela Brasíndice.
- PF – Preço de fábrica, ou VR – Valor de referência, ou outro valor nos itens da tabela em que não consta a coluna PMC:

74 Administração hospitalar no Brasil

- ❑ Os medicamentos que não são vendidos em farmácia não contêm PMC.
- ❑ O preço definido é o preço máximo que o fabricante pode vender ao serviço de saúde.
- ❑ Por esta razão o serviço de saúde pode aplicar sobre este valor um índice que corresponde à "remuneração pelos serviços de seleção, programação, fracionamento, armazenamento, distribuição, manipulação, unitarização, dispensação, controle e aquisição", conforme Resolução Normativa n. 241 da ANS.
- ■ Outros
  - ❑ Preços de radiofármacos, definidos pelo Colégio Brasileiro de Radiologia, kits de materiais e medicamentos para cirurgias específicas (p. ex., oftalmológicas).

A tabela Brasíndice é atualizada quinzenalmente:

- ■ Incluindo-se novos medicamentos.
- ■ Alterando preços de medicamentos.
- ■ Alterando o vínculo do medicamento com os fabricantes.

Tabela de materiais
Tabela editada pelo hospital

Corresponde ao preço médio de aquisição, multiplicado por um fator que corresponde à "remuneração pelos serviços de seleção, programação, armazenamento, distribuição, manipulação, dispensação, controle e aquisição".

Algumas empresas adotam a prática de vincular o contrato à tabela Simpro. Diferentemente da Brasíndice, Simpro não é padrão de mercado, e utiliza-se como referência. Quando adotada, simplifica as rotinas de precificação dos hospitais, e elimina eventual erro de cálculo.

Os grandes hospitais e complexos hospitalares conseguem adquirir materiais a custo bem reduzido, por causa do volume de aquisição; nesses casos, a tabela Simpro onera significativamente a operadora.

As condições regionais em que se localiza o serviço de saúde podem onerar significativamente o preço de compra; nesses casos, o preço da tabela Simpro é inferior ao de aquisição, não sobrando margem para a remuneração pelos serviços de seleção, programação, armazenamento, distribuição, manipulação, dispensação, controle e aquisição.

Tabela de materiais especiais (OPME)

Inicialmente, apartavam-se da tabela de materiais as órteses, próteses e alguns materiais definidos pelo SUS como especiais. Essa classificação sempre foi confusa, gerando distúrbios operacionais.

O que sempre se desejou foi identificar os materiais caros, definindo um fluxo de autorização diferente. Em um dos fluxos, os materiais são utilizados sem que se necessite de autorização, ficando a cargo da auditoria a aferição se foram usados em excesso. Outro fluxo de autorização é aquele no qual se considera que os materiais de alto custo geralmente têm similares, de custo inferior, e a fonte pagadora deseja analisar a necessidade antes da utilização, para autorizar o material desejado ou o similar.

Na prática, o mercado abandonou a classificação *materiais especiais* ou OPME e trabalha apartando os materiais de alto custo da tabela de materiais sem levar em consideração se são órteses, próteses etc. Cada contrato estabelece o limite de valor a partir do qual o material é considerado de alto custo. Atualmente, o valor praticado pelo mercado é de US$ 500, e a lógica desse valor é:

- Se o valor limite for muito alto, o controle da operadora não é efetivo, porque nas contas a maior frequência de itens é justamente de materiais descartáveis.
- Se o valor limite for muito baixo, o custo administrativo do processo de aprovação acaba sendo significativo em relação ao próprio preço do material, não compensando o controle.

Alguns contratos preveem que a operadora forneça o material. Nesses casos, o contrato prevê a cobrança por parte do hospital de um valor que remunere os serviços de distribuição, manipulação, dispensação e carga tributária (ICMS). Para a operadora, esta prática só vale a pena se o valor for menor que o custo do controle.

Alguns contratos preveem que a operadora participe do processo de aquisição do material. Essa situação só é vantajosa para a operadora e o hospital se o volume de aquisição for elevado e os materiais forem adquiridos por lotes – quanto mais processos de aquisição houver, maior será o custo administrativo, inviabilizando o controle. Os hospitais só viabilizam essa situação quando a operadora detém grande parcela do volume de atendimento, uma vez que não é viável realizar esse controle se houver mescla de aquisição de um mesmo produto para utilização em pacientes de operadoras diferentes.

A prática mais adotada pelo mercado, que oferece melhor custo/benefício, é aquela em que o hospital envia mensalmente à operadora uma lista de materiais de alto custo com o preço de venda atualizado (já com o fator de remuneração calculado). Ao solicitar a autorização para utilização, a operadora baseia-se nessa lista, que será o valor a ser faturado na conta.

Em qualquer situação descrita anteriormente, a tabela de preços contida no contrato deve descrever detalhadamente os processos e critérios de atualização.

Tabela de preços referencial (tabela particular)

Independentemente do descrito neste capítulo em relação às tabelas, todos os serviços de saúde, em particular os hospitais, devem ter uma tabela de preços referencial (TPR), também chamada de tabela particular.

Nessa tabela só não se incluem os medicamentos da tabela Brasíndice que possuem coluna PMC, que, no segmento da saúde, são os únicos preços em que é proibido por lei praticar um preço acima desta. Todas as demais tabelas de organizações de classe são referências, mas não existe lei que penalize operadoras e serviços de saúde pela não utilização. Mesmo nos casos dos medicamentos da tabela Brasíndice que possuem coluna PMC, se o hospital praticar preço menor, a TPR deve listar esses preços, portanto, ou a TPR menciona que os preços são exatamente os da tabela Brasíndice, ou deve descrever os preços.

Essa tabela tem diversas utilidades, sendo as principais:

- Preservar o direito do consumidor:
  - A variedade de produtos e serviços comercializados pelos hospitais é alta (milhares de itens de venda) e o consumidor tem o direito de saber previamente qual é o preço de cada um deles:
    - Ou porque, por exemplo, pode ser internado em hospital como particular (sem convênio) para realizar um procedimento, mas pode haver uma intercorrência com risco de ter que realizar outro tipo de procedimento;
    - Ou porque, por exemplo, pode ser internado em hospital pela operadora (com convênio), mas:
      - O que não for coberto será cobrado diretamente dele;
      - Ele participa do pagamento do serviço por meio da coparticipação definida pelo seu plano.
- Descrever detalhes de relacionamento de preços:
  - As tabelas AMB, por exemplo, identificam a relação entre o honorário médico do cirurgião e do anestesista – uma vez que ela não seja aplicada

em determinada situação contratual, e a cobrança seja referenciada pela TPR, a qual deve descrever a composição dos preços;

❏ É comum a tabela descrever o preço do honorário na seção honorários, o preço do *kit* de anestesia na seção de medicamentos, e do *kit* de materiais na seção de materiais, por essa razão, a tabela deve descrever, na seção de honorários, os adicionais de medicamentos e materiais que serão cobrados, referenciando as outras seções da tabela para que quem esteja consultando entenda o preço final.

O hospital não tem obrigação de enviar essa tabela às operadoras ou de fornecer um exemplar aos clientes na admissão, mas tem obrigação de deixar à disposição para consulta dos interessados 24 horas por dia, sendo que os preços devem estar atualizados e, caso o cliente queira a formalização de um preço da tabela, o hospital deve fornecer orçamento por escrito com preços e regras.

Considerações gerais sobre contratos (melhores práticas de mercado)

Atualização do instrumento contratual

A gestão comercial hospitalar é muito dinâmica, definindo alterações constantes nos processos de formação, faturamento e remessa da conta, e de pagamento, glosa e recurso.

Os contratos não acompanham essa dinâmica, na prática se tornam verdadeiras barreiras de gestão conforme o passar do tempo.

Independentemente da questão do reajuste de preços, para evitar custos administrativos desnecessários, a melhor prática de mercado é definir o prazo máximo de vigência em 24 meses, obrigando as partes a fazer um novo instrumento contratual e, dessa forma, eliminar a série de anexos que vão sendo produzidos para ajustar os processos, que dificultam a consulta e entendimento por parte dos interessados, levando a erros de interpretação; atualizar processos que deram certo em outros contratos; e eliminar controles que, na teoria, são benéficos, mas, na prática, só trazem custo operacional.

Validação das partes

Os órgãos reguladores e fiscalizadores do segmento da saúde editam regularmente novas exigências para habilitação de operadoras e serviços de saúde.

Existe a tendência de só aferir esses requisitos nos processos de formalização dos contratos, o que coloca em risco ambas as partes por ter relacionamento comercial com uma empresa não qualificada perante a lei.

78 Administração hospitalar no Brasil

A melhor prática de mercado é aferir essa adequação semestralmente ou no máximo anualmente, checando, sobretudo:

- Guias de recolhimento de tributos que, se irregulares, desqualificam sumariamente a operadora ou o serviço de saúde da atuação no mercado.
- Se houve alteração do quadro de representantes legais e composição acionária.
- No caso de serviços de saúde, se houve alteração do representante técnico legal e dos membros do corpo clínico.
- Aferição da saúde financeira da outra parte:
  - ❏ Eventual inadimplência de operadora que possa significar alto risco operacional para o serviço de saúde. Se o movimento da operadora representa mais que 10% do volume total de faturamento do serviço de saúde, a eventual inadimplência sistemática pode causar dano irreparável;
  - ❏ Eventual crise financeira de um serviço de saúde que absorve mais que 20% do movimento da operadora na região também pode causar dano irreparável.

Para que essa validação seja viável, deve haver cláusula contratual que a defina como obrigatória.

Contrato com o paciente

Os contratos entre operadoras e hospitais devem descrever as cláusulas básicas do contrato que o paciente assina no atendimento (termo de responsabilidade, ou termo de admissão, ou termo de ciência etc.).

O contrato com o paciente deve descrever, no mínimo:

- Que o paciente tem ciência do que é coberto pelo seu plano, e que tudo que não estiver coberto poderá lhe ser cobrado.
- Que o paciente tem ciência das condições que o hospital lhe fará a cobrança caso a operadora não pague ou não cubra os serviços, por exemplo, pelos preços da TPR.
- Se os honorários médicos serão cobrados na conta hospitalar, ou se serão pagos diretamente pelo paciente ao médico.
- Responsável pelo termo (o fiador da dívida): o próprio paciente ou pessoa formalmente identificada para pagar a dívida.

Monitoração dos eventos contratuais

Adotar forma sistemática para monitoração dos eventos contratuais, cuja técnica pode ser aferida pela outra parte, evitando controles desnecessários ou negligência de controle. Por exemplo: modelo GCVC para gestão do ciclo de vida dos contratos (www.contratos.net.br).

Descrever no contrato requisitos mínimos do processo de auditoria de contas, baseados em metodologia consagrada de mercado. Por exemplo: modelo GACH para gestão de auditoria de contas hospitalares.

Pacotes

Os contratos devem prever a existência de anexos padronizados que descrevam os pacotes contratados.

Para não inviabilizar a necessidade de atualização constante na lista e condições de aplicação dos pacotes, esses anexos devem ter processo de formalização mais simples, descrevendo o contrato desse processo e os representantes das partes eleitos para formalizá-los: na prática não costumam ser os mesmos que assinam os contratos, para que o processo possa fluir com maior rapidez.

Manual do prestador

É prática da formalização dos contratos referenciando com parte integrante um manual editado pela operadora, descrevendo processos de autorização, pagamento, glosa e recurso.

Precauções na formalização do contrato:

- Se não descrito explicitamente no contrato, o manual não poderá ser alterado, a não ser por um aditivo. Na prática, formalizar o contrato dessa forma não traz ganho operacional para nenhuma das partes.
- O processo de formalização da aceitação do novo manual é o mesmo do aditivo normal.
- Inserir as cláusulas do manual no contrato em vez de um anexo costuma dar melhor entendimento aos interessados, uma vez que o assunto estará inserido nos capítulos relacionados.

Precauções na atualização do manual:

- É um hábito da população produzir cópias dos documentos que recebe e guardar a versão desatualizada, o que geralmente gera perdas operacionais.
- O processo de distribuição e atualização do manual deve ser controlado, garantindo que os envolvidos estejam sempre com a última versão e não tenham dúvida sobre ela. Nas atualizações de conteúdo significativas é re-

comendável o processo de reimplantação do manual, com sessões de discussão e/ou treinamento para assimilação das novas regras.

Visualização geral da carteira de contratos

Independentemente dos recursos do sistema corporativo (ERP), para viabilizar a negociação e gestão básica dos contratos, operadoras e serviços de saúde costumam manter atualizada uma planilha comparativa simples na qual constam os principais parâmetros comerciais.

A planilha costuma ter uma visão geral comparativa, contendo basicamente:

- A vigência do contrato.
- As tabelas de preços e indexadores contratados.
- O faturamento médio mensal.
  - O *over flow* mensal, definido como a diferença média entre faturamento e recebimento, no caso de hospitais, ou faturamento e pagamento, no caso de operadoras. O *over flow* é o indicador mais confiável para definir a necessidade de ajustes contratuais ou de processos relacionados à relação comercial entre a operadora e os hospitais.

FORMAÇÃO DA CONTA HOSPITALAR EM SAÚDE SUPLEMENTAR
Componentes da complexidade

A formação da conta hospitalar não tem similaridade com qualquer tipo de conta de outros segmentos de mercado, incluindo componentes de todos os demais. É similar a uma compra de supermercado, por exemplo, o que se vai pagar é a formação do que o cliente vai consumindo (colocando no carrinho de compra). Mas é diferente do que acontece com o consumidor do varejo, uma vez que quem define o que vai ser comprado é o médico, o qual tem o papel de restringir a necessidade, como um engenheiro faz, por exemplo, ao especificar o projeto de uma casa. O preço, por sua vez, é regrado pelo contrato, que define coberturas diferentes para cada situação. É como se várias pessoas entrassem no supermercado para fazer a mesma compra, mas o caixa cobra ou não cobra determinado item dependendo do cliente e, dos que cobra, o faz praticando preços diferentes.

Um hospital de médio porte pode manipular 2 milhões de regras de coberturas e preços, que mudam a cada nova renegociação do contrato entre o hospital e a operadora. Para os profissionais que atuam na área comercial do hospital, isso já é muito difícil de assimilar – para os demais, principalmente os que têm funções assistenciais, é praticamente impossível estar em dia com as regras.

Essa complexidade leva ao erro de registro, de lançamento, de cobertura e de valorização da conta.

Formação da conta

Quadro 2.1 Formação da conta hospitalar

Item da conta	Forma usual de lançamento	Probabilidade de erro de lançamento	Probabilidade de discussão em auditoria
Diárias	Automático	Baixa	Alta
Taxas de sala	Por comando manual	Média	Baixa
Taxas de uso de equipamentos	Por comando manual	Média	Baixa
Taxas de enfermagem	Por comando manual	Alta	Alta
Gases	Por comando manual	Altíssima	Altíssima
Taxas diversas	Por comando manual	Alta	Altíssima
Honorários médicos	Por comando manual	Baixa	Média
SADT	Automático	Média	Média
Medicamentos	Automático	Baixa	Baixa
Medicamentos de alto custo	Automático	Baixíssima	Altíssima
Nutrição enteral e parenteral	Por comando manual	Média	Baixíssima
Radiofármacos	Semiautomático	Baixíssima	Média
Outros medicamentos não prescritos	Por comando manual	Baixa	Média
Materiais descartáveis	Semiautomático	Alta	Baixa
Materiais reutilizáveis	Por comando manual	Média	Média
Órteses e próteses	Por comando manual	Baixíssima	Altíssima
Material de alto custo	Por comando manual	Baixíssima	Altíssima

Diárias

- Geralmente o lançamento na conta é automático.
- O sistema (ver o capítulo 5, sobre Tecnologia Hospitalar, item "Sistema CAT"), a partir do registro do paciente, das transferências de leitos e do registro da alta, vai lançando as diárias na conta.
- As regras a respeito de qual tipo de diária deve ser lançado caso o paciente, no mesmo dia, ocupe leitos distintos geralmente também é controlada automaticamente pelo sistema.
- Os preços são os registrados na tabela de diárias e taxas do hospital, na seção das diárias.

Taxas de sala

■ Geralmente o lançamento na conta ocorre por comando manual.

■ Alguém registra no sistema, ou em um formulário que será digitado posteriormente pelo faturamento, que o paciente utilizou a sala.

■ As regras de qual taxa deve ser lançada não são controladas pelo sistema automaticamente, ou seja, não costuma existir consistência automática entre o lançamento da taxa e o registro da ocupação da sala por parte do paciente.

■ Quem costuma fazer o lançamento geralmente possui discernimento para indicar a taxa correta a ser lançada.

■ Os preços são os registrados na tabela de diárias e taxas do hospital, na seção das taxas de sala.

Uso de equipamentos

■ Geralmente, o lançamento na conta é por comando manual.

■ Alguém registra no sistema, ou em um formulário que será digitado posteriormente pelo faturamento, que um equipamento foi utilizado no tratamento do paciente.

■ As regras de qual taxa deve ser lançada não são controladas pelo sistema automaticamente, ou seja, não costuma existir consistência automática entre o lançamento da taxa e o registro do procedimento que utilizou o equipamento.

■ Quem costuma fazer o lançamento geralmente possui discernimento para indicar a taxa correta a ser lançada.

■ Os preços são os registrados na tabela de diárias e taxas do hospital, na seção das taxas de equipamentos.

Taxas de procedimentos de enfermagem

■ Geralmente, o lançamento na conta é por comando manual.

■ Alguém registra no sistema, ou em um formulário que será digitado posteriormente pelo faturamento, que o procedimento foi feito no paciente.

■ As regras de qual taxa deve ser lançada não são controladas pelo sistema automaticamente, ou seja, não costuma existir consistência automática entre o lançamento da taxa e a evolução da enfermagem.

■ Quem costuma fazer o lançamento geralmente possui discernimento para indicar a taxa correta a ser lançada.

■ Os preços são os registrados na tabela de diárias e taxas do hospital, na seção das taxas de enfermagem.

Taxas de gases

- Geralmente, o lançamento na conta é por comando manual.
- Alguém registra no sistema, ou em um formulário que será digitado posteriormente pelo faturamento, que o paciente utilizou o gás.
- As regras de qual taxa deve ser lançada não são controladas pelo sistema automaticamente, ou seja, não costuma existir consistência automática entre a prescrição do gás, ou a evolução que evidencia o uso do gás.
- Quem costuma fazer o lançamento nem sempre tem discernimento para indicar a quantidade correta a ser lançada.
- Os preços são os registrados na tabela de diárias e taxas do hospital na seção de gasoterapia.

Taxas diversas

- Referem-se aos honorários assistenciais que não se enquadram em taxas de enfermagem nem em honorários médicos. Por exemplo: nutrição, fisioterapia, odontologia etc.
- Geralmente, o lançamento na conta é por comando manual.
- Alguém registra no sistema, ou em um formulário que será digitado posteriormente pelo faturamento, que o procedimento foi feito no paciente.
- As regras de qual taxa deve ser lançada não são controladas pelo sistema automaticamente, ou seja, não costuma existir consistência automática entre o lançamento da taxa e a evidência que fundamenta a cobrança.
- Quem costuma fazer o lançamento geralmente possui discernimento para indicar a taxa correta a ser lançada.
- Os preços são os registrados na tabela de diárias e taxas do hospital em diversas seções, sendo as mais comuns: fisioterapia, nutrição e taxas administrativas.

Honorários médicos

- Geralmente, o lançamento na conta é por comando manual.
- Alguém registra no sistema, ou em um formulário que será digitado posteriormente pelo faturamento, o procedimento, os médicos envolvidos e o valor dos honorários.
- As regras de quais honorários devem ser lançados não são controladas pelo sistema automaticamente, ou seja, não costuma existir consistência automática entre o lançamento do honorário e das evidências e registros dos procedimentos que fundamentam a cobrança.
- Quem costuma fazer o lançamento geralmente possui discernimento para indicar a taxa correta a ser lançada.

- Os preços são os registrados na tabela de honorários médicos, nas seções de honorários.

SADT

- Geralmente, o lançamento na conta é semiautomático.
- Ao apontar a realização de um exame e alguns parâmetros de realização, o sistema registra o valor dos honorários e adicionais, inclusive contrastes, filmes e *kits* de materiais.
- O lançamento cai na conta no momento do pedido, no caso de exames de laboratório, e no momento da liberação do laudo no caso dos demais tipos de exames de SADT.
- As regras de lançamento geralmente são controladas automaticamente, inclusive checando se existe prescrição, impedindo o lançamento de um exame que só se faz em pacientes de um sexo, mas que está sendo lançado em pacientes do sexo oposto etc.
- Quem costuma fazer o apontamento do exame geralmente possui total discernimento para indicar o exame correto.
- Os preços são os registrados na tabela de honorários médicos, nas seções de SADT.

Medicamentos

- Geralmente, o lançamento na conta é automático.
- Quando a farmácia dispensa o medicamento ao paciente, automaticamente o débito é gerado na conta.
- Os preços são os registrados na tabela de medicamentos, que geralmente está relacionada diretamente à tabela Brasíndice.

Medicamentos de alto custo

- Geralmente, é o mesmo sistema de lançamento dos medicamentos normais.
- A única diferença advém do fato de que, no fluxo de liberação, existe uma etapa de conhecimento e autorização por parte da fonte pagadora.
- Os preços são os registrados na tabela de medicamentos, que geralmente está relacionada diretamente à tabela Brasíndice.

Nutrição enteral e parenteral

- Quando dispensadas pela farmácia, seguem exatamente o mesmo sistema de lançamento dos medicamentos.

- Quando um fornecedor externo fornece diretamente à unidade de internação, o lançamento costuma se dar pelo aceite por parte do auxiliar administrativo da própria unidade, com supervisão da nutrição assistencial.
- Os preços são os registrados na tabela de medicamentos, que geralmente está relacionada diretamente à tabela Brasíndice.

Radiofármacos

- Quando dispensados pela farmácia seguem exatamente o mesmo sistema de lançamento dos medicamentos.
- Quando estocados nos próprios SADTs, ou entram no processo de lançamento do próprio exame, ou o lançamento é feito diretamente na conta do paciente pelo apoio administrativo do serviço.
- Os preços são os registrados na tabela de medicamentos, que geralmente está relacionada diretamente à tabela Brasíndice.

Outros medicamentos não prescritos

- No caso de medicamentos trazidos pelo paciente ou fornecidos pela fonte pagadora, costuma-se cobrar uma taxa de administração (ou manipulação).
- Geralmente, o lançamento na conta é por comando manual.
- Alguém registra no sistema ou em formulário que será digitado posteriormente pelo faturamento que o paciente utilizou o medicamento.
- As regras de qual taxa deve ser lançada não são controladas pelo sistema automaticamente, ou seja, não costuma existir consistência automática entre o lançamento da taxa e a ministração do medicamento.
- Quem costuma fazer o lançamento nem sempre tem discernimento para indicar a taxa correta a ser lançada.
- Os preços são os registrados na tabela de medicamentos, que geralmente está relacionada diretamente à tabela Brasíndice.

Materiais descartáveis e reutilizáveis

- Geralmente, o lançamento na conta é por comando manual.
- Costuma-se utilizar a prática de lançamento por *kit*: lança-se o *kit* e o sistema decodifica os vários itens utilizados.
- Alguém registra que o paciente utilizou o material no sistema ou em formulário que será digitado posteriormente pelo faturamento.
- As regras de qual material deve ser lançado não são controladas pelo sistema automaticamente, ou seja, não costuma existir consistência entre a evolução ou o registro do procedimento e os materiais utilizados.

- Quem costuma fazer o lançamento geralmente possui discernimento para indicar o material e a quantidade real utilizada.
- Os preços são os registrados na tabela de materiais do hospital, que pode ou não estar relacionada automaticamente com a tabela Simpro.
- A tabela de materiais costuma ter uma coluna de preços para os materiais descartáveis e o desconto para os itens que se referem aos reutilizáveis.

Órteses e próteses

- Seguem o mesmo sistema de lançamento dos materiais descartáveis.
- Uma diferença é que existe uma etapa na liberação do material para utilização por parte da fonte pagadora.
- Outra diferença é que o preço pode ser fixo na tabela ou variável após a cotação para aquisição junto a alguns fornecedores, dependendo do contrato entre a fonte pagadora e o serviço de saúde.
- Quando os preços são fixos, são registrados na tabela de materiais do hospital, geralmente não relacionada com a tabela Simpro.

Materiais de alto custo

- Segue o mesmo sistema de lançamento das órteses e próteses.
- A diferença é que o processo de liberação junto à fonte pagadora costuma diferir, não sendo exigidas cotações, apenas opções.

Auditoria de contas

A formação das contas hospitalares é tão complexa e tão sujeita a erros que tanto hospitais como operadoras aparelham-se com estruturas de auditoria, verificando conta por conta, com a certeza de que 100% delas estão erradas.

A auditoria interna (do hospital), com a certeza de que sempre existem erros de registro, e na maioria das vezes sabendo que o hospital deixa de lançar algo, tem foco em carregar a conta, ou seja, verificar o que falta e lançar.

A auditoria externa (da operadora), com a certeza de que ou a conta está errada por formação, ou porque o procedimento não se aplica adequadamente à necessidade do atendimento (excesso), tem foco em eliminar da conta o que não é de responsabilidade da operadora.

Auditor é profissão regulamentada pelos conselhos de medicina e enfermagem, e as nuanças dessa atividade estão discutidas mais detalhadamente no site www.auditoriahospitalar.net.br (modelo GACH para gestão em auditoria de contas hospitalares).

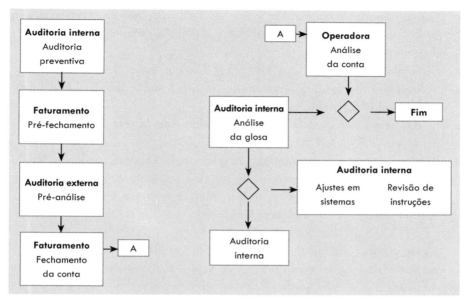

Figura 2.12 Auditoria de contas hospitalares.

FINANCIAMENTO DO SISTEMA DE SAÚDE – RESUMO
Conclusões sobre saúde pública

Na saúde pública, é evidente que não existe recurso financeiro suficiente para atender à definição do SUS de oferecer atenção à saúde ampla e irrestrita, mas existem recursos suficientes para prestar assistência à saúde com qualidade muito superior à que constatamos na prática. O maior problema dos serviços de saúde públicos é que o recurso que constitucionalmente deveria chegar a ele não vem. O segundo maior problema é o fato de que os governos dão isenção de impostos para determinados setores da economia e não repõem a falta de arrecadação correspondente ao sistema da saúde. Quando concede isenção para a construção de um estádio de futebol, por exemplo, diminui a arrecadação e, consequentemente, a parcela que seria da saúde.

Apesar de haver previsão legal da destinação de 15% da receita arrecadada com impostos em orçamento de saúde, não existe regulamentação adequada que defina o que é saúde. Um governo pode destinar parte dessa receita à construção de um viaduto, afirmando ser fundamental para acesso da população a um hospital.

Para se ter uma ideia do montante de recursos arrecadados:

- Quem passar pela rua Boa Vista, em São Paulo, deparar-se-á com o curioso "impostômetro", que contabiliza 24 horas por dia o que o governo arrecada de impostos anualmente.
- Perceberá que a soma chega a R$ 1,5 trilhão por ano.
- Se fizer a conta dos 15% a serem destinados à saúde, chegará à verba de R$ 225 bilhões por ano para a saúde.
- Se dividirmos essa quantia pela população brasileira inteira, teremos um valor per capita de R$ 1.125,00 por ano, ou R$ 93,75 por mês.
- Se oferecer essa quantia mensal para qualquer seguradora, medicina de grupo, cooperativa ou autogestão para garantir a saúde de 200 milhões de pessoas, todas elas, sem exceção, aceitariam, e se fosse um leilão, a vencedora apresentaria proposta pela metade do preço.

Nesse cenário, o papel do administrador hospitalar é tentar buscar o recurso garantido por lei para o seu serviço de saúde, e aplicá-lo da melhor forma possível para que o máximo de pacientes possa ser atendido, sem que ocorra superlotação prejudicial à população atendida.

Conclusões sobre saúde suplementar

A saúde suplementar funciona à mercê de regulamentações da ANS, as quais permitem o tabelamento de preços, em vez de privilegiar a livre iniciativa, complicam a formação das contas, sobretudo as hospitalares, que de tão complexas apresentam erros quase que na totalidade e criam uma estrutura de auditoria tanto do lado da operadora quanto do hospital, o que no fundo acrescenta custo para ambas as partes, elevando o custo geral da assistência ao paciente.

As estruturas de auditoria de contas criaram uma atividade econômica regida pela certeza de que 100% das contas hospitalares estão erradas. A ANS é conivente com a utilização de tabelas de preços de associações de classes (p. ex., CBHPM), referenciando-as para dirimir conflitos, mas sem torná-las obrigatórias, o que acaba gerando ainda mais conflito.

Ela fixa reajustes de preços das contribuições dos associados das operadoras, mas não o faz no relacionamento entre a operadora e o serviço de saúde, e define regras para os contratos entre operadoras e serviços de saúde justamente nos pontos em que não existe conflito, eximindo-se de regular os que deveriam.

E ainda define regras de padronização e apresentação de contas, que burocratiza a relação entre os serviços de saúde e as operadoras, não distinguindo a dificuldade em segui-las pelos diversos tipos e tamanhos de empresas envolvidas. Essas regras, na verdade, não auxiliam em nada o principal fato pelo qual a ANS se insere no contexto da saúde suplementar: tratar pacientes.

O papel do administrador hospitalar é dar condições para que as áreas envolvidas na negociação, contratualização, formação e auditoria das contas colaborem da melhor forma possível para preservar a receita.

Somente o administrador hospitalar tem visibilidade sobre o real resultado para o serviço de saúde de um reajuste na tabela de preços.

A diversidade da carga tributária no Brasil é de extrema complexidade e pode se tornar uma oportunidade para o administrador hospitalar. Se existem serviços de saúde privados que se beneficiam de incentivo fiscal, o administrador deve buscar o mesmo benefício para o serviço por ele administrado, independente de considerar justo ou politicamente correto. Ele deve também analisar constantemente a possibilidade de substituir a compra de um produto pela aquisição de serviço, pois é algo que pode representar resultado operacional significativo.

Conclusões sobre a formalização de contratos e formação das contas hospitalares

Os contratos, regrados de forma inadequada pela ANS, definem contas tão complexas que é possível afirmar que praticamente 100% delas sempre têm algum erro.

Essa afirmação tem tanto fundamento que a saúde no Brasil desenvolveu duas indústrias extremamente maléficas à sociedade:

- A da auditoria de contas hospitalares:
    - ❏ Operadoras e serviços de saúde aparelham-se com estruturas de auditoria de contas extremamente onerosas, porque são regulamentadas pelos conselhos de medicina e enfermagem.
    - ❏ A certeza de que a conta está errada é tanta por parte das operadoras que boa parte delas remunera os auditores com um percentual do valor glosado. Caso isso não seja feito, acabará pagando mais do que deve pelo serviço prestado.
    - ❏ No hospital, a certeza também é fato, a ponto de criar estruturas de auditoria antes, durante e após o atendimento do paciente. Caso isso não seja feito, deixará de cobrar o que deve da fonte pagadora.
- A da remessa e retorno das contas:
    - ❏ A cada dia a ANS cria regras novas para remessa automática das contas, baseadas em padrões que exigem cada vez mais especialização dos envolvidos.
    - ❏ Há uma lista de padrões (Troca de informações em saúde suplementar – TISS, Terminologia unificada de saúde suplementar – TUSS, Extensible markup language – XML etc.) que, além de onerar o sistema como um todo, não ajuda em nada o atendimento assistencial.

É a institucionalização da tecnocracia, ou burocracia técnica. Como essas indústrias enriquecem algumas pessoas e empresas, não existe nenhum movimento concreto para discutir a simplificação dos contratos e a desindexação dos preços – um absurdo, velho conhecido dos administradores hospitalares que nada podem fazer para mudar o cenário.

A ANS, a AMB, a cúpula do SUS e todos os órgãos que deveriam ter foco na redução da burocracia e simplificação dos contratos e contas gastam a maior parte do seu tempo divulgando novas resoluções que oneram cada vez mais o sistema e deixam complicado o que é considerado normal, sem levar em conta que a grande massa de profissionais atuante no segmento tem formação assistencial, e não administrativa.

Parte significativa dos recursos captados para curar doenças é aplicada em tarefas administrativas. Assim como parte da mão-de-obra formada para cuidar de doentes, especialmente médicos e enfermagem, acaba sendo destinada para discutir lançamentos em contas de pacientes, inclusive envolvendo um grupo que não deseja participar dessa discussão.

SITES PARA CONSULTA

Simpro – Informações e Solições em Saúde (www.simpro.com.br)
GACH – Gestão em Auditoria de Contas Hospitalares (www.auditoriahospitalar.net.br)
Guia Farmacêutico Brasíndice (www.brasindice.com.br)

3 Hospital típico

INTRODUÇÃO

Podemos definir características marcantes dos hospitais. Parte delas, principalmente no que diz respeito aos processos assistenciais, é realmente comum à maioria absoluta dos hospitais, enquanto outra parte encontra-se em alguns hospitais e não nos demais. São os processos administrativo-financeiros, cuja aplicabilidade depende do enquadramento do hospital nas características que o inserem no contexto do sistema de saúde (público, privado, benemerente, geral, especializado etc.).

Como o hospital é uma empresa que lida com o atendimento direto de pessoas, as quais vão ao hospital comprar seu produto, em vez de adquiri-lo de representantes e distribuidores, e como essas pessoas, inclusive, habitam o próprio hospital enquanto o produto é vendido, algumas características físicas do hospital acabaram se transformando em função de melhores práticas de acolhimento. Por exemplo, a planta física da recepção do pronto-socorro.

E por ser uma empresa na qual os colaboradores transitam regularmente entre diversos departamentos, e na qual é necessário cuidado para não mesclar o fluxo de pacientes com o de funcionários, bem como para não mesclar produtos infectados com os não infectados, as melhores práticas definem características físicas específicas. Por exemplo, as plantas físicas da unidade de terapia intensiva (UTI) e do centro cirúrgico.

Os serviços administrativos específicos de departamentos assistenciais são muito similares quando se compara um hospital com outro, praticamente diferenciando-se apenas quando há um certo aporte de recursos tecnológicos e sistemas informatizados de controle.

Os demais serviços administrativos, sobretudo os relacionados à gestão do negócio, são praticamente iguais aos das empresas dos demais segmentos de mercado e, tradicionalmente, são considerados primitivos. A gestão do negócio hospitalar costuma ser básica, com controles administrativo-financeiros simples. Hospitais não são empresas consideradas modelo de gestão quando comparadas a outras, porque a preocupação com a missão social e metas de atendimento à população são tão importantes quanto o resultado financeiro.

Tendo essas premissas em mente, e apenas dessa forma, podemos discutir as características de um hospital típico, considerando as melhores práticas do mercado brasileiro.

É inviável para o administrador hospitalar fazer a gestão de um serviço (área ou departamento) sem conhecer sua missão, característica física e principais indicadores.

Se considerarmos um hospital geral completo, com pronto-socorro, centro de diagnóstico, ambulatórios, bloco cirúrgico, unidades de internação e serviços complementares, podemos definir uma planta geral básica como sendo a de melhor resultado operacional.

Planta física

Existem dois tipos básicos de plantas hospitalares:

- "Pavilhonário": apelido dado aos hospitais que se formam por um conjunto de pavilhões de poucos andares.
- Torre: apelido dado aos hospitais de poucos blocos, geralmente um só bloco, de muitos andares.

Os "pavilhonários" são cada vez mais raros porque são hospitais mais térreos, que exigem maior extensão de terreno.

Os complexos hospitalares mais comuns são compostos por uma torre e alguns edifícios anexos, que geralmente foram sendo agregados gradativamente ao hospital (apelidados de "puxadinhos" do hospital). As torres reduzem o esfor-

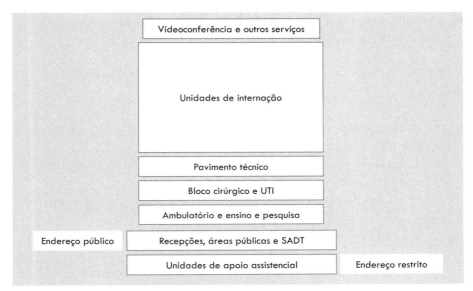

Figura 3.1 – Planta hospitalar típica.

ço de deslocamento dos pacientes, acompanhantes e funcionários, mas exigem maior capacidade dos elevadores e um sistema de energia contingenciado.

Não existe unanimidade em relação à eficiência dos modelos mais comuns de plantas hospitalares. A tendência mais comum é a adoção de uma torre com a configuração descrita no esquema, preferencialmente situada em um terreno inclinado, e que tenha pelo menos saída para dois endereços físicos (duas ruas diferentes), separando totalmente o fluxo de pacientes e acompanhantes do fluxo de funcionários e fornecedores.

O andar mais baixo é o que abriga preferencialmente as unidades de apoio assistencial e as recepções que não se relacionam com pacientes e acompanhantes:

- Recepção de funcionários.
- Recepção de materiais.
- Almoxarifado e farmácia central.
- Serviço de nutrição e dietética.
- Lavanderia.
- Central administrativa dos serviços assistenciais: enfermagem, fisioterapia.
- Central administrativa dos serviços de higiene e limpeza, segurança.
- Áreas assistenciais que não se relacionam diretamente com o paciente (laboratório, anatomia patológica etc.).

94 Administração hospitalar no Brasil

- Portos de chegada e saída das utilidades externas: energia, água, gases, esgoto, telecomunicações etc.

O próximo andar concentra as áreas de atendimento aos pacientes e acompanhantes:

- As quatro recepções (internação, pronto-socorro, ambulatório e serviços de apoio ao diagnóstico e tratamento – SADT):
  - Essas recepções devem ser separadas, já que o fluxo de atendimento de cada uma delas é totalmente diferente das demais:
    - A de internação recebe mais acompanhantes do que pacientes, além de ser o local procurado pela imprensa.
    - A do pronto-socorro tem a dinâmica da emergência.
    - A do ambulatório atende maior volume que as anteriores, mas em horário restrito, ao contrário da internação e do pronto-socorro, que sofrem demanda durante as 24 horas do dia.
    - A do SADT atende a maior parte dos pacientes que não tem nenhum vínculo com o hospital, e trabalha sob a pressão do atendimento em relação ao preparo do paciente (jejum, bexiga cheia etc.).
- O próprio pronto-socorro.
- As áreas públicas:
  - Conveniência: restaurante para não pacientes, lanchonete, lojas e serviços diversos.
  - Terraço e conforto.
  - Local para cultos (ou capela, dependendo da vocação religiosa do hospital).
- SADT.

Em um andar acima, localizam-se as unidades com grande fluxo de pessoas, evitando o deslocamento pelo restante do complexo hospitalar:

- Ambulatórios médicos e de outros profissionais assistenciais;
- Área de ensino e pesquisa: auditórios, salas de ensino, residência médica etc.

No andar superior estão o bloco cirúrgico e as UTI.

No próximo andar, encontramos o pavimento técnico, que se localiza no centro geográfico do edifício, para reduzir o custo e tempo para servir utilidades e serviços:

- Central de controle e distribuição das utilidades: ar-condicionado, água, energia, telecomunicações, gases, entre outros.
- Engenharia hospitalar.
- Tecnologia.
- Gestão da hotelaria.
- Central de ativos móveis (camas, equipamentos etc.).

Em um andar acima há o conjunto de andares das unidades de internação; No topo, encontram-se:

- Telemedicina.
- Administração central.
- Área comercial.
- Resgate aéreo.

As diversas áreas administrativas são alocadas por todo o hospital dependendo da disponibilidade. Preferencialmente ficam no piso mais baixo, evitando-se ao máximo que interfiram no fluxo assistencial que ocorre nos andares superiores.

A maior parte dos serviços administrativos pode ser alocada em qualquer local do edifício, ou pode estar fora da torre, sem qualquer prejuízo operacional, exceto:

- Caixa, que interage diretamente com o paciente/acompanhante.
- Área de auditoria de contas hospitalares, que interage diretamente com o prontuário do paciente, inclusive durante a internação.

PRONTO-SOCORRO

Considera-se como pronto-socorro todos os recursos disponíveis para:

- Resgatar pacientes impossibilitados de acesso espontâneo ao hospital.
- Resgatar doadores ou órgãos para transplantes.
- Atender pacientes que acessam o hospital sem agendamento, com dor súbita, trauma causado por acidente, risco de morte ou outra consequência grave ao seu estado de saúde.

Sobre resgate

O resgate mais comum é feito por via terrestre, mas alguns hospitais possuem infraestrutura adequada para recepcionar helicópteros.

O resgate por via terrestre possui fluxo relativamente simples:

- As ambulâncias geralmente têm doca (ou ancoradouro) específica, integrada ao local físico do pronto-socorro, tendo prioridade de acesso.
- O fluxo de atendimento originado pelo resgate terrestre geralmente não influencia os demais fluxos de atendimento hospitalares, sendo confinado à doca e ao pronto-socorro.

O resgate por via aérea é complexo, o que faz com que sua sua oferta seja restrita a poucos hospitais:

- O heliporto, geralmente localizado no topo do edifício por falta de espaço físico adequado no terreno, de modo que atenda as regulamentações da aviação civil, exige que o fluxo interfira na rotina de diversas áreas assistenciais.
- Esse fluxo baseia-se na utilização de elevadores, que são utilizados por outras áreas, uma vez que não existe viabilidade econômica em se manter um elevador exclusivo para essas ocorrências por causa da baixa demanda.
- Uma vez iniciado o resgate, diversos procedimentos são disparados para garantir que o paciente (ou órgão) chegue ao pronto-socorro, passando pelas outras áreas, mas sem que seja prejudicado: geralmente o traslado do paciente nesse fluxo interfere com os fluxos de todas as outras áreas.

Estrutura básica para operacionalizar resgate

Área de recebimento dos chamados: um ponto de *call center*.

Controle técnico do resgate (equipe para):

- Recurso administrativo para atividades relacionadas ao controle das ordens de serviço, ao controle dos estoques e à contabilização dos custos para geração das contas e preparação das rotas internas no caso de resgate aéreo.
- Recurso técnico (médicos, paramédicos, enfermagem etc.)
- Equipamentos de resgate: helicóptero e ambulância.

Classificação dos equipamentos de resgate
Tipo A

- Veículo destinado ao transporte de pacientes que não apresentam risco de morte.
- Instrumentos básicos:

Sinalizador ótico e acústico.

Equipamento de radiocomunicação.

Maca com rodas.

Suporte para soro.

Oxigênio.

Tipo B

- Veículo destinado ao transporte de pacientes com risco de morte, com necessidade potencial de intervenção médica durante o trajeto.
- Instrumentos básicos:
  - Sinalizador ótico e acústico.
  - Equipamento de radiocomunicação.
  - Maca articulada e com rodas.
  - Suporte para soro.
  - Oxigênio.
  - Respirador.
  - Esfigmomanômetro.
  - Protetores para queimados ou eviscerados.
  - Cateteres para oxigenação e aspiração.
  - Maleta para parto.
  - Maleta de urgência (medicamentos e descartáveis para procedimentos básicos).
- Equipamentos de proteção individual (EPI): luvas, gorros, máscaras etc.

Configuração típica do pronto-socorro

Sob o ponto de vista de negócio, o pronto-socorro pode ser:

- Unidade de negócios que deve gerar resultado (lucro):
  - Sua receita deve ser maior do que o custo.
  - Enquadram-se nessa categoria os pronto-socorros desvinculados de hospitais e cuja predominância de atendimento é sem seguimento.
- Unidade que alavanca negócios para outras, independentemente do lucro:
  - Sua receita pode ser constantemente menor do que o custo, desde que os atendimentos do pronto-socorro originem internações e seguimento ambulatorial.
  - Enquadram-se nessa categoria os pronto-socorros de hospitais e os localizados em locais propensos aos atendimentos de maior complexidade, que referenciarão os pacientes para outros serviços de saúde do mesmo grupo, ou associados, conveniados etc.

Figura 3.2 – Configuração típica do pronto-socorro.

Entrada

Local físico que deve permitir a coexistência de dois fluxos, sem que um interfira no outro.

Entrada de pacientes resgatados:

- Ou por serviço de resgate profissional, geralmente em macas ou cadeiras.
- Ou por pessoas com ou sem habilitação para isso, geralmente carregando o paciente sem técnica adequada.
- Essa entrada deve estar livre e desimpedida, de modo que o paciente possa chegar à sala de emergência sem interferência, logo que a equipe do pronto-socorro identifique essa necessidade.

Entrada de pacientes ambulantes (*walk-in*):

- Pacientes que chegam ao pronto-socorro se locomovendo por conta própria, ou com algum auxílio de acompanhante.
- Essa entrada deve privilegiar o acesso do paciente à triagem, e o do acompanhante à recepção.

Sala de emergência

Local destinado aos procedimentos necessários para tirar o paciente do risco iminente de morte. Por exemplo: parada cardíaca.

Em geral, usam-se salas de no mínimo 12 m² para cada mesa de procedimentos (ou leito de emergência), revestidas com material liso e impermeável e piso antiderrapante, para simplificar o processo de higienização e esterilização.

A sala deve dispor de equipamentos e insumos necessários aos procedimentos de emergência, sendo os mais comuns:

- Mesa de procedimentos (ou leito de emergência).
- Desfribilador.
- Monitor cardíaco.
- Eletrocardiógrafo.
- Respirador mecânico.
- Bomba de infusão.
- Carro de emergência.
- Material para entubação endotraqueal (adulto, infantil e neonatal).
- Oxímetro de pulso.
- Esfigmomanômetro.
- Ventilador.
- Negatoscópio.
- Otoscópio.
- Oxigênio.
- Medicamentos.
- Materiais descartáveis.

Espera

Local que deve ser confortável para o paciente e os acompanhantes, enquanto aguardam:

- Para serem atendidos pela triagem.
- Para serem registrados na recepção.
- Para serem chamados ao atendimento no consultório médico.
- Para serem encaminhados à sala de procedimentos.

Geralmente é guarnecida de bancos e possui um painel que emite sinal sonoro e exibe o número que corresponde à senha de chamada:

- Em pronto-socorro de baixo volume de atendimento, as chamadas são feitas pelo nome do paciente.
- Em pronto-socorro de grande volume de atendimento, os locais de espera para triagem, recepção, consultório e procedimento são separados.

Triagem

Local do primeiro contato da equipe assistencial do pronto-socorro com o paciente, exceto nos casos de emergência, quando os pacientes são encaminhados diretamente para a sala de emergência. A triagem define o nível de urgência do atendimento

100 Administração hospitalar no Brasil

que se deve dar ao paciente e identifica a especialidade médica de encaminhamento. Geralmente é feita por auxiliar de enfermagem, que registra os sinais vitais básicos do paciente e, de acordo com a queixa, define sistematicamente qual a especialidade. Fisicamente, é um conjunto de baias, cada uma contendo uma poltrona. Utiliza-se uma baia para cada 12 atendimentos/hora (em média).

Recepção

Local do registro do atendimento:

- Identificação do paciente.
- Preenchimento de guias de atendimento.
- Obtenção de autorização, no caso de pacientes conveniados.
- Registro da queixa e encaminhamento para a especialidade médica correspondente.

Utiliza-se um box (ponto de registro) para cada 20 atendimentos/hora (em média), e deve estar equipado para o registro no sistema de atendimento e impressão das guias e termos.

Costuma-se definir boxes específicos para caixa com recebimentos em dinheiro, cheque ou cartão, de pagamento de pacientes particulares, ou como garantia quando a operadora não forneceu autorização. Utiliza-se um box para cada 24 atendimentos/hora (em média).

Configuração típica do box:

- Computador.
- Escâner/copiadora.
- Impressora.
- Telefone.
- Leitora de cartões (box tipo caixa).

Integrado à recepção, temos:

- Retaguarda técnica:
  - Chefia e conforto médico.
  - Chefia e conforto da enfermagem.
- Retaguarda administrativa:
  - Manipulação dos prontuários.
  - Controle de estoque e ressuprimento local.

Hospital típico **101**

- ❑ Alocação e higienização de equipamentos nas salas.
- ❑ Segurança.
- Retaguarda assistencial:
  - ❑ Higiene e limpeza.
  - ❑ Rouparia (ou zeladoria).

As equipes médicas se dividem em:

- Fixas: ficam permanentemente no pronto-socorro, geralmente composta por clínicos gerais, pediatras, obstetras e ortopedistas, dependendo do foco do pronto-socorro.
- Retaguarda: médicos de outras especialidades que ficam de sobreaviso e são chamados se algum caso específico exigir.

As equipes médicas fixas geralmente são escaladas em regime de plantão de 12 horas, e as retaguardas, definidas em função da própria frequência dos médicos nas atividades de internação e ambulatório, ou em regime de prontidão de 24 horas.

Consultórios

Sala destinada à consulta médica:

- Exame físico.
- Anamnese.
- Prescrição.
- Consulta ao resultado dos exames.

Em geral são salas de 10 m² que contêm:

- Maca fixa.
- Mesa com cadeiras para o médico, paciente e acompanhante.
- Negatoscópio.
- Computador, no caso de hospital com sistema informatizado de prescrição e evolução médica.

Salas de procedimentos

Salas de diversos tipos e configurações para procedimentos, sendo as mais comuns:

- Coleta (sangue e outros tipos de material).
- Imobilização (gesso).
- Procedimentos cirúrgicos ambulatoriais (p. ex., retirada de corpo estranho).
- Inalação.
- Medicação.

Incluem-se nessa categoria as salas e leitos de observação, utilizados para acompanhamento da reação aos medicamentos e pequenos procedimentos. Sendo que essas salas não costumam ser equipadas com poltrona ou leito para acompanhantes. Configuração típica:

- Cama.
- Monitor cardíaco e de pressão.
- Suporte para soro.

Ferramentas de gestão (melhores práticas)

Indicadores:

- Controle de produtividade da enfermagem (número de enfermeiros e auxiliares/número de atendimentos).
- Controle de produtividade da recepção (número de registros/número de boxes em funcionamento – estratificado por turno).
- Controle de produtividade das equipes de retaguarda (número de atendimentos/número de funcionários).
- Controle de produtividade dos médicos (número de atendimentos/número de médicos – estratificado por especialidade).
- Tempo médio de pré-atendimento (entre o registro e o início do atendimento médico – estratificado por especialidade).
- Tempo médio de atendimento (entre o início do atendimento médico e a alta – estratificado por especialidade).
- Tempo médio de internação do pronto-socorro (entre alta do pronto-socorro e a alocação do paciente no leito de interação).
- Tempo médio total de atendimento (entre registro e alta).

Perfil:

- Atendimentos por especialidade, atendimentos por fonte pagadora e total de atendimentos.

- Custo total por especialidade e custo total.
- Faturamento por especialidade, faturamento por fonte pagadora, faturamento por tipo de receita e total de faturamento.
- Glosas por tipo de receita (estratificado por fonte pagadora).
- Taxa de exames (número de exames/número de registros – estratificado por serviço de SADT).
- Taxa de internação (total de internações cuja origem é o pronto-socorro/total de registros do pronto-socorro).
- Taxa de óbito (total de óbitos/total de registros).
- Taxa de ocupação (horas totais de atendimento/horas totais disponíveis das salas de atendimento).
- Taxa de reclamação (numero de reclamações/total de registros – estratificado por especialidade).
- Taxa de resgate (total de resgates/total de registros).
- Taxa de tipo de queixa (tipo de queixa/número total de registros).

AMBULATÓRIO

Ambulatório é o conjunto de todos os recursos disponíveis para atendimento eletivo ao paciente sem que haja necessidade de internação, exceto os SADT. Ou seja, trata-se das consultas com médicos e com outros profissionais assistenciais (odontólogos, nutrólogos etc.) e dos procedimentos médicos cujas recuperação e alta do paciente ocorrem no mesmo dia, além dos procedimentos pontuais ou programados, em que o paciente é liberado imediatamente após o ato, ou após repouso sem pernoite.

A respeito do "negócio ambulatório", devemos levar em consideração que, de maneira similar aos pronto-socorros, o ambulatório pode ser uma unidade de negócios que deve gerar resultado (lucro), de modo que sua receita deve ser maior que o custo. Pode ser também uma unidade que alavanca negócios para outras, independentemente do lucro, assim, sua receita pode ser constantemente menor que o custo, desde que os atendimentos do ambulatório originem internações e exames (SADT).

Algumas atividades ambulatoriais são deficitárias por definição, como as consultas médicas, nas quais a receita é repassada integralmente ao médico, não restando receita adicional à unidade ambulatorial, sendo que é comum, nos ambulatórios hospitalares, que o hospital arque com o valor de remuneração ao médico acima do que recebe das operadoras. Nesses casos é praticamente certo que a consulta gerará receita em internação e/ou SADT. Outro exemplo são os procedimentos pós-cirurgia, como a avaliação da cicatrização. Indepen-

Administração hospitalar no Brasil

dentemente de haver honorário médico envolvido e/ou repassado, o custo dos insumos e das equipes de apoio (p. ex., enfermagem) não é remunerado, ou a remuneração é invariavelmente inferior ao custo.

Já os procedimentos ambulatoriais específicos são rentáveis porque geralmente envolvem custos fixos, mas são remunerados por procedimento.

Os procedimentos de melhor custo-benefício são os tratamentos continuados, como radioterapia, quimioterapia e hemodiálise, nem tanto pelo valor da remuneração, mas pela quase inexistência de ociosidade nas agendas e pela maximização do compartilhamento dos recursos administrativos, ou seja, relativamente menos operações administrativas por atendimento.

Configuração típica do ambulatório
Entrada

Local físico que se confunde com área pública. Além de levar os pacientes para a recepção, geralmente acolhe os acompanhantes quando eles não compartilham do fluxo do paciente. Nos hospitais privados, costuma ser equipada com áreas de convivência (salas de conforto), lanchonetes e/ou lojas de conveniência.

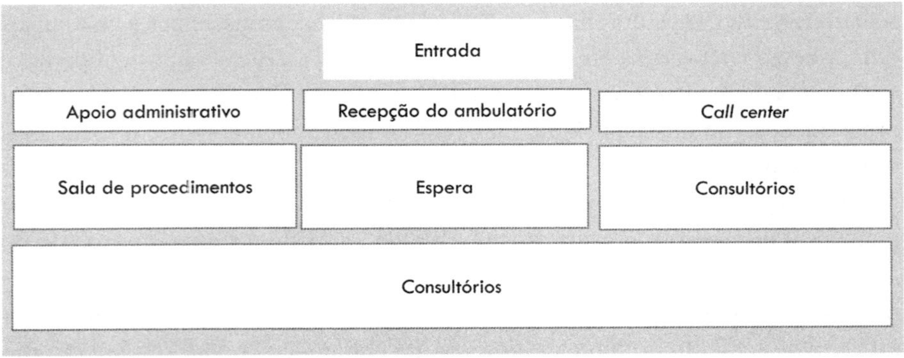

Figura 3.3 – Configuração típica do ambulatório.

Em relação ao fluxo específico de atendimento dos pacientes, dependendo do tamanho do ambulatório e volume de atendimento, pode ser equipada com:

- Balcão de informações.
- Balcão de triagem de documentação.
- Posto de retirada de senha de atendimento na recepção.
- Box para agendamento de exames e procedimentos.

Recepção

Local do registro do atendimento:

- Identificação do paciente.
- Preenchimento de guias de atendimento.
- Obtenção de autorização, no caso de pacientes conveniados.
- Registro da queixa e encaminhamento para a especialidade médica correspondente.

Utiliza-se um box (ponto de registro) para cada 30 atendimentos/hora (em média), o qual deve estar equipado para o registro no sistema de atendimento e impressão das guias e termos. Os próprios boxes de atendimento costumam funcionar como caixa para recebimentos em dinheiro, cheque ou cartão, de pagamento de pacientes particulares, ou como garantia, quando a operadora não forneceu autorização. Nessa situação, em vez de um box para cada 30 atendimentos, utiliza-se um box para cada 24 atendimentos/hora (em média).

Configuração típica do box:

- Computador.
- *Scanner*/copiadora.
- Impressora.
- Telefone.
- Leitoras de cartões:
  - Para pagamento (cartões de débito ou crédito).
  - Para validação de autorizações (operadoras).

Apoio administrativo

Estrutura física e recursos humanos com atribuições de retaguarda:

- Retaguarda administrativa:
  - Manipulação dos prontuários.
  - Controle de estoque e ressuprimento local.
  - Alocação e higienização de equipamentos nas salas.
  - Segurança.
- Retaguarda assistencial:
  - Higiene e limpeza.
  - Rouparia (ou zeladoria).

Espera

Local de conforto para acompanhantes, enquanto aguardam o paciente ser atendido, e para pacientes, durante o período em que esperam para ser registrados na recepção, quando o fluxo é baseado em senhas; para ser chamados ao atendimento no consultório médico; para ser encaminhados à sala de procedimentos.

A espera destinada aos pacientes em ambulatórios de alto volume de atendimento geralmente é guarnecida de bancos e de um painel que emite sinal sonoro e exibe o número que corresponde à senha de chamada. Nos ambulatórios de baixo volume, a chamada é feita pessoalmente, pelo nome do paciente.

Call center

Uma das áreas mais críticas do ambulatório, diretamente responsável pelo sucesso da rentabilidade, tem como missões:

- Fornecer informações sobre preços, coberturas, serviços, profissionais e disponibilidade de agenda.
- Agendar consultas e procedimentos, conciliando a agenda das salas com as agendas dos profissionais assistenciais e com o tempo de preparo, realização e liberação das salas e equipamentos.
- Cancelar ou alterar agendas no caso de intercorrências:
  - Problemas com equipamentos.
  - Absenteísmo de médicos e equipe.
  - Problemas comerciais entre o serviço de saúde e a operadora (suspensão, dificuldade de obtenção de autorização etc.).

Dada a falta de uniformidade no perfil do cliente (jovem/idoso, brasileiro/estrangeiro, nível cultural/acadêmico etc.), e da grande variedade de serviços que o ambulatório pode prestar:

- Deve dispor de atendentes com algum grau de conhecimento das disciplinas médicas.
- Deve dispor de alguns atendentes que dominem outros idiomas.

É uma das áreas hospitalares que exige maior volume de reciclagem técnica, operacional e educacional, de modo a se manter atualizada com as constantes alterações internas e de mercado.

Utiliza-se um box (ponto de registro) para cada seis atendimentos/hora (em média), e deve estar equipado para o registro no sistema de atendimento e impressão das guias e termos.

Configuração típica do box:

- Computador.
- Telefone.
- Sistema integrado de telefonia e atendimento (*call center*), com registro de chamadas e conversação.
- Sistema para agendamento.

Configuração típica do *call center*:

- Mesas dos operadoras (boxes).
- Área de supervisão com controle visual do sistema e das ligações e dos boxes.
- Sala de recreação (descanso) para operadores.
- Sala de insumos e equipamentos sobressalentes.
- Sala de equipamentos de telecomunicações.

Consultórios

Sala destinada à consulta médica:

- Exame físico.
- Anamnese.
- Prescrição.
- Consulta a resultado dos exames.

Em geral salas de 10 m², contendo:

- Maca fixa.
- Mesa com cadeiras para o médico, paciente e acompanhante.
- Negatoscópio.
- Computador, no caso de hospital com sistema informatizado de prescrição e evolução médica.

Salas de procedimentos

Salas de diversos tipos e configurações para procedimentos, sendo as mais comuns:

- Coleta (sangue e outros tipos de material).
- Imobilização (gesso).
- Procedimentos cirúrgicos ambulatoriais (p.ex.: retirada de corpo estranho).
- Inalação.
- Medicação.

Incluem-se nessa categoria as salas e leitos de observação, utilizados para acompanhamento da reação aos medicamentos e pequenos procedimentos. Essas salas não costumam ser equipadas com poltrona ou leito para acompanhantes. Configuração típica:

- Cama.
- Monitor cardíaco e de pressão.
- Suporte para soro.

Ferramentas de gestão (melhores práticas)

Indicadores:

- Controle de produtividade da enfermagem (número de enfermeiros e auxiliares/número de atendimentos).
- Controle de produtividade da recepção (número registros/número de boxes em funcionamento – estratificado por turno).
- Controle de produtividade das equipes de retaguarda (número de atendimentos/número de funcionários).
- Controle de produtividade do *call center* (número de chamados/número de funcionários – estratificado por turno).
- Controle de produtividade dos médicos (número de atendimentos/número de médicos – estratificado por especialidade).
- Tempo médio de pré-atendimento (entre registro e o início do atendimento médico – estratificado por especialidade).
- Tempo médio de atendimento (entre o início do atendimento médico e a alta – estratificado por especialidade).
- Tempo médio total de atendimento (entre registro e alta).

Perfil:

- Atendimentos por especialidade, atendimentos por fonte pagadora e total de atendimentos.

- Custo total por especialidade e custo total.
- Faturamento por especialidade, por fonte pagadora, por tipo de receita e total de faturamento.
- Glosas por tipo de receita (estratificado por fonte pagadora).
- Taxa de exames (número de exames prescritos/número de registros – estratificado por serviço de SADT).
- Taxa de ocupação (horas totais de atendimento/horas totais disponíveis das salas de atendimento – estratificado por especialidade).
- Taxa de reclamação (número de reclamações/total de registros – estratificado por especialidade).
- Taxa de tipo de especialidade (tipos de especialidade/número total de registros).

SERVIÇO DE APOIO AO DIAGNÓSTICO E TRATAMENTO (SADT)

Bloco de serviços de diagnóstico e apoio ao tratamento que compartilham recursos de retaguarda técnica e administrativa e simplificam o fluxo de atendimento de pacientes que necessitam de mais de um tipo de serviço de diagnóstico e o processo de interação de áreas diferentes que estão diagnosticando o mesmo paciente. Os serviços de diagnóstico são classificados em três tipos:

- Por imagem: diagnóstico baseado na análise de imagens.
- Tipo laboratório: diagnóstico baseado na análise de uma amostra (sangue, lâmina, peça etc.).
- Sinais gráficos: diagnóstico baseado na análise de sinais produzidos por equipamentos.

Já os serviços de apoio ao tratamento são classificados em dois tipos:

- Simples: os que só realizam tratamento.
- Mistos: os que podem realizar diagnóstico e tratamento.

Os bancos de sangue, apesar de não serem um serviço clássico de diagnóstico ou apoio ao tratamento, são inseridos no âmbito do SADT.

A respeito do "negócio SADT", devemos levar em consideração que quanto maior a diversidade de serviços do centro de diagnóstico, maior a rentabilidade, uma vez que são maiores o compartilhamento dos recursos de retaguarda e a captação de um serviço em consequência do seguimento do tratamento ou exame realizado por outro. O centro de diagnóstico integrado a um hospital tem algumas características de negócio que influenciam diretamente no flu-

110 Administração hospitalar no Brasil

xo de atendimento dos pacientes e, consequentemente, no negócio. Em um hospital de ponta em especialidade ortopédica, por exemplo, é necessário haver serviço de tomografia computadorizada (TC), mas o volume de pacientes internados não é suficiente para gerar o movimento necessário para cobrir as despesas do serviço de TC e dar lucro. Nesse caso, o hospital abre o serviço de TC, para atendimentos externos, mesmo que não consiga o mesmo valor de remuneração (por causa das condições de hotelaria), mas obtém a receita adicional que equilibra as contas, geralmente chegando ao lucro. Diferente dos serviços de diagnóstico independentes, nesse caso o hospital tem a desvantagem de levar ao serviço de TC pacientes em condições clínicas debilitadas, e o fluxo de atendimento é bem menos eficiente do que nos locais onde os pacientes se locomovem sem grande dificuldade, não estão acometidos por males crônicos etc.

Mesmo que não esteja integrado a outros serviços, ou a um hospital, um serviço de diagnóstico ou tratamento é, por definição, uma unidade rentável e autossustentável, inclusive com possibilidade de utilização da estrutura para prestação de serviços de modo remoto (à distância).

Nos hospitais, a relação com o médico responsável pelo serviço de diagnóstico é quase uma sociedade. O médico é remunerado proporcionalmente em relação ao resultado do serviço. Apura-se o resultado (faturamento total do serviço – custo total do serviço) e destina-se um percentual ao médico responsável.

Configuração típica
Entrada

Área-chave para organização do fluxo de pacientes, porque mescla dois tipos com características diferentes:

- Os do laboratório, em grande volume, geralmente concentrados no período da manhã, sem agendamento, podendo estar em jejum prolongado.
- Os dos demais serviços, geralmente agendados, sendo que alguns terão que fazer o preparo no local.

Se a área física da entrada não permite a separação eficiente desses dois fluxos, o reflexo de ineficiência geralmente repercute em todas as demais áreas do centro de diagnóstico.

A prática mais comum de mercado é manter, logo na entrada, um sistema de distribuição de senhas, com série de numeração diferente para cada fluxo.

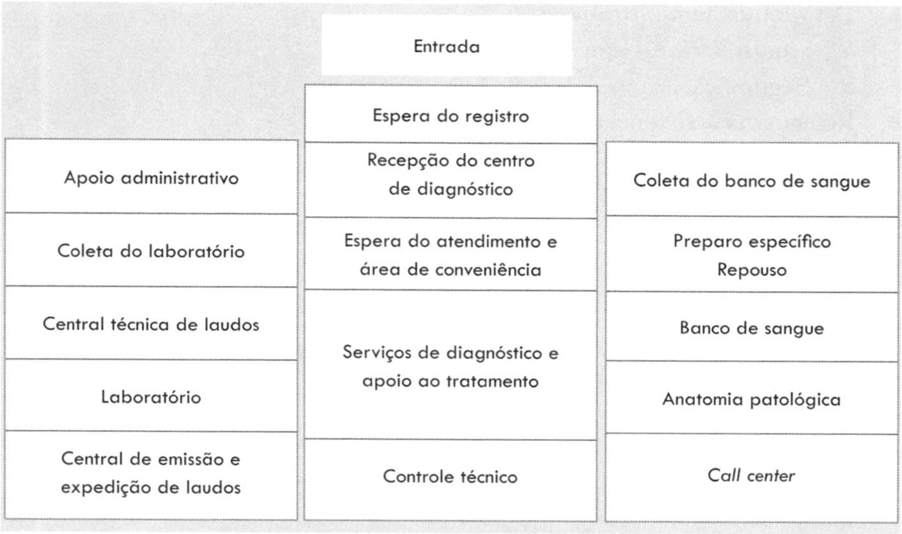

	Entrada	
	Espera do registro	
Apoio administrativo	Recepção do centro de diagnóstico	Coleta do banco de sangue
Coleta do laboratório	Espera do atendimento e área de conveniência	Preparo específico Repouso
Central técnica de laudos	Serviços de diagnóstico e apoio ao tratamento	Banco de sangue
Laboratório		Anatomia patológica
Central de emissão e expedição de laudos	Controle técnico	*Call center*

Figura 3.4 – Configuração típica do centro de diagnósticos hospitalar (SADT).

Espera do registro

Local provido de poltronas para pacientes e acompanhantes enquanto aguardam o chamado para registro na recepção.

Geralmente é guarnecida por um painel que emite sinal sonoro e exibe o número que corresponde à senha de chamada, e a indicação do box que procederá ao registro.

Alguns centros de diagnóstico adotam a prática de alocar circulantes pela espera:

- São funcionários com algum conhecimento de especialidades de diagnóstico e tratamento, e regras de atendimento, especialmente de operadoras.
- Enquanto o paciente aguarda o atendimento, eles fazem a triagem da documentação e preparo para evitar que o paciente seja chamado pela recepção, mas não possa ser atendido.

Apoio administrativo

Estrutura física e recursos humanos com atribuições de retaguarda:

- Retaguarda administrativa:
  - Controle de estoque e ressuprimento local.
  - Segurança.
- Retaguarda assistencial:
  - Higiene e limpeza.
  - Rouparia (ou zeladoria).

Recepção

Local do registro do atendimento:

- Identificação do paciente.
- Preenchimento de guias de atendimento.
- Obtenção de autorização, no caso de pacientes conveniados.
- Encaminhamento do paciente para a área de diagnóstico ou apoio ao tratamento correspondente.

Utiliza-se um box (ponto de registro) para cada 12 atendimentos/hora (média), e deve estar equipado para o registro no sistema de atendimento e impressão das guias e termos.

Os próprios boxes de atendimento costumam funcionar como caixa para recebimentos em dinheiro, cheque ou cartão, de pagamento de pacientes particulares, ou como garantia quando a operadora não forneceu autorização.

Nessa situação, em vez de um box para cada 12 atendimentos, utiliza-se um box para cada 8 atendimentos/hora (média).

É prática comum manter uma retaguarda técnica na recepção do laboratório no período de maior volume para auxiliar na interpretação de pedidos de exames. A principal diferença entre a recepção do centro de diagnóstico e as demais recepções é a quantidade de volume de atendimentos entre as primeiras horas da manhã e o restante do dia. É comum observar variação de 500%.

Espera do atendimento/área de conveniência

Local de conforto para:

- Pacientes que aguardam para ser atendidos efetivamente nos serviços.
- Acompanhantes, enquanto aguardam o paciente ser atendido.

Dependendo da disponibilidade física do centro de diagnóstico, a área de espera pode ser dividida em várias subáreas, o que permite que não haja mescla de pacientes com preparos e objetivos diferentes, tornando a espera mais personalizada.

Quando a área física não permite a separação, a área única geralmente é guarnecida com bancos e um painel que emite sinal sonoro e exibe o número que corresponde à senha de chamada.

É prática comum a identificação visual das áreas ser feita por cores diferentes, simplificando as instruções de acesso a cada serviço.

Quando o centro de diagnóstico realiza exames ou sessões de tratamento de longa duração (p. ex., curva glicêmica, cintilografias etc.), é comum haver área de conveniência para os acompanhantes, oferecendo os mais variados serviços: desde sala com televisão e café até serviços do tipo *lan house*.

É prática de mercado não deixar, na sala de espera, os pacientes em processo de preparo: esses são mais bem atendidos em salas apartadas, além de não causar incômodo aos que não necessitam realizar preparo.

Preparo específico/repouso

Dependendo dos exames e tratamentos que o centro de diagnóstico oferece é possível compartilhar algumas salas de preparo e repouso, desde que a planta física não dificulte a locomoção do paciente e seja viável operacionalmente para as equipes assistenciais envolvidas:

- Se mais de um serviço necessita de sala para repouso, vale a pena compartilhar uma única sala, economizando custos e área física.
- Da mesma forma, se mais de um serviço necessita de sala para preparo específico, vale a pena compartilhar uma única área.

Exemplos de serviços de diagnóstico que necessitam de sala de preparo específico (mais comuns):

- Ultrassonografia:
  - Ingestão de água para exame de bexiga e espera para realização do exame.
- Medicina nuclear:
  - Ingestão da droga, e espera para realização do exame.
- Laboratório:
  - Ingestão de glicose para curva glicêmica, em várias sessões de coleta.
- Ressonância magnética:
  - Retirada de próteses com materiais metálicos.
- Holter:
  - Instalação e desinstalação (devolução) do equipamento.

Exemplos de serviços de diagnóstico e tratamento que necessitam de sala de repouso (mais comuns):

- Endoscopia/colonoscopia.
- Radiologia vascular.
- Medicina nuclear.
- Teste de esforço.

As salas de preparo geralmente são frequentadas apenas pelo paciente e pela equipe assistencial. As salas de repouso costumam ter acomodação para um acompanhante.

Central técnica de laudos

O conceito *central técnica de laudos* se refere apenas às atividades médicas. Dispondo de diversos serviços de diagnóstico, é possível concentrar em uma mesma área física os médicos que laudam os exames, simplificando inclusive a eventual análise de exames de diversos serviços para dar maior consistência ao resultado. Configuração física típica:

- Terminais com monitores de alta resolução que capturam imagens dos equipamentos de diagnóstico.
- Negatoscópios.
- Sistema para elaboração de laudos, que permite o compartilhamento de laudos registrados.
- Impressoras.

Costuma-se dimensionar a sala com um terminal para cada serviço integrado, e ao total acrescenta-se:

- Mais um se o número total for até cinco.
- Mais um a cada múltiplo de cinco.

A central técnica de laudos funciona como área de apoio se prestar serviço apenas para o centro de diagnóstico, mas pode ser uma unidade de negócios independente caso preste serviços para outros serviços de diagnóstico. Nesse caso:

- Obtém receita cobrando por laudo, ou por serviço de segunda opinião.
- Geralmente os terminais recebem imagens e informações pela internet de serviços de diagnóstico remotos.

- Os médicos se utilizam de assinatura digital, registrada em órgãos certificadores oficiais.
- Dimensiona-se o número de terminais pelo tempo médio de laudo. Por exemplo: se um laudo demanda 15 minutos, um terminal para cada quatro laudos/hora.

Central de emissão e expedição de laudos

Área que concentra atividades administrativas de:

- Impressão do laudo.
- Preparação do laudo para entrega (volume imagem + laudo).
- Entrega do laudo (organização do arquivo, remessa à domicílio, protocolo de entrega etc.)

Havendo volume de laudos (não de laboratório) que viabilize o custo:

- Essa central pode dispor de sistema e estrutura para receber pela rede o sinal sonoro que corresponde à voz do médico informando qual o laudo padrão para o exame.
- Nesse caso, a central prepara o laudo e disponibiliza via rede para o médico liberar para impressão.
- Sob o ponto de vista do negócio, na prática é difícil justificar o custo-benefício, pois a maioria das centrais que dispõem desse recurso implantou com objetivos mercadológicos relacionados ao marketing, ou dificuldades operacionais do serviço de diagnóstico específico.

Controle técnico

Área de apoio que concentra:

- Equipe técnica para aferição, calibração, configuração e manutenção de equipamentos de diagnóstico e apoio ao tratamento (engenharia clínica).
- Insumos utilizados pelos equipamentos do centro de diagnóstico.
- Equipamentos centrais compartilhados por diversos serviços de diagnóstico e apoio ao tratamento.

O centro de diagnóstico concentra suas atividades em horário comercial, com pico no período da manhã e alguns minutos de indisponibilidade do serviço que podem comprometer a agenda de todo o dia, atrasando consequentemente

116 Administração hospitalar no Brasil

todos os atendimentos programados a seguir, e invariavelmente geram prejuízo financeiro e/ou reclamação e perda de clientes.

O controle técnico é um setor estratégico para o SADT.

Call center

Uma das áreas mais críticas do SADT, diretamente responsável pelo sucesso da rentabilidade, tem como missão:

- Fornecer informações sobre preços, coberturas, serviços, profissionais e disponibilidade de agenda.
- Agendar exames e procedimentos, conciliando a agenda dos equipamentos com as agendas dos médicos e tempo de preparo, realização e liberação das salas.
- Cancelar ou alterar agendas no caso de intercorrências:
  - Problemas com equipamentos.
  - Absenteísmo de médicos e equipe.
  - Problemas comerciais entre o serviço de saúde e a operadora (suspensão, dificuldade de obtenção de autorização, etc.).

Dada a falta de uniformidade no perfil do cliente (jovem/idoso, brasileiro/estrangeiro, nível cultural ou acadêmico alto/baixo etc.), e da grande variedade de serviços que o SADT pode prestar, deve dispor de:

- Atendentes com algum grau de conhecimento das disciplinas médicas.
- Alguns atendentes que dominem outros idiomas.

Exige constante reciclagem técnica, operacional e educacional, de modo a manter a equipe atualizada com as constantes alterações internas e de mercado.

Utiliza-se um box (ponto de registro) para cada 10 atendimentos/hora (média), e deve estar equipado para o registro no sistema de atendimento e impressão das guias e termos.

Configuração típica do box:

- Computador.
- Telefone.
- Sistema integrado de telefonia e atendimento (*call center*), com registro de chamadas e conversação.
- Sistema para agendamento.

Configuração típica do *call center*:

- Mesas dos operadores (boxes).
- Área de supervisão com controle visual do sistema e das ligações e dos boxes.
- Sala de recreação (descanso) para operadores.
- Sala de insumos e equipamentos sobressalentes.
- Sala de equipamentos de telecomunicações.

Serviços de diagnóstico e apoio ao tratamento (mais comuns)
Laboratório de análises clínicas (LAC)

Serviço de diagnóstico que realiza o maior volume de exames.

A rotina básica do LAC é analisar uma amostra humana, que pode ser sangue, urina, fezes, saliva e diversos outros tipos. A análise pode ser:

- Automatizada, sendo a amostra inserida em um equipamento que faz a leitura e exibe o resultado.
- Visual, por meio da leitura de um biomédico utilizando um microscópio.

Atualmente, praticamente todos os exames podem ser feitos pelos dois métodos. Configuração física básica (mais comum):

- Área de coleta no centro de diagnóstico:
  - Recepção do laboratório que certifica a identificação do paciente, emite etiquetas com códigos de barras para identificar os tubos de coleta de sangue e os recipientes de outros tipos de material.
  - Boxes para coletar amostras de sangue.
  - Apoio para controle de insumos (tubos, glicose para curvas etc.).
- Triagem: controle das coletas e recepção do material coletado na área de coleta para início de processamento.
- Áreas técnicas – processamento do exame: análise e resultado, por tipo de exame, cada uma delas com os seus equipamentos de análise:
  - Bacteriologia.
  - Biologia molecular (genética – DNA/RNA).
  - Gasometria.
  - Hematologia.
  - Hormônios.
  - Imunologia.

118 Administração hospitalar no Brasil

- Líquido cefalorraquidiano (LCR – líquor).
- Microbiologia.
- Suco gástrico.
- Urinálise.

Não é comum haver divisão em todas essas áreas, sendo mais usual agrupar algumas delas conforme a disponibilidade física e otimização dos recursos humanos e técnicos.

- Liberação:
  - Aferição do resultado e liberação do laudo.
- Expedição:
  - Impressão e preparação do laudo para entrega.
- Apoio administrativo:
  - Controle dos insumos e registros para cobrança.
  - Recepção de controle de amostras externas (de outros laboratórios).
  - Remessa de laudos para empresas externas (para outros laboratórios).
- Biblioteca de amostras:
  - Arquivo de amostras.

Especificamente no caso de hospitais, é comum a existência de:

- Área de planejamento e controle dos coletores, para realização das rotinas de coleta dos pacientes internados, do pronto-socorro e ambulatoriais:
  - Os coletores fazem as coletas nas próprias unidades, ou recolhem as coletas feitas pela própria equipe de enfermagem, e trazem para a triagem.
- Equipamentos de exames laboratoriais localizados fora do laboratório, para otimizar a realização e disponibilização do laudo. Por exemplo:
  - Equipamentos de gasometria no bloco cirúrgico ou em UTI.
  - Tubo pneumático interligando o bloco cirúrgico e/ou UTI ao laboratório para envio da amostra coletada diretamente para a triagem, e recebimento do laudo após a liberação.

É muito comum os laboratórios trabalharem em parceria com outros:

- Se determinado exame não é realizado com a frequência necessária para cobrir as despesas fixas de manter equipamentos e estrutura adequados, compra-se o serviço de outro laboratório.

- Em regiões onde poucos laboratórios atuam, é comum que o planejamento de aquisição de equipamentos seja acordado entre eles: já se adquire o equipamento e a estrutura com base no contrato de prestação de serviços para outros.

Exceto em relação à área de coleta do centro de diagnóstico, todas as demais áreas do laboratório podem ser localizadas à distância, pelo fato de não haver interação com o paciente. Via de regra os exames laboratoriais não são agendados.

Anatomia patológica (ou patologia clínica)

Realiza exames em lâminas de amostras retiradas do corpo humano.

Na maior parte das vezes são peças cirúrgicas encaminhadas para investigação da existência de neoplasia.

Configuração física básica (mais comum):

- Recepção: área que recepciona as peças ou lâminas.
- Área técnica: área de realização dos exames e produção dos laudos.
- Apoio administrativo: controle de insumos e registros para cobrança.
- Biblioteca de amostras: arquivos de lâminas.

Em se tratando de serviço que não se relaciona diretamente com os pacientes, pode ficar em local distante do centro de diagnóstico e, pelas características do serviço, não existe interação com o agendamento.

Particularmente no caso da anatomia patológica, pelo fato de estar vinculada a um hospital, é tradicional ser de sua atribuição:

- Preparação do corpo no caso de óbito.
- Perícia médica e apoio na elaboração do registro do óbito.

Banco de sangue (hemoterapia)

Centro de captação, processamento e distribuição de sangue e derivados. O sangue não pode ser remunerado pela venda, mas pode-se cobrar pelos exames que certificam que o sangue (hemoderivados ou hemocomponentes) é adequado para utilização no procedimento. É uma atividade rentável, mas de alto risco, porque o estoque de sangue depende de doadores voluntários (não podem ser remunerados).

Configuração física básica (mais comum):

- Área de coleta no centro de diagnóstico:
  - ❏ Recepção que certifica a identificação do paciente, emite etiquetas com códigos de barras para identificar as bolsas e entrevista o doador para identificar grupos de risco e viabilidade da doação.
  - ❏ Local de captação do sangue (macas para doação).
  - ❏ Apoio para controle de insumos (bolsas etc.).
- Triagem:
  - ❏ Recepção do material coletado e início de processamento.
- Áreas técnicas:
  - ❏ Aférese.
  - ❏ Separação dos hemocomponentes (ou hemoderivados).
  - ❏ Preparação e armazenamento para distribuição.
- Apoio administrativo:
  - ❏ Controle dos insumos e registros para cobrança.
  - ❏ Controle dos pedidos, remessas e intercorrências.

Exceto a área de coleta do centro de diagnóstico, todas as demais áreas do laboratório podem ser localizadas à distância, pelo fato de não haver interação com o paciente. Pela característica do serviço, os exames não costumam ser agendados.

Radiologia geral (raios X)

Serviço baseado na análise de imagens geradas por equipamento de raios X. Os equipamentos convencionais produzem a imagem em um filme, que é acondicionado em uma chapa. Após o exame, a chapa é inserida em uma reveladora. Quando a revelação é feita, o filme é utilizado para ver a imagem. Esse processo é chamado atualmente de analógico ou *wet*.

Os equipamentos modernos produzem a imagem em formato digital, que pode ser armazenada em meio eletrônico e também pode ser impressa à seco (*dry*), por uma impressora especial em um "filme pré-revelado". Estamos vivendo a época de mudança de tecnologia, e ainda existem muitos equipamentos analógicos e vários locais onde se necessita ler a imagem não têm computador.

Essa fase de transição ainda deve durar alguns anos, por causa da complexidade de substituir todos os equipamentos e da dificuldade de prover equipamentos de consulta às imagens adequados. Diferentemente dos demais exames de imagem, em que o laudo é dado praticamente durante o exame, no caso de radiologia geral o laudo é dado pela observação da imagem. Desse modo, consultar um exame de radiologia de coluna em um monitor que não representa o tamanho real do corpo não é a mesma coisa – médicos de todas as gerações afirmam que o negatoscópio é mais adequado.

Por essa razão, no caso dos equipamentos convencionais, existem chassis desenvolvidos para substituir as impressoras tradicionais, os quais são inseridos nos equipamentos analógicos no lugar das chapas, depois são carregados em equipamentos (processadoras) que produzem a imagem digital a partir deles. A processadora imprime o filme à seco; eliminando-se a revelação, elimina-se também a manipulação dos produtos químicos utilizados para revelar o filme. Mesmo quando o equipamento é digital, além de armazenar a imagem em meio eletrônico, uma impressora especial imprime a imagem em um filme (sem a necessidade de revelação deste). É comum observar nos hospitais tanto a consulta das imagens em meio eletrônico (pela rede de computadores), como em negatoscópios (uma vez que todos as imagens acabam sendo impressas ou reveladas).

Sob o ponto de vista do negócio, a radiologia geral é rentável, mesmo com algumas nuanças do mercado brasileiro que prejudicam a formação dos preços. A mudança de tecnologia exige produção, armazenamento e distribuição de imagens em meio digital, mas não eliminou o filme, trazendo na prática custo adicional ao serviço. As tabelas de honorários médicos definem valor adicional pelo filme, mas não pelo sistema de armazenamento e distribuição da imagem em meio eletrônico. Os demais exames de imagem, sendo mais recentes, foram definidos com preços mais elevados, não mantendo a relação adequada entre o custo e o preço entre eles e o raio X.

Configuração física básica (mais comum):

- Recepção da radiologia: certifica a identificação do paciente, emite etiquetas com códigos de barras para identificar as chapas e entrevista prévia do paciente.
- Sala de exame: local do equipamento, onde o paciente realiza o exame.
- Câmara de proteção: onde o técnico que realiza o exame se abriga da radiação constante.
- Sala de processamento: local da revelação ou da processadora e impressora de imagens *dry*.
- Sala de laudo: onde o médico recebe a imagem para análise e definição do resultado, caso não haja central técnica de laudos.
- Apoio administrativo: controle dos insumos e registros para cobrança; controle da preparação e remessa dos laudos ao paciente, ou da liberação para a central de expedição de laudos.

Tomografia computadorizada (TC, tomo ou, simplesmente, tomografia)

Evolução da radiologia geral:

- Utiliza equipamentos que emitem raios X.
- O equipamento gira em volta do paciente em vez de ser fixo.
- São geradas radiografias transversais da parte do corpo analisado.
- As radiografias são convertidas por computador em cortes.
- Os cortes tomográficos processados constróem as imagens.
- Em alguns casos, utiliza-se um contraste para realçar as imagens.

Mais preciso do que exame de radiologia geral, exceto em alguns casos – por exemplo, mamografia digital. Por utilizar o computador, a TC já nasceu na era digital, sendo todo o processo feito em modo *dry*. Ao contrário da radiologia geral, o exame não é realizado por técnicos, e sim por médicos, e o laudo é definido durante a realização do exame, e não pela análise das imagens geradas. A imagem serve apenas para fundamentar o laudo e geralmente se escolhem apenas algumas das milhares de imagens que podem ser geradas durante o exame, apenas para acompanhar o laudo e armazenamento histórico (opcional).

Sob o ponto de vista do negócio, a TC é rentável, mesmo havendo questionamento das operadoras em casos que poderiam ser realizados exames de radiologia geral, mais baratos.

Configuração física básica (mais comum):

- Recepção da TC: certifica a identificação do paciente e entrevista-o previamente.
- Sala de exame: local do equipamento, onde o paciente realiza o exame.
- Sala de laudo: onde o médico observa as imagens em tempo real e desenvolve o laudo, caso não haja central técnica de laudos.
- Apoio administrativo: controle dos insumos e registros para cobrança.
- Controle da preparação e remessa dos laudos ao paciente, ou da liberação para a central de expedição de laudos.

Ressonância magnética (RM ou MR ou ressonância nuclear magnética – RNM ou MNR)

Utiliza o mesmo princípio de girar em torno do paciente da TC, mas em vez do raio X utiliza ondas magnéticas. Como no caso da TC, algumas vezes utiliza-se um contraste para realce. O processo de exame e retaguarda é muito parecido com o da TC.

Configuração física básica (mais comum):

- Recepção da ressonância: certifica a identificação do paciente e entrevista prévia do paciente.
- Sala de exame: local do equipamento, onde o paciente realiza o exame.
- Sala de laudo: onde o médico observa as imagens em tempo real e desenvolve o laudo, caso não haja central técnica de laudos.
- Apoio administrativo: controle dos insumos e registros para cobrança; controle da preparação e remessa dos laudos ao paciente, ou da liberação para a central de expedição de laudos.

Sob o ponto de vista do negócio, a ressonância é rentável, mesmo havendo questionamento das operadoras nos casos em que poderiam ser realizados exames de radiologia geral ou TC, mais baratos.

Medicina nuclear

Pode utilizar o mesmo princípio de girar em torno do paciente como a TC (PET-scan) ou o da radiologia geral (cintilografia). Possui duas particularidades: o paciente deve absorver material radiativo (radiofármaco); e é utilizada para investigar a função do órgão, e não sua estrutura.

O processo de exame e retaguarda é muito parecido com o da TC, exceto pelo fato de o paciente ingerir o radiofármaco. Após ingerir, o paciente deve aguardar o tempo de absorção, e, somente após esse tempo, o exame é realizado.

Configuração física básica (mais comum):

- Recepção da medicina nuclear: certifica a identificação do paciente, faz a entrevista prévia e ministra o radiofármaco.
- Sala de exame: local do equipamento, onde o paciente realiza o exame.
- Sala de laudo: onde o médico observa as imagens em tempo real e desenvolve o laudo, caso não haja central técnica de laudos.
- Apoio administrativo: controle dos insumos e registros para cobrança; controle da preparação e remessa dos laudos ao paciente, ou da liberação para a central de expedição de laudos.

Sob o ponto de vista do negócio, a medicina nuclear é rentável, e realiza procedimentos únicos, que não têm similar em outras técnicas diagnósticas, principalmente para detectar problema oncológico precoce.

O *pet scan*, exame mais recentemente descoberto, tem custo elevado, e só há pouco foi regulamentado como obrigatório de cobertura no rol da Agência Nacional de Saúde (ANS) (muito tempo após o Sistema Único de Saúde – SUS – já tê-lo colocado à disposição dos seus pacientes).

Ultrassonografia (ultrassom)

Um transdutor transmite ondas sonoras até a área a ser examinada, as ondas são refletidas e captadas pelo próprio transdutor. O sistema converte as ondas refletidas em imagens bidimensionais. De todos os exames de imagens, é o menos agressivo para o paciente, pois não utiliza radiofármacos, não utiliza raio X e não necessita de coleta de amostras.

Nota sobre ecocardiograma: nome dado aos exames de ultrassonografia específicos para cardiologia.

Configuração física básica (mais comum):

- Recepção do ultrassom: certifica a identificação do paciente e faz a entrevista prévia.
- Sala de exame: local do equipamento, onde é realizado o exame, definido o diagnóstico e escolhidas as imagens para o laudo.
- Sala de laudo: onde o médico elabora o laudo, caso não haja central técnica de laudos.
- Apoio administrativo: controle dos insumos e registros para cobrança; controle da preparação e remessa dos laudos ao paciente, ou da liberação para a central de expedição de laudos.

Sob o ponto de vista do negócio, a ultrassonografia é rentável, e por ter aplicação específica e baixo custo não costuma ser origem de controvérsia com a fonte pagadora.

Angiografia (radiologia vascular)

Método para visualização dos vasos sanguíneos. Primeiro, faz-se a injeção de contraste por dentro dos vasos, na sequência utiliza-se raio X para detectar anomalias. A técnica utiliza um cateter sintético sob radiação, que chega ao local investigado. É aplicado basicamente em exames cardiológicos e cerebrais.

A angiografia é um dos serviços que podem fazer diagnóstico e tratamento, já que durante o diagnóstico é possível avaliar a possibilidade de realizar o tratamento na mesma sessão.

Configuração física básica (mais comum):

- Recepção da angiografia: certifica a identificação do paciente e registros; área de preparo, caso não haja sala compartilhada no SADT para esta finalidade.
- Sala de exame: local do equipamento, onde o exame é realizado e o médico define o diagnóstico e o laudo.
- Sala de laudo: onde o médico elabora o laudo, caso não haja central técnica de laudos, ou descreve o procedimento caso tenha havido tratamento.
- Apoio administrativo: controle dos insumos e registros para cobrança; controle da preparação e remessa dos laudos ao paciente, ou da liberação para a central de expedição de laudos.
- Repouso: local em que o paciente se recupera do exame ou tratamento, caso não haja área compartilhada no SADT para essa finalidade.

Testes físicos

Exames que medem a reação do corpo em condições normais ou de esforço. Os mais comuns são:

- Holter: monitora a pressão, geralmente por um dia.
- MAPA (Monitoração Automática da Pressão Arterial): monitora pressão ou batimento cardíaco, geralmente por um dia.
- Teste ergométrico: vários eletrocardiogramas e medições de pressão feitos durante sessão em esteira.
- Teste ergoespirométrico: ergométrico simultâneo ao monitor de respiração.

Configuração física básica (mais comum):

- Recepção: certifica a identificação do paciente e registros; área de preparo, caso não haja sala compartilhada no SADT para essa finalidade.
- Sala de exame: local do equipamento, onde é realizado o exame e o médico define o diagnóstico e o laudo.
- Sala de laudo: onde o médico elabora o laudo, caso não haja central técnica de laudos, ou descreve o procedimento caso tenha havido tratamento.
- Apoio administrativo: controle dos insumos e registros para cobrança; controle da preparação e remessa dos laudos ao paciente, ou da liberação para a central de expedição de laudos.
- Repouso: local onde o paciente se recupera do exame ou tratamento, caso não haja área compartilhada no SADT para essa finalidade.

Administração hospitalar no Brasil

Nos casos de exames de esforço, o serviço deve ter, além do médico, um fisiatra ou professor de educação física responsável.

Endoscopia, colonoscopia e broncoscopia

Área que realiza exames e tratamentos. Método que introduz pela boca (endoscopia) ou pelo ânus (colonoscopia) um endoscópio que emite luz e tem a capacidade de filmar o local por onde passa. Vendo o local, o médico pode estabelecer o diagnóstico. Em algumas situações, o endoscópio pode desobstruir seu caminho ou retirar corpos livres, que é a situação em que se denomina como tratamento. Por ser um procedimento invasivo, requer preparo prévio e local, anestesia, repouso pós-procedimento, retaguarda para intercorrências e complicações. Por isso, os SADT que têm esse serviço geralmente são de hospital.

Configuração física básica (mais comum):

- Recepção: certifica a identificação do paciente e registros; área de preparo, caso não haja sala compartilhada no SADT para essa finalidade.
- Sala de exame: local do equipamento, onde é realizado o exame e o médico define o diagnóstico e o laudo.
- Sala de laudo: onde o médico elabora o laudo, caso não haja central técnica de laudos, ou descreve o procedimento, caso tenha havido tratamento.
- Apoio administrativo: controle dos insumos e registros para cobrança; controle da preparação e remessa dos laudos ao paciente, ou da liberação para a central de expedição de laudos.
- Repouso: local onde o paciente se recupera do exame ou tratamento, caso não haja área compartilhada no SADT para essa finalidade.

Radioterapia

Tratamento que utiliza raios X de alta potência para destruir células. Geralmente utilizado em oncologia. O planejamento do tratamento é feito em conjunto pelo médico e pelo físico. O físico define a quantidade de radiação e o molde – proteção do local do corpo –, que sofrerá a carga radioativa de modo que o fluxo seja direcionado o mínimo possível para fora da área de interesse. O tratamento geralmente é uma série de sessões, acompanhadas de avaliação e exames complementares.

Configuração física básica (mais comum):

- Recepção: certifica a identificação do paciente e realiza registros.
- Consultórios médicos.

- Sala de planejamento dos físicos.
- Central de suprimentos e moldes.
- Sala de exame: local do equipamento, onde o paciente realiza o tratamento.
- Apoio administrativo: controle dos insumos e registros para cobrança.
- Repouso: local onde o paciente se recupera do tratamento, caso não haja área compartilhada no SADT para essa finalidade.

Quimioterapia

Tratamento à base de ministração de drogas, que são também chamadas de farma-coquimioterápicos. Esse tratamento quase sempre é realizado para tratar neoplasia. A sala é basicamente um local para ministração de medicamento em soro. É isolada por causa do estado físico e psicológico dos pacientes, e costuma ter dois tipos de ambiente: com poltronas ou com camas, para pacientes em piores condições físicas.

O tratamento geralmente é composto por uma série de sessões, acompanha-das de avaliação e exames complementares.

Configuração física básica (mais comum):

- Recepção: certifica a identificação do paciente e realiza registros.
- Consultórios médicos.
- Sala de preparo da medicação, com câmara especial de proteção aos profis-sionais assistenciais.
- Sala de ministração.
- Apoio administrativo: controle dos insumos e registros para cobrança.
- Repouso: local onde o paciente se recupera do tratamento, caso não haja área compartilhada no SADT para essa finalidade.

Hemodiálise

Tratamento para remoção do líquido e substâncias tóxicas do sangue com um rim artificial. Nesse processo, ocorre filtragem e depuração de substâncias in-desejáveis, como a creatinina e a ureia. O tratamento geralmente é contínuo. O paciente que necessita de hemodiálise geralmente fica em tratamento até que consiga realizar o transplante de rim.

Sob o ponto de vista do negócio, é rentável, pois tem baixo custo fixo da unidade e frequência e volume de atendimento constante.

Configuração física básica (mais comum):

- Recepção: certifica a identificação do paciente e realiza registros.
- Consultórios médicos.

- Sala de procedimento.
- Apoio administrativo: controle dos insumos e registros para cobrança.
- Repouso: local onde o paciente se recupera do tratamento, caso não haja área compartilhada no SADT para essa finalidade.

Eletrocardiograma (ECG)

Exame cardiológico baseado na variação dos potenciais elétricos gerados pela atividade elétrica do coração. Habitualmente realizado por técnicos de cardiopneumologia; mas a interpretação e o laudo são feitos por médicos cardiologistas.

Sob o ponto de vista do negócio, é rentável, pois tem baixíssimo custo operacional. Em boa parte dos serviços de saúde é realizado no próprio consultório do médico cardiologista, mas, em hospitais, pode ser feito à beira do leito (equipamento em carro móvel).

Configuração física básica (mais comum):

- Recepção: certifica a identificação do paciente e realiza registros.
- Consultórios médicos.
- Sala de eletro (ou mesa do equipamento e maca para o paciente no próprio consultório).
- Apoio administrativo: controle dos insumos e registros para cobrança.

Eletroencefalograma (EEG)

Estudo do registro gráfico das correntes elétricas desenvolvidas no encéfalo, por meio de eletrodos aplicados no couro cabeludo (superfície encefálica), habitualmente realizado por técnicos de cardiopneumologia. Sob o ponto de vista do negócio, é rentável (baixo custo operacional).

Configuração física básica (mais comum):

- Recepção: certifica a identificação do paciente e realiza registros.
- Consultórios médicos.
- Sala de eletro.
- Apoio administrativo: controle dos insumos e registros para cobrança.

Polissonografia (medicina do sono) – ou exame do sono

Teste multiparamétrico de estudo do sono e suas variáveis fisiológicas. Geralmente é realizado à noite, registrando variações biofisiológicas que ocorrem durante o sono. O polissonograma resultante monitora:

- Eletroencefalograma (EEG).
- Eletro-oculograma (EOG).
- Eletromiograma submentoniano (EMG).
- Fluxo aéreo nasal.
- Oximetria.
- Eletrocardiograma (ECG).

Configuração física básica (mais comum):

- Recepção: certifica a identificação do paciente e realiza registros.
- Consultórios médicos.
- Sala dormitório: onde o paciente realiza o exame (dorme).
- Sala de observação.
- Apoio administrativo: controle dos insumos e registros para cobrança.

Reabilitação

Diversas especialidades para reabilitação física e mental de pacientes. As mais comuns são:

- Fisioterapia: tratamento das disfunções do movimento; reabilitação de órgãos em trauma ou cirurgia.
- Fisioterapia respiratória: otimização do transporte de oxigênio; geralmente utilizada em utentes (pacientes em UTI).
- Fisiatria: especialidade médica; tratamento de doenças que causam alguma incapacidade, como cardiológica, motora, respiratória, neurológica.
- Medicina ocupacional ou medicina do trabalho: especialidade médica; avaliação periódica da capacidade do indivíduo ao trabalho.

Configuração física básica (mais comum):

- Recepção: certifica a identificação do paciente e realiza registros.
- Consultórios médicos.
- Sala de procedimento ou exame.
- Apoio administrativo: controle dos insumos e registros para cobrança.

Ferramentas de gestão (melhores práticas)

Indicadores:

- Controle de produtividade da enfermagem (número de enfermeiros e auxiliares/número de atendimentos – estratificado por SADT).
- Controle de produtividade da recepção (número registros/número de boxes em funcionamento – estratificado por turno).
- Controle de produtividade das equipes de retaguarda (número de atendimentos/número de funcionários).
- Controle de produtividade do *call center* (número de chamados/número de funcionários – estratificado por turno).
- Controle de produtividade dos médicos (número de atendimentos/número de médicos – estratificado por SADT).
- Tempo médio de pré-atendimento (entre registro e o início do atendimento no SADT – estratificado por SADT).
- Tempo médio de atendimento (entre o início do atendimento no SADT e o fim do atendimento no SADT – estratificado por SADT).
- Tempo médio total de atendimento (entre registro e saída do centro de diagnóstico – total e estratificado por SADT).

Perfil:

- Atendimentos por SADT, atendimentos por fonte pagadora e total de atendimentos.
- Exames/tratamentos/sessões por SADT, exames por fonte pagadora e total de exames.
- Custo total por SADT e custo do centro de diagnóstico.
- Faturamento por SADT, faturamento por fonte pagadora, faturamento por tipo de receita e total de faturamento.
- Glosas por tipo de receita (estratificado por fonte pagadora e SADT).
- Taxa de ocupação (horas totais de atendimento/horas totais disponíveis para atendimento – estratificado por SADT).
- Taxa de origem (% de atendimentos e de exames por origem da prescrição).
- Internação.
- Pronto-socorro.
- Ambulatório.
- Externos.
- Acordos com outros centros de diagnóstico.
- Taxa de reclamação (número de reclamações/total de registros – estratificado por especialidade).

UNIDADES DE INTERNAÇÃO
Unidades de internação convencionais

Unidades de internação são, por definição, alas hospitalares em que o paciente ficará internado por um período maior que 12 horas. Uma ala de internação é definida pela presença de:

- Uma área de controle, na qual os profissionais assistenciais realizam atividades de retaguarda – tradicionalmente chamada de posto de enfermagem, apesar de ser utilizada por diversos tipos de profissionais (médicos, enfermeiros, fisioterapeutas, nutricionistas etc.).
- Quartos, onde ficam os leitos dos pacientes.
- Local de acesso à ala (por onde transitam os profissionais assistenciais, pacientes e acompanhantes).

A supervisão geral da ala é responsabilidade da enfermagem.

Planta típica

A Figura 3.5 ilustra as configurações usuais de planta física de unidades de internação.

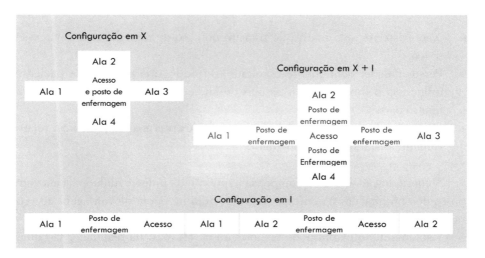

Figura 3.5 – Configurações típicas das unidades de internação convencionais.

A redução do custo operacional e o paradoxo de restringir o acesso sem que isso se torne uma barreira operacional são os dois fatores levados em conta na definição da planta física. A configuração em I é a mais frequentemente encontrada nos hospitais brasileiros:

- As alas dividem o andar em duas partes.
- O acesso é feito por pelo menos dois locais.
- Cada lado possui pelo menos um posto de enfermagem.

A configuração em X + I':

- As alas dividem o andar em quatro partes.
- O acesso é único, no centro.
- Cada ala possui um posto de enfermagem na entrada.

A configuração em X, menos frequente:

- As alas dividem o andar em quatro partes;
- Um único acesso, e o posto de enfermagem se localiza no centro.

A configuração em X é a de menor custo operacional, mas traz algumas desvantagens:

- Não existe rota alternativa de trânsito no caso de impedimento do acesso único.
- Personalidade, delinquente escoltado, ou outro tipo especial de paciente influencia o fluxo de todas as alas do andar. As alas dividem o andar em quatro partes.
- Dependendo do tamanho das alas, o posto de enfermagem pode ficar relativamente distante do último quarto.

A configuração em X + I compensa a questão da individualidade da ala com posto de enfermagem na entrada, o que resulta na perda da vantagem de economia de custo.

Visualmente, a planta pode ter formato de H, mas, na realidade, são duas configurações I paralelas ou uma configuração X ou X + I vista de outro ângulo.

Tipos de quartos

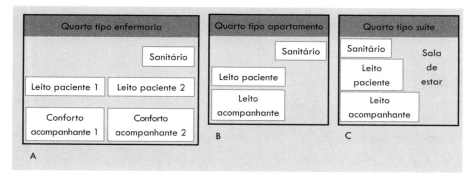

Figura 3.6 – A: Enfermaria; B: Apartamento; C: Suíte.

Enfermaria

Caracteriza-se por ter mais de um leito de paciente, ou seja, mais de um paciente ocupa o quarto. Pode ter dois leitos (duplo), três (triplo) e assim por diante. O quarto tem um único sanitário, de uso coletivo. Não é obrigatório, mas pode haver, no quarto, mobiliário para conforto do acompanhante: cadeira (comum), poltrona (menos comum) ou cama (raro). Os hospitais costumam alocar no leito pacientes do mesmo sexo, ou só crianças, ou outra forma de isolar pacientes de características diferentes. Nesse tipo de leito, o hospital costuma restringir a permanência de acompanhantes a apenas horários de visitas.

Apartamento

Caracteriza-se por acomodar um único paciente e possuir sanitário privativo. Geralmente, mas não é obrigatório, existe, no quarto, mobiliário para conforto do acompanhante: cadeira (comum), poltrona (menos comum) ou cama (raro). Nesse tipo de leito, o hospital costuma permitir visitas e permanência livremente.

Suíte

Caracteriza-se por ter um único paciente e uma antessala para entretenimento do acompanhante, receber visitas etc. O quarto tem sanitário privativo e cama para o acompanhante. Nesse tipo de leito, o hospital costuma permitir visitas e permanência livremente.

Essa classificação é generalizada, mas existem variações significativas de um hospital para outro, sendo essa a razão principal para as grandes diferenças de preços de diárias de um para outro. Algumas utilidades, equipamentos e acessórios podem ou não ser encontrados, por exemplo:

- Televisão.
- Ar condicionado.
- Serviço de quarto.
- Telefone e internet.
- Frigobar.

Posto de enfermagem

A configuração dos postos de enfermagem pode variar muito, em função da especialidade, tipo de hospital e, principalmente, pela forma e área da ala.

A Figura 3.7 ilustra as áreas físicas mais presentes na maioria deles:

- Balcão de informações: além de ser o local visualmente identificado pelo paciente para auxílio, cumpre o papel de barreira para isolar insumos e registros de pessoas estranhas à rotina assistencial.
- Área de prescrição e evolução: local onde os profissionais assistenciais prescrevem e evoluem o paciente no prontuário; geralmente dotado de negatoscópio, computador e impressora.

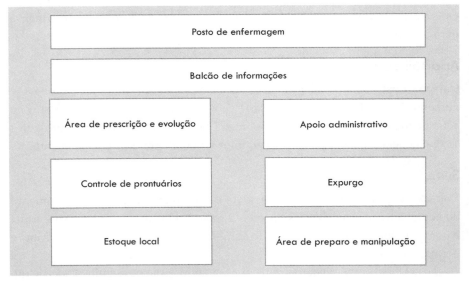

Figura 3.7 – Posto de enfermagem típico.

- Controle de prontuários: local de arquivo dos prontuários médicos e administrativos dos pacientes da ala.
- Estoque local: local de guarda de insumos e equipamentos móveis; geralmente separado em duas áreas: estoque do local, que tem insumos e equipamentos gerais, os quais podem ser utilizados em qualquer paciente, na assepsia do próprio posto, carrinho de emergência etc.; e estoque particular do paciente: a medicação prescrita que já possui identificação para o paciente específico.
- Apoio administrativo: local utilizado para inventários e demais controles administrativos, como: controle de estoque, registro de consumo e cobrança, recados, passagem de plantão.
- Expurgo: local utilizado para depositar material descartado ou infectado para posterior coleta especializada de perfurocortantes usados, material descartável infectado, enxoval e instrumental.
- Área de preparo e manipulação: local utilizado pela enfermagem para preparar material para procedimentos que serão realizados à beira do leito; diluir ou unitarizar medicação; preparar coletas.

Unidades de internação não convencionais

Trata-se de unidade dotada de sistemas de monitorização contínua[1]. Admite pacientes graves, potencialmente graves ou com descompensação de um ou mais sistemas orgânicos, por exemplo, infarto agudo do miocárdio, desconforto respiratório, acidente vascular cerebral.

Nomes mais comuns:

- Unidade de terapia intensiva (UTI).
- Unidade de terapia semi-intensiva (Semi).
- Unidade coronariana (UCO).

Planta típica

A principal característica da planta de uma unidade intensiva é a separação do fluxo assistencial em relação ao de visitas. Para que isso seja possível, os leitos devem ter dois acessos:

---

1   Entende-se por sistema equipamentos e recursos humanos para operar, analisar e tomar as providências necessárias.

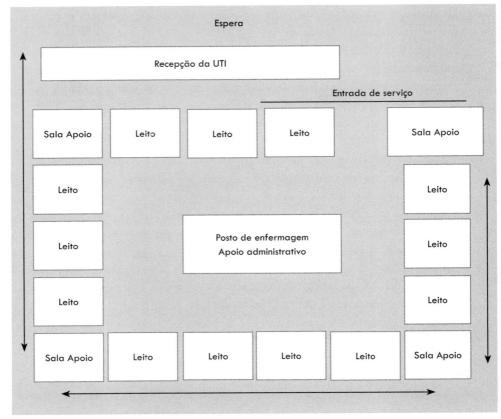

Figura 3.8 – Planta física típica da UTI.

- O interno, que dá acesso ao posto de enfermagem. Quanto mais livre for este acesso, e quanto mais ele permitir que do posto seja possível ver o leito, mais eficiente é o fluxo da UTI.
- O externo, que dá acesso à visita. O leito perfeito é o que permite que a visita seja feita sem que o visitante tenha contato com os outros pacientes e com a área de circulação assistencial.

Em geral, as UTI têm o formato de um quadrado (conforme Figura 3.8), com o posto de enfermagem ao centro e os leitos ao redor. Dessa forma, permite-se que o fluxo de visitação seja feito pelo lado externo do quadrado, ficando o lado interno restrito ao fluxo assistencial. O fluxo externo geralmente não circunda todos os leitos, de modo que o controle seja mais eficiente. Alguns leitos, geralmente de pacientes mais críticos (ou crônicos), são reservados de modo a não permitir visitas.

Os cantos do quadrado, como não permitem a inserção de leitos com vista para o centro, geralmente são ocupados por salas (ou áreas) de apoio.

A recepção da UTI tem duas funções: controlar o fluxo de visitas e o de entrada e saída de pacientes, profissionais assistenciais, insumos e expurgo.

Uma tendência originada do processo de humanização do atendimento tem sido permitir que os leitos tenham vista para o ambiente externo, de modo que o paciente possa identificar se é dia ou noite (ver a luz do sol indiretamente).

As divisões entre os leitos geralmente são móveis (ou removíveis), de modo a simplificar as manobras com os leitos e a desinfecção.

Configuração típica

Equipe assistencial:

- Médico intensivista.
- Enfermagem intensivista.
- Fisioterapia respiratória.
- Equipe de higiene e limpeza permanente.

O posto de enfermagem possui as mesmas características das unidades convencionais: balcão de informações; área de prescrição e evolução; controle de prontuários, estoque local, apoio administrativo, expurgo, área de preparo e manipulação. As principais diferenças em relação às unidades convencionais são as prescrições, que, por serem mais padronizadas e alteradas com maior frequência, é comum que haja um estoque de medicamentos no local para reduzir o fluxo de dispensação da farmácia. É comum haver mais de um carrinho de parada. O estoque de descartáveis local geralmente é maior.

Equipamentos típicos:

- Cama elétrica.
- Termômetro.
- Oxímetro de pulso.
- Eletrocardiógrafo.
- Monitor de pressão arterial: não invasivo (esfigmomanômetro); invasivo (por punção arterial).
- Capnógrafo (monitor cardíaco).
- Swan-Ganz.

- Sonda nasoenteral.
- Sonda vesical.
- Máscara e cateter de oxigênio.
- Cateter central.
- Tubo orotraqueal.
- Ventilador mecânico.

Unidade de terapia intensiva especializada

É comum encontrar UTI especializadas quando existe volume que justifique a especialização. São basicamente de dois tipos:

- Especializadas por tipo de paciente, por exemplo, UTI neonatal ou infantil.
- Especializadas por tipo de doença, por exemplo, UTI cardiológica ou neurológica.

Em ambos os casos, o objetivo é reduzir a variedade de especialidades e equipamentos, diminuindo os custos e melhorando a eficiência e eficácia do tratamento. No caso das especializadas por tipo de doença, se estiverem dentro de um hospital que também possua UTI geral, é possível reduzir sensivelmente a quantidade de equipamentos e estrutura de apoio a ponto de denominar unidade de semi-intensiva. O conceito é assistir o paciente em uma unidade de menor criticidade (com menos recursos) e, caso haja necessidade realocá-lo para a UTI geral, que possua mais recursos. O caso mais comum são as unidades cardiológicas (ou unidades coronarianas), cujo foco é a monitoração cardíaca de pacientes cirúrgicos não cardiopatas.

Unidades de repouso e retaguarda

Não são unidades de internação propriamente ditas, mas podem reter pacientes por períodos maiores do que 24 horas. Na prática, são unidades onde o paciente se recupera de um procedimento ambulatorial. O tempo de recuperação depende da reação ao medicamento ou à anestesia, podendo ser um pouco maior que o planejado. Dependendo do nível de hotelaria do hospital, esses leitos podem ser do tipo enfermaria ou apartamento. A prática de mercado costuma ser leitos isolados por cortina. Caso o paciente tenha alguma característica que recomende isolamento, ele é transferido para um leito hospitalar convencional.

Ferramentas de gestão (melhores práticas)

Indicadores:

- Controle de produtividade da enfermagem (número de enfermeiros e auxiliares/número de pacientes por dia e número de enfermeiros e auxiliares/número de leitos – estratificados por unidade de internação).
- Controle de produtividade dos médicos (número de médicos intensivistas/número de pacientes por dia e número de médicos intensivistas/número de leitos – estratificados por UTI).
- Controle de produtividade das equipes de retaguarda (número funcionários/número de pacientes por dia e número de funcionários/número de leitos – estratificados por unidade de internação).
- Tempo médio de permanência (média de dias de permanência do paciente no leito – estratificado por unidade de internação).

Perfil:

- Número de pacientes por dia (horas de internação de paciente/24)[2].
- Número de pacientes dia por fonte pagadora.
- Custo total por unidade de internação.
- Faturamento por unidade de internação, estratificado por operadora e tipo de receita.
- Glosas por tipo de receita (estratificado por fonte pagadora e unidade de internação).
- Taxa de infecção hospitalar na unidade.
- Taxa de mortalidade (número de óbitos/número de altas – estratificado por unidade de internação).
- Taxa de ocupação (quantidade de horas com paciente internado/quantidade de horas disponíveis para internação – estratificado por unidade)[3].
- Taxa de origem (% de pacientes/dia por origem do paciente – estratificado por unidade de internação).
- Internação.
- Centro cirúrgico.
- Pronto-socorro.
- Outra unidade de internação.

---

2 A forma descrita para o cálculo é a que mede o perfil real. O cálculo exigido pelo SUS é diferente, uma vez que é mais simples. Foi definido na época em que os hospitais não tinham sistemas informatizados.

3 Idem.

BLOCO CIRÚRGICO (CENTRO CIRÚRGICO OU CC)

Bloco cirúrgico é a área hospitalar que integra basicamente o centro cirúrgico propriamente dito, que são as salas cirúrgicas e as áreas de apoio para as equipes assistenciais e técnicas; a sala de recuperação pós-anestésica (RPA), para onde o paciente se dirige após o ato cirúrgico e onde permanece até que passe totalmente o efeito da anestesia; a central de esterilização de materiais (CEM), que esteriliza os materiais infectados nos atos cirúrgicos; e a central de materiais do centro cirúrgico, utilizada para estocar materiais e medicamentos e, principalmente, montar os carros para as cirurgias.

Cirurgia

Por definição, é o ato do cirurgião para intervenção manual ou instrumental no corpo do paciente. O ato cirúrgico é classicamente dividido em três tempos:

- Diérese: divisão dos tecidos que possibilita o acesso à região a ser operada.
- Hemostasia: parada do sangramento.
- Síntese: fechamento dos tecidos.

A higiene é absoluta.

- Paramentação dos participantes:
  - Roupa especial.
  - Touca no cabelo.
  - Máscara no rosto.
  - Máscara especial com protetor plástico para evitar que secreções atinjam os olhos.
  - Capas nos calçados.
- Higienização de todos os participantes:
  - Lavar as mãos com solução bactericida.
  - Não tocar em nada até colocar as luvas.
- Instrumental:
  - Ou descartáveis ou reutilizados esterilizados.
  - Embalados de forma inviolável e inerte até a utilização.
- Equipe típica:
  - Cirurgião: comandante absoluto do ato, que define como e quando os auxiliares médicos e assistenciais devem atuar.
  - Auxiliar: o médico auxiliar executa procedimentos específicos sob orientação do cirurgião.

- Anestesista: ministra a anestesia e mantém o paciente anestesiado; monitora os sinais vitais do paciente (pressão sanguínea, temperatura, respiração etc.).
- Instrumentador: entrega ao cirurgião o instrumento ou equipamento da forma mais adequada, no momento exato em que deve ser utilizado.
- Auxiliares de enfermagem: geralmente dois exclusivos, um para o anestesista e outro para o instrumentador; circulantes, podem entrar e sair da sala durante o ato e controlam a comunicação com o lado externo da sala.

- Apoio técnico do arsenal: controla os equipamentos elétricos e eletrônicos utilizados na cirurgia. Por exemplo, monitor de sinais vitais, bisturi elétrico; providencia a esterilização dos equipamentos, acondiciona na sala de forma adequada (portáteis); mantém plantão para resolver eventuais problemas com os equipamentos.
- Programadores: preparam os carros cirúrgicos com materiais, medicamentos e instrumental; acondicionam os carros na sala minutos antes da cirurgia; mantêm plantão para fornecer insumos adicionais.

Sobre o "negócio cirurgia"

O bloco cirúrgico é a estrutura mais onerosa por metro quadrado de um serviço de saúde. Para ser rentável, o negócio necessita se balizar por duas métricas: definir um horário de funcionamento em regime normal, que necessite do mínimo turno de funcionários possível; e, como geralmente os centros cirúrgicos funcionam em regime normal das 7h às 17h no Brasil, manter, nesse horário, o mínimo possível de salas vagas, reduzindo ao extremo o tempo de preparo da sala e, assim, agendando o máximo de cirurgias possível.

A otimização do uso das salas exige que o sistema de agendamento, geralmente controlado pela equipe de enfermagem, seja preciso e leve em consideração as grandes variações de tempo e preparo dos vários tipos de cirurgia. Quanto menos especializado for o hospital (mais geral ele for), maior a complexidade do agendamento. A equipe de retaguarda que prepara a sala e os insumos e equipamentos deve se caracterizar como uma linha de produção de fábrica, trabalhando de forma padronizada, e reduzindo as intercorrências que influenciam diretamente no tempo da cirurgia. Além disso, os médicos e a equipe assistencial devem ser disciplinados, sobretudo em relação ao cumprimento de horários e padrões estabelecidos pelo hospital.

Fora do horário normal, as cirurgias, geralmente em regime de emergência, devem ser remuneradas por um preço que compense a despesa extraordinária, uma vez que as tabelas de remuneração de honorários médicos já preveem tal necessidade. As tabelas de remuneração do hospital (taxas de sala, de uso de equipamentos e de serviços multiprofissionais) devem seguir a mesma diretriz, caso contrário o único profissional que não tem contrapartida em relação ao custo do ambiente (o médico) será beneficiado, ao mesmo tempo em que o hospital terá prejuízo.

Cumprindo-se esses requisitos mínimos, o bloco cirúrgico se torna a unidade de negócios mais rentável de qualquer serviço de saúde.

Planta típica

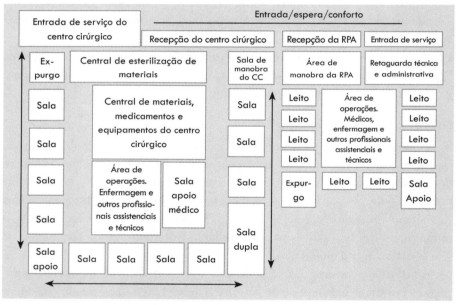

Figura 3.9 – Planta típica do bloco cirúrgico.

Em relação ao meio externo, a melhor prática de mercado é localizar o bloco cirúrgico ao lado das UTI. Internamente, a maior preocupação é isolar o fluxo de insumos infectados do fluxo não infectado. É comum chamar essa diferenciação física de área suja e área limpa.

A Figura 3.9 ilustra as configurações usuais de planta física, dividindo o bloco cirúrgico em duas partes:

- De um lado tudo que tenha relação com o paciente antes e durante a cirurgia (lado cirúrgico).
- Do lado oposto, a recuperação pós-anestésica e a retaguarda administrativa de todo o bloco cirúrgico (lado não cirúrgico).

Lado cirúrgico

As melhores práticas de mercado recomendam que as salas cirúrgicas sejam dispostas de modo a formar um grande quadrado, assim, cada sala pode ter dois acessos:

- O do lado interno do quadrado, por onde entram o paciente, os profissionais assistenciais e o carro cirúrgico – o lado limpo.
- O do lado externo, por onde sairão os materiais infectados após o ato cirúrgico.

É comum haver pelo menos uma sala de tamanho duplo com duas mesas cirúrgicas, ou duas salas que tenham uma parede livre e removível, de modo que seja possível integrá-las para eventuais cirurgias que, simultaneamente, operam o paciente e um doador de órgão.

A separação do material infectado é feita em uma sala de controle do expurgo. O material infectado é composto por três grupos:

- Material descartável – será simplesmente retirado do local para ser levado à coleta de lixo hospitalar.
- Enxoval – será levado para a área específica da lavanderia para ser higienizado, ou para a CEM, dependendo do hospital.
- Instrumental – será levado para a CEM para esterilização.

Em caso de óbito, ou guarda temporária de peça cirúrgica, utiliza-se uma sala de apoio, até que a operação logística para destinar o objeto seja iniciada.

Área de operações é a área de planejamento e controle da enfermagem do centro cirúrgico, também utilizada por outros profissionais assistenciais ou técnicos envolvidos nos atos cirúrgicos. Nela também ocorrem definição da equipe de enfermagem de apoio à cirurgia (circulantes de sala), organização dos registros, apontamentos para cobrança, inclusive separação de provas e outros procedimentos técnicos e administrativos.

Sala de apoio médica é a área de planejamento e controle da equipe médica (cirurgião, anestesista, auxiliares e instrumentadores).

Administração hospitalar no Brasil

- Central de materiais:
  - Estoque de materiais.
  - Estoque de medicamentos.
  - Estoque de instrumental esterilizado.
  - Área de montagem dos carros.
  - Área de controle administrativo.
- Central de esterilização de materiais:
  - Área de recepção de material infectado.
  - Área de desinfecção.
  - Área de aferição e calibração de instrumental e equipamentos.
  - Área de montagem de caixas.
  - Área de expedição de material esterilizado.
- Sala de manobra:
  - Local que recebe o paciente após a cirurgia e comunica-se diretamente com a RPA, permitindo procedimentos técnicos especializados.
- Entrada de serviço:
  - Local de recepção e expedição de insumos, instrumental e enxoval.
  - Entrada e saída de profissionais não assistenciais.
  - Entrada e saída de profissionais assistenciais, incluindo o vestiário para paramentação.
- Recepção do centro cirúrgico:
  - Local de entrada e saída de pacientes.

Lado não cirúrgico

- Área de manobra da recuperação pós-anestésica (RPA):
  - Local que se comunica com a sala de manobra do centro cirúrgico para recepcionar o paciente.
- Leitos:
  - Camas e aparelhos de monitoração.
- Sala de apoio e expurgo:
  - Mesma funcionalidades das do centro cirúrgico.
- Entrada de serviço:
  - Similar à entrada de serviço do centro cirúrgico.
- Recepção da RPA:
  - Local de informações aos acompanhantes e saída do paciente para o leito de internação.
- Área de operações:
  - Mesma funcionalidade da sala de operações e da sala de apoio médica do centro cirúrgico.

Sala de cirurgia típica (práticas de mercado no Brasil)

Costuma-se dimensionar o número de salas cirúrgicas em 5% do número de leitos das unidades convencionais (exceto UTI, semi etc.). Por exemplo, se o hospital tem 200 leitos convencionais e 20 leitos de UTI, deve ter 10 salas cirúrgicas. Esse cálculo é feito apenas para os hospitais gerais. No caso de hospitais especializados, o cálculo é feito unicamente em relação ao número de cirurgias e seu tempo médio, considerando-se uma sala reserva para cada grupo de até 10 salas, para rodízio de manutenção. Por exemplo, hospital ortopédico com demanda de 20 cirurgias por dia, tempo médio de uso da sala de 3 horas (preparo, ato e higienização), período de funcionamento padrão das 7h às 17h deve ter sete salas cirúrgicas.

Característica física (práticas de mercado no Brasil):

- Área: 36 m².
- Portas de acesso do tipo correr.
- Pintura em tons claros de azul ou verde.

Mobiliário e equipamentos típicos

- Mesa de operações (base central):
  - Base.
  - Segmentos articulados.
- Mesa auxiliar:
  - Dimensões (50 x 90 x 85 cm), com rodízios e cabides na borda distal.
  - Instrumentos dispostos na ordem de utilização na cirurgia: tesouras de corte, tesouras tipo pinça para estancar sangue, gaze, bisturis, fio de costura cirúrgico, outros itens.
- Torre de equipamentos e insumos:
  - Monitor para sinais vitais (batimentos cardíacos, pressão arterial etc.).
  - Ventilador para auxílio à respiração.
  - Aspirador para sugar secreções como sangue e linfa e aspirar o soro fisiológico usado para limpar a região.
- Carrinho de medicamentos: geralmente utiliza-se integrado ao mesmo móvel da torre de equipamentos. Deve conter:
  - Anestésicos.
  - Medicamentos.
  - Descartáveis (agulhas, seringas etc.).
  - Insumos específicos do tipo de cirurgia.

- Cestos (*hampers*):
  - Tudo o que o cirurgião não vai usar mais é depositado no cesto.
  - A equipe conta cada item utilizado (da gaze aos instrumentos) para ter certeza de que nada ficou dentro do paciente.
  - Também é utilizado como controle e aferição para cobranças.
- Manta térmica:
  - Dada a temperatura baixa da sala, uma coberta especial é utilizada para aquecer o paciente.
  - Motor regulado por termostato que bombeia ar quente para dentro da manta por meio de um tubo.
- Bisturi elétrico:
  - Funciona como bisturi normal, e ainda coagula o sangue logo após o corte, evitando hemorragias e reduzindo sangramentos.
- Bacias, suportes e armários completam o mobiliário típico.

Iluminação

Os focos devem ser posicionados de acordo com a necessidade do cirurgião e visam:

- O máximo emprego de luz branca, fundamental para garantir a máxima visibilidade.
- Eliminação de sombras e contrastes.
- Redução do calor.
- Intensidade adequada:
  - Foco do teto:
    - Cúpula com revestimento de espelhos refletores e múltiplas lâmpadas.
    - Filtro atérmico.
    - Vareta externa e braços articulados para mobilidade.
    - Focalização.
    - Marcador de preferência.
  - Focos auxiliares:
    - Bases sobre rodízios.
    - Baterias.
    - Articulações.
  - Acessórios:
    - Foco frontal adaptado à cabeça do cirurgião.
    - Afastadores com sistema iluminador para visualizar cavidades profundas.

Ventilação

- Visa reduzir o tempo de exposição aos micro-organismos que se depositam no campo operatório (entre 30 e 60 mil por hora).
- Função de exaustão do ar de dentro para fora para remoção de odores, calor e gases anestésicos voláteis; controle bacteriológico.
- Função de filtragem do ar de fora para dentro: visa impedir a entrada de partículas contaminantes e retirá-las.
- Função de controle de temperatura. Visa evitar hiportermia (hipóxia, calafrios, hiperpirexia); manter temperatura entre 21 e 24°C.
- Função de controle de umidade. Visa controlar perda por evaporação (exposição de serosas); manter umidade entre 55 e 70%.
- Característica: troca do ar da sala de 10 a 20 vezes por hora; mantém pressão positiva no interior da sala; fluxo laminar (evita circulação – sentido único do fluxo de ar).

Central de esterilização de materiais

Área crítica de retaguarda do bloco cirúrgico, é regida por normas e procedimentos de educação continuada dos funcionários, que devem abranger, no mínimo:

- Descrição da área física da CEM, com identificação precisa sobre permissões e restrições de acesso a: área de expurgo, área de recepção de material, área de preparo, área de esterilização, área de guarda e distribuição de materiais.
- Orientações básicas sobre a rotina de trabalho: higiene pessoal, medidas de proteção anti-infecciosas, procedimentos para entrega e recebimento de material.
- Classificação do processamento: processamento de artigos e superfícies, manuseio de produtos químicos padronizados.
- Limpeza e desinfecção de artigos.
- Empacotamento.
- Preparo de material.
- Teste biológico.
- Teste Bowie e Dick.
- Limpeza e/ou desinfecção de superfície.
- Manejo e destino dos resíduos.

Ferramentas de gestão (melhores práticas)

Indicadores:
- Controle de produtividade da enfermagem: número de enfermeiros e auxiliares por número de salas cirúrgicas, número de cirurgias.

- Controle de produtividade das equipes de retaguarda: número de funcionários por número de salas cirúrgicas, número de cirurgias, tempo médio entre o final de uma cirurgia e o início da cirurgia seguinte.
- Controle de produtividade da equipe médica: *ranking* de cirurgias por cirurgião, por anestesista e por instrumentador.
- Taxa de intercorrência: número de intercorrências/número de cirurgias, estratificado por insumo, equipamento, médico e equipe assistencial.

Perfil:

- Número total de cirurgias, estratificando por porte anestésico e tipo de cirurgia.
- Número de cirurgias por sala, estratificando por tipo de sala e porte anestésico.
- Número de cirurgias por fonte pagadora.
- Custo total.
- Faturamento, estratificado por operadora e tipo de receita.
- Glosas por tipo de receita (estratificado por fonte pagadora e unidade de internação).
- Taxa de infecção hospitalar, estratificando por porte anestésico.
- Taxa de mortalidade (número de óbito/número de cirurgias realizadas).
- Taxa de ocupação (quantidade de horas de sala em cirurgia/quantidade de horas disponíveis para cirurgias no horário normal).
- Taxa de tipo de cirurgia (porcentagem de cirurgias em relação ao total de cirurgias, estratificado por cirurgias eletivas e de emergência).
- No show (porcentagem de cirurgias agendadas em relação à porcentagem de cirurgias realizadas, descontando-se as cirurgias de emergência).
- Taxa de cancelamento (porcentagem de carros cirúrgicos montados em relação ao número de cirurgias realizadas).
- Taxa de atraso (tempo médio de atraso entre o horário agendado e o horário real de início da cirurgia, estratificado por médico).

SUPRIMENTOS

Conjunto de áreas que controlam a logística de entrada e distribuição interna de insumos e equipamentos. A estrutura típica é composta por planejamento de materiais, compras e almoxarifado central.

Um hospital geral mantém em estoque, em média:

Hospital típico **149**

- 3 mil tipos diferentes de materiais utilizados diretamente durante a assistência aos pacientes.
- 2 mil tipos diferentes de medicamentos.
- 500 itens de material não utilizado diretamente durante a assistência aos pacientes.

Essas quantidades não consideram os tamanhos (ou calibres) diferentes de um mesmo item, por exemplo, o tamanho do recipiente do soro – se essas diferenças forem consideradas, a quantidade deve ser maior.

Mesmo sem levar em consideração os aspectos financeiros envolvidos na atividade de compra e venda de insumos que o hospital pratica, a área de suprimentos é crítica para o hospital quando se leva em consideração o risco de morte gerado em virtude da falta de um item no estoque ou do uso de um produto com prazo de validade vencido.

Planejamento de materiais

Responsável pelo dimensionamento das compras em função da necessidade de manter produtos em estoque. Os materiais são classificados primariamente em:

- Materiais de estoque: aqueles permanentemente armazenados em quantidade no estoque do hospital porque a compra em quantidade incorre em redução do preço de aquisição ou porque, havendo a necessidade de utilização, o tempo de obtenção no mercado é superior ao que se pode aguardar.
- Materiais que não são de estoque: os que podem ser adquiridos na quantidade desejada no momento da necessidade, por exemplo, equipamentos de informática, como computadores e impressoras.

A área de planejamento de materiais atua exclusivamente nos materiais de estoque, e sua atribuição se resume em:

- Calcular a média de consumo de cada produto em estoque.
- Identificar o lote econômico de compra de cada produto em estoque, que é a quantidade mínima que se pode adquirir pelo preço médio que o mercado pratica.
- Calcular o custo operacional de aquisição do produto.
- Calcular a quantidade mínima, chamada ponto de pedido, que cada item deve ter no estoque.

150 Administração hospitalar no Brasil

- Identificar os itens de estoque que chegaram ao ponto de pedido.
- Gerar a requisição de compra com a quantidade necessária para que o estoque não chegue a zero antes do próximo recebimento do material, e ao menor custo operacional possível.

Como produto em estoque significa dinheiro parado, e cada processo de comprar implica custo operacional, a área de planejamento de materiais é mais eficiente quanto menor forem os estoques (maior for o giro) e menor for o custo operacional de aquisição (menor for o giro). O ponto de equilíbrio do paradoxo é o indicador de gestão mais importante da área.

O cálculo do estoque mínimo é o mesmo utilizado por empresas de outro segmento de mercado. Por exemplo, se o hospital consome dez agulhas por dia e o processo de compra de agulha demora dez dias (entre identificar a necessidade de compra até o recebimento do pedido), o estoque mínimo seria de 100 agulhas, se for disparada uma compra a cada dez dias; dez agulhas, se for disparada uma compra por dia. O que vai definitivamente determinar quanto tempo passará entre uma compra e outra é o lote de venda do fornecedor – se as agulhas são vendidas apenas em caixas de 100, as compras serão feitas a cada 10 dias.

Mas existem algumas particularidades do segmento da saúde. Para determinados insumos, a média não pode ser utilizada. Por exemplo, medicamentos para a gripe são muito utilizados durante determinada época do ano, e praticamente não são utilizados nos outros meses. Se a compra for feita segundo a média de uso, faltará muito quando houver necessidade, entretanto, sobrará muito quando não houver, eventualmente com perda por data de validade.

Existe oferta sazonal de alguns insumos, com muita disponibilidade em determinadas épocas e falta em outras. Comprar na época de falta geralmente custa mais caro.

Como a variedade de itens de estoque é elevada, a área de planejamento costuma priorizar a atenção do controle, classificando os itens de duas formas diferentes:

- Em ordem de giro de estoque (tempo médio entre a chegada de um lote e o consumo total).
- Em ordem de valor de lote de compra.

Cada uma das listas é dividida em duas partes: os 20% de maior importância, os 80% de menor importância. Para definir a prioridade, os itens que fazem parte simultaneamente dos 20% das duas listas são classificados como tipo A e recebem atenção máxima no planejamento. Os itens que fazem parte dos 20% de uma ou outra lista são classificados como tipo B, e recebem atenção normal do planejamento. Os itens que fazem parte dos 80% de uma ou outra lista são classificados como tipo C, e recebem atenção mínima do planejamento.

A área de planejamento desempenha papel fundamental em relação à forma de aquisição, podendo ser compra ou consignação.

Compras

Responsável por instruir os processos de compras de produtos e serviços, homologar fornecedores, apoiar a homologação de produtos e serviços e instruir os processos de formalização e gestão dos contratos.

Instrução dos processos de compras de produtos e serviços

Os processos de compra (ou aquisição) são primariamente classificados em dois tipos:

- Compra pontual – utilizada para aquisição de produto ou serviço em lote único, geralmente pago contra entrega, de algo que não se adquire regularmente.
- Contrato de aquisição – utilizado para aquisição de produto ou serviço de forma continuada, ou que incorpora riscos ou garantias.

As compras pontuais são as de maior frequência, representando geralmente 90% das aquisições. As compras pontuais geralmente são feitas com base em pedidos, que também são contratos sob o ponto de vista jurídico, mas o processo de aquisição é mais simples e o instrumento (pedido) também. Os contratos de aquisição exigem processos de contratação e gestão mais complexos.

Os departamentos de compras mais estruturados mantêm setores especializados separados para:

- Compras.
- Cadastro e habilitação de fornecedores.
- Gestão das contratações.
- Gestão de contratos.

Na prática, os processos de aquisição são conduzidos de forma diferente dependendo do valor de aquisição, e os mais comuns são conduzidos conforme a ordem de valor, do menor para o maior:

Administração hospitalar no Brasil

- Dispensa de licitação.
- Compra direta de pequeno valor.
- Consulta simples.
- Carta convite.
- Concorrência.

A maioria absoluta dos hospitais brasileiros são públicos, o que os obriga a realizar licitações, exceto nos casos de dispensa de licitação, de acordo com a Lei n. 8.666/93.

Os hospitais de administração mais evoluída mantêm a área de gestão de contratação vinculada à área de compras, mas a área de gestão de contratos é vinculada à diretoria de suprimentos, mas não à área de compras. Ainda, adotam um padrão de mercado para gestão do ciclo de vida dos contratos, por exemplo, o modelo GCVC para Gestão do Ciclo de Vida dos Contratos.

Origem das compras:

- Requisições de compras de produtos de estoque oriundos da área de planejamento de materiais.
- Requisições de compras de outros produtos e serviços oriundos de todos os departamentos do hospital.

Em qualquer situação, a prática de mercado é só iniciar o processo de compra após a validação da dotação orçamentária:

- O saldo orçamentário da área requisitante deve ser suficiente para pagar a compra.
- Nos hospitais de administração mais evoluída, a compra, além de ser compatível com o saldo orçamentário da área requisitante, ainda deve ser consistente com a verba destinada à aquisição do produto ou serviço específico.

Alguns contratos entre operadoras de planos de saúde e hospitais definem regras específicas para aquisição de materiais de alto custo (órteses, próteses e materiais especiais – OPME – ou material especial):

- A operadora pode participar do processo de aquisição.
- A operadora pode fornecer o material sem licitação, para uso específico no paciente por ela segurado.

No caso de aquisição de bens, a área de compras interage com a área de controle patrimonial, e geralmente o bem só é liberado para a área requisitante após receber o código identificador de patrimônio (ou código do ativo fixo).

Homologação de fornecedores

Para evitar que os processos de aquisição sejam longos ou perdidos, a área de compras mantém cadastro de fornecedores homologados. Dependendo do tipo de fornecedor, valor da aquisição e/ou tipo do produto ou serviço, o fornecedor deve apresentar uma lista de documentos e certidões que o habilitam para fornecer ao hospital. Os hospitais de administração mais evoluída exigem que o fornecedor habitual atualize esses documentos periodicamente, controlando a data de validade de cada um deles. Sob nenhuma hipótese adquirem produtos de fornecedor que não esteja adequadamente habilitado.

Apoio à homologação de produtos e serviços

A área de compras atua em conjunto com a área requisitante na validação técnica do produto ou serviço a ser adquirido. Geralmente a área requisitante é a responsável pela validação técnica, enquanto a área de compras se responsabiliza pela instrução do processo de validação, aferindo todos os controles necessários, principalmente a apresentação de certificados e certificações que garantam que o produto ou serviço pode ser utilizado na área da saúde, e que todas as eventuais licenças estão vigentes.

Esse apoio à área requisitante geralmente é dado pela área de gestão das contratações e validado posteriormente pela área de gestão de contratos.

Instrução dos processos de formalização e gestão dos contratos

A área de gestão das contratações instrui o processo de contratação, assim definido como o cumprimento das etapas de contratação de acordo com as normas internas e, no caso de hospitais públicos, também de acordo com a Lei n. 8.666/93.

Em geral, recebe a especificação técnica do produto ou serviço a ser adquirido da área requisitante, executa todas as etapas de aquisição e formalização do contrato e devolve à área requisitante o contrato pronto para ser executado (ou realizado).

A área de gestão de contratos apoia a área requisitante no controle dos eventos contratuais, sendo os mais comuns:

- Inspeção e liberação técnica e administrativa do produto ou serviço.
- Liberação do pagamento.

- Controle de vigência, suspensão, prorrogação e rescisão.
- Acréscimo e supressão.
- Reajuste, reequilíbrio e repactuação

Sobre gestão do ciclo de vida dos contratos

O *site* www.contratos.net.br descreve o modelo GCVC para gestão do ciclo de vida dos contratos, detalhando entre outros tópicos:

- Gestão das contratações.
- Gestão de contratos.
- Etapas do ciclo de vida dos contratos: pré-contratação, contratação, pré-execução e execução.
- Práticas de homologação de fornecedores.
- Modelos de minutas e cláusulas.
- Eventos de controle da gestão contratual.

Almoxarifado central

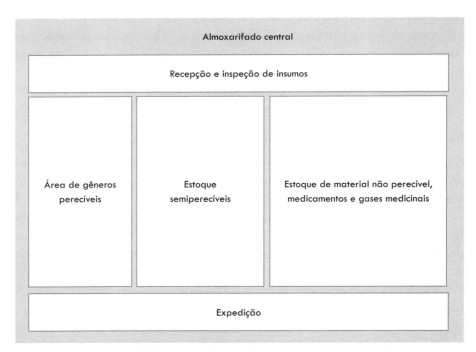

Figura 3.10 – Almoxarifado central típico.

Recepção e inspeção

Recebe insumos hospitalares e:

- Procede a inspeção administrativa:
  - ❏ Aferição da nota fiscal em relação ao físico – se as quantidades descritas na nota correspondem à quantidade física recebida.
  - ❏ Aferição da nota fiscal em relação ao pedido – se quantidades, valores e tributos estão corretos em relação ao pedido de compra.
- Procede a inspeção técnica:
  - ❏ Se o recebimento se refere a um material de estoque, aciona a área de planejamento para aferir se o material está de acordo com a especificação. Dependendo do tipo de material (alguns do tipo B ou tipo C), a aferição costuma ser feita pela própria recepção de materiais, confiando nas informações da embalagem.
  - ❏ Se o recebimento se refere a material não de estoque ou bens:
    - Aciona a área requisitante para fazer a inspeção.
    - Aciona a área de controle de patrimônio para "ativar" e liberar o bem para a área requisitante.

A área física da recepção de materiais hospitalares costuma ter um balcão para recebimentos avulsos, e uma doca para atracar caminhões que descarregam grandes volumes ou grandes quantidades.

A maior dificuldade da recepção é consistir os tributos da nota fiscal, dada a complexidade das leis brasileiras e da imensa quantidade de tributos, isenções e situações particulares.

Diversos produtos e serviços não são armazenados no estoque. Nesse caso, a área de recepção instrui o processo de recepção e transfere diretamente para a área requisitante. Em hospitais, os mais comuns são:

- Nutrição especial.
- Bens (produtos que são "patrimoniados").
- Materiais consignados do centro cirúrgico.

Área de gêneros perecíveis

Armazena produtos perecíveis, geralmente gêneros alimentícios de consumo imediato: hortifruti, lácteos, carnes. Deve ser dotada de câmara fria e área climatizada. A área física deve restringir o acesso apenas à administração da unidade e aos funcionários do serviço de nutrição e dietética autorizados.

Estoque de semiperecíveis

Armazena produtos semiperecíveis, geralmente:

- Gêneros alimentícios de validade curta, como cereais ensacados.
- Medicamentos que necessitam de acondicionamento sob baixa temperatura.
- Materiais que necessitam de acondicionamento em temperatura controlada.

Dotado de geladeiras e controle de ar condicionado e área física restrita à administração da unidade.

Estoque de material não perecível

O termo não perecível é utilizado indevidamente, na verdade, trata-se de uma área de armazenamento de material de longa validade, uma vez que todos os materiais são perecíveis.

Armazena:

- Medicamentos.
- Materiais em geral (assistenciais, de escritório, de manutenção etc.).
- Gases, exceto os armazenados em grande quantidade.
- Equipamentos.

Particularmente no caso dos medicamentos, em geral existe uma área específica para os controlados (psicotrópicos, anestésicos etc.), para melhor controle. A área física é climatizada, embora geralmente não seja dotada de ar-condicionado, e é restrita à administração da unidade.

Expedição

Área que entrega o material à área requisitante.

Em geral, na recepção localiza-se fisicamente a administração da unidade almoxarifado, que tem outras atribuições: controle da movimentação do estoque; incremento de acordo com as entradas, que são as compras e as devoluções; decremento de acordo com as saídas, que são as requisições de material.

Registro dos valores:

- Preço médio de aquisição.
- Média ponderada do preço de compra dos produtos.
- Custo médio de reposição.
- Preço médio de aquisição adicionado à fração de custo de aquisição, armazenamento, manipulação e distribuição.

- Preço para venda.
- Custo médio de reposição acrescido da margem referente à média de perda.
- Tempo médio de aquisição.
- Média ponderada do tempo entre a requisição e a liberação do material para consumo (final da inspeção).

Inventário:

- Aferição do saldo apontado nos relatórios de controle em relação à quantidade física real em estoque. O inventário pode ser de dois tipos:
  - Geral: a área do almoxarifado é fechada, suspendendo toda a movimentação de entrada e saída, e todos os itens são aferidos. Feito geralmente uma vez por ano, ou pontualmente, caso haja evidências de que alguma falha estrutural ocorreu no controle.
  - Rotativo: escolhe-se um grupo e materiais para inventário, somente a movimentação deste grupo é suspensa. Feito rotineiramente, no dia da semana de menor movimentação, de modo que, ao longo do ano, todos os grupos tenham passado pelo menos uma vez pelo inventário. Costuma-se fazer inventário rotativo dos produtos tipo A três vezes por ano, do tipo B duas vezes por ano, e do tipo C uma vez por ano.

Inspeção periódica:

- Visitas aos principais fornecedores, aferindo as condições de produção, armazenamento e distribuição dos produtos.
- A visita serve para discutir ajustes em embalagens e documentos, de modo a melhorar a qualidade da logística de recebimento e distribuição no hospital.
- O ajuste mais comum é tentar alterar o tamanho das embalagens e as informações que constam na nota fiscal.

Empréstimos:

- É comum um hospital emprestar itens para outro em situações de emergência.

Produção

Alguns hospitais mantêm uma pequena área de produção no almoxarifado para manufaturar produtos. Por exemplo, em vez de adquirir um *kit* de higiene, adquire embalagem de um fornecedor, descartáveis de vários outros e monta o *kit* de higiene.

Essa prática só existe quando o hospital tem dificuldade em adquirir o produto pronto, ou porque o custo de manufatura compensa o preço praticado pelo fornecedor, os fornecedores não atendem normas necessárias, não produzem com a qualidade necessária ou o hospital deseja produzir um produto diferenciado, não disponível no mercado.

Ferramentas de gestão (melhores práticas)

Indicadores:

- Tempo médio, estratificado por item e tipo de material:
  - ❑ De aquisição – entre a requisição de compra e o recebimento do material.
  - ❑ De liberação – entre o recebimento e a liberação do material.
- Controle de produtividade – número de funcionários por:
  - ❑ Número de itens de estoque.
  - ❑ Número médio mensal de requisições de compra.
  - ❑ Número médio mensal de requisições de entrega de material.
  - ❑ Número de inventários totais.
  - ❑ Número de inventários rotativos.

Controles:

- Saldo orçamentário para aquisição (por área e item).
- Cadastro de itens (materiais de estoque próprios e consignados; materiais que não são de estoque próprios e consignados; serviços).
- Cadastro de fornecedores (dados cadastrais, itens de fornecimento, exigíveis).
- Movimentação de estoque (aquisições, expedições, empréstimos, devoluções, ajustes de inventário).
- Custos.
- Preços.
- Curva ABC (giro de estoque, preço médio de aquisição).
- Registros de inventário (saldo inicial, ajustes por obsolescência ou validade, ajustes por diferença).
- Monitoração de itens (itens sem movimentação há mais tempo, controle de lotes de validade).

FARMÁCIA

Área que recebe a prescrição médica e dispensa medicamentos e descartáveis necessários para sua ministração no paciente. Dependendo da área física do hospital, pode haver uma única farmácia (melhor custo-benefício) ou farmácias auxiliares (satélites). A farmácia hospitalar só mantém em estoque os insumos necessários para atender as prescrições por um período máximo de cinco dias. Assim, o almoxarifado central estoca os insumos em caixas fechadas para períodos maiores, cumprindo o papel de controle de estoque "no atacado"; a farmácia estoca os insumos em caixas abertas, cumprindo o papel de controle de estoque "no varejo".

A principal diferença de uma farmácia hospitalar em relação a uma farmácia "de rua" é que a hospitalar entrega somente a quantidade de medicamento prescrita para um período de 24 horas, fracionando e unitarizando as doses, se necessário.

A farmácia deve ter um responsável técnico farmacêutico, e suas atividades são regradas por diversas leis, resoluções normativas e decisões do Ministério da Saúde (www.saude.gov.br), em especial da Agência Nacional de Vigilância Sanitária (Anvisa); e do Conselho Federal de Farmácia (CFF – www.cff.org.br) e os conselhos regionais associados.

As principais legislações pertinentes são:

- Lei n. 5991/73: dispõe sobre o controle sanitário do comércio de drogas, medicamentos, insumos farmacêuticos e correlatos.
- Resolução n. 300/97 – CFF: regulamenta o exercício profissional em farmácia e unidade hospitalar, clínicas e casa de saúde de natureza pública ou privada.
- Portaria n. 2.616/98 – MS: diretrizes e normas para a prevenção e o controle das infecções hospitalares.
- Resolução n. 48/2000 – ANVS/MS: roteiro de inspeção do programa de controle de infecção hospitalar.
- Portaria n. 3535/98 – MS: estabelece critérios para cadastramento de centros de atendimento em oncologia.
- Resolução n. 220/2004 – Anvisa: aprova o regulamento técnico de funcionamento dos serviços de terapia antineoplásica.
- Resolução n. 288/96 – CFF: dispõe sobre a competência legal para o exercício da manipulação de drogas antineoplásicas pelo farmacêutico.
- Resolução n. 292/96 – CFF: ratifica competência legal para o exercício da atividade de nutrição parenteral e enteral, pelo farmacêutico.

- Portaria n. 344/98 – SVS: aprova o regulamento técnico sobre substâncias e medicamentos sujeitos a controle especial.
- Resolução n. 214/2006 – ANVS/MS: dispõe sobre boas práticas de manipulação de medicamentos para uso humano em farmácias.
- RDC n. 189/2003 – Anvisa: dispõe sobre a regulamentação dos procedimentos de análise, avaliação e aprovação dos projetos físicos de estabelecimentos de saúde no SNVS.
- RDC n. 50/2002 – Anvisa: dispõe sobre regulamento técnico para planejamento, programação, elaboração e avaliação de projetos físicos de estabelecimentos assistenciais de saúde.

Característica da farmácia hospitalar

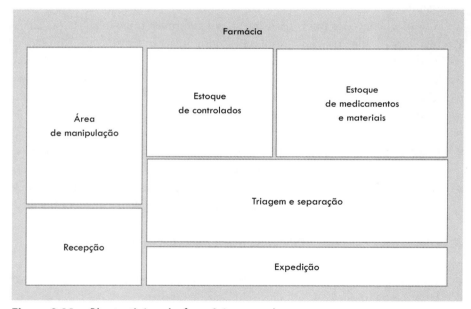

Figura 3.11 – Planta típica da farmácia central.

Independentemente de haver uma única farmácia, ou existirem farmácias satélites, cada uma delas tem as mesmas atribuições e a área física dividida de acordo com essas responsabilidades, de modo a viabilizar as rotinas.

Quanto maior a quantidade de farmácias, maior a quantidade de estoque parado (a parcela chamada de estoque mínimo que se multiplica em cada uma delas) e maior a chance de haver duplicidade de controle, gerando custos operacionais maiores.

Hospital típico **161**

Recepção

Área que recebe os medicamentos para armazenamento ou distribuição direta:

- Procede a inspeção técnica.
- Afere se a quantidade está em conformidade com a requisição.
- Afere condições do produto, como vazamentos, amassados etc.
- Afere a data de validade do lote.

É geralmente a área que controla a necessidade de ressuprimento, gerando requisições, realizando inventários etc.

Também tem a atribuição de eliminar as embalagens que não são utilizadas na rotina, deixando os produtos na unidade de estoque da farmácia, que, na maioria das vezes, é diferente da unidade de armazenamento do almoxarifado. Por exemplo, o almoxarifado trabalha com caixas fechadas de seringas; já a farmácia trabalha com a unidade seringa, que deve ser armazenada isoladamente.

Estoque de medicamentos e materiais

Área de armazenamento dos medicamentos e materiais não controlados e que não necessitam de condições especiais de armazenamento. Geralmente constituído de prateleiras, organizados em ordem de código ou em ordem alfabética, sendo fixado na frente do lote de produtos um código de barras que representa o código do produto no sistema de distribuição interna (dispensação). Ao inserir um novo lote de material no local de armazenamento, avalia-se a data de validade do lote existente e do lote recebido, procurando dispor os de validade mais curta na frente.

Estoque de controlados

Área de armazenamento:

- Dos medicamentos controlados (psicotrópicos, anestésicos etc.).
- Dos medicamentos que necessitam de acondicionamento especial, por exemplo, em geladeira.
- Dos materiais de alto custo.

Essa área geralmente é restrita a um número menor de pessoas, de modo a permitir melhor controle e evitar perdas e desvios.

Área de manipulação

Local onde é feito manejo:

Administração hospitalar no Brasil

- Unitarização de doses.
- Diluições.
- Fórmulas.

É o local mais especializado da farmácia, e de maior custo operacional. É comum, havendo farmácias satélites, que essa área da farmácia central sirva as outras unidades que necessitam de manejo.

Triagem e separação

Área de processamento das prescrições:

- Análise de disponibilidade do estoque local para atendimento.
- Aferição da liberação da Comissão de Controle de Infecção Hospitalar (CCIH) caso hajam antimicrobianos na prescrição.
- Solicitação de item não disponível para outra área.
- Ordem de serviço de manipulação, quando necessário.
- Preparação da dispensação, geralmente acondicionando em um saco plástico todos os itens da prescrição do paciente.

Expedição

Realiza a aferição final da prescrição em relação ao serviço de separação e libera definitivamente a dispensação (saída do produto da farmácia para ministração no paciente).

A dispensação pode ser:

- De rotina: nesse caso, o pacote do paciente é agrupado aos pacotes dos demais pacientes da unidade. De acordo com a rotina de entrega, são acondicionados em um carrinho. No horário acordado com a área, um funcionário da farmácia conduz o carrinho para a unidade. Na unidade, a aquipe de enfermangem recebe os produtos, aferindo novamente se estão de acordo com a prescrição.
- De emergência ou fora da rotina: um aviso na prescrição define que o pacote não pode aguardar a rotina. Um funcionário da farmácia vai ao local entregar especificamente o pacote, ou um funcionário da própria unidade vem com a prescrição na expedição e leva o pacote separado.

A área de expedição é responsável por dar baixa na dispensação e registrar as cobranças.

Farmácia ambulatorial

Especificamente no caso de serviços de saúde públicos, existem as farmácias ambulatoriais, que distribuem medicamentos gratuitamente para a população. Para receber o medicamento, a receita deve ter sido emitida por um órgão SUS. Mesmo nos casos de hospitais públicos com porta 2, a legislação obriga que a receita tenha sido emitida em um atendimento SUS. Não são fornecidos medicamentos para receitas de médicos do hospital nos atendimentos não SUS.

Nesses casos, em razão do elevado volume de atendimento, é prática de mercado inserir na farmácia uma área específica de receituário. Geralmente guichês de atendimento onde o paciente entrega a receita e aguarda a separação, e outro guichê para recebimento do medicamento.

As melhores práticas recomendam que essa área esteja integrada com as demais, para otimizar os custos operacionais, sobretudo o compartilhamento das atividades dos profissionais de maior especialização.

Ressuprimento

Na prática de mercado, o almoxarifado central supre a farmácia central, e esta supre as farmácias satélites. Essa prática permite o compartilhamento de recursos técnicos e o giro mais rápido dos lotes, reduzindo a chance de perda por data de validade.

Ferramentas de gestão (melhores práticas)

Indicadores:

- Tempo médio, estratificado por item:
    - De preparação – entre a prescrição e a liberação da dispensação, estratificando por tipo de atendimento do paciente.
    - De atendimento – entre a prescrição e a entrega na unidade requisitante ou para o paciente, estratificando por tipo de atendimento do paciente.
- Controle de produtividade – número de funcionários por:
    - Número de itens de estoque.
    - Número médio mensal de prescrições, total e por unidade.
    - Número médio mensal de itens prescritos, total e por unidade.

Controles:

- Cadastro de itens: materiais de estoque próprios e consignados; materiais que não são de estoque próprios e consignados.

- Movimentação de estoque: transferência de entrada e saída; empréstimos; dispensações; devoluções; ajustes de inventário.
- Custos.
- Preços.
- Registros de inventário: saldo inicial; ajustes por obsolescência ou validade; ajustes por diferença.
- Monitoração de itens: itens sem movimentação há mais tempo; controle de lotes de validade.

Perfil:

- Precificação: margem média entre entre Brasíndice e preço de venda real (medicamento com PMC, medicamento sem PMC).
- Resultado: faturamento de medicamento *versus* custo por farmácia e por unidade requisitante; margem de comercialização (faturamento *versus* preço de aquisição) por operadora e total.

ADMINISTRAÇÃO

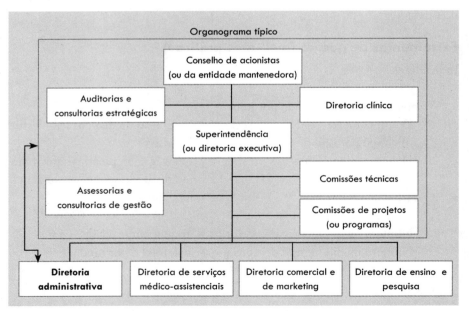

Figura 3.12 — Visão generalista da administração hospitalar no organograma hospitalar típico.

Administração hospitalar — visão generalista

Ramo particular da administração, especializado em ambientes hospitalares, que possui organização própria de profissionais formados em cursos de graduação ou pós-graduação:

- Os profissionais habilitados geralmente são associados da Federação Brasileira de Administradores Hospitalares – FBAH (www.fbah.org.br).

A principal missão da administração hospitalar é definir o organograma funcional do hospital e manter as atribuições dos departamentos coerentes com a definição institucional. Um hospital se caracteriza e se diferencia das empresas dos outros segmentos de mercado pela:

- Constante necessidade de revisão de atribuições departamentais, cargos e salários, em virtude das constantes pressões normativas e de mercado.
- Necessidade da definição de uma linha de subordinação funcional que sofre influência direta da subordinação técnica, que, em determinadas situações e processos, pode ser definida por uma comissão que não se situa na linha hierárquica, ou por profissionais cujas atribuições são regulamentadas por conselhos, e sobrepondo-se à hierarquia formal interna do hospital.

Nos hospitais brasileiros pode-se definir o organograma ilustrado na Figura 3.12 como típico. Podem ser encontradas variações em nomes de cargos e áreas e na definição de algumas atribuições, mas a estrutura básica geralmente adere a esse modelo.

Uma particularidade do mercado brasileiro, na área privada, é a nomenclatura do cargo, que depende do porte do hospital. Por exemplo, em hospitais de grande porte há um diretor financeiro, já em hospitais médios, gerente financeiro, e em pequenos, supervisor. Além disso, na área pública é comum designar como diretor o responsável pela área, independente do porte. Pode-se encontrar um diretor financeiro que é responsável por um departamento cuja estrutura total se resume a duas ou três pessoas, incluindo ele. Ná área privada, uma diretoria é definida de acordo com a estrutura organizacional envolvida, enquanto na área pública é definida de acordo com a similaridade da função do órgão em relação aos outros, independentemente de sua estrutura organizacional.

Conselho de acionistas ou da entidade mantenedora

Órgão máximo deliberativo, representante em última instância do hospital perante a sociedade:

- Conselho de administração dos hospitais de capital aberto – minoria absoluta dos hospitais brasileiros.
- Conselho curador das Santas Casas de Misericórdia – maioria absoluta dos hospitais brasileiros.
- Secretaria de Saúde, no caso dos hospitais públicos.
- Diretoria da sociedade beneficente dos hospitais vinculados a sociedades de utilidade pública.
- Conselho de sócios dos hospitais privados.

São órgãos de *staff* direto do Conselho de Acionistas:

- Diretoria clínica:
  - Diretor eleito segundo as regras do Conselho Federal de Medicina, e que é o representante (e responsável) técnico legal perante o Conselho Regional de Medicina.
  - A diretoria clínica não é uma entidade operacional, cumprindo o papel de definição das diretrizes assistenciais e auditoria das práticas e respeito à ética.
  - É o órgão que define o corpo clínico e as regras de permissão de atuação no hospital de médicos que não fazem parte do corpo clínico.
- Consultorias, geralmente terceirizadas, que:
  - Apoiam na definição e acompanhamento da implementação do planejamento estratégico.
  - Auxiliam o conselho nas decisões de maior impacto institucional, geralmente relacionadas à imagem e à comunicação com o mercado, introdução de novas tecnologias e gerenciamento de crises internas e externas.
- Auditorias, geralmente terceirizadas, que:
  - Aferem a consistência dos registros contábeis e orçamentários.
  - Apontam não conformidades e sugerem ajustes necessários.
  - Analisam e publicam o balanço, inserindo eventuais ressalvas.

Superintendência ou diretoria executiva

É a primeira instância realmente executiva no que se refere ao negócio hospitalar.

No Brasil, o cargo máximo da superintendência é geralmente ocupado por um médico, mas, na área privada, existe histórico de diversos hospitais de grande porte que não aderem a esta regra: o superintendente é um administrador hospitalar de formação, geralmente com experiência na gestão de relacionamento com as fontes pagadoras.

Costuma ter como órgãos de *staff*:

- Assessorias, assim definidas as entidades que atuam permanentemente, com atribuições específicas:
  - ❏ Assessoria jurídica: a atividade hospitalar se reveste de grande volume de ações judiciais entre hospital, operadora, médico, paciente e fornecedores.
  - ❏ Assessoria tributária: no segmento da saúde existem diversas leis que permitem redução e isenção de carga tributária, e utilizam-se empresas especializadas para obter benefícios e monitorar o cumprimento das obrigações que permitem mantê-los ao longo do tempo.
- Consultorias de gestão, assim definidas as entidades que atuam pontualmente em projetos estratégicos, sendo as mais comuns:
  - ❏ Redesenho de processos.
  - ❏ Reciclagem profissional.
  - ❏ Oxigenação tecnológica e organizacional.
  - ❏ Gestão de contratos de aquisição e fornecimento.
- Comissões técnicas, assim definidas as comissões permanentes, que costumam ser formadas por um responsável pelo assunto, eventualmente com alguma estrutura própria de apoio, e que envolvem diversos setores hospitalares, sendo as mais comuns:
  - ❏ Comissão de controle de infecção hospitalar (CCIH).
  - ❏ Comissão de homologação de insumos hospitalares (CHIH).
  - ❏ Grupo de humanização do atendimento ao paciente (GHAP).
- Comissões de projetos, assim definidas as comissões criadas para projetos específicos, que costumam ser formadas por um responsável pelo assunto, geralmente sem estrutura própria de apoio, e que envolvem diversos setores hospitalares, sendo as mais comuns:
  - ❏ Comissão de qualidade e acreditação (PQA).
  - ❏ Projeto 5 S – organização, manutenção e limpeza do ambiente de trabalho.
  - ❏ Introdução de nova tecnologia.

É comum a existência de quatro diretorias subordinadas diretamente à superintendência[4].

- Diretoria administrativa: a que concentra as áreas (atividades) administrativas propriamente ditas, com a missão de manter o negócio hospitalar viável

---

4   Dependendo do porte e dos tipos de gestão e de hospital, pode haver mais ou menos diretorias, com as atribuições se redistribuindo dependendo da necessidade, mas as atribuições básicas sempre são as mesmas, em maior ou menor escala de importância, caso a caso.

e cumprir as obrigações fiscais e comerciais. Geralmente liderada por um administrador hospitalar de formação.

- Diretoria de serviços médico-assistenciais: concentra a gestão das equipes assistenciais, diretamente ligadas ao atendimento do paciente. Geralmente liderada por um médico.
- Diretoria comercial e de marketing: concentra as atividades de relacionamento com as fontes pagadoras. Também se responsabiliza pela imagem do hospital em relação à imprensa, aos clientes e à sociedade de forma generalizada.
- Diretoria de ensino e pesquisa: concentra tanto as atividades de desenvolvimento interno dos funcionários e colaboradores como as atividades acadêmicas que podem ser exploradas como fonte de receita. Também dá suporte para os programas de residência médica.

Áreas (departamentos) da administração hospitalar propriamente dita (melhores práticas do mercado brasileiro)
Unidade de planejamento estratégico (UPE)

- Missão: fazer com que o hospital se mantenha dentro dos objetivos institucionais, de acordo com a vontade dos seus acionistas.
- Atribuições: definir e aferir o cumprimento da missão, da visão, das diretrizes administrativo-financeiras e metas básicas, do planejamento estratégico, da política de alçadas e atribuições dos departamentos.
- Estrutura típica:
  - Administrador hospitalar.
  - Analista(s) especializado(s) em estatística e controle orçamentário.
  - Apoio externo de consultoria especializada.
- Ferramentas de gestão básicas:
  - Plano diretor.
  - Definições de atribuições.
  - Metas operacionais de curto, médio e longo prazos.
- Análise de participação no mercado (*market share*):
  - Evolução dos negócios.
  - Comparação com a concorrência.
- Projeção de viabilidade:
  - Evolução do faturamento e custos do passado-presente.
  - Simulações e cenários futuros.

Planejamento e controle orçamentário

- Missão: fazer com que o hospital se mantenha financeiramente viável.
- Atribuições: definir e aferir o cumprimento do orçamento geral e departamental.
- Estrutura típica:
  - Administrador (gestor orçamentário).
  - Analista(s) especializado(s) em controle orçamentário.
- Ferramentas de gestão básicas:
  - Plano orçamentário.
  - Sistema de controle orçamentário para definir o orçamento por departamento e verba (dotação orçamentária), controlar a liberação de utilização da verba orçamentarária (empenho e liberação de aquisições) e controlar atualizações de captações de receita de acordo com as verbas orçamentárias.
  - Estatísticas: posição orçamentária estratificada por unidade hospitalar, tipo de despesa, tipo de receita e total; projeções orçamentárias (cenários) com e sem premissas de alterações de mercado, estratificadas por unidade hospitalar, tipo de despesa, tipo de receita e total.

Apoio administrativo

- Missão: evitar custo operacional de atividades de alta diretoria que podem ser realizadas por estrutura menos onerosa.
- Atribuições: executar tarefas administrativas básicas para alta gestão (controle de agendamento de reuniões e visitas, controle de protocolos, gestão operacional de viagens e outras atividades de suporte ao conselho, superintendência, assessorias e diretoria clínica.
- Estrutura típica:
  - Secretária(s).
  - Auxiliar(es) administrativo(s).
- Ferramentas de gestão básicas:
  - Controle de agendamento.
  - Cadastro de contatos institucionais.
  - Controle de correspondências e protocolos.
  - Instruções cerimoniais.

Serviços gerais

- Missão: dar suporte administrativo a todas as áreas hospitalares, compartilhando recursos de forma a reduzir a ociosidade de equipamentos e estruturas que não seriam adequadamente utilizados se fossem alocados de forma descentralizada.

- Atribuições: executar tarefas administrativas básicas (impressão, digitalização, cópia e encadernação de documentos, remessa e resgate de documentos externos)
- Estrutura típica:
  - Administrador.
  - Auxiliar(es) administrativo(s).
- Ferramentas de gestão básicas:
  - Controle de serviços (recepção, execução e liberação de ordens de serviço).
  - Controle de cronogramas de atividades de rotina e escalas.
  - Controle de manutenção de equipamentos.
  - Controle de consumo de insumos.

Arquivo

- Missão: padronizar processo de arquivo e dar maior segurança às informações do hospital que se encontram em meio físico (não digital).
- Atribuições: arquivar e resgatar documentos, periódicos, normas, livros e outros tipos de volumes de consulta eventual, inclusive prontuários de pacientes; preparar documentos para digitalização e arquivo; digitalizar documentos; arquivar; controlar a retirada e devolução ao arquivo.
- Estrutura típica:
  - Bibliotecário.
  - Auxiliar(es) administrativo(s).
  - Serviço de empresa terceirizada.
- Ferramentas de gestão básicas:
  - Padrão de preparação de documentos: ordenação, eliminação de interferências, calibração da digitalização, codificação).
  - Sistema para controle de arquivo: localização, registro de movimentações (entrada e saída) e controle de expurgo.

Apoio jurídico

- Missão: definir regras para que o hospital se mantenha dentro da lei, e em melhores condições de defesa, no caso de demandas.
- Atribuições:
  - Definir padrões de contratos e minutas.
  - Analisar riscos em contratos.

- Analisar e recomendar postura do hospital em demandas não amigáveis e decisões de autoridades dos poderes executivo, legislativo e judiciário, ministério público e tribunais de contas.
- Defender o hospital em demandas trabalhistas, cíveis, criminais, tributárias etc.
- Acionar judicialmente governo, empresas e pessoas quando o hospital é prejudicado.
- Estrutura típica:
  - Advogado.
  - Auxiliar(es) administrativo(s).
  - Serviços de escritórios especializados.
- Ferramentas de gestão básicas:
  - Controle de biblioteca (padrões, leis, normas e procedimentos).
  - Controle de processos.
  - Indicadores: controle de produtividade (número de processos por advogado, estratificado por tipo de processo); eficiência (tempo médio de aprovação de minuta); efetividade (demandas ganhas em relação ao total de demandas); eficácia (valor resgatado nas demandas em relação ao valor total das demandas).

Faturamento

- Missão: transformar os produtos e serviços hospitalares em contas, e dar destino adequado a elas.
- Atribuições:
  - Identificar o responsável pela despesa hospitalar (SUS, convênio ou paciente).
  - Formar a conta hospitalar, valorizando os itens de acordo com o contrato.
  - Gerar notas fiscais, faturas, boletos bancários de cobrança e outros documentos necessários para a adequada identificação e enquadramento legal.
  - Compor o processo da conta, anexando exigíveis.
  - Remeter a conta e seus anexos ao sacado (em meio físico e/ou eletrônico).
- Estrutura típica:
  - Administrador.
  - Auxiliar(es) administrativo(s).
- Ferramentas de gestão básicas:
  - Sistema informatizado de faturamento hospitalar: geração de conta e das guias TISS, geração da nota fiscal fatura, geração de lotes de remessa manuais e automáticos.

172 Administração hospitalar no Brasil

- Estatísticas: número de contas estratificado por fonte pagadora, tipo de receita e total, valor faturado estratificado por fonte pagadora, tipo de receita e total.
- Indicadores: controle de produtividade (número de contas por funcionário, estratificado por fonte pagadora); eficiência (tempo médio entre o final do atendimento – ou final de período de faturamento – e a remessa da conta para a fonte pagadora); efetividade (valor faturado em relação ao valor total que poderia ter sido faturado no período); perda de eficácia (valor não faturado por falha de processo em relação ao valor total que poderia ter sido faturado).

Contas a pagar

- Missão: pagar as contas no último momento possível.
- Atribuições:
  - Consistir os pagamentos com a dotação orçamentária e a adequada liberação de acordo com as alçadas institucionais.
  - Negociar prazo para pagamento, quando necessário.
  - Pagar e registrar os pagamentos nos controles financeiros e orçamentários.
- Estrutura típica:
  - Administrador.
  - Auxiliar(es) administrativo(s).
- Ferramentas de gestão básicas:
  - Sistema informatizado de controle de pagamentos: registrar títulos; alterar parâmetros dos títulos; registrar pagamentos, descontos e cancelamentos.
  - Estatísticas: títulos a pagar estratificados por fornecedor, tipo de despesa, vencimento, valor, tipo de penalidade por atraso; títulos pagos estratificados por fornecedor, tipo de despesa, vencimento, valor, tipo de penalidade por atraso.
  - Indicadores: controle de produtividade (número de contas por funcionário, estratificado por tipo de despesa); perda de eficácia (multas e despesas financeiras em relação ao valor total pago).

Contas a receber

- Missão: receber as faturas no vencimento.
- Atribuições:
  - Receber os créditos e registrar nos controles financeiros e orçamentários.
  - Negociar prorrogações.

Hospital típico   **173**

- ❑ Administrar inadimplência, negociando descontos, multas e parcelamentos.
- ■ Estrutura típica:
  - ❑ Administrador.
  - ❑ Auxiliar(es) administrativo(s).
- ■ Ferramentas de gestão básicas:
  - ❑ Sistema informatizado de controle de recebimentos: registrar títulos, alterar parâmetros dos títulos, registrar recebimentos, descontos e cancelamentos.
  - ❑ Estatísticas: títulos a receber estratificados por fornecedor, tipo de despesa, vencimento, valor, tipo de penalidade por atraso; títulos recebidos estratificados por fornecedor, tipo de despesa, vencimento, valor, tipo de penalidade por atraso.
  - ❑ Indicadores: controle de produtividade (número de títulos por funcionário, estratificado por fonte pagadora e tipo de receita); perda de eficácia (glosas e despesas financeiras em relação ao valor total pago, estratificadas por fonte pagadora e tipo de receita.

Contabilidade

- ■ Missão: monitorar a situação patrimonial do hospital e realizar registros legais.
- ■ Atribuições:
  - ❑ Organizar e arquivar documentos fiscais.
  - ❑ Classificar eventos financeiros e registrar fatos contábeis de acordo com a legislação.
  - ❑ Produzir relatórios para atender o fisco e auditorias.
  - ❑ Opcionalmente: produzir informações para elaboração de mapas estatísticos.
- ■ Estrutura típica:
  - ❑ Contador.
  - ❑ Auxiliar(es) de contabilidade.
- ■ Ferramentas de gestão básicas:
  - ❑ Plano de contas contábil.
  - ❑ Sistema informatizado de controle contábil: registrar lançamentos; gerar diário, razão e balancete; gerar relatórios (DOAR, livro auxiliar de clientes, livro auxiliar de fornecedores etc.).
  - ❑ Indicadores: controle de produtividade (número de lançamento e número de contas contábeis por funcionário).

Controle financeiro

- Missão: monitorar a situação financeira do hospital.
- Atribuições:
  - Classificar eventos financeiros.
  - Analisar a evolução do fluxo de caixa.
  - Projetar cenários de fluxo de caixa futuros inserindo premissas de alterações de mercado e definir o plano de investimentos e de empréstimos.
- Estrutura típica:
  - Economista ou administrador.
  - Auxiliar(es) administrativo(s).
- Ferramentas de gestão básicas:
  - Plano de contas do fluxo de caixa.
  - Sistema informatizado de controle de fluxo de caixa: registrar compromissos a pagar e receber; registrar premissas de alteração de mercado; gerar os fluxos de caixa real, previsto e simulado.
  - Indicadores: controle de produtividade (número de lançamento e número de contas contábeis por funcionário).

Tesouraria (caixa)

- Missão: controlar numerário, cheques e outros documentos de liquidez imediata.
- Atribuições:
  - Pagar e receber contas "na boca do caixa".
  - Controlar fisicamente o dinheiro, cheques e títulos ao portador e endossáveis.
  - Realizar transações financeiras: aplicações, resgates, empréstimos e transferências.
- Estrutura típica:
  - Economista ou administrador.
  - Auxiliar(es) administrativo(s).
- Ferramentas de gestão básicas:
  - Sistema de controle de tesouraria (controle de cheques, borderô de pagamento, controle de estoque de cheques e moedas).

Controle patrimonial

- Missão: controlar a identificação e localização dos bens patrimoniais.
- Atribuições:
  - Identificar os bens.

Hospital típico **175**

- ❏ Registrar entrada, movimentação e saída dos bens no hospital e entre departamentos.
- ❏ Calcular depreciação e obsolescência.
- ■ Estrutura típica:
- ❏ Administrador ou contador.
- ❏ Auxiliar(es) administrativo(s).
- ■ Ferramentas de gestão básicas:
- ❏ Sistema de controle de ativo fixo: registro de inclusão, movimentação e baixa ativos; cálculo de depreciação.

Controle de custos

- ■ Missão: controlar custos.
- ■ Atribuições:
- ❏ Registrar custos por departamento.
- ❏ Calcular custos por procedimento.
- ❏ Propor alternativas para redução de custos.
- ■ Estrutura típica:
- ❏ Administrador ou contador.
- ❏ Auxiliar(es) administrativo(s).
- ■ Ferramentas de gestão básicas:
- ❏ Sistema de controle de custos: alocar e tabular custos por departamento.
- ❏ Registrar estrutura de custos por procedimento (roteiro de produção, árvore de insumos, alocação de mão de obra, simular custo por procedimento).

Auditoria administrativo-financeira

- ■ Missão: zelar pelo cumprimento de normas, processos e registros administrativo-financeiros.
- ■ Atribuições:
- ❏ Auditar a conformidade de processos administrativos por amostragem e/ou denúncia.
- ❏ Auditar os registros financeiros por amostragem e/ou denúncia.
- ❏ Apontar evidências.
- ■ Estrutura típica:
- ❏ Administrador ou contador.
- ❏ Auxiliar(es) administrativo(s).
- ■ Ferramentas de gestão básicas:

176 Administração hospitalar no Brasil

- ❑ Legislação, plano diretor, diretrizes administrativas e orçamentárias, normas, procurações e outros documentos instrutivos ou normativos.

Ouvidoria

- ■ Missão: auxiliar os pacientes e acompanhantes nos problemas de relacionamento com o hospital.
- ■ Atribuições:
  - ❑ Receber manifestações.
  - ❑ Encaminhar aos responsáveis e monitorar o relacionamento.
- ■ Estrutura típica:
  - ❑ Administrador ou assistente social.
  - ❑ Auxiliar(es) administrativo(s).
- ■ Ferramentas de gestão básicas:
  - ❑ Sistema de relacionamento com o cliente (CRM), baseado em *website*.

Central de voluntariado

- ■ Missão: maximizar o resultado das ações de voluntários.
- ■ Atribuições:
  - ❑ Organizar as atividades realizadas por voluntários.
  - ❑ Prover os recursos necessários para que as atividades voluntárias possam ser realizadas adequadamente.
    - — Manter o corpo de voluntários motivado e atuando de acordo com o plano diretor.
- ■ Estrutura típica:
  - ❑ Assistente social.
  - ❑ Auxiliar(es) administrativo(s).

Serviço de transporte

- ■ Missão: prover meios de transporte adequados para as diversas necessidades de locomoção física de pessoas e objetos.
- ■ Atribuições:
  - ❑ Remessa e resgate de pessoas (exceto pacientes).
  - ❑ Transporte de valores e volumes.
  - ❑ Controle de veículos (exceto ambulâncias) e serviços de transporte (táxi, motoboy).
- ■ Estrutura típica:
  - ❑ Administrador.
  - ❑ Auxiliar(es) administrativo(s).

Hospital típico **177**

- ❑ Serviço externo do tipo motoboy.
- Ferramentas de gestão básicas:
- ❑ Controle de serviços (recepção, execução e liberação de ordens de serviço).
- ❑ Controle de manutenção de veículos.

Seleção

- Missão: selecionar os profissionais adequados à necessidade do hospital.
- Atribuições:
- ❑ Apresentar vagas.
- ❑ Filtrar candidatos.
- ❑ Selecionar e/ou apoiar área requisitante no processo de seleção.
- Estrutura típica:
- ❑ Administrador.
- ❑ Auxiliar(es) administrativo(s).
- ❑ Serviço externo de divulgação de vagas e seleção de candidatos (*hunting*).
- Ferramentas de gestão básicas:
- ❑ Sistema de divulgação de vagas e controle de processo seletivo em padrão *website*.
- ❑ Banco de currículos.
- ❑ Indicadores: número de processos seletivos por selecionador; número de candidatos aprovados em relação ao número de vagas, estratificado por origem de candidato, tipo de processo seletivo, tipo de vaga e área requisitante; tempo médio de seleção, estratificado por origem do candidato, tipo de processo seletivo, tipo de vaga e área requisitante.

Departamento pessoal

- Missão: cumprir obrigações das legislações trabalhista e sindical.
- Atribuições:
- ❑ Controlar o registro de frequência (ponto).
- ❑ Controlar a folha de pagamento (calcular a remuneração, emitir recibos e liberar os pagamentos, calcular os tributos).
- Estrutura típica:
- ❑ Administrador.
- ❑ Auxiliar(es) administrativo(s).
- ❑ Serviço externo especializado.
- Ferramentas de gestão básicas:
- ❑ Sistema de controle de folha de pagamento: controle de cadastro de funcionários; controle de admissões, demissões, afastamentos e licen-

ças; definição das verbas de proventos e descontos; registro da frequência; emissão da folha de pagamento; relatórios e guias de recolhimento; controle de benefícios.

- ❑ Estatísticas: tempo médio de admissão e demissão; evolução dos benefícios em relação à folha básica.

Planejamento de cargos e salários

- ■ Missão: manter os custos com mão de obra compatíveis com as práticas de mercado.
- ■ Atribuições:
  - ❑ Desenvolver estrutura de cargos, com descrição de funções e critérios de avaliação.
  - ❑ Adequar os cargos às práticas de mercado.
  - ❑ Comparar a remuneração do hospital com a do mercado.
  - ❑ Propor ajustes para manter o nível salarial do hospital compatível com o mercado.
- ■ Estrutura típica:
  - ❑ Administrador hospitalar.
  - ❑ Auxiliar(es) administrativo(s).
  - ❑ Serviço externo especializado.
- ■ Ferramentas de gestão básicas:
  - ❑ Sistema de controle de cargos: registro de cargos e vagas; registro de pesquisas salariais.
  - ❑ Estatísticas: enquadramento dos salários em relação ao mercado; evolução real do custo de mão de obra; projeção dos custos com mão de obra em relação às variáveis de mercado.

Medicina ocupacional

- ■ Missão: prevenir doenças dos funcionários e reduzir o absenteísmo.
- ■ Atribuições:
  - ❑ Fazer cumprir a legislação sobre cuidados aos funcionários que trabalham na área da saúde, especialmente em hospitais.
  - ❑ Monitorar enquadramento dos funcionários às necessidades de vacinação.
  - ❑ Monitorar a saúde dos funcionários por meio de exames periódicos.
- ■ Estrutura típica:
  - ❑ Médico especializado em medicina do trabalho.
  - ❑ Equipe assistencial básica.
  - ❑ Auxiliar(es) administrativo(s).

- Ferramentas de gestão básicas:
  - ❑ Sistema de controle de medicina ocupacional: cadastro de funcionários; prontuário médico, com controle de vacinação e exames periódicos.
  - ❑ Indicadores: número de exames periódicos por médico; número de procedimentos por funcionário assistencial.
  - ❑ Estatísticas: controle de absenteísmo, estratificado por atrasos, afastamentos e licenças.

Segurança do trabalho

- Missão: reduzir os riscos de acidentes.
- Atribuições:
  - ❑ Classificar o nível de risco por área e atividade.
  - ❑ Definir normas de segurança.
  - ❑ Organizar e monitorar a adequação da Comissão Interna de Prevenção de Acidentes (Cipa) à legislação.
  - ❑ Adequar o hospital às exigências legais de segurança.
- Estrutura típica:
  - ❑ Engenheiro de segurança do trabalho.
  - ❑ Técnico(s) em segurança do trabalho.
  - ❑ Auxiliar(es) administrativo(s).
- Ferramentas de gestão básicas:
  - ❑ Mapa geral e detalhado de riscos.
  - ❑ Relatório de análise de conformidades.
  - ❑ Normas de segurança por área e atividade.
  - ❑ Biblioteca de laudos, atas de reunião e ações preventivas.

COMERCIAL E MARKETING
Hospital e o relacionamento com o mercado

Sendo saúde a prioridade de qualquer sociedade organizada, o hospital está inserido em ampla rotina de obrigações de relacionamento. Comercial e marketing hospitalar abrangem de forma ampla esse relacionamento.

Diferentemente das empresas dos outros segmentos de mercado, um hospital possui diversos tipos de clientes, e, para sobreviver, deve dar atenção adequada a todos. Sendo os principais:

- *Paciente*: o principal cliente hospitalar, é assim definida a pessoa que recebe o serviço prestado, pagando diretamente ou não por ele.

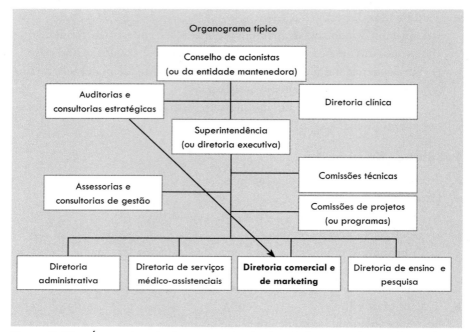

Figura 3.13 – Áreas de relacionamento institucionais (comercial e marketing).

- *Governo*: há dois tipos principais de relacionamento com o governo – como fonte pagadora (hospitais públicos obrigatoriamente atendem pelo SUS; a maioria dos hospitais particulares, independentemente de atuarem em saúde suplementar, também atendem pelo SUS); como agente normatizador e fiscalizador (os hospitais são obrigados a cumprir diversas obrigações pelo simples fato de atuarem no segmento da saúde). As obrigações são classificadas em dois tipos: principais, referindo-se ao atendimento direto dos pacientes, por exemplo, controlar a validade dos medicamentos (Anvisa), codificar os diagnósticos e procedimentos (SUS ou ANS), emitir registros de nascimento e óbito (MS); acessórias, referindo-se ao desenvolvimento integrado das ações de saúde pública, por exemplo, comunicar doenças de notificação compulsória (MS), comunicar disponibilidade de órgãos para transplante (MS). Existem, ainda, outros tipos de relacionamento com o governo, chamados de opcionais ou voluntários, e tratam da colaboração não compulsória com programas de saúde pública, por exemplo, ser um hospital sentinela, ou seja, base para controle de determinada doença, epidemia etc.
- *Médico*: a relação do hospital com o médico é um misto de cliente e fornecedor. Diferentemente dos demais colaboradores do hospital, o médico é um

dos principais canais de entrada de clientes e, mesmo sendo funcionário (ou terceirizado), que por definição é um fornecedor, é tido pelo hospital como um cliente, em virtude do potencial de receita que gera.

- *Operadora de planos de saúde*: no caso dos hospitais privados, é a principal fonte pagadora, composta de centenas de empresas.
- *Empresas que contratam os planos de saúde para seus funcionários*: fonte pagadora.
- *Acompanhante (ou responsável) do paciente*: mesmo sem receber o serviço diretamente, transita pelo hospital e muitas vezes é quem tem discernimento para julgar se o serviço está sendo prestado adequadamente. Na maioria das vezes, tem ligação sentimental com o principal cliente (o paciente), o que torna seu pré-julgamento em relação ao tratamento oferecido muito rigoroso.
- *Imprensa*: tem três interesses distintos em relação à atividade hospitalar. Primeiro, nos boletins médicos de pacientes que são personalidades públicas. Segundo, no esclarecimento de casos relacionados a erros médicos, ou atendimento irregular por parte do hospital a seus pacientes. Terceiro, inovações em saúde. Saúde é um produto de grande audiência nos meios publicitários, sendo raro uma emissora de televisão, rádio ou periódico não ter uma seção relacionada à saúde.
- *Opinião pública*: a população em geral, mesmo nos casos em que nunca utilizaram os serviços de hospitais de maior projeção na mídia, relaciona-se com eles em busca de informações e serviços.
- *Universidades*: condição básica para a existência de cursos de Medicina, Enfermagem e outras profissões assistenciais, é o vínculo com um hospital. A maioria absoluta dos projetos de pesquisa na área médica são vinculados à atividade hospitalar.
- *Indústria*: os fabricantes de insumos (medicamentos e descartáveis) e equipamentos médicos necessitam dos hospitais para homologar seus produtos, ou de acordo com a legislação (quando necessário) ou como referência (propaganda).

A área comercial dos hospitais precisa dar atenção a todos esses relacionamentos.

Áreas (departamentos) da área comercial e de marketing hospitalar (melhores práticas do mercado brasileiro)
Comercial

- Missão: vender o "produto hospitalar" pelo melhor preço, aos melhores clientes.

182 Administração hospitalar no Brasil

- Atribuições:
  - ❏ Gestão de produtos e preços: estruturação dos produtos básicos, definição da carteira-alvo, definição e atualização dos preços, parametrização das regras contratuais no sistema informatizado.
  - ❏ Gestão do ciclo de vida dos contratos entre o hospital e as operadoras: gestão da contratação (formatação do contrato básico, negociação, formalização do instrumento contratual); gestão do contrato (controle de vigência, reajuste, repactuação, reequilíbrio econômico-financeiro, controle de acréscimo, supressão, suspensão, rescisão, prorrogação e aditamento, gestão de penalidades, monitoração dos demais eventos contratuais críticos.
  - ❏ Gestão da carteira: administração das condições de exceção dos atendimentos, gestão da rotina de autorizações, operacionalização da rotina de troca de informações básicas (tabelas diversas, preços, formulários etc.).
  - ❏ Gestão de mercado: prospecção de novos clientes, operacionalização de parcerias.
- Estrutura típica:
  - ❏ Administrador hospitalar ou relações públicas.
  - ❏ Analista(s) especializado(s) em contratos (coordenadores comerciais e de credenciamento).
  - ❏ Auxiliar(es) administrativo(s).
- Ferramentas de gestão básicas:
  - ❏ Sistema para gestão do ciclo de vida dos contratos.

Marketing

- Missão: aumentar o nível de competitividade do hospital.
  Atribuições:
  - ❏ Desenvolver novos produtos.
  - ❏ Desenvolver novas parcerias.
  - ❏ Avaliar o desempenho do hospital em relação à concorrência.
  - ❏ Definir e fazer cumprir os padrões de comunicação visual e institucional.
  - ❏ Definir e operacionalizar campanhas de publicidade.
  - ❏ Avaliar manifestações de clientes e definir estratégias de relacionamento.
- Estrutura típica:
  - ❏ Publicitário ou profissional de marketing.
  - ❏ Analista(s) de mercado(s).
  - ❏ Auxiliar(es) administrativo(s).

- Ferramentas de gestão básicas:
  - ❏ Sistema de controle de relacionamento com clientes (CRM).
  - ❏ Ferramenta de *e-mail* marketing.
  - ❏ Sistemas de operacionalização e análise de resultados de campanhas.

Assessoria de imprensa

- Missão: evidenciar a imagem de excelência do hospital nos veículos de comunicação.
- Atribuições:
  - ❏ Padronizar a forma de comunicação do hospital com a imprensa: boletins médicos, projetos de ensino e pesquisa, informações de utilidade pública, maximizar a divulgação dos eventos que auxiliam o fortalecimento da marca e da imagem institucional, restringir a divulgação de eventos maléficos à marca e à imagem institucional, apoio aos colaboradores em eventos de exposição à imprensa e opinião pública.
- Estrutura típica:
  - ❏ Jornalista ou publicitário.
  - ❏ Auxiliar(es) administrativo(s).
- Ferramentas de gestão básicas:
  - ❏ Controle de artigos publicados, estratificado por tipo de mídia.
  - ❏ Redes sociais.

Call center de relacionamento

- Missão: servir de canal de comunicação entre o mercado e todos os departamentos do hospital.
- Atribuições:
  - ❏ Registrar manifestações: elogios, críticas.
  - ❏ Solicitação de informações.
  - ❏ Encaminhar aos responsáveis e monitorar o retorno adequado ao manifestante.
- Estrutura típica:
  - ❏ Relações públicas ou assistente social.
  - ❏ Operadores de *telemarketing* (ou serviço terceirizado).
- Ferramentas de gestão básicas:
  - ❏ Sistema para relacionamento com clientes (CRM).
  - ❏ Estatísticas: volume de manifestações, estratificadas por tipo de manifestação e área hospitalar envolvida; tempo médio de retorno ao manifestante;

volume de manifestações que se transformaram em serviços internos, estratificado por área executante.

Auditoria preventiva de contas (auditoria concorrente)

- Missão: evitar problemas entre o hospital e a operadora na origem dos registros.
- Atribuições:
  - ❏ Aferir se os registros do prontuário do paciente estão refletidos nos lançamentos em contas.
  - ❏ Lançar ajustes nas contas.
  - ❏ Introduzir alterações de processos e procedimentos junto às áreas assistenciais, de modo a evitar que os erros de lançamentos sejam sistemáticos.
  - ❏ Corrigir parâmetros do sistema de informação que geram lançamentos automáticos incompatíveis com a realidade.
  - ❏ Identificar a necessidade de formalização adequada para pagamento de débitos por parte de operadoras e solicitar às áreas responsáveis que providenciem a documentação necessária.
- Estrutura típica:
  - ❏ Administrador hospitalar ou profissional assistencial (supervisor de análise de contas).
  - ❏ Analista(s) de contas médicas.
- Ferramentas de gestão básicas:
  - ❏ Sistema de faturamento hospitalar.
  - ❏ Padrões de análise de contas por tipo de procedimento.
  - ❏ Estatísticas: volume de registros estratificado por tipo de lançamento, área assistencial, tipo de atendimento, fonte pagadora e tipo de procedimento; valorização dos registros por tipo de lançamento, área assistencial, tipo de atendimento, fonte pagadora e tipo de procedimento; volume de ajustes em processos e sistema.

Auditoria de contas (pré-análise de contas)

- Missão: manter a conformidade das contas hospitalares com as regras contratuais.
- Atribuições:
  - ❏ Analisar se os lançamentos da conta estão compatíveis com o contrato e promover ajustes, se necessário.
  - ❏ Introduzir alterações de processos e procedimentos junto às áreas assistenciais, de modo a evitar que os erros de lançamentos sejam sistemáticos.

- Corrigir parâmetros do sistema de informação que geram lançamentos automáticos incompatíveis com a realidade.
- Identificar a necessidade de formalização adequada para pagamento de débitos por parte de operadoras e solicitar às áreas responsáveis que providenciem a documentação necessária.
- Prestar suporte técnico nos processos de auditoria preventiva e análise de glosas.
- Formalizar o capeante da conta junto à auditoria externa da operadora.
- Liberar a conta para faturamento.

- Estrutura típica:
  - Médico ou enfermeiro (supervisor de auditoria).
  - Médico(s) auditor(es).
  - Enfermeiro(s) auditor(es).
  - Analista(s) de contas médicas.

- Ferramentas de gestão básicas:
  - Sistema de faturamento hospitalar.
  - Padrões de análise de contas por tipo de procedimento e operadora.
  - Estatísticas: volume de ajustes estratificado por tipo de lançamento, área assitencial, tipo de atendimento, fonte pagadora e tipo de procedimento; valorização dos ajustes por tipo de lançamento, área assistencial, tipo de atendimento, fonte pagadora e tipo de procedimento; perfil de glosa na pré-análise geral e por operadora.

Análise e recurso de glosas

- Missão: maner a conformidade das contas hospitalares com as regras contratuais.
- Atribuições:
  - Analisar as glosas, identificando se são procedentes ou improcedentes.
  - Conceder desconto, reverter contas, ou formalizar processo de recurso exigindo pagamento.
- Estrutura típica:
  - Administrador hospitalar ou profissional assistencial (supervisor de análise de glosas).
  - Analista(s) de glosas.
- Ferramentas de gestão básicas:
  - Sistema para gestão de contas e glosas.
  - Padrões de análise de contas por tipo de procedimento e operadora.

186 Administração hospitalar no Brasil

- ❑ Estatísticas: volumes de ajustes estratificados por tipo de lançamento, área assistencial, tipo de atendimento, fonte pagadora e tipo de procedimento; valorização dos ajustes por tipo de lançamento, área assistencial, tipo de atendimento, fonte pagadora e tipo de procedimento; perfil de glosa pós-faturamento, geral e por operadora.

Pesquisa de mercado

- ■ Missão: avaliar o desempenho e a competitividade do hospital em relação ao mercado.
- ■ Atribuições:
  - ❑ Pesquisar e tabular produtos, serviços, horários e outros parâmetros de atendimento dos concorrentes.
  - ❑ Pesquisar e tabular preços dos concorrentes.
  - ❑ Pesquisar e tabular custos de insumos e mão de obra dos concorrentes.
- ■ Estrutura típica:
  - ❑ Estatístico ou administrador hospitalar.
  - ❑ Auxiliar(es) administrativo(s).
- ■ Ferramentas de gestão:
  - ❑ Estatísticas comparativas.

ENGENHARIA HOSPITALAR
A complexidade da infraestrutura hospitalar

A infraestrutura hospitalar caracteriza-se por concentrar em um único local os tipos de problemas encontrados em diversos outros tipos de negócio do mercado:

- ■ Hotelaria:
  - ❑ Como acolhe o cliente (paciente e acompanhante) durante alguns dias dentro de suas instalações, itens que podem ser considerados acessórios em outras empresas são fatores de competitividade para o negócio hospitalar, como ar-condicionado, iluminação, circuito de televisão, internet etc.
- ■ Indústria:
  - ❑ Nas áreas em que existem procedimentos, as utilidades prediais não podem falhar, como acontece nas indústrias. Há o agravante de que uma falha no fornecimento de energia, por exemplo, na indústria, prejudica o produto final, enquanto, no hospital, pode colocar o paciente em risco de morte.
- ■ Serviços 24 horas:

❏   A maior parte das instalações hospitalares funciona 24 horas por dia, todos os dias, inclusive feriados.

A engenharia hospitalar é o conjunto de recursos humanos e tecnológicos responsável pelo planejamento, operação e manutenção da infraestrutura. A engenharia clínica é uma especialidade da engenharia hospitalar que cuida especificamente dos equipamentos utilizados em procedimentos cirúrgicos, de diagnóstico e terapêuticos (equipamentos médicos). Por exemplo:

- Tomógrafo só é utilizado para essa finalidade, adequando-se ao conceito de engenharia clínica.
- Caldeira é um equipamento de uso genérico, não se adequando ao conceito de engenharia clínica.

Organização da engenharia hospitalar

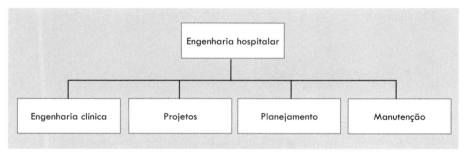

Figura 3.14 – Organização da engenharia hospitalar.

Coordenação das ações da engenharia hospitalar

É comum estruturar a engenharia hospitalar em quatro áreas organizacionais:

- Engenharia clínica.
- Projetos.
- Planejamento.
- Manutenção.

Essas áreas têm alto grau de interdependência entre si, principalmente porque o hospital funciona em regime 24 x 7. É comum o compartilhamento de recursos entre elas. Também existe interdependência entre a engenharia hospitalar e as áreas de tecnologia hospitalar. Em geral, os sistemas de controle da engenharia hospitalar são suportados pela área de tecnologia, e os recursos de tecnologia dependem da infraestrutura para funcionar.

Pontos de atenção mais comuns

Engenharia clínica:

- Equipamentos do SADT: tomógrafo, ressonância etc.
- Equipamentos do bloco cirúrgico: desfibrilador, bisturi elétrico etc.
- Equipamentos da UTI: monitores, respiradores etc.

Projetos:

- Reforma física de área.
- Adequação à legislação.

Planejamento:

- Expansão.
- Inovação tecnológica.

Manutenção:

- Grandes equipamentos: ar-condicionado, caldeiras, elevadores etc.
- Sistemas de maior demanda: telefonia, segurança, telecomunicações.
- Controle de consumo, perdas e desperdício de utilidades: energia elétrica, água e esgoto, gases medicinais, ar comprimido etc.

Áreas (departamentos) da engenharia hospitalar (melhores práticas do mercado brasileiro)
Engenharia clínica

- Missão: minimizar a indisponibilidade dos equipamentos médicos.
- Atribuições:
  - Planejamento da instalação e manutenção preventiva.
  - Controle da obsolescência, pesquisa de mercado, identificação de inovações e recomendação de *upgrade* e substituições.

- ❏ Manutenção corretiva.
- ❏ Aquisição e aferição da utilização adequada de insumos.
- ❏ Aferição da utilização adequada em relação às recomendações do fabricante.
- ❏ Integração do equipamento com os sistemas de informação e outros equipamentos do complexo hospitalar.
- ❏ Gestão dos contratos de manutenção especializados.
- ■ Estrutura típica:
  - ❏ Engenheiro clínico.
  - ❏ Técnico(s).
  - ❏ Apoio administrativo especializado em gestão de contratos.
- ■ Ferramentas de gestão básicas:
  - ❏ Sistema para controle de manutenção de equipamentos.
  - ❏ Estatísticas: volume de manutenções estratificado por equipamentos; índice de indisponibilidade, estratificado por equipamentos; relatório de consumo de insumos.
  - ❏ Relatórios de produção: número de procedimentos por equipamento/hora; número de funcionários por volume de manutenção, estratificado por tipo de equipamento.
  - ❏ Sistema para gestão do ciclo de vida dos contratos.

Projetos

- ■ Missão: viabilizar a inovação tecnológica.
- ■ Atribuições:
  - ❏ Planejar e executar alterações na planta física.
  - ❏ Adequar as necessidades de alterações na infraestrutura na introdução de novos equipamentos e tecnologias.
  - ❏ Executar projetos de manutenção de grande impacto operacional.
- ■ Estrutura típica:
  - ❏ Arquiteto ou engenheiro.
  - ❏ Técnico(s).
  - ❏ Apoio administrativo especializado em gestão de contratos.
- ■ Ferramentas de gestão básicas:
  - ❏ Sistema para controle de projetos.
  - ❏ Sistema para gestão do ciclo de vida dos contratos.

Planejamento

- ■ Missão: maximizar a utilização da infraestrutura e minimizar custos.

- Atribuições:
  - Definir projetos que integram diferentes áreas da engenharia hospitalar e tecnologia hospitalar.
  - Organizar projetos de acordo com a urgência e a adequação ao orçamento.
  - Analisar evolução de consumo de utilidades e insumos e propor ajustes.
  - Analisar a obsolescência e ineficiência de equipamentos e propor ajustes.
  - Analisar fluxo de utilização de áreas físicas, e propor ajustes.
- Estrutura típica:
  - Arquiteto ou engenheiro.
  - Técnico(s).
  - Auxiliar(es) administrativo(s).
- Ferramentas de gestão básicas:
- Sistema para controle orçamentário, com recursos de projeções de cenários.

Manutenção

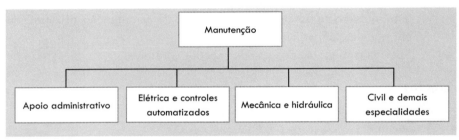

Figura 3.15 — Manutenção hospitalar.

- Missão: manter a infraestrutura hospitalar disponível e em condições adequadas de utilização.
- Atribuições:
  - Planejar e realizar manutenções preventivas (e preditivas).
  - Identificar a necessidade de manutenções corretivas (ronda).
  - Receber pedidos e realizar manutenções corretivas.
- Estrutura típica:
  - Gestão: engenheiro ou arquiteto.
- Apoio administrativo:
  - Atribuição: controle e valorização das ordens de serviço; controle das escalas normais, plantões e prontidão; recebimento de chamadas e controle do fornecimento de informações.

- ❏ Estrutura: administrador ou administrador hospitalar; auxiliar(es) administrativo(s).
- ■ Elétrica e controles automatizados:
  - ❏ Atribuição: manutenção dos sistemas elétricos e de automação e parte elétrica e controles de grandes equipamentos.
  - ❏ Estrutura: engenheiro (eletrotécnico, eletrônico ou de automação); técnico(s) especializado(s).
- ■ Mecânica e hidráulica:
  - ❏ Atribuição: manutenção dos sistemas hidráulicos, relacionados a tabulações em geral e parte mecânica e hidráulica de grandes equipamentos.
  - ❏ Estrutura: engenheiro (hidráulico ou mecânico); técnico(s) especializado(s).
- ■ Civil e demais especialidades:
  - ❏ Atribuição: manutenção da estrutura física do edifício, mobiliário e outros componentes da infratestrutura hospitalar.
  - ❏ Estrutura: arquiteto ou engenheiro; técnico(s) especializado(s).
- ■ Ferramentas de gestão básicas:
  - ❏ Sistema para controle de manutenção predial e de equipamentos.
- ■ Estatísticas:
  - ❏ Volume de manutenções, estratificado por equipamentos, áreas hospitalares e tipos de serviços.
  - ❏ Índice de indisponibilidade, estratificado por equipamentos, áreas hospitalares e tipos de serviços.
  - ❏ Relatório de consumo de insumos.
- ■ Relatórios de produção:
  - ❏ Número de funcionários por volume de manutenção, estratificado por tipo de equipamento, área hospitalar e tipos de serviços.
- ■ Sistema para gestão do ciclo de vida dos contratos.

Terceirização (melhores práticas do mercado brasileiro)

É comum a prática de terceirização dos serviços de manutenção hospitalar por causa da grande diversidade de especialização necessária, incompatível com o custo de manter estruturas próprias.

Para manter a qualidade e o tempo de resposta exigidos pela atividade hospitalar – o que geralmente só se conseguiria com equipe interna comprometida com a instituição – e, ao mesmo tempo, agregando conhecimento técnico adequado – o que exigiria grandes equipes internas –, os projetos de terceirização costumam se adequar à estrutura de hierarquização dos chamados.

Equipe de primeiro nível (estrutura de recebimento e controle dos chamados):

- Geralmente executado pela equipe interna do hospital de baixa especialização:
  - Recebe e registra o chamado.
  - Identifica se pode dar o suporte imediato (casos de baixa complexidade e rotina): se puder, presta o serviço (geralmente dando instruções); se não puder, identifica qual a especialidade necessária).
- Escala para o segundo nível em regime de rotina ou de urgência, na maioria dos casos, de acordo com as instruções gerais de atendimento de chamados.
- Escala para o terceiro nível em regime de rotina ou de urgência, de acordo com as instruções gerais de atendimento de chamados:
  - Identifica quando o serviço foi executado e dá baixa no registro.

Equipe de segundo nível:

- Geralmente:
  - Controlado pela equipe interna do hospital de alta especialização.
  - Realizado por equipes terceirizadas que mantêm plantão permanente no hospital.
- Recebe o encaminhamento do chamado.
- Identifica se tem competência técnica e operacional para atender a necessidade:
  - Se tiver, presta o serviço.
  - Se não tiver, encaminha o serviço para execução pelo terceiro nível.

Equipe de terceiro nível, geralmente terceirizada:

- Recebe o encaminhamento do chamado e executa-o.

TECNOLOGIA
Tecnologia e saúde

Historicamente, a inovação tecnológica tem ocorrido relacionada principalmente a três atividades:

- Guerra (equipamentos e armamentos).
- Finanças (tecnologia bancária).
- Saúde.

Por se localizar no centro do sistema de saúde, o hospital absorve alto nível de inovação tecnológica, que acaba sendo adaptada para utilização em outros segmentos de mercado. Por exemplo: raios X são utilizados em sistemas de segurança de aeroportos; o tratamento de imagens digitais é utilizado atualmente em larga escala em projetos gráficos e entretenimento.

Pelo nível de integração dos sistemas de informação hospitalares com a tecnologia presente e disponível nas centenas de equipamentos utilizados é que se classifica o hospital como "de ponta" ou não.

Tecnologia hospitalar é o conjunto de equipamentos técnicos e a estrutura de recursos humanos necessária para manter a adequada integração entre eles.

Organização da tecnologia hospitalar (TI do hospital)

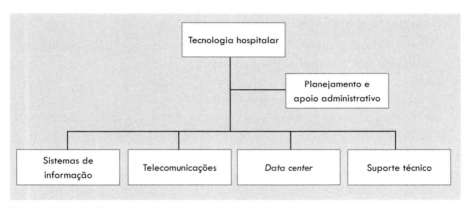

Figura 3.16 – Organização da tecnologia hospitalar.

É comum estruturar a tecnologia hospitalar em cinco áreas organizacionais:

- Planejamento e apoio administrativo.
- Sistemas de informação.
- Telecomunicações.
- *Data center*.
- Suporte técnico.

Essas áreas têm um alto grau de interdependência. Um cliente (usuário de sistema), ao utilizar um aplicativo, geralmente está fazendo uso de produto de três áreas (sistemas, telecomunicações e *data center*). Em caso de problema ou necessidade, utilizará os recursos das outras duas áreas.

Também existe forte dependência da tecnologia hospitalar em relação à engenharia hospitalar, uma vez que os recursos de telecomunicações fazem parte da infraestrutura geral do hospital, o *data center* costuma ter como requisitos energia elétrica e temperatura diferenciadas, e os equipamentos presentes em todo o ambiente hospitalar necessitam de recursos de energia estáveis e climatização adequada. Particularmente em relação à engenharia clínica, também há dependência no que concerne à integração dos equipamentos médicos aos sistemas de informação corporativos; captura, armazenamento e distribuição de imagens.

Áreas (departamentos) da tecnologia hospitalar (melhores práticas do mercado brasileiro)
Planejamento e apoio administrativo

- Missão: alinhar as atividades das áreas de tecnologia hospitalar aos objetivos institucionais e ao orçamento corporativo.
- Atribuições:
  - Definir projetos que integram diferentes áreas.
  - Organizar projetos de acordo com a urgência e a adequação ao orçamento.
  - Analisar evolução de consumo de insumos e propor ajustes.
  - Analisar a obsolescência e ineficiência de equipamentos e sistemas, e propor ajustes.
  - Analisar benefícios na utilização de inovações de mercado (sistemas e equipamentos) e propor ajustes no ambiente.
  - Tabular, analisar e apresentar estatísticas de utilização do ambiente de tecnologia e propor ajustes.
  - Gerenciar contratos: fornecedores de sistemas; fornecedores de serviços de desenvolvimento de sistemas; fornecedores de equipamentos e periféricos; fornecedores de serviços de conectividade; fornecedores de serviços de manutenção de equipamentos; fornecedores de serviços de suporte técnico; fornecedores de serviços relacionados à segurança da informação.
- Estrutura típica:
  - CIO (*chief information officer*).
  - Auxiliar(es) administrativo(s).
  - Empresas especializadas em projetos.
- Ferramentas de gestão básicas:

- Sistema para controle de orçamento.
- Sistema para gestão do ciclo de vida dos contratos.

Sistemas de informação

- Missão: munir os clientes (usuários) com sistemas de informação adequados à necessidade e aos objetivos insitucionais.
- Atribuições:
  - Mapear, desenhar e redesenhar processos.
  - Identificar no mercado (prospectar) sistemas adequados às necessidades.
  - Desenvolver aplicativos específicos e integração entre sistemas distintos.
  - Planejar e implantar sistemas.
  - Avaliar a necessidade de ajustes (customizações).
  - Treinar e manter treinados os clientes (usuários de sistemas).
  - Gestão dos contratos com fornecedores de sistemas e desenvolvimento de aplicativos.
- Estrutura típica:
  - Coordenador(es) de sistemas de informação.
  - Analista(s) de sistemas com especialização em Cobit®.
  - Programador(es).
  - Empresas especializadas em desenvolvimento de sistemas.
  - Fornecedores de sistemas.
- Ferramentas de gestão básicas:
  - Aplicativo para modelagem de dados e processos.
  - Aplicativo para documentação de sistemas, prototipação de aplicativos e bases de dados.
  - Linguagens de programação.
  - Estatísticas: volume de utilização de aplicativos, estratificado por área de utilização; índice de indisponibilidade e erros, estratificado por aplicativos e áreas de utilização.
  - Relatórios de produção: número de pontos de função produzido, estratificado por desenvolvedor; número de treinamentos, estratificados por funcionário e área de utilização.

Telecomunicações (telecom)

- Missão: viabilizar a comunicação automática e adequada entre pessoas e aplicativos de interesse do hospital.
- Atribuições:
  - Identificar necessidades de conexões e conectividade.

196 Administração hospitalar no Brasil

- ❏ Identificar no mercado (prospectar) sistemas adequados às necessidades.
- ❏ Planejar a topologia, dimensionar e implantar, em conjunto com a engenharia hospitalar, a rede física de comunicação de dados e voz.
- ❏ Dar manutenção física nos equipamentos e lógica como um todo na rede de dados e voz.
- ❏ Avaliar a necessidade de ajustes (customizações).
- ❏ Treinar e manter treinados os clientes (usuários de recursos de telecom).
- ■ Estrutura típica:
  - ❏ Coordenador(es) de telecomunicações.
  - ❏ Analista(s) de redes com especialização em Cobit® e Itil®.
  - ❏ Empresas especializadas em equipamentos, sistemas e serviços de telecomunicações.
- ■ Ferramentas de gestão básicas:
  - ❏ Aplicativo para gerenciamento de tráfego e administração remota de equipamentos de rede.
  - ❏ Aplicativo para documentação de ambiente.
  - ❏ Estatísticas: volume de utilização de recursos de rede, estratificado por área e sistema de utilização; índice de indisponibilidade e erros, estratificado por tipos de recursos de rede, área e sistema de utilização.

Data center

- ■ Missão: compartilhar recursos e rotinas de segurança.
- ■ Atribuições:
  - ❏ Administrar servidores: equipamentos físicos; sistemas operacionais; sistemas gerenciadores de banco de dados; sistemas aplicativos e uso corporativo.
  - ❏ Executar rotinas de segurança: realizar *backup* e disponibilizar *recover*; planejar e aplicar atualizações de aplicativos de segurança; monitorar ataques e reportar incidentes de segurança; testar rotas e recursos de contingência.
  - ❏ Executar procedimentos de contingência e dar solução alternativa em situações de crises, incidentes e estresse.
- ■ Estrutura típica:
  - ❏ Administrador de dados (DA) ou administrador de banco de dados (DBA).
  - ❏ Técnico(s) com especialização em Cobit® e Itil®.
  - ❏ Empresas especializadas em serviços do tipo *data center*.
- ■ Ferramentas de gestão básicas:
  - ❏ Aplicativo para documentação de ambiente.

❑ Estatísticas fornecidas pelos próprios aplicativos instalados nos servidores.

Suporte técnico

■ Missão: maximizar o uso de recursos do ambiente por parte dos clientes (usuários).
■ Atribuições:
❑ Esclarecer dúvidas.
❑ Resolver problemas do ambiente.
❑ Fornecer informações excepcionais.
❑ Registrar os chamados e ações e fornecer estatísticas.
❑ Manutenção em equipamentos.
❑ Gestão dos contratos de serviços de manutenção e suporte técnico do ambiente.
■ Estrutura típica:
❑ Coordenador(es) de suporte técnico.
❑ Analista(s) de suporte técnico especializados em Itil®.
❑ Empresas especializadas em serviços de suporte técnico de ambiente.
■ Ferramentas de gestão básicas:
❑ Sistema de controle de chamados.
❑ Aplicativo para documentação de ambiente.
❑ Estatísticas: índice de indisponibilidade e erros, estratificado por tipos de recursos de ambiente, área e sistema de utilização.

Terceirização (melhores práticas do mercado brasileiro)

É comum a prática de terceirização em tecnologia hospitalar, por causa da grande diversidade de especialização necessária, incompatível com o custo de manter estruturas próprias.

Sistemas

São raros os hospitais que ainda mantêm sistemas próprios, pois a oferta de mercado é grande, e o custo de aquisição e implantação é baixo, enquanto o custo de desenvolvimento e manutenção próprio é alto para conseguir se manter em padrão tecnológico adequado.

Data center

Os hospitais mesclam parte dos servidores em *data center* próprio e parte em empresas especializadas. Atualmente, não existe razão tecnológica para manter servidores internos. Alguns servidores ainda ficam nos *data centers* próprios pelo

Administração hospitalar no Brasil

engano de pensar que o hospital pode ficar dependente da empresa terceirizada, conceito que já foi abandonado por operações tão críticas quanto a hospitalar, mas que ainda não foi absorvido pelos administradores hospitalares.

Telecomunicações

Geralmente, mantém-se apenas a administração da área como equipe própria, terceirizando-se totalmente o restante da estrutura.

Suporte técnico

Utiliza o mesmo conceito da engenharia hospitalar, terceirizando-se de forma adequada à estrutura de hierarquização dos chamados.
Equipe de primeiro nível (estrutura de recebimento e controle dos chamados):

- Geralmente executado pela equipe interna do hospital de baixa especialização:
  - Recebe e registra o chamado.
  - Identifica se pode dar o suporte imediato (casos de baixa complexidade e rotina): se puder, presta o serviço (geralmente dando instruções); se não puder, identifica qual é a especialidade necessária).
- Escala para o segundo nível em regime de rotina ou de urgência, na maioria dos casos, de acordo com as instruções gerais de atendimento de chamados.
- Escala para o terceiro nível em regime de rotina ou de urgência, de acordo com as instruções gerais de atendimento de chamados:
  - Identifica quando o serviço foi executado e dá baixa no registro.
- Geralmente é resolvido no primeiro nível:
  - Manutenção nas estações de trabalho e periféricos (impressora, escâner etc.).
  - Manobras físicas em equipamentos de rede.
  - Instruções de utilização dos aplicativos mais usuais (HIS, RIS, LIS, PACS, MS Office®).
  - Criação e manutenção de *logins*, senhas e permissões e acesso aos aplicativos.

Equipe de segundo nível:

- Geralmente:
  - Controlado pela equipe interna do hospital de alta especialização.
  - O atendimento é realizado por equipes terceirizadas que mantêm plantão permanente no hospital.

- Recebe o encaminhamento do chamado.
- Identifica se tem competência técnica e operacional para atender a necessidade:
  - Se tiver, presta o serviço.
  - Se não tiver, encaminha o serviço para execução pelo terceiro nível.
- Geralmente são resolvidos no segundo nível:
  - Ajustes de parâmetros em sistemas.
  - Pequenos ajustes em formulários.
  - Reconfiguração de parâmetros de sistema operacional, gerenciador de banco de dados e sistema de controle de acesso.
  - Troca de equipamentos e periféricos.

Equipe de terceiro nível, geralmente terceirizada:

- Recebe o encaminhamento do chamado e executa-o.
- Geralmente são resolvidos no terceiro nível:
  - Erros em sistemas.
  - Atualização de versões de sistemas.
  - Alterações de sistemas (customizações).

HOTELARIA

Conjunto de áreas que viabilizam a estada do cliente (paciente) no hospital. Além do aspecto técnico da maioria das atividades, a hotelaria tem o aspecto subjetivo de passar ao cliente a imagem de tecnologia, acolhimento e solidez da instituição. Independentemente do sabor e cuidados com a higiene da comida, por exemplo, um cliente pode não retornar ao restaurante se não receber atendimento cortês, se houver aparente dano à instalação física, ou qualquer outro inconveniente que, embora não tenha a ver com o produto (comida), não o deixa confortável. Nos hospitais, ocorre o mesmo: algo que nada tenha a ver com o atendimento assistencial, que pode ser de excelência, é extremamente danoso para o relacionamento com o cliente, a ponto deste preferir ser tratado em outro hospital.

Central de agendamento (*call center*)

Dependendo do volume de serviço e do custo, a central de agendamento pode ser desmembrada em diversas centrais especializadas (exames, ambulatório etc.), estar unificada com a central de informações ou ter parte de sua atividade terceirizada em *call center* especializado.

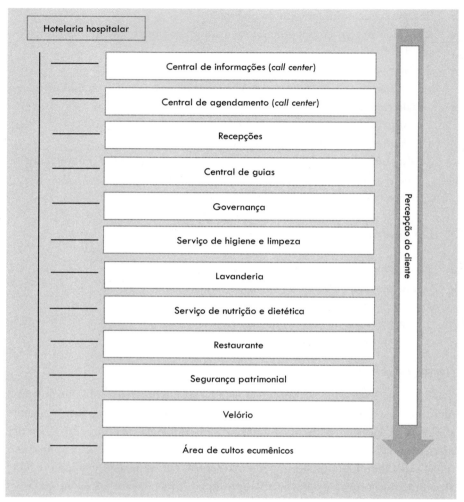

Figura 3.17 — Áreas da hotelaria hospitalar.

- Missão: simplificar o contato dos clientes e maximizar a utilização dos recursos.
- Atribuições:
    - Controlar o agendamento de salas (cirurgias, consultórios etc.).
    - Controlar o agendamento de equipamentos (exames, sessões de tratamento etc.).
    - Controlar o agendamento de internações.
    - Controlar o agendamento de profissionais (médicos, fisioterapeutas etc.).

- Estrutura típica:
  - ❑ Coordenador(es) de atendimento.
  - ❑ Operadores de *telemarketing*.
- Configuração típica:
  - ❑ Área física: mesa dos operadores (boxes); área de supervisão com controle visual dos sistema e das ligações e dos boxes; sala de recreação (descanso) para operadores; sala de insumos e equipamentos sobressalentes; sala de equipamentos de telecomunicações.
  - ❑ Configuração típica do box: computador, telefone; sistema integrado de telefonia e atendimento (*call center*), com registro de chamadas de conversação; sistema para agendamento integrado com o sistema de gestão hospitalar.
- Ferramentas de gestão básicas:
  - ❑ Controle de produtividade: número de chamados por operador, estratificado por tipo de serviço agendado; tempo médio de chamada, estratificado por tipo de serviço agendado; controle de absenteísmo.
  - ❑ Estatísticas: volume e tempo médio de chamadas em espera; volume de chamadas perdidas, estratificadas por horário; volume de chamados, estratificado por tipo de serviço agendado, idioma, horário e operador.

Central de informações (*call center*)

Dependendo do volume de serviço e do custo, a central de informações pode estar unificada com a central de agendamento ou ter parte de sua atividade terceirizada em *call center* especializado.

- Missão: simplificar o contato dos clientes e evitar que as centrais de agendamento, recepções e outras unidades assistenciais e administrativas percam tempo fornecendo informações.
- Atribuições:
  - ❑ Fornecer informações sobre localização das unidades.
  - ❑ Fornecer informações de utilidade pública, principalmente a respeito de campanhas.
  - ❑ Fornecer informações gerais, de acordo com instruções das áreas específicas.
  - ❑ Fornecer informações sobre serviços disponíveis no hospital e nos arredores, de interesse dos pacientes e acompanhantes.
- Estrutura típica:
  - ❑ Coordenador(es) de atendimento.

- Voluntários.
- Auxiliar(es) administrativo(s).
- Operadores de *telemarketing*.
- Configuração típica:
  - Áreas físicas: *call center*, nos casos em que o volume justifique; mesas dos operadores (boxes); área de supervisão com controle visual do sistema e das ligações dos boxes; sala de recreação (descanso) para operadores; sala de insumos e equipamentos sobressalentes; sala de equipamentos de telecomunicações; pontos de atendimento (balcão de informações).
- Configuração típica do box do *call center*:
  - Computador.
  - Telefone.
  - Sistema integrado de telefonia e atendimento (*call center*), com registro de chamadas e conversação.
  - Sistema para agendamento integrado com o sistema de gestão hospitalar.
- Configuração típica do balcão de atendimento:
  - Computador.
  - Telefone.
  - Acesso ao sistema de atendimento de pacientes.
- Ferramentas de gestão básicas:
  - Controle de produtividade: número de chamados por operador, estratificado por tipo de serviço agendado; tempo médio de chamada, estratificado por tipo de serviço agendado; controle de absenteísmo.
  - Estatísticas: volume e tempo médio de chamadas em espera; volume de chamadas perdidas, estratificada por horário; volume de chamados, estratificado por tipo de serviço agendado, idioma, horário e operador.

Central de guias

- Missão: garantir que os atendimentos particulares, SUS e convênios estejam adequadamente caucionados.
- Atribuições:
  - Formalizar guias SUS e TISS.
  - Obter autorizações e senhas junto às operadoras: eletivas para internação, ambulatório e SADT; de emergência para atendimento no pronto-socorro; complementares para procedimentos, exames e insumos.
  - Controlar a necessidade de caucionar e saldar contas de pacientes particulares.
- Estrutura típica:

- ❏ Administrador hospitalar (coordenador de autorizações).
- ❏ Auxiliar(es) administrativo(s).
- Ferramentas de gestão básicas:
  - ❏ Sistema para controle de requisitos e guias para atendimento.
  - ❏ Sistema para controle de saldos de contas.
  - ❏ Estatísticas: volume de tarefas por funcionário, estratificado por tipo de atendimento e tipo de guia; volume de negativas, estratificado por tipo de atendimento, procedimento, exame, insumos e operadora.
- Fator de sucesso da área:
  - ❏ Habilidade de trabalhar de forma integrada com áreas administrativas e assistenciais que viabilizam sua missão, obtendo guias e documentos na rotina do atendimento, principalmente recepções de internação, ambulatório, pronto-socorro, SADT e áreas assistenciais, centro cirúrgico e caixa.

Governança

- Missão: proporcionar o máximo de conforto aos clientes durante sua estada no hospital, por meio de um padrão integrado de atendimento.
- Atribuições:
  - ❏ Avaliar utilização das áreas comuns e definir ajustes de adequação em conjunto com as áreas responsáveis.
  - ❏ Definir e aferir o cumprimento do padrão de preparação e manutenção dos quartos.
  - ❏ Avaliar a satisfação dos pacientes e acompanhantes em relação aos serviços de alimentação, higiene e lavanderia e desenvolver ajustes em conjunto com as áreas responsáveis.
  - ❏ Identificar os produtos de hotelaria oferecidos pela concorrência, avaliar a viabilidade de implantação no hospital em relação ao público-alvo e orçamento, e propor a implantação junto à área responsável.
  - ❏ Desenvolver inovações de atendimento (produtos de encantamento) para diferenciar o hospital em relação ao mercado.
  - ❏ Avaliar a apresentação e postura técnica dos colaboradores, comunicar não conformidades e propor ajustes junto às áreas responsáveis. Definir projetos que integram diferentes áreas.
- Estrutura típica:
  - ❏ Bacharel em hotelaria.
  - ❏ Auxiliar(es) administrativo(s).
- Ferramentas de gestão básicas:

204 Administração hospitalar no Brasil

- ❑ Sistema para registro de manifestações de clientes (CRM).
- ❑ Análise dos registros das áreas de relacionamento (ouvidoria, *call center*, central de informações etc.).
- ❑ É comum espalhar pelas áreas hospitalares equipamentos para captar o grau de satisfação dos clientes sem que haja intervenção dos colaboradores do próprio hospital.
- ■ Fator de sucesso da área:
  - ❑ Trabalhar de forma integrada com todas as demais áreas hospitalares, com habilidade para não tornar sua atividade o centro de conflitos organizacionais, expor adequadamente os objetivos da área e de cada projeto; respeitar a hierarquia e as dificuldades operacionais das áreas, compreender as particularidades organizacionais e culturais da instituição, manter os pontos positivos da identidade do hospital em relação ao mercado.

Recepção

- ■ Missão: recepcionar adequadamente cada tipo de cliente.
- ■ Atribuições:
  - ❑ Recepcionar adequadamente o paciente e acompanhantes cumprindo e fazendo cumprir filas e agendamentos, sem privilegiar nem prejudicar pessoas. Empregar atendimento cortês e respeitoso.
  - ❑ Registrar corretamente o tipo de atendimento: obter informações e documentos necessários ao atendimento; zelar pela unicidade do cadastro; emitir guias e termos; controlar o recebimento de dinheiro e cheque diretamente ou junto ao caixa.
- ■ Configuração típica:
  - ❑ Pelo menos quatro recepções distintas, destinadas ao atendimento de pacientes do tipo internação e controle de visitas aos pacientes internados; atendimento de pacientes do tipo urgência; atendimento de pacientes ambulatoriais; atendimento de pacientes do tipo SADT.
- ■ Configuração típica de cada recepção:
  - ❑ Balcão de informações.
  - ❑ Boxes de atendimento.
  - ❑ Boxes de caixa.
- ■ As recepções ambulatoriais e de SADT costumam ser providas de uma antessala para controle de senhas e chamados, quando o volume de atendimento é elevado.
- ■ As recepções de pronto-socorro costumam ser providas de uma área de triagem para:

- Controle de senhas, quando o volume de atendimento é elevado.
- Identificar se o atendimento efetivamente deve ser feito em pronto--socorro ou se trata-se de atendimento ambulatorial não coberto pela operadora.
- Configuração típica do box:
  - Computador.
  - Escâner/copiadora.
  - Impressora.
  - Telefone.
  - Leitoras de cartões: para pagamento (cartões de débito ou crédito); para validação de autorizações (operadoras).
- Estrutura típica:
  - Administrador hospitalar ou bacharel em hotelaria (chefe de recepção).
  - Recepcionistas (líder e convencionais).
  - Mensageiro(s).
  - Acompanhantes para conduzir os pacientes à área assistencial (é comum utilizar voluntários para essa função em hospitais).
- Ferramentas de gestão básicas:
  - Sistema de gestão hospitalar.
  - Controle de produtividade: número de atendimentos por recepcionista, estratificado por tipo de atendimento, horário e fonte pagadora; erros de registro, estratificados por tipo de atendimento, horário e fonte pagadora.

Lavanderia

- Missão: controlar e manter higienizado o enxoval.
- Atribuições:
  - Definir, dimensionar e manter em quantidade adequada o enxoval para: leitos hospitalares e demais áreas assistenciais; pacientes; profissionais assistenciais; funcionários (uniformes).
  - Higienizar e manter o padrão de higiene e arrumação do enxoval.
  - Opcionalmente, fornecer serviços de lavanderia aos acompanhantes.
- Estrutura típica:
  - Administrador hospitalar ou hoteleiro.
  - Auxiliares de lavanderia.
  - Auxiliar(es) administrativo(s).
  - Empresa especializada em lavanderia.

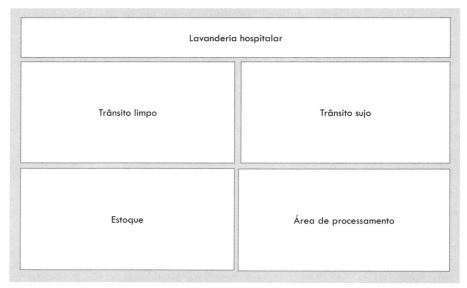

Figura 3.18 – Configuração típica da lavanderia.

- Configuração típica:
  - Conforme esquema: área de trânsito limpo (administração da unidade, recebimento de material limpo e insumos, expedição de material limpo); estoque (armazenamento do enxoval); área de trânsito sujo (recebimento de material utilizado); área de processamento (triagem – separação do enxoval dos corpos estranhos, geralmente, instrumental e perfurocortantes –, lavagem – local das máquinas de lavar – e preparação – inspeção, conserto e máquinas de passar e embalar).
- Ferramentas de gestão básicas:
  - Sistema de controle de enxoval e uniformes.
  - Estatísticas: volume de produção (lavagem, descarte, conserto), estratificado por tipo de peça, unidade de utilização e funcionários.
- Terceirização:
  - É comum a terceirização da lavanderia hospitalar, em diversos tipos de modalidades: total, sendo as peças enviadas para lavanderia externa; total, ficando os equipamentos no hospital (próprios ou terceirizados) e toda a estrutura controlada por terceiros; parcial, sendo parte dos serviços executada dentro do hospital e parte fora (nesse caso, a equipe interna pode ser própria do hospital ou terceirizada).

❏ As práticas de mercado se adaptam à oferta de serviços com qualidade e preços compatíveis para a região em que o hospital se localiza. Nos grandes centros metropolitanos, verifica-se maior índice de terceirização.
■ Em qualquer situação, terceirizando ou não, a lavanderia ocupa um dos principais papéis, tanto em relação aos aspectos de hotelaria (subjetivos), como em relação ao controle de infecção hospitalar (aspecto objetivo).

Serviço de nutrição e dietética (SND)

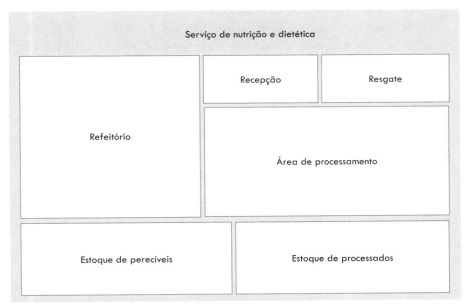

Figura 3.19 – Configuração típica do SND.

■ Missão: fornecer alimentação adequada ao paciente.
■ Atribuições:
  ❏ Fornecer alimentação adequada: ao paciente, de acordo com a dieta prescrita; ao acompanhante, nos casos previstos pela legislação e contratos com operadoras; aos funcionários do hospital.
  ❏ Evitar riscos de contaminação.
■ Estrutura típica:
  ❏ Nutrólogo (nutricionista).
  ❏ Cozinheiros.
  ❏ Auxiliares de cozinha.

Administração hospitalar no Brasil

- ❏ Auxiliar(es) administrativo(s).
- ❏ Empresa especializada em alimentação.
- ■ Configuração típica:
  - ❏ Recepção: administração da unidade; recebimento de material limpo e insumos; expedição de material limpo.
  - ❏ Estoque de perecíveis: estoque de gêneros alimentícios que necessitam de climatização; também utilizada para estocar gêneros e insumos que serão utilizados nos próximos processamentos.
  - ❏ Estoque de processados: geralmente acondicionados em geladeiras, *freezers* e nos próprios carros de dispensa.
  - ❏ Resgate: recebimento de material utilizado.
  - ❏ Área de processamento: local de preparação das refeições (higienização e preparação dos gêneros e cozinha).
  - ❏ Refeitório: local em que as refeições são servidas aos funcionários e demais colaboradores (restaurante dos funcionários).
- ■ É comum haver sala para término da dispensação nas próprias unidades de internação, dependendo da logística de preparação e distribuição utilizada pelo hospital.
- ■ Ferramentas de gestão básicas:
  - ❏ Sistema de controle de restaurante.
  - ❏ Estatísticas: volume de refeições produzidas, estratificado por tipo, unidade de utilização e funcionários.
- ■ Terceirização:
  - ❏ É comum a terceirização da nutrição, em diversos tipos de modalidades: parcial (apenas as dietas especiais – enterais e/ou parenterais –; total, ficando os equipamentos próprios ou terceirizados no hospital e toda a estrutura é controlada por terceiros; parcial, sendo parte dos serviços executada dentro do hospital e parte fora – nesses casos, a equipe interna pode ser própria do hospital ou terceirizada).
- ■ Uma particularidade do serviço de nutrição é que também funciona como centro de receita, uma vez que as refeições para acompanhantes geralmente são cobradas à parte das taxas de diárias:
  - ❏ É uma receita importante na compensação do custo fixo da unidade.
  - ❏ Os acompanhantes preferem se alimentar junto do paciente, e com o mesmo tipo de alimentação.

Serviço de higiene e limpeza

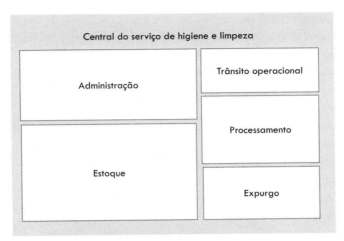

Figura 3.20 – Configuração típica da central do serviço de higiene e limpeza.

- Missão: manter a higiene do hospital dentro dos padrões técnicos e de qualidade necessários.
- Atribuições:
  - Higienizar todas as áreas hospitalares.
- Estrutura típica:
  - Administrador hospitalar.
  - Auxiliares de limpeza.
  - Auxiliar(es) administrativo(s).
  - Empresa especializada em alimentação.
- Configuração típica:
  - Administração: controle da rotina e do recebimento de ordens de serviço avulsas; controle da escala e dos padrões.
  - Estoque: equipamentos, enxoval, insumos.
  - Trânsito operacional: entrada e saída de equipes e resgate de material sujo.
  - Processamento: preparação dos carros, manipulação dos insumos.
  - Expurgo: acondicionamento adequado para destinação do lixo.
  - É comum haver salas de manobra em todas as unidades de atendimento hospitalar, evitando o fluxo intenso de materiais e lixo durante todo o dia. Chamados de depósito de material de limpeza (DML), estocam

pequenas quantidades de insumos e abrigam o lixo até a rotina de recolhimento.
- O serviço geralmente é organizado em:
  - Equipes fixas, que ficam em unidades em que a especialização e a prontidão são máximas. Exemplo: centro cirúrgico e UTI.
  - Equipes semifixas, que atendem somente unidades de internação; embora não fiquem fixas nas próprias alas, só servem a esse tipo de unidade.
  - Equipes genéricas, que atendem as demais áreas hospitalares.
- Ferramentas de gestão básicas:
  - Sistema de controle de leitos, para aferição das altas e transferências.
  - Sistema de controle de limpeza.
  - Estatísticas: volume de intervenções, estratificado por tipo, unidade de utilização e funcionários.
- Terceirização:
  - É comum a terceirização das equipes genéricas: os hospitais costumam manter equipes especializadas próprias.

Segurança patrimonial

Figura 3.21 – Configuração típica da central de segurança hospitalar.

- Missão: zelar pela integridade física das pessoas e do patrimônio hospitalar.
- Atribuições:
  - Impedir acesso às áreas hospitalares por pessoas não autorizadas.
  - Monitorar atos suspeitos contra pessoas e instalações.
  - Impedir atos inadequados contra pessoas e instalações.
  - Acionar autoridades de segurança em momentos de crise (polícia, bombeiros etc.).

- Estrutura típica:
  - Administrador hospitalar.
  - Agentes de segurança.
  - Empresas especializadas em serviços de segurança.
- Configuração típica:
  - Administração: controle da rotina de escalas, rotina, ronda e ordens de serviço avulsas;
  - Central de monitoração: local dos sistemas de captura de imagem das câmeras e sinais de risco e pânico.
  - Claviário: arquivo de cópias de chaves das portas de todas as áreas hospitalares.
- Ferramentas de gestão básicas:
  - Sistema de monitoração do tipo circuito interno de vídeo.
  - Sistema de monitoração de fumaça, calor e outros fatores de risco.
  - Sistema de acesso com barreiras de identificação.
  - Estatísticas: volume de eventos por área hospitalar e tipo de evento.

Áreas de conveniência

- Missão: fornecer serviços básicos e de entretenimento aos clientes (pacientes, acompanhantes, visitantes e frequentadores em geral do hospital).
- Estrutura típica:
  - Restaurantes e lanchonetes.
  - *Business center* (sala com recursos de informática).
  - Biblioteca.
  - Lojas de conveniência.
- Fatores de sucesso:
  - Prover serviços que satisfaçam as necessidades dos clientes ao mesmo tempo em que não interfiram no ambiente calmo e discreto inerente à atividade hospitalar.
  - Captar recursos que sejam suficientes para cobrir os custos das próprias áreas de conveniência e áreas comuns diretamente associadas.

Velório

- Estrutura típica:
  - Área de preparo e perícia dos corpos.
  - Salas individuais.
  - Área de conveniência e transferência externa (saída do cortejo).
  - Administração e local dos registros e providências legais.

Figura 3.22 – Configuração típica do velório.

Área de cultos ecumênicos (capela)

- Estrutura típica:
  - Nos hospitais com vocação religiosa, é comum e aceitável que exista apenas sala para culto da própria vocação religiosa; por exemplo: em um hospital cuja entidade mantenedora é relacionada à Igreja Católica, é aceitável existir apenas uma capela católica.
  - Nos hospitais que não têm vocação religiosa, é comum haver uma sala para cultos ecumênicos.
  - A ornamentação do local é feita pelas próprias pessoas que reservam a sala para o culto.

EQUIPES ASSISTENCIAIS
Assistência multidisciplinar

A atenção assistencial exige a interação de diversas especializações de atenção à saúde.

O hospital é, por natureza, uma universidade de disciplinas de atenção à saúde. Desde as mais comuns e conhecidas pelo público geral, como a medicina, a odontologia, a enfermagem, a farmácia, a fisioterapia e a nutrição, quanto todas as demais especializações, como psicologia, técnicos em radiologia etc.

No hospital, essas especialidades são organizadas em equipes, com hierarquia convencional dentro da especialidade, mas com hierarquia matricial (cruzada ou transversal) em relação às demais.

Essa particularidade permite que os profissionais assistenciais cumpram sua rotina de trabalho de acordo com as diretrizes da própria especialização, ao mesmo tempo em que possam cumprir as exigências de integração entre disciplinas distintas.

Hospital típico 213

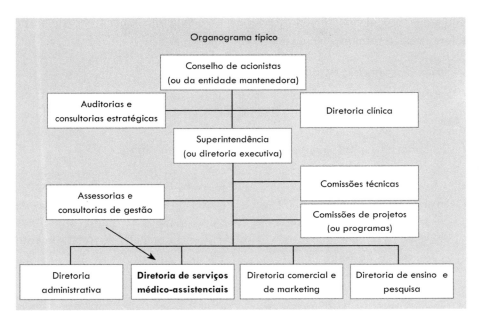

Figura 3.23 — Organização das equipes assistenciais.

O hospital é mais eficiente no resultado assistencial quanto mais as especialidades distintas conseguem interagir de forma harmoniosa. Mesmo o melhor médico do mundo terá o resultado do seu trabalho extremamente prejudicado se o serviço de enfermagem não der suporte adequado. Ainda que a enfermagem trabalhe totalmente baseada em protocolos de atendimento consagrados e seguros, seu trabalho pode ser totalmente prejudicado se a farmácia ou a nutrição não estiverem sincronizadas.

A diretoria de serviços médicos é a responsável pela coordenação das atividades dessas áreas e, principalmente, pela disseminação das necessidades de uma área assistencial em relação às demais sem que haja conotação de conflito – o que se chama de matriz de responsabilidades.

Para a administração hospitalar, é importante conhecer aspectos administrativos e comerciais das disciplinas mais comuns (existentes na maioria dos hospitais) e das disciplinas específicas do seu próprio hospital, se for do tipo especializado.

Médicos e equipes médicas

Por definição, é o profissional autorizado pelo Estado (forma ampla de governo) para exercer a medicina (prevenir, diagnosticar e curar doenças) e necessita ter conhecimento adequado para exercer sua atividade. Qualquer atividade hospitalar precisa ter um médico responsável.

Vínculo dos médicos ao corpo clínico

Corpo clínico é o nome dado à lista de médicos que podem realizar procedimentos no hospital[5]. O estatuto do hospital deve definir o critério de inclusão dos médicos no corpo clínico, referendado pelo diretor clínico. Dependendo da forma como o hospital se posiciona, é enquadrado em um tipo:

- Corpo clínico do tipo fechado: o hospital mantém uma lista de médicos fixa e os procedimentos são executados exclusivamente por eles. São raros os casos em que a lista é alterada. Esse tipo de prática é muito comum nos hospitais públicos, nos quais os médicos são funcionários; relativamente comum nos hospitais de redes próprias de operadoras, nos quais o hospital mantém contrato que fixa o preço do honorário no patamar compatível com o orçamento da própria operadora.
- Corpo clínico do tipo aberto: o hospital constantemente credencia e descredencia médicos, tornando a lista de médicos do corpo clínico volátil. Esse tipo de prática é muito comum nos hospitais em que o honorário médico é livremente negociado entre o médico e o paciente; relativamente comum nos hospitais em que o honorário médico não passa pela conta hospitalar, independentemente de haver tabelamento de preços de honorários ou não.

Vínculo dos médicos com o hospital

Médicos que atuam em regime contínuo no hospital (jornadas fixas semanais) em hospitais públicos são servidores (funcionários públicos). Nos hospitais públicos com porta 2, geralmente existe uma fundação que trata do relacionamento do hospital com as operadoras e viabiliza compras sem licitação etc. Nesses hospitais, os médicos costumam ser funcionários públicos e, ao mesmo tempo, funcionários da fundação. Dessa forma, recebem um salário para trabalhar determinada jornada do governo e outro salário para complementar a jornada da fundação.

Nos hospitais privados, existem três tipos de vínculo:

- Funcionários em regime CLT.

---

5   A lei permite, em situações específicas, que o médico realize procedimentos em qualquer hospital.

- Prestador de serviços: nesse caso, o médico estabelece uma empresa e formaliza um contrato com o hospital. Essa relação é apelidada de PJ (pessoa jurídica).
- Mista: o médico é funcionário, mas estabelece uma empresa e formaliza um contrato que complementa seu salário. Analisando sob o aspecto da CLT, essa relação é ilícita, mas, na prática, é muito comum. Essa relação é apelidada de CLTflex. Por ser uma relação não reconhecida legalmente, não se tem estatística confiável sobre o volume real de profissionais em regime CLTflex no Brasil, mas se comenta que é o vínculo mais dominante da categoria.

Há ainda os médicos que atuam em situações específicas (sem jornada definida, p. ex., cirurgiões):
- Nos hospitais públicos, são servidores (funcionários públicos) e recebem salário fixo para cumprir determinada quantidade de horas no período, independente de haver ou realizar as cirurgias.
- Nos hospitais com porta 2, recebem salário fixo e adicional por cirurgia realizada fora do SUS.
- Nos hospitais privados, ou são PJ e recebem comissão sobre a produção, ou recebem seus honorários diretamente do paciente ou operadora, quando não passam pela conta hospitalar.

Equipes médicas de vínculo direto com o hospital

A organização das equipes médicas difere muito de um hospital para outro, mas algumas delas são comuns à maioria deles.

- Plantonistas do pronto-socorro: médicos que atendem os pacientes no pronto-socorro. Normalmente são clínicos gerais e especialistas nos eventos mais procurados pela população atendida (pediatras, ortopedistas; nos pronto-socorros especializados, profissionais específicos: por exemplo, no pronto-socorro cardiológico, cardiologistas etc.). Geralmente são funcionários, trabalhando sob regime fixo de horário.
- Retaguarda do pronto-socorro: corpo de médicos acionado pelo pronto-socorro quando não existe o especialista específico de plantão. Geralmente, são os próprios médicos que atendem em ambulatório e/ou fazem visitas aos pacientes internados, chamados eventualmente no pronto-socorro. Quando não são funcionários, recebem proporcionalmente à produção e procedimentos realizados no pronto-socorro.
- Intensivistas: médicos plantonistas das UTI e SemiUTI. Geralmente são funcionários, trabalhando sob regime fixo de horário.

- Plantonistas clínicos: médicos que fazem visitas de rotina nas unidades de internação. Geralmente, funcionários, trabalhando sob regime fixo de horário.
- Retaguarda especializada: médicos que internam os pacientes não eletivos, em decorrência de um atendimento no pronto-socorro. Em hospitais, são funcionários trabalhando em regime fixo de horário. Em hospitais privados e públicos com porta 2 em atendimento não SUS, geralmente são médicos do corpo clínico remunerados pelos procedimentos e visitas que realizam. Costumam trabalhar em regime de escala, conciliando as atividades que eventualmente desenvolvem em outros locais, principalmente o consultório.

Atividades complementares

O hospital ainda proporciona e obriga os médicos a participarem de uma grande variedade de atividades. Algumas dessas atividades são remuneradas com complemento salarial, por exemplo:
- Participação na comissão da dor.
- Participação na CCIH.
- Chefia de unidade.

Outras não são remuneradas pelo hospital, mas podem ser fonte de renda para os médicos, como estudos de caso e seminário (simpósios).

Equipes vinculadas indiretamente com o hospital

É comum haver equipes médicas que tenham exclusividade para realizar determinados tipos de procedimentos, mesmo sem que os médicos da equipe tenham vínculo direto com o hospital como funcionários ou prestadores de serviço. Nesse caso, a remuneração não passa pelo hospital, e em algumas situações ocorre até comissionamento da equipe para o hospital em troca da exclusividade.

O caso mais comum é a equipe de médicos anestesistas, mas existem diversas outras situações em que essa prática pode ser benéfica tanto para os médicos como para o hospital, sendo os principais casos:

- Quando o hospital quer vincular o nome de um médico bem conceituado à sua marca.
- É fator facilitador quando o hospital quer ter controle, padrão de qualidade ou segurança em determinado procedimento e restringir a equipe.
- Quando o médico quer vincular o nome do hospital ao seu.
- Quando o médico quer assegurar receita constante.

Ambulatório (consultórios)

Quando o hospital possui ambulatório, os médicos do consultório geralmente determinam a lucratividade geral do hospital. A consulta ambulatorial é a porta de entrada para internações e exames (caso o hospital tenha um centro de diagnóstico). A relação do hospital com os médicos do ambulatório é sensível (crítica) e necessita ser reavaliada constantemente, avaliando algumas questões por vezes antagônicas. A remuneração pela consulta é baixa. O hospital geralmente subsidia (complementa) o valor recebido em troca da receita futura relacionada à internação e aos exames. Se o médico tiver mais facilidade em outro hospital, pode atender o paciente no ambulatório de um hospital, mas levar a produção de maior receita para outro.

Nos hospitais públicos, a remuneração do médico é fixa. São funcionários com carga horária fixa de trabalho. Nos hospitais públicos com porta 2, os atendimentos não SUS comissionam os médicos, complementando seu salário. Nos hospitais privados, geralmente a remuneração é proporcional à produção, com subsídio em boa parte dos casos.

Primeiro desafio da administração junto aos médicos: perfil mais comum do médico (aspecto de negócio)

São raros os médicos que possuem vínculo com uma única empresa (hospital, operadora etc.). O perfil mais usual nos grandes centros urbanos é o do médico que tem um consultório próprio e, só por isso, já se constitui em uma empresa, geralmente com um funcionário que executa funções de recepção e operacionais; e do médico que tem vínculo com o hospital para complementar sua atividade clínica ou cirúrgica.

É comum, principalmente nos grandes centros urbanos, o médico ter uma atividade acadêmica frequente, que lhe permite estar atualizado tecnicamente, e manter relacionamento com outros médicos. Boa parte dos médicos se filiam a alguma associação, cooperativa ou outro tipo de entidade de classe. E também é comum haver vínculo com o médico em uma entidade pública e uma privada, por exemplo: atuar em consultório de hospital público e privado ao mesmo tempo, em jornadas diferentes.

Pelo fato de o relacionamento com os médicos ser um dos principais fatores de sucesso para o resultado do hospital, a administração hospitalar se mantém em constante preocupação em relação ao ponto de equilíbrio: conceder o máximo de benefícios para manter os médicos motivados e gerando resultados para o hospital; manter o custo dos benefícios dentro da margem possível, de modo a manter a lucratividade do hospital.

Segundo desafio da administração junto aos médicos: padronização

Para o hospital, o cenário ideal seria ter todos os médicos atuando de forma padronizada, seguindo protocolos de procedimentos rígidos que permitissem que o hospital pudesse prever, para cada atendimento, o emprego de mão de obra, insumos, salas e equipamentos. Dessa forma, daria melhores condições de trabalho ao médico e, ao mesmo tempo, teria controle adequado dos custos e contingências necessárias.

Essa padronização é praticamente inviável. A variedade de procedimentos realizados por médicos é grande; sempre existe mais de uma alternativa para realizar o mesmo procedimento; o conhecimento médico é dinâmico, surgindo a cada dia recomendações cientificamente comprovadas que podem contrapor a forma como o procedimento sempre foi realizado; e os médicos de um hospital são formados em escolas diferentes, têm nível de formação e experiência na área diferentes e realizam procedimentos de forma diferente, de acordo com os recursos disponíveis em cada hospital.

A administração hospitalar se mantém em constante negociação com o corpo clínico para tentar, no mínimo, padronizar os procedimentos mais comuns (mais frequentes). O fator de sucesso desse desafio é a habilidade de manter um grupo de médicos comprometidos com o resultado do hospital, atuando como facilitadores (ou multiplicadores) junto ao corpo clínico.

Terceiro desafio da administração junto aos médicos: registro

Os registros médicos são fundamentais para o hospital perante a legislação, de acordo com as regras de composição do prontuário do paciente (ou prontuário médico) existem normas e resoluções específicas que o hospital deve cumprir. Os registros só podem ser feitos pelos médicos, mas o hospital é responsabilizado em primeira instância em relação aos registros, ou à ausência deles. Perante a fonte pagadora (SUS, operadora ou o próprio paciente), como suporte para a remuneração em caso de questionamentos e como prova (evidência) da realização do atendimento e procedimentos.

Ainda, é fundamental para seguimento (atendimentos posteriores), permitindo que o próximo médico que venha a atender o paciente no hospital tenha histórico confiável para adotar a conduta mais adequada.

Os principais registros se classificam em:

- Anamnese:
    - Registro das condições e queixa do paciente na admissão.

- Eventual resumo do histórico do paciente e fundamentação para o atendimento.
- Registro do diagnóstico:
  - Hipótese.
  - Diagnóstico principal.
  - Diagnósticos secundários.
- Prescrição:
  - Dieta.
  - Medicamentos.
  - Exames.
  - Procedimentos.
  - Cuidados.
- Evolução:
  - Registro das condições do paciente a cada contato.
  - Descrição dos procedimentos (descrição da cirurgia, descrição do ato clínico etc.).
  - Laudos.
  - Texto explicativo e conclusivo.
  - Imagens e gráficos de apoio.
- Resumo de alta:
  - Condições do paciente na alta.
  - Fundamentação da alta e do tipo de alta.
  - Registro ou certificação do diagnóstico principal.

Enfermagem

Por definição, é a arte de cuidar do ser humano, individualmente, na família ou em comunidade de modo integral e holístico, de forma autônoma ou em equipe, realizando atividades de promoção, proteção, prevenção, reabilitação e recuperação da saúde.

Classe dominante nos hospitais

O corpo de enfermagem é o maior contingente de funcionários de um hospital. Praticamente não existe unidade de atendimento hospitalar que seja desprovida de enfermagem. Essa característica confere à enfermagem alguns atributos da maior importância para a administração hospitalar. Geralmente, é a categoria sindical que define o reajuste salarial, é o grupo de funcionários que representa o maior custo fixo, é o time de colaboradores que deve estar sensibilizado pela necessidade de economizar insumos. Acaba sendo a imagem final do hospital em relação aos pacientes, um corpo de enfermagem que dá atenção técnica adequada e consegue manter um bom relacionamento com os clientes pode compensar aspectos ruins de hotelaria. São os profissionais que passam a maior parte do tempo em contato com os pacientes, e é a área mais acessível para receber manifestações favoráveis e desfavoráveis dos pacientes e acompanhantes.

Vínculo da enfermagem com o hospital

O corpo de enfermagem é composto de funcionários em regime de trabalho fixo, sendo a maior parte do contingente em regime de escala variável:

- Quantidade mensal de horas fixas.
- Horário de trabalho variável, de acordo com a escala, procurando manter o maior número de profissionais nos horários de maior demanda de procedimentos.

É comum, nos grandes centros urbanos, o profissional de enfermagem atuar em mais de um emprego, por exemplo, trabalhar no hospital e em outra empresa (inclusive outro hospital) em horários diferentes; ou trabalhar no hospital e em atividades liberais em horários diferentes, sendo mais comum a atividade de enfermagem particular para doentes crônicos, idosos e portadores de necessidades especiais.

A maioria absoluta do contingente é composta de funcionários. Nos hospitais públicos, os servidores públicos, geralmente concursados; nos hospitais privados, funcionários em regime CLT.

Algumas variações são frequentes:

- Contratação como prestadores de serviço (pessoa jurídica):
  - Para atividades de enfermagem muito específicas, que não exigem a permanência do profissional em jornada fixa – casos eventuais. Por exemplo, assistência no acompanhamento de procedimento eletivo que não se pode definir quando pode ocorrer no hospital.
  - Para atividades sazonais (em tempo determinado). Por exemplo, assistência específica para uma campanha de vacinação ou evento médico com casos práticos que necessitam de maior contingente de enfermagem somente naquele período.
- Contratação como cooperado:
  - O hospital não contrata o funcionário diretamente, contrata os serviços de uma cooperativa que se compromete a manter o número de funcionários definidos em contrato, independente de quais sejam.

Em determinada época, os hospitais adotaram essa prática em grande escala. A frequência tem diminuído em função do histórico das experiências (funcionários com menos comprometimento institucional, dificuldade em manter o padrão de qualidade nos casos de alto *turnover*, ações trabalhistas em virtude dos contratos não adequadamente formalizados entre hospital e cooperativa e entre cooperativa e funcionário).

Organização

Dependendo do porte do hospital, a gestão é executada por uma superintendência, diretoria ou gerência. Nos hospitais públicos, é mais comum a figura da diretoria de enfermagem.

Atribuições:

- O corpo de enfermagem é dividido em equipes, na essência, uma equipe para cada unidade:
  - As grandes unidades e as unidades especializadas costumam ter equipes próprias.
  - Unidades de internação convencionais com mais de 25 leitos (práticas de mercado).
  - UTI e semiUTI.
  - Centro cirúrgico.
  - Serviço de diagnóstico.
  - Ambulatório.
  - Pronto-socorro.
- Em pequenas unidades e unidades não especializadas, é comum a mesma equipe de enfermagem suportar mais de uma unidade:
  - Unidades de internação convencionais até 25 leitos (práticas de mercado).

No período de menor demanda de procedimentos de enfermagem (madrugada):

- As equipes têm configuração reduzida.
- A supervisão da equipe é compartilhada por um número maior de unidades, geralmente (práticas de mercado):
  - Uma única supervisão para cada 100 leitos nas unidades de internação convencionais.
  - Uma única supervisão para unidades especializadas de internação (UTI, semi etc.).
  - Essa prática não se aplica aos pronto-socorros, que mantêm o volume de atendimento na madrugada, sendo a equipe de enfermagem local

sempre dimensionada em função do número de atendimentos, independentemente do horário.

Estrutura típica da equipe:

- Enfermeira(o) supervisor:
  - Responsável técnico da equipe.
  - Responsável pela passagem do plantão para a supervisão do turno seguinte.
  - Define e audita a escala e plano de cuidados dos pacientes.
- Enfermeiras(os):
  - Executam o plano de cuidados dos pacientes e produzem a documentação de acompanhamento (evolução e eventual prescrição).
  - Executam procedimentos de maior complexidade.
  - Supervisionam procedimentos de pequena e média complexidade realizados pelo(s) auxiliar(es).
- Auxiliar(es) de enfermagem:
  - Executam procedimentos de pequena e média complexidade.
  - Produzem registros de controle.
- Auxiliar(es) administrativo(s):
  - Organizam a documentação.
  - Solicitam e recebem insumos.
  - Registram informações nos sistemas administrativos.
  - Executam rotinas administrativas da área.

Rotina da enfermagem

Definição do plano de cuidados:

- O plano de cuidados do paciente é o centro da atividade da enfermagem e considera simultaneamente:
  - Diagnóstico atribuído ao paciente.
  - Tipo de procedimento ou tratamento clínico a que o paciente será (ou está sendo) submetido.
  - Características do paciente: dados demográficos que influenciam diretamente no plano de assistência (sexo, peso, altura e idade); deficiências motoras e psíquicas; características que podem influenciar o plano de assistência (opção religiosa, opção sexual etc.).

Cada combinação desses fatores define um plano de cuidados diferente. Como não se considera o procedimento ou tratamento clínico em si, mas o tipo de procedimento ou tratamento, e na maioria das vezes não se considera o diagnóstico em si, mas o grupo ao qual o diagnóstico do paciente se insere, o volume de padrões é reduzido em relação ao que seria se fosse considerado o menor nível de detalhe. No caso de hospitais especializados, o nível de detalhe desses parâmetros costuma ser maior, mas é compensado pela menor variedade de procedimentos, justamente por ser especializado.

Ao receber o aviso de admissão ou agendamento do paciente, a enfermagem classifica o cuidado de acordo com os parâmetros que definem o plano de cuidados, que é composto basicamente:

- Pela unidade em que o paciente será (ou pode ser) admitido.
- Pelo padrão de assistência necessário:
  - Tipo de monitoração.
  - Eventuais equipamentos especiais (ou fora do padrão da unidade).
  - Previsão de insumos especiais (ou fora do padrão da unidade).
  - Indicadores esperados durante a estada do paciente na unidade.

Execução da prescrição:

- De acordo com a prescrição médica, a enfermagem:
  - Destina necessidades para as áreas atendentes (quando a prescrição não é eletrônica e/ou a destinação não é automática ou sistêmica): medicamentos e materiais para a farmácia; nutrição para o SND; hemocomponentes para o banco de sangue; exames para cada área de diagnóstico; procedimentos para outras equipes multidisciplinares; cuidados e manipulações específicas para a própria enfermagem.
  - Formaliza prescrição complementar da enfermagem, quando aplicável.
  - Executa a prescrição, no que se refere a: ministração de medicamentos e hemocomponentes; ministração de medicamentos e hemocomponentes; coletas, quando aplicável; procedimentos de enfermagem.
  - Afere e monitora a execução dos demais itens prescritos, realizados diretamente pelas outras áreas: exames, procedimentos médicos e multidisciplinares, nutrição etc.

Registros:

- Evolução segundo a enfermagem no prontuário médico:
  - ❏ Descrição das condições gerais do paciente.
  - ❏ Registro de sinais vitais.
  - ❏ Registro dos procedimentos de enfermagem e reação do paciente aos cuidados.
- Registros administrativos:
  - ❏ Registro de consumos para reposição de estoque.
  - ❏ Registros para cobranças.
  - ❏ Registros de intercorrências na ala (eventos anormais ocorridos na unidade).
- Passagem de plantão:
  - ❏ Reunião da equipe que está deixando o turno com a equipe que está assumindo o turno.
  - ❏ Descrição das principais ocorrências e prioridades: procedimentos que não puderam ser realizados, procedimentos em andamento, principais procedimentos do próximo turno.

Principais desafios da gestão de enfermagem em relação ao próprio contingente

Controle de escala:

- São muitos os profissionais de enfermagem que têm atividade extra-hospitalar:
  - ❏ Segunda jornada de trabalho, em alguns casos.
  - ❏ Atividade acadêmica ou cursos necessários à atualização profissional.
  - ❏ Atividades domésticas, uma vez que o maior contingente é feminino, o que impõe obrigações de mãe, que não podem ser adiadas.
- Ao mesmo tempo, existe a necessidade de rodízio da equipe nos horários e datas, principalmente as comemorativas:
  - ❏ Os horários que aparentemente são bons para todos, dependendo da atividade extra-hospitalar de alguns pode ser extremamente prejudicial.
- A coordenação da enfermagem está constantemente preocupada em adequar ao máximo a necessidade do hospital às particularidades dos componentes da equipe.

Controle de absenteísmo:

- Quanto mais a escala de trabalho é variada em datas e horários, maior a probabilidade do colaborador ter dificuldade em cumpri-la.

Hospital típico **225**

- A constante exposição do profissional de enfermagem ao ambiente crítico (centro cirúrgico, UTI etc.) sintomaticamente leva o profissional de enfermagem:
  - ❏ A ter excesso de zelo pela sua própria saúde, o que pode ocasionar ausências acima da média para consultas médicas e exames preventivos.
  - ❏ A se autodeprimir.
- A falta ou atraso de um colaborador prejudica diretamente a atenção ao paciente, uma vez que o colaborador que está no turno não pode se ausentar até ser substituído pelo outro, e o prolongamento de jornada diminui sensivelmente a qualidade da atenção assistencial.
- O controle de absenteísmo da enfermagem, ao contrário da maior parte das outras áreas hospitalares, é observado não só pelo aspecto punitivo, mas como indicador de necessidades de ajustes e reciclagem profissional.

Motivação:

- Sendo a principal categoria do hospital, espera-se que o profissional de enfermagem esteja empenhado em motivar todos os demais colaboradores a atuarem prioritariamente na assistência ao paciente, demonstrando otimismo e moral elevado.
- Lidar com doentes, principalmente pacientes em estado crônico e terminal, pode levar o profissional a se desmotivar, influindo todos os que estão diretamente relacionados a ele: paciente, acompanhantes e colaboradores do hospital.
- As dificuldades de trabalhar em regime de escala, a constante exposição ao óbito e a necessidade de manter atenção máxima e constante durante a jornada de trabalho são fatores que, se não forem bem trabalhados, também podem ser causa de desmotivação.
- A gestão da enfermagem costuma organizar eventos de participação colaborativa para manter a motivação da equipe:
  - ❏ Eventos técnicos em que os colaboradores expõem casos e a solução dada, estimulando a exposição e a interação entre os próprios colaboradores da equipe, sem ingerência direta das chefias.
  - ❏ Eventos sociais para que os colaboradores tenham a oportunidade de trocarem experiências profissionais e particulares que auxiliam pessoas que estão com dificuldade motivacional momentânea a entender como outras pessoas do grupo se superaram em situações semelhantes.

Humanização:

- A enfermagem que atua estritamente no âmbito técnico prejudica o relacionamento do hospital com os demais colaboradores e, sobretudo, com seus clientes.
- Um protocolo de enfermagem aplicado sem humanização pode dar o resultado técnico esperado, mas que não é o resultado que o cliente deseja.
- Tratar o paciente de forma humanizada elimina riscos para todos e a gestão da enfermagem costuma manter agenda específica para discutir e definir práticas que tornem o ambiente de trabalho mais adequado e a assistência ao paciente mais segura.
- Por se tratar do maior contingente de funcionários do hospital e por ser o principal interlocutor entre o hospital, o médico e o paciente, afirma-se que não existe atendimento humanizado se a enfermagem não estiver completamente comprometida com o assunto, mesmo que todas as outras áreas estejam.

Disseminação dos padrões:

- A enfermagem está em constante atualização técnica:
  - A cada dia novas práticas são disseminadas e devem ser adotadas pelas equipes. A esse fenômeno é atribuído o nome de educação continuada, mas as escalas e horários dificultam a disseminação das novas práticas.
- O desafio da gestão da enfermagem é planejar a disseminação e treinamento em novas normas e técnicas, adequando-se aos turnos e horários sem prejudicar a assistência aos pacientes.

Principais desafios da administração hospitalar em relação à enfermagem

Remuneração:

- Como se trata do maior contingente de funcionários, a remuneração da equipe de enfermagem é a maior parcela de salários da folha de pagamentos.
- O desafio da administração é tentar remunerar pelo menor salário possível e ao mesmo tempo não perder profissionais de enfermagem para a concorrência.

Turnover:

- O tempo de treinamento necessário para o profissional de enfermagem se adequar ao padrão do hospital é longo, independentemente de vir de um hospital mais ou menos profissionalizado: terá que trabalhar de acordo com o padrão próprio do hospital em qualquer situação.

- Conceder o máximo de benefícios e condições favoráveis de trabalho possíveis e assim reduzir o *turnover* é, antes de tudo, uma questão econômica (ou financeira) da maior importância.

Job rotation:

- Incentivar a gestão da enfermagem a manter o máximo de rodízio dos profissionais entre as diversas unidades é importante para suprir necessidades em casos de *turnover*.
- Ao mesmo tempo, a troca de unidade de um profissional de enfermagem pode significar treinamento e adicionais salariais, que são custos que devem ser planejados e previstos para não comprometer o orçamento.

Quadro de pessoal:

- Também em consequência de ser a área de maior contingente, para viabilizar o negócio, a enfermagem deve ser a área de maior produtividade individual.
- Quanto maior a produtividade individual, menor o contingente de colaboradores e, por consequência, menor o custo fixo e maior a lucratividade do hospital.

Aspecto comercial

Taxas de procedimentos de enfermagem:

- Durante alguns anos, as operadoras de planos de saúde congelaram os valores das diárias hospitalares, principalmente no período em que estavam se adaptando às novas regras de planos de saúde ditadas pela ANS.
- Nesse período, os hospitais começaram a cobrar taxas referentes aos procedimentos de enfermagem para compensar o congelamento.
- Essas taxas, teoricamente, estavam inclusas nas diárias.
- A enfermagem passou a assumir o papel de centro de receita.
- Por consequência, as contas hospitalares ficaram mais complexas, exigindo maiores custos de administração e auditoria tanto para as operadoras como para o hospital.
- Atualmente, o mercado está revertendo essa situação para simplificar o processo de formação, auditoria e cobrança das contas, reajustando o valor das diárias e eliminando as taxas de enfermagem.

- Cumprindo-se a tendência, a enfermagem voltará a ser, em relação ao faturamento, a área que deve registrar adequadamente os insumos, sendo seus procedimentos inclusos no valor das diárias e pacotes, como antes.
- Tal tendência é forte porque, ao contrário da associação médica brasileira, por exemplo, que define valores mínimos de remuneração para as atividades médicas, as associações e conselhos de enfermagem nunca tiveram essa característica (ou iniciativa). Os valores das taxas de enfermagem cobradas pelos hospitais não têm padrão e são os principais fatores de dificuldade nas negociações comerciais com as operadoras.

Registros de consumo:

- Independente da cobrança de taxas, a enfermagem atua como área principal na formação das contas:
  - Registrando o que realmente foi consumido: o registro da enfermagem é a evidência do custo; nenhuma operadora paga um insumo que não tenha sido evidenciado pelos registros da enfermagem.
  - Fazendo *follow up* e auxiliando outras áreas assistenciais para a realização dos registros adequados: nem sempre áreas como nutrição, fisioterapia e outras equipes assistenciais multidisciplinares são providas de estrutura adminsitrativa adequada para fazer o registro (na maior parte dos hospitais, a enfermagem auxilia essas áreas).
  - Indicando a necessidade de autorizações especiais: a enfermagem é a primeira área a tomar conhecimento da necessidade de utilização de um material ou medicamento de alto custo, ou da realização de um exame que não costuma ser coberto pela operadora; geralmente é a área que dispara o processo de pedido de autorização. Não instrui o processo, apenas indica, para a área responsável, a necessidade. Essa atividade é fundamental nos procedimentos cirúrgicos e de emergência, em que o prazo para solicitar a autorização é muito curto

Outras equipes assistenciais (mais comuns em ambiente hospitalar)
Fisioterapia
Definição:

- Arte e ciência dos cuidados físicos e da reabilitação, com o sentido restrito à área de saúde.

- Está voltada para o entendimento da estrutura e mecânica do corpo humano.
- Estuda, diagnostica, previne e trata os distúrbios, entre outros, da biomecânica e funcionalidade humana decorrentes de alterações de órgãos e sistemas humanos.
- Também estuda os efeitos benéficos dos recursos físicos e naturais sobre o organismo humano.

Vínculo da fisioterapia com o hospital:

- Funcionários em regime de trabalho fixo.
- É comum, nos grandes centros urbanos, o profissional de fisioterapia atuar simultaneamente em dois empregos: no hospital e em clínica especializada em fisioterapia.
- A maioria absoluta do contingente é composta de funcionários:
  - Nos hospitais públicos, os servidores públicos, geralmente concursados.
  - Nos hospitais privados, funcionários em regime CLT.

Organização:

- Gestão:
  - Em hospitais públicos, uma diretoria; em hospitais privados, uma gerência.
- Classificação das equipes e atribuições:
  - Grupo do ambulatório: profissionais que realizam sessões de reabilitação para pacientes externos; atendem nos consultórios e realizam exercícios de reabilitação, avaliando o progresso da recuperação de forma sistemática. Geralmente são exercícios para reabilitação motora (funcional ou ocupacional).
  - Grupo de internação: profissionais que realizam procedimentos à beira do leito; atendem sob prescrição médica; geralmente são exercícios para reabilitação motora.
  - Grupo das UTI (e semi): atendem avaliando o paciente, mesmo sem prescrição médica; geralmente realizam exercícios para reabilitação respiratória.
- Estrutura típica da equipe:
  - Líder de fisioterapia.
  - Fisioterapeutas especializados em recuperação motora ou respiratória, dependendo da equipe.

- ❏ Auxiliar(es) administrativo(s).
- ■ Rotina da fisioterapia:
  - ❏ Definição do plano de cuidados (similar ao da enfermagem).
  - ❏ Registro da evolução no prontuário do paciente.
  - ❏ Registro dos procedimentos realizados e consumos para cobrança.
  - ❏ Controle dos equipamentos específicos da fisioterapia.

Aspecto comercial:

- ■ A cobrança dos procedimentos de fisioterapia é dificultada porque existe previsão da cobrança de honorários na tabela da associação médica brasileira.
- ■ Por estar prevista nessa tabela, a fonte pagadora entende que só deve ser remunerada quando realizada por médicos fisiatras, e não por fisioterapeutas.
- ■ Os conselhos de fisioterapia já editaram tabelas de preços específicas, mas que, na prática, não foram adotadas pelo mercado.
- ■ A prática mais comum é:
  - ❏ Remunerar os fisioterapeutas com base na tabela CBHPM (AMB) nos procedimentos em UTI e ambulatoriais.
  - ❏ Nas negociações entre hospitais e operadoras, muitas vezes se exclui a remuneração pelos procedimentos à beira do leito, inserindo-se na tabela de preços própria uma taxa de acompanhamento de fisioterapia (ou acréscimo no valor da diárias correspondente a esse procedimento).

Nutrição técnica

Definição:
- ■ Profissionais especializados na segurança alimentar e em atenção dietética, para promoção, manutenção e recuperação da saúde e para a prevenção de doenças.

Vínculo dos nutricionistas com o hospital:

- ■ Funcionários em regime de trabalho fixo.
- ■ É comum, nos grandes centros urbanos, o profissional de nutrição atuar simultaneamente no hospital e em atividades liberais, sendo a mais comum a produção de cardápios e laudos em empresas de alimentação.
- ■ A maioria absoluta do contingente é composta de funcionários:
  - ❏ Nos hospitais públicos – os servidores públicos, geralmente concursados.
  - ❏ Nos hospitais privados – funcionários em regime CLT.

Organização:

- Gestão:
  - ❏ Em hospitais públicos, uma diretoria; em hospitais privados, uma gerência.
  - ❏ Em geral é a mesma diretoria ou gerência do SND, embora a atividade assistencial de nutrição possa ser apartada da atividade de produzir, distribuir e servir dietas.
- Classificação das equipes e atribuições:
  - ❏ Grupo do ambulatório: alguns hospitais dispõem de atendimento ambulatorial de nutricionista; consultas geralmente com o objetivo de reeducação alimentar de obesos ou pacientes com necessidades nutricionais específicas.
  - ❏ Grupo da internação. Avaliação nutricional dos pacientes: analisar a dieta prescrita e definir o cardápio; avaliar o consumo real da dieta pelo paciente; construir e avaliar o balanço hídrico e nutricional do paciente e propor ajuste na dieta, quando aplicável.
- Estrutura típica da equipe:
  - ❏ Líder de nutrição.
  - ❏ Nutricionistas.
  - ❏ Auxiliar(es) administrativo(s).
- Rotina da nutrição técnica:
  - ❏ Ambulatório: anamnese, prescrição, acompanhamento e análise dos resultados (evolução) e alta.
  - ❏ Internação: aferir e checar as prescrições de dietas; registro da evolução no prontuário do paciente; definição dos cardápios[6].

Aspecto comercial:

- A cobrança dos procedimentos de nutrição geralmente é baseada em tabela específica, acordada entre o hospital e a operadora.

Odontologia

A relação entre o hospital e os odontólogos se dá principalmente porque existem pacientes crônicos cujo tratamento dentário requer cuidados especiais, sendo

---

6 Geralmente, a nutrição técnica define todos os cardápios do hospital, exceto os dos serviços de alimentação das áreas comuns (áreas de conveniência).

recomendável que sejam realizados no próprio ambiente hospitalar. Ainda, existem procedimentos dentários de alta complexidade em que a retaguarda hospitalar é recomendável para a segurança ao paciente.

Definição:

- Odontologia (ou medicina dentária) é a área da saúde humana que estuda e trata o sistema estomatognático que compreende a face, o pescoço e a cavidade bucal, abrangendo os ossos, a musculatura mastigatória, as articulações, os dentes e os tecidos.

Vínculo dos odontólogos com o hospital:

- Geralmente por meio de contrato de prestação de serviços (pessoas jurídicas).

Organização:

- Idêntica aos consultórios dentários, sendo que a infraestrutura e os funcionários de apoio pertencem ao hospital.

Aspecto comercial:

- Idêntica aos consultórios dentários, sendo raros os casos em que a remuneração dos honorários passem pela conta hospitalar.

SERVIÇOS DE APOIO ASSISTENCIAL
Atividades integradas

Algumas atividades hospitalares requerem a integração de diversas áreas. A integração de atividades no ambiente hospitalar é dificultada por várias características:

- Turnos de trabalho.
- Regimes de escalas.
- Criticidade da assistência ao paciente.
- Diversidade de formação dos colaboradores (nível de escolaridade).
- Diversidade social dos colaboradores (classe socioeconômica).
- Confinamento (isolamento) e restrição de acesso a determinadas áreas.

Para viabilizar as atividades mais críticas que necessitam de integração, os hospitais se utilizam de departamentos ou comissões, geralmente vinculadas diretamente ao primeiro executivo da organização hierárquica.

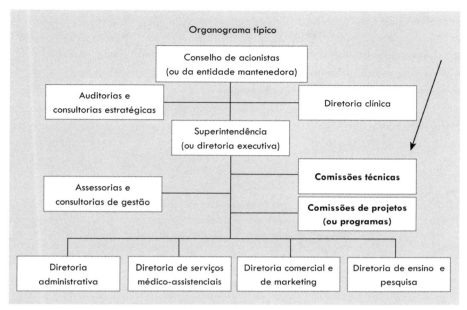

Figura 3.24 – Serviços de apoio assistencial.

Serviço de arquivo médico e estatístico (Same)

- Missão: zelar pela organização da informação médico-hospitalar de acordo com a legislação e os princípios da ética médica.

Atribuições:

- Gerenciar os prontuários dos pacientes:
  - Organizar.
  - Arquivar.
  - Controlar o trâmite (trânsito) pelas áreas que dele necessitam.
  - Controlar o acesso (permitir acesso aos autorizados e restringir o acesso indevido).
- Produzir as estatísticas hospitalares básicas (de interesse geral), baseado em informações verídicas e organizadas de forma adequada. Mais comuns:
  - Censo hospitalar.
  - Taxa de ocupação.
  - Estatísticas de morbidade e mortalidade.
  - Média de permanência.
  - Tempo de espera (filas).

Estrutura típica:

- Estatístico, biblioteconomista ou administrador hospitalar.
- Auxiliares administrativos.
- Auxiliares de transporte (ou mensageiros).

Configuração típica do Same

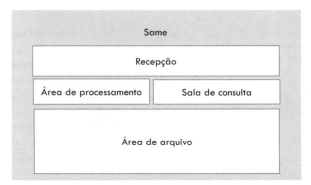

Figura 3.25 — Configuração típica do Same.

Recepção:

- Barreira para acesso.
- Recepção e expedição de prontuários.

Área de processamento:

- Organização dos prontuários:
    - Ordenação.
    - Retirada de dobras (amassamentos).
    - Retirada de interferências.
    - Codificação.
    - Digitalização.
- Produção de estatísticas.

Sala de consulta:

- Local monitorado, disponível para consulta de prontuários por parte de pessoas que tenham autorização.

Área de arquivo:

- Local em que os prontuários físicos são arquivados, sendo que geralmente são organizados em ordem de código de paciente.
- Configuração mais comum:
  - Prateleiras fixas.
  - Endereçamento do tipo almoxarifado: rua, prateleira, seção.
- Nos hospitais de administração mais evoluída:
  - Os prontuários dos pacientes externos (ambulatório, pronto-socorro e SADT) são digitalizados e enviados diretamente para arquivo externo.
  - Os prontuários de pacientes internos são digitalizados e ficam no arquivo do Same até 3 meses após a alta. A partir desse período, também são enviados para arquivo externo.
  - O médico responsável pelo atendimento identifica se o paciente tem alta probabilidade de segmento. Nesses casos, o prontuário permanece no arquivo do Same.
  - Periodicamente, o Same verifica se esse prontuário realmente está em uso. Caso contrário, é encaminhado para o arquivo externo.
- Existem diversas práticas de arquivo externo:
  - Próprio: uma área menos nobre (em termos de localização) de propriedade e infraestrutura do próprio hospital funciona como arquivo morto; a gestão do arquivo é feita pelo próprio hospital.
  - Misto: uma área menos nobre (em termos de localização) de propriedade e infraestrutura do próprio hospital funciona como arquivo morto; a gestão do arquivo é feita por empresa terceirizada (especializada).
  - Terceirizado: a área física não pertence ao hospital, mas à empresa terceirizada (especializada), que realiza também a administração do arquivo.

Desafio do Same na integração das áreas

Para cumprir sua missão, o Same necessita que diversas áreas trabalhem de acordo com padrões estabelecidos.

Em relação ao prontuário do paciente:

- Recepção: guias de atendimento.
- Médicos e odontólogos: prescrição, evolução, descrição de procedimentos e alta.
- Enfermagem: checagem da prescrição médica, prescrição de enfermagem, evolução da enfermagem, registro de sinais vitais e registro da alta.

- Fisioterapia: checagem da prescrição médica e evolução.
- Nutrição: checagem da prescrição médica e evolução nutricional.

Em relação às estatísticas básicas:

- Aferições e registros da enfermagem.
- Exatidão dos registros nas recepções.

Comissão de controle da infecção hospitalar
Definição de infecção hospitalar

Infecção hospitalar é qualquer tipo de infecção adquirida após a entrada do paciente em um hospital ou após a sua alta, quando essa infecção estiver diretamente relacionada com a internação ou procedimento hospitalar, como, por exemplo, no caso de uma cirurgia.

Sobre a CCIH

Área responsável pelo conjunto de ações desenvolvidas deliberada e sistematicamente, com vistas à redução máxima possível da incidência e da gravidade das infecções hospitalares.

Organização:

- Membros classificados em dois tipos: consultores e executores.
- O presidente ou coordenador da CCIH pode ser qualquer um dos membros e é indicado pela direção do hospital.
- Membros consultores representantes dos serviços:
  - Para todos os hospitais: médico, enfermagem.
  - Para hospitais com mais de 70 leitos: farmácia, laboratório de microbiologia, administração.
- Membros executores:
  - Técnicos de nível superior da área da saúde.
  - Mínimo de dois (dois) técnicos para cada 200 leitos.
  - Carga horária diária mínima de 6 horas para o enfermeiro e 4 horas para os demais.
  - Um dos membros deve ser enfermeiro.

Rotina da CCIH:

- Vigilância:

- ❑ Identificar infecção, analisando resultados de exames de microbiologia dos pacientes internados e dos pacientes que realizaram procedimentos, principalmente cirúrgicos, mesmo sem internação.
- ❑ Notificar profissionais assistenciais (médicos, enfermagem, fisioterapia etc.).
- ❑ Tabular informações e calcular o índice de infecção hospitalar, estratificando por área física, profissional executor do procedimento, tipo de atendimento e origem do paciente.
- Controle:
  - ❑ Validar a prescrição de antimicrobianos.
  - ❑ Produzir estatística de uso de antimicrobianos, estratificando por área física, profissional prescritor e diagnóstico do paciente.
  - ❑ Confinar ambientes: definir isolamentos, interditar e liberar áreas infectadas.
- Desenvolvimento:
  - ❑ Definir e aferir a política de controle da infecção hospitalar.
  - ❑ Ajustar procedimentos internos de modo a reduzir a incidência de infecção.
  - ❑ Disseminar melhores práticas para redução da infecção hospitalar.

Comissão de prontuários
Definições sobre prontuário médico

Prontuário médico é o documento único constituído de um conjunto de informações, sinais e imagens registradas, geradas a partir de fatos, acontecimentos e situações sobre a saúde do paciente e a assistência a ele prestada, de caráter legal, sigiloso e científico, que possibilita a comunicação entre membros da equipe multiprofissional e a continuidade da assistência prestada ao indivíduo.

É direito de todo paciente ou seu responsável legal, por si mesmo ou por advogado constituído, obter cópia integral de seu prontuário médico, a qual deve ser cedida *incontinenti*. No caso de determinação judicial do fornecimento do original, uma cópia fiel deve ficar no arquivo médico do serviço ou da instituição.

A responsabilidade pelo prontuário médico cabe:

- ❑ Ao médico assistente e aos demais profissionais que compartilham do atendimento.
- ❑ À hierarquia médica da instituição, nas suas respectivas áreas de atuação, que têm como dever zelar pela qualidade da prática médica ali desenvolvida.

238 Administração hospitalar no Brasil

❑ À hierarquia médica constituída pelas chefias de equipe, chefias da clínica, do setor até o diretor da divisão médica.

É obrigatória a existência da comissão de revisão de prontuários nos estabelecimentos e/ou instituições de saúde em que se presta assistência médica.

Sobre a comissão de prontuário
(comissão de revisão de prontuários)

Criada por designação da direção do estabelecimento, por eleição do corpo clínico ou por qualquer outro método que a instituição julgar adequado, devendo ser coordenada por um médico.

Atribuições:

■ Observar os itens que deverão constar obrigatoriamente do prontuário confeccionado em qualquer suporte, eletrônico ou papel:
  ❑ Identificação do paciente – nome completo, data de nascimento (dia, mês e ano com quatro dígitos), sexo, nome da mãe, naturalidade (indicando o município e o estado de nascimento), endereço completo (nome da via pública, número, complemento, bairro/distrito, município, estado e CEP).
  ❑ Anamnese, exame físico, exames complementares solicitados e seus respectivos resultados, hipóteses diagnósticas, diagnóstico definitivo e tratamento efetuado.
  ❑ Evolução diária do paciente, com data e hora, discriminação de todos os procedimentos aos quais ele foi submetido e identificação dos profissionais que os realizaram, assinados eletronicamente, quando elaborados e/ou armazenados em meio eletrônico.
  ❑ Nos prontuários em suporte de papel, é obrigatória a legibilidade da letra do profissional que atendeu o paciente, bem como a identificação dos profissionais prestadores do atendimento. São também obrigatórios a assinatura e o respectivo número do CRM.
  ❑ Nos casos emergenciais, em que seja impossível a colheita de história clínica do paciente, deverá constar relato médico completo de todos os procedimentos realizados e que tenham possibilitado o diagnóstico e/ou a remoção para outra unidade.
■ Assegurar a responsabilidade do preenchimento, guarda e manuseio dos prontuários, que cabem ao médico assistente, à chefia da equipe, à chefia da clínica e à direção técnica da unidade.

- A comissão de revisão de prontuários deve manter estreita relação com a comissão de ética médica da unidade, com a qual deverão ser discutidos os resultados das avaliações realizadas.

Configuração típica:

- Membros consultores representantes dos serviços:
  - Médico.
  - Enfermagem.
  - Fisioterapia.
  - Nutrição.
  - Same.
  - Administração.
- Membros executores:
  - Auxiliar administrativo, geralmente lotado no Same.

Comissão de ética médica
Definições

Todos os estabelecimentos de assistência à saúde e outras pessoas jurídicas que exerçam a medicina, ou sob cuja égide se exerça a medicina em todo o território nacional, devem eleger, entre os membros de seu corpo clínico, conforme previsto nos seus regimentos internos, comissões de ética médica nos termos dessa resolução. Nas instituições com até 15 médicos, é obrigatória a constituição de comissão de ética.

Compete ao diretor clínico encaminhar ao conselho regional de sua jurisdição a ata da eleição da comissão de ética médica:

- As comissões de ética são vinculadas ao conselho regional de medicina e devem manter sua autonomia em relação às instituições em que atuam, não podendo ter nenhuma vinculação ou subordinação à direção do estabelecimento.
- Cabe ao diretor técnico prover as condições necessárias ao trabalho da comissão de ética.

Síntese do funcionamento da comissão de ética médica nos hospitais

Atribuições:

- Funções sindicantes, educativas e fiscalizadoras do desempenho ético da medicina em sua área de abrangência:
  - Supervisionar, orientar e fiscalizar em sua área de atuação o exercício da atividade médica, atentando para que as condições de trabalho do

240 Administração hospitalar no Brasil

médico, bem como sua liberdade, iniciativa e qualidade do atendimento oferecido aos pacientes, respeitem os preceitos éticos e legais.

- Comunicar ao CRM:
  - Quaisquer indícios de infração à lei ou dispositivos éticos vigentes.
  - O exercício ilegal da profissão.
  - As irregularidades não corrigidas dentro dos prazos estipulados.
  - Práticas médicas desnecessárias e atos médicos ilícitos.
- Adotar medidas para combater a má prática médica.
- Instaurar sindicância, instruí-la e formular relatório circunstanciado acerca do problema, encaminhando-o ao CRM, sem emitir juízo.
- Verificar se a instituição em que atua está regularmente inscrita no CRM e em dia com as suas obrigações.
- Colaborar com o CRM na tarefa de educar, discutir, divulgar e orientar sobre temas relativos à ética médica.
- Elaborar e encaminhar ao CRM relatório sobre as atividades desenvolvidas na instituição em que atua.
- Atender as convocações do CRM.
- Manter atualizado o cadastro dos médicos que trabalham na instituição em que atua.
- Fornecer subsídios à direção da instituição, visando à melhoria das condições de trabalho e da assistência médica.
- Atuar preventivamente, conscientizando o corpo clínico da instituição quanto às normas legais que disciplinam o seu comportamento ético.
- Promover a divulgação eficaz e permanente das normas complementares emanadas dos órgãos e autoridades competentes.
- Encaminhar aos conselhos fiscalizadores das outras profissões da área de saúde que atuem na instituição representações sobre indícios de infração aos seus respectivos códigos de ética.
- Colaborar com os órgãos públicos e outras entidades de profissionais de saúde em tarefas relacionadas com o exercício profissional.
- Orientar o público usuário da instituição de saúde em que atua sobre questões referentes à ética médica.

Organização:

- Composição:
  - Presidente.
  - Secretário.

- ❑ Demais membros efetivos e suplentes.
- Hospitais com:
  - ❑ 16 a 99 médicos devem ter 3 membros efetivos.
  - ❑ 100 a 299 médicos devem ter 4 membros efetivos.
  - ❑ 300 a 999 médicos devem ter 6 membros efetivos.
  - ❑ Superior a 1.000 médicos deve ter 8 membros efetivos.
- Para cada membro efetivo devem haver um membro suplente.
- Nas diversas unidades médicas da mesma entidade mantenedora localizadas no mesmo município onde atuem, no qual cada uma possua menos de 10 médicos, é permitida a constituição de comissão de ética médica representativa do conjunto das referidas unidades.
- Não poderão integrar as comissões de ética médica os médicos que exercerem cargos de direção técnica, clínica ou administrativa da instituição.
- O mandato das comissões de ética é de 30 meses.

Funcionamento:

- Reuniões ordinárias, e extraordinárias quando solicitadas.
- Os atos relacionados com a fiscalização ou sindicâncias são de caráter sigiloso.
- A sindicância será instaurada mediante:
  - ❑ Denúncia por escrito, devidamente identificada e, se possível, fundamentada.
  - ❑ Denúncia, por escrito, do diretor clínico ou diretor técnico.
  - ❑ Deliberação da própria comissão de ética médica.
  - ❑ Solicitação da delegacia regional, seccional ou representação.
  - ❑ Determinação do conselho regional de medicina.
- Todos os documentos relacionados com os fatos, quais sejam, cópias dos prontuários, das fichas clínicas, das ordens de serviço e outros que possam colaborar no deslinde da questão, devem ser apensados à sindicância quando for decidido enviá-la ao CRM.

Central de notificações compulsórias e notas sociais

- Missão: fornecer informações técnicas consistentes para órgãos públicos e opinião pública.

Atribuições:

- Notificar aos órgãos competentes:

242 Administração hospitalar no Brasil

- A incidência de doenças controladas (de notificação compulsória).
- O nascimento e o óbito.
- As taxas de morbidade, ocupação e infecção hospitalar.
- Outras informações exigidas pela lei.

Notificar à sociedade:

- Boletins médicos.
- Informações de interesse social, relacionados à prática médica.

Estrutura típica:

- Assistente social ou relações públicas.
- Suporte técnico das áreas assistenciais:
  - Médico.
  - Enfermagem.
  - Fisioterapia.
  - Nutrição.
- Auxiliar administrativo.

Notificação compulsória

- Definição: notificação compulsória é um registro que obriga e universaliza as notificações, visando ao rápido controle de eventos que requerem pronta intervenção.
- Doenças de notificação compulsória: botulismo, carbúnculo ou antraz, cólera, coqueluche, dengue, difteria, doença de Chagas, doença de Creutzfeldt-Jacob, doença meningocócica, esquistossomose, eventos adversos pós-vacinação, febre amarela, febre maculosa, febre do Nilo ocidental, febre tifoide, hanseníase, hantaviroses, hepatites virais, infeccção pelo vírus HIV, influenza humana (gripe), leishmaniose tegumentar americana, leishmaniose visceral (calazar), leptospirose, malária, meningite *Haemophilus influenzae*, peste negra, poliomielite, paralisia flácida aguda, raiva humana, rubéola, sarampo, sífilis congênita, sífilis em gestante, Aids, síndrome íctero-hemorrágica, síndrome respiratória aguda grave, síndrome da rubéola congênita, tétano, tularemia, tuberculose, varíola.
- Doenças e agravos de notificação imediata – caso suspeito ou confirmado: botulismo, carbúnculo ou antraz, cólera, febre amarela, febre do Nilo ocidental, hantaviroses, influenza humana, poliomielite, paralisia flácida aguda,

raiva humana, sarampo, síndrome febril íctero-hemorrágica, síndrome respiratória aguda grave, varíola, tularemia, caso confirmado de tétano neonatal.

- Surto ou agregação de casos ou de óbitos por: agravos inusitados, difteria, doença de Chagas aguda, doença meningocócica, influenza humana (gripe), epizootias.
- Resultados laboratoriais de notificação imediata (laboratórios de saúde pública dos estados – Lacen – e laboratórios de referência nacional ou regional):
  - ❑ Resultado de amostra individual por: botulismo, carbúnculo ou antraz, cólera, febre amarela, febre no Nilo ocidental, hantaviroses, influenza humana (gripe), peste, poliomielite, raiva humana, sarampo, síndrome respiratória aguda grave, varíola, tularemia.
  - ❑ Resultado de amostras procedentes de investigação de surtos: agravos inusitados, doença de Chagas aguda, difteria, doença meningocócica, influenza humana (gripe).

Comissão de farmácia

- Missão: relacionar custos e uniformizar critérios e eficácia no tratamento do paciente.

Atribuições:

- Atuar como órgão de ligação entre médicos e farmacêuticos.
- Padronizar a lista de medicamentos utilizada pelo hospital levando em consideração o custo e a melhor eficácia no tratamento e as menores reações adversas.
- Fornecer informações sobre interações medicamentosas, indicações e posologias mais adequada.

Organização usual:

- Presidente, geralmente o diretor clínico.
- Membros deliberativos, sendo metade médicos e metade farmacêuticos.

Comissões de enfermagem

A enfermagem, sobretudo em hospitais universitários, mantém comissões permanentes para desenvolvimento de cuidados. Cada comissão costuma ser liderada por um enfermeiro supervisor, e tem um objetivo técnico específico. Por exemplo:

- Comissão de desenvolvimento de cuidados ao paciente psiquiátrico.
- Comissão de desenvolvimento de técnica de curativo em queimados.
- Comissão de avaliação de mudança de técnica de hemodiálise.

TELEMEDICINA

A telemedicina é amplamente praticada por hospitais de grande aporte tecnológico. Utilizando recursos de informática e teleprocessamento, os hospitais compartilham a alta especialização dos seus médicos com comunidades que têm carência dessa especialização:

- Para o sistema público de saúde, é uma forma de atingir locais distantes dos grandes centros urbanos com atenção especializada.
- Para hospitais privados, é uma oportunidade de negócio viável e muito lucrativa.

Recursos tecnológicos

Como em qualquer outra atividade, é possível o intercâmbio de voz, dados e imagens a partir de qualquer computador conectado à internet. Praticamente todos os serviços de telemedicina são possíveis a partir dessa infraestrutura simples e disponível em todos os hospitais.

Os hospitais mais profissionalizados em telemedicina possuem salas especialmente preparadas para videoconferência. Essas salas permitem a interação de grupos de pessoas e maior definição de imagens, algo de grande valor quando o serviço está associado à análise de imagens diagnósticas.

A configuração básica dessas salas é a mesma de qualquer sala de videoconferência utilizada nas empresas dos demais segmentos de mercado:

- Monitor de grande dimensão.
- Projetor multimídia de alta resolução.
- Câmera de vídeo de alta definição, com controle remoto de posicionamento.
- Microfone com controle direcional sincronizado com a câmera.
- Computador com recursos multimídia e todos os tipos de entrada de áudio, vídeo e dados disponíveis no mercado (além de computador auxiliar e de contingência).
- Controle remoto de iluminação ambiente.
- Conexão de TV a cabo.
- Conexão de internet, com contingência.
- Aparelho telefônico com recursos de teleconferência.

Especificamente para telecirurgia é necessário dotar a sala cirúrgica com os equipamentos para transmissão de imagem e som:

- Câmera de vídeo de alta definição, com controle remoto de posicionamento.
- Microfone com controle direcional sincronizado com a câmera.
- Computador com recursos multimídia e todos os tipos de entrada de áudio, vídeo e dados disponíveis no mercado (além de computador auxiliar e de contingência).
- Conexão de internet, com contingência.

Programa Telessaúde Brasil

O Telessaúde Brasil tem por objetivo integrar as equipes de saúde da família das diversas regiões do país com os centros universitários de referência, para melhorar a qualidade dos serviços prestados em atenção primária, diminuindo o custo de saúde por meio da qualificação profissional, da redução da quantidade de deslocamentos desnecessários de pacientes e do aumento de atividades de prevenção de doenças a partir da:

- Implantação de uma infraestrutura de informática de telecomunicação para o desenvolvimento contínuo à distância dos profissionais das equipes de saúde da família, com a utilização de multimeios (biblioteca virtual, video-conferência, canais públicos de televisão, vídeo *streaming* e *chats*).
- Estruturação de um sistema de consultoria e segunda opinião educacional entre especialistas em medicina de família e comunidade e preceptores de saúde da família, profissionais da atenção primária e instituições de ensino superior. Dessa forma, a prioridade é ter a segunda opinião dada pelos profissionais mais experientes na área, ficando aberta a possibilidade de atuação dos demais especialistas.
- Disponibilização de capacitação para o uso das tecnologias de informação e comunicação.

No programa Telessaúde Brasil, os hospitais podem usufruir dos benefícios do sistema para trocar informações e desenvolverem seus profissionais. Nesse sistema, não existe possibilidade viável de negócio para a iniciativa privada. Embora os hospitais privados possam utilizar os recursos para desenvolvimento, os recursos são administrados pelo governo e não têm suporte para exploração comercial.

Serviço de laudos à distância

Atividade mais disseminada em telemedicina. Médicos especializados recebem imagens ou sinais gráficos à distância e produzem o laudo diagnóstico. Só é viável quando o laudo pode ser dado exclusivamente a partir das imagens ou sinais recebidos, sem a necessidade da presença do médico durante a realização do exame.

Especialidades mais comuns:

- Radiologia geral: exige monitores da maior resolução possível, uma vez que se baseia em poucas imagens, mas que devem ter alta nitidez.
- Tomografia, ressonância magnética e ultrassonografia: exige a recepção de muitas imagens estáticas, mas não requer resolução tão elevada quanto na radiologia geral.
- Angiografia: exige a recepção de vídeos e som.
- Eletrocardiograma, eletroencefalograma e polissonografia: exige a recepção dos sinais gráficos.

Existem serviços altamente especializados nessas modalidades. Nesses serviços, costuma-se dispor de uma sala central de laudos com diversos computadores e monitores. Os médicos analisam as imagens e vídeos e encaminham o laudo via *e-mail* ou em sistema padrão *web* específico para central de laudos.

O serviço mais amplamente disseminado é o de eletrocardiograma à distância:

- O hospital ou clínica que recebe o paciente só precisa dispor de um equipamento para a realização do exame, sala e enfermeiro (ou técnico de enfermagem).
- O cardiologista é o médico que dá o laudo à distância, evitando assim a necessidade de um médico no local.
- O custo do laudo é baixo, os sinais enviados são leves (em termos tecnológicos) e rápidos, e praticamente não existe margem de erro na análise do material enviado.

Serviço de segunda opinião de laudo

Consiste em analisar imagens, vídeos e sinais, e o próprio laudo, e emitir segunda opinião confirmando ou ressalvando o laudo dado. A aplicação pode ser nos casos de dúvida do médico local, ou em casos de perícia (ou sindicâncias). É viável e exige a mesma infraestrutura do serviço de laudos à distância.

Serviço de segunda opinião de diagnóstico

Consiste em confirmar ou ressalvar o diagnóstico dado ao paciente. Diferentemente da segunda opinião de um laudo, a segunda opinião de diagnóstico é dada com base em uma série de informações:

- Prontuário do paciente (histórico e eventos relevantes para o caso).
- Laudos e resultados de exames.
- Outras informações de relevância para o caso.

Pode ser requerido pelo médico ou pelo próprio paciente. É um serviço remunerado principalmente quando requerido pelo paciente. Para dar segurança ao paciente, a segunda opinião geralmente é formalizada em uma videoconferência:

- O médico local, acompanhado do paciente, fica de um lado da conexão.
- O médico, ou o grupo de análise, fica do outro lado da conexão.
- Ambos se comunicam em tempo real (vídeo, voz e dados).

Telecirurgia

Existem duas modalidades:

- A mais comum, em que uma cirurgia é transmitida em tempo real para fins educativos.
- A menos comum, em que a distância um médico controla um robô e operacionaliza o ato cirúrgico à distância.

A primeira modalidade é bastante difundida, tornando-se um negócio viável para os hospitais que têm professores em seu corpo clínico e infraestrutura adequada nas salas cirúrgicas:

- É um negócio de alta viabilidade econômica.
- Inclui cirurgias demonstrativas de técnicas cirúrgicas em animais.

Nesses casos, é comum a equipe de apoio interagir com os expectadores por meio de recursos de comunicação em tempo real via internet (*chat*). A segunda modalidade ainda é experimental no Brasil, não se tornando negócio.

ENSINO E PESQUISA

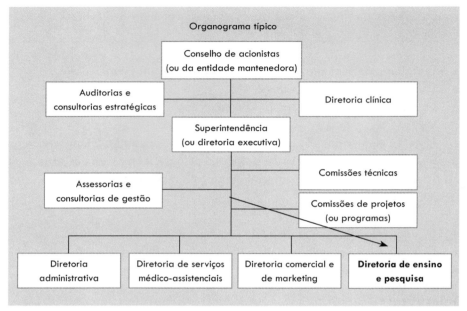

Figura 3.26 — Ensino e pesquisa.

Ensino e pesquisa: necessidade e oportunidade de negócio

Os hospitais necessitam das atividades de ensino e pesquisa para aprimorar (ou atualizar) seus colaboradores no que existe de mais moderno em assistência à saúde, ao mesmo tempo em que pode disseminar o conhecimento produzido e praticado no seu ambiente como atividade puramente acadêmica ou como negócio.

A criação de um ambiente de troca com a comunidade científica e a sociedade é fator de sucesso para manter o hospital na categoria de ponta no que diz respeito às suas capacidades tecnológica e técnica, além de ser um dos principais fatores competitivos: atrai clientes, profissionais e investimentos.

As atividades de ensino e pesquisa criam em torno do hospital um círculo: quanto maior a oferta por parte do hospital, maior o interesse da comunidade (maior a procura).

Centro de estudos

- Missão: manter a identidade das ações de ensino e pesquisa com a imagem institucional do hospital.

Atribuições:

- Coordenar as ações de ensino e pesquisa.
- Priorizar as atividades de ensino e pesquisa de acordo com as necessidades do hospital (retorno institucional).
- Representar o hospital perante órgãos públicos e empresas interessadas nas atividades de ensino e pesquisa.

Organização típica:

- Estrutura fixa:
  - Médico (PhD).
  - Professor(es) auxiliar(es).
  - Auxiliares administrativos.
- Estrutura variável:
  - Profissionais de saúde e especializados em saúde, líderes dos projetos de ensino e pesquisa.
  - Equipes específicas de projeto de ensino e/ou pesquisa.

Estrutura típica:

- Espaços com recursos audiovisuais:
  - Auditório.
  - Salas de aulas.
  - Salas para reuniões.

Orientação:

- Por meio de regimento, geralmente ajustado pelas reivindicações e votos de todos os que participam das atividades do centro de estudos, contendo:
  - Linha educacional, definindo os temas e tipos de cursos e pesquisas prioritárias.
  - Atribuições dos administradores, coordenadores e colaboradores.
  - Agenda de cursos e eventos.

Coordenação de pesquisa

- Missão: zelar pela imagem da instituição nos programas de pesquisa.

Administração hospitalar no Brasil

Atribuições:

- Autorizar a participação do hospital em pesquisas.
- Firmar convênios do hospital com órgãos públicos nacionais e internacionais, e empresas.
- Dar apoio técnico e logístico para a realização das pesquisas.
- Registrar marcas e patentes hospitalares, quando cabíveis.
- Controlar a adequada apropriação da captação de investimentos, firmando acordos em casos de parcerias com outras entidades (empresas e/ou pessoas físicas).
- Controlar orçamento e custos, de modo a apropriar adequadamente as receitas envolvidas.
- Interagir com áreas assistenciais e administração do hospital na integração da pesquisa com as atividades hospitalares rotineiras.
- Revisar e autorizar as publicações.

Organização típica:

- Estrutura fixa:
  - Médico (PhD).
  - Especialista em epidemiologia hospitalar.
  - Auxiliares administrativos.
- Estrutura variável:
  - Profissionais de saúde e especializados em saúde, líderes dos projetos de ensino e pesquisa.
  - Equipes específicas de projeto de pesquisa.

Estrutura típica:

- Cada pesquisa define um projeto, com necessidades específicas de área física, equipamentos, insumos e mão de obra.

Orientação:

- Geralmente segue a mesma orientação do centro de estudos, não sendo necessário regimento específico para projetos de pesquisa.

Educação continuada da enfermagem

- Missão: manter o corpo de enfermagem atualizado.

  Atribuições:

- Disseminar técnicas e tecnologias de enfermagem:
  - ❑ Desenvolvidas pelos grupos de enfermagem.
  - ❑ Trazidas de entidades externas (universidades e outras empresas de saúde).
- Disseminar técnicas e tecnologias relacionadas à enfermagem, mas desenvolvidas por outras equipes multidisciplinares, principalmente:
  - ❑ CCIH.
  - ❑ Comissões multidisciplinares (comissão de prontuários, comissão de farmácia).
  - ❑ Nutrição.
  - ❑ Fisioterapia.
  - ❑ Equipes médicas.
- Avaliar constantemente o nível técnico da enfermagem, propondo reciclagens em grupos e individual.

  Organização típica:

- Enfermeiro líder (PhD).
- Enfermeiros auxiliares (com especialização em treinamento).
- Auxiliar administrativo.

  Estrutura típica:

- Sala para o líder.
- Sala para auxiliares.
- Estrutura disponível no centro de estudos (salas de aula).

Escolas hospitalares

- Missão essencial: formar mão de obra adequada para o hospital em localidades carentes de profissionais adequadamente capacitados. Eventualmente, captar recursos de atividades acadêmicas.

  Atribuições:

252 Administração hospitalar no Brasil

- Planejar e executar cursos:
  - ❑ Internos, assim definidos os desenvolvidos para capacitar os próprios colaboradores do hospital em profissões de maior escassez de mão de obra no mercado.
  - ❑ Mistos ou externos, quando extensivos à sociedade em geral.

Organização típica:

- Similar a de uma escola, com diretor, docentes e auxiliares administrativos.

Estrutura:

- Similar a de uma escola, com secretaria, salas de aula, biblioteca etc.
- Nos hospitais costuma ser a própria estrutura do centro de estudos.

Prática mais comum no mercado:

- Escola de enfermagem:
  - ❑ Cursos de nível técnico para formação de auxiliares de enfermagem.
  - ❑ Cursos de nível superior.
- Cursos técnicos de atividades assistenciais:
  - ❑ Técnico em radiologia e exames de diagnóstico por imagem.
  - ❑ Técnicos em coleta.
- Especializações:
  - ❑ Administração hospitalar.
  - ❑ Epidemiologia hospitalar.
  - ❑ Economia e custos hospitalares.
- Cursos de curta duração:
  - ❑ Administração hospitalar.
  - ❑ Biomedicina.
  - ❑ Educação Física.
  - ❑ Estatística.
  - ❑ Farmácia.
  - ❑ Fisioterapia.
  - ❑ Fonoaudiologia.
  - ❑ Medicina (todas as especialidades).
  - ❑ Medicina veterinária.
  - ❑ Nutrição.
  - ❑ Odontologia.

- Psicologia.
- Terapia ocupacional.
- Serviço social.

Residência médica

Modalidade de ensino de pós-graduação destinada a médicos, sob a forma de curso de especialização, funcionando em instituições de saúde, sob a orientação de profissionais médicos de elevada qualificação ética e profissional, sendo considerada o melhor padrão da especialização médica.

Curso de especialização médica:

- Cursos ministrados por instituições universitárias e que seguem as normas da Resolução CNE/CES n. 1, de 3 de abril de 2001, com programas idênticos ou superiores aos cursos de residência médica.
- Não tem validação ou equivalência ao título de residência médica.
- Não confere as vantagens de obter o registro de especialista automaticamente após a conclusão do curso junto aos CRM, obrigando à submissão de exame probatório da sociedade de sua respectiva especialidade, devendo obter pontuação em concursos públicos.
- Mas não impede o profissional de exercer a profissão.

Para o hospital, a residência se reveste de múltiplas importâncias, sendo as principais:

- Elevação da imagem perante o meio acadêmico e a sociedade.
- Obtenção de subsídios.
- Formação de mão de obra especializada identificada com a instituição.
- Alimentação da dinâmica da produção científica, reconhecimento na comunidade científica e incentivo à pesquisa e ao desenvolvimento.

Tabela 3.1 – Tempo que o residente deve ficar vinculado ao hospital para cumprir residência médica por especialidade

Especialidade médica	Tempo (anos)	Pré-requisito
Acupuntura	2	–
Alergia e imunologia	2	–
Anestesiologia	2	–
Angiologia e cirurgia vascular	2	2 anos de cirurgia geral

(Continua)

Administração hospitalar no Brasil

Tabela 3.1 – Tempo que o residente deve ficar vinculado ao hospital para cumprir residência médica por especialidade (continuação)

Especialidade médica	Tempo (anos)	Pré-requisito
Oncologia	3	2 anos de clínica médica
Cardiologia	2	2 anos de clínica médica
Cirurgia cardiovascular	4	2 anos de cirurgia geral
Cirurgia da mão	2	2 anos de ortopedia/cirurgia plástica
Cirurgia de cabeça e pescoço	2	2 anos de cirurgia geral
Cirurgia geral	2	–
Cirurgia do aparelho digestório	2	2 anos de cirurgia geral
Cirurgia pediátrica	3	2 anos de cirurgia geral
Cirurgia plástica	3	2 anos de cirurgia geral
Cirurgia torácica	2	2 anos de cirurgia geral
Clínica médica	2	–
Coloproctologia	2	2 anos de cirurgia geral
Dermatologia	3	–
Endocrinologia	2	2 anos de clínica médica
Endoscopia	2	–
Gastroenterologia	2	2 anos de clínica médica
Genética médica	3	–
Geriatria	2	2 anos de clínica médica
Ginecologia e obstetrícia	3	–
Hematologia e hemoterapia	2	2 anos de clínica médica
Homeopatia	2	–
Infectologia	3	–
Mastologia	2	–
Medicina de família e comunidade	2	–
Medicina do trabalho	2	–
Medicina do tráfego	2	–
Medicina esportiva	3	–
Medicina física e reabilitação	3	–
Medicina intensiva	2	2 anos de clínica médica ou cirurgia geral ou 3 anos de anestesiologia

(Continua)

Tabela 3.1 – Tempo que o residente deve ficar vinculado ao hospital para cumprir residência médica por especialidade (continuação)

Especialidade médica	Tempo (anos)	Pré-requisito
Medicina legal	2	–
Medicina nuclear	3	–
Medicina preventiva e social	2	–
Nefrologia	2	2 anos de clínica médica
Neurocirurgia	5	–
Neurologia	3	–
Nutrologia	2	–
Oftalmologia	3	–
Ortopedia e traumatologia	3	–
Otorrinolaringologia	3	–
Patologia	3	–
Patologia clínica/Medicina laboratorial	3	–
Pediatria	2	–
Pneumologia	2	2 anos de clínica médica
Psiquiatria	3	–
Radiologia e diagnóstico por imagem	3	–
Radioterapia	3	–
Reumatologia	2	2 anos de clínica médica
Urologia	3	2 anos de cirurgia geral

Quadro 3.1 Classificação das especialidades médicas

Clínicas	
Angiologia	Hematologia e hemoterapia
Cardiologia	Infectologia
Clínica médica	Nefrologia
Dermatologia	Neurologia
Endocrinologia e metabologia	Pediatria
Gastroenterologia	Pneumologia
Geriatria	Reumatologia

(Continua)

Administração hospitalar no Brasil

Quadro 3.1 – Classificação das especialidades médicas (Continuação)

Cirúrgicas

Cirurgia cardiovascular	Cirurgia pediátrica
Cirurgia de cabeça e pescoço	Cirurgia plástica
Cirurgia da mão	Cirurgia torácica
Cirurgia do aparelho digestório	Cirurgia vascular
Cirurgia geral	Neurocirurgia

Mistas

Oncologia	Oftalmologia
Coloproctologia	Ortopedia e traumatologia
Ginecologia e obstetrícia	Otorrinolaringologia
Mastologia	Urologia

Diversas

Alergologia	Medicina legal
Anestesiologia	Medicina nuclear
Endoscopia	Medicina preventiva e social
Genética médica	Nutrologia
Medicina de família e comunidade	Patologia
Medicina do trabalho	Patologia clínica e medicina laboratorial
Medicina do tráfego	Psiquiatria
Medicina esportiva	Radiologia e diagnóstico por imagem
Medicina intensiva	Radioterapia
Medicina física e reabilitação	

Complementares

Acupuntura	Homeopatia

Intercâmbio

Algumas cidades brasileiras são mundialmente reconhecidas pela excelência na prática da medicina. Dezoito por cento dos hóspedes internacionais da rede hoteleira de São Paulo vêm em busca de tratamento de saúde. O Brasil é um dos principais polos mundiais de turismo da saúde, recebendo pacientes de todos os países do mundo, especialmente América Latina, Oriente Médio, Europa Oriental e leste da Ásia.

Além de recepcionar pacientes para tratamento, os hospitais brasileiros praticam intercâmbio das seguintes formas:

- Recebem profissionais de saúde de outros países:
  - Que vêm participar de cursos de aperfeiçoamento e residência médica.

Ou equipes médicas em especialidades mais evoluídas que vêm desenvolver a Medicina brasileira, por exemplo: programa de saúde da família de Cuba, oncologia clínica norte-americana.

- Enviam colaboradores para estagiar em outros países a fim de aprimorar a técnica em algumas especialidades que já estão utilizando tecnologia ainda não disponível no Brasil, especialmente na Alemanha, Estados Unidos, Inglaterra e França; ou para estagiar em hospitais de menos recursos que os brasileiros, aprimorando técnica e administração em ambiente de maior dificuldade, sobretudo em países da África.

Além do aperfeiçoamento, o intercâmbio provê o hospital de incentivos governamentais e da OMS, sendo todos os projetos autossustentáveis, além de abrir portas para todo o tipo de negócio hospitalar.

RESUMO

Hospital é a união de serviços interdependentes, que se classificam em quatro blocos:
- Assistenciais.
- De apoio assistencial.
- Administrativo-financeiro.
- De ensino e pesquisa.

Os serviços assistenciais representam a fonte de receita (centros de receita), mas também carregam as estrutura de custos mais onerosa em relação às demais. Ao mesmo tempo em que o centro cirúrgico, por exemplo, é a origem da receita mais significativa do hospital, é também a estrutura que consome a mão de obra e os insumos mais caros. Igualmente com a enfermagem, ao mesmo tempo em que viabiliza a receita de diárias e taxas, é também o maior contingente de mão de obra a custo fixo (sem contrapartida de receita por produtividade).

Os serviços de apoio assistencial são fundamentais para que a atividade assistencial ocorra, mas o hospital não é remunerado pelo seu serviço, que sob o ponto de vista do negócio é custo fixo.

Os serviços administrativo-financeiros, incluindo os de relacionamento (comercial e marketing), ao contrário de outros segmentos de mercado, não conseguem interferir significativamente na geração e preservação da receita e, por essa razão, costumam ser estruturas bem menos complexas (e consequentemente menos onerosas) quando comparadas com empresas dos demais ramos de atividade.

As atividades de ensino e pesquisa são prioritariamente fundamentais para fidelizar os prestadores de serviço, vinculando-os à instituição, mas também podem trazer receita significativa ao hospital.

Em cada um desses quatro blocos, os serviços atuam com independência organizacional em relação aos demais, mas necessitam de intensa integração, uma vez que a atividade assistencial é multidisciplinar e multidepartamental. Esta característica faz com que o hospital trabalhe regularmente de forma hierárquica sob o ponto de vista do negócio, mas de forma matricial (por processo e por projeto) sob o ponto de vista assistencial. Exemplos clássicos:

- A enfermagem se subordina à sua estrutura organizacional, como qualquer outro departamento.
- No ato cirúrgico, o médico lidera toda a equipe, inclusive os demais profissionais multidisciplinares envolvidos, mesmo não estando administrativamente subordinados a ele.

4 Termos, conceitos e práticas de mercado

INTRODUÇÃO

Uma característica marcante do segmento da saúde é a baixa especialização dos profissionais assistenciais em assuntos administrativo-financeiros. Um médico demora seis anos para se graduar e, na grade curricular do seu curso, praticamente inexistem disciplinas voltadas a assuntos relacionados à administração hospitalar.

Na verdade, questiona-se se seis anos realmente são suficientes para que o médico consiga assimilar a carga absurda de conhecimento necessário para que ele possa atuar na assistência ao paciente, sendo incoerente imaginar a viabilidade de inserir outras disciplinas na sua formação.

Com os outros profissionais assistenciais, mesmo que em menor escala, não é diferente. O paradoxo é o fato de que os serviços de saúde, em sua maioria, são administrados por médicos. Quem circula pelo meio da saúde consegue perceber rapidamente a dificuldade da utilização correta dos conceitos de administração e, com frequência, certa confusão na diferença entre custo e preço, protocolo e pacote etc.

Uma parcela relativamente pequena dos profissionais que atuam na área hospitalar domina bem os conceitos e as nuanças da sua aplicação em saúde suplementar. No segmento público, essa parcela é ainda menor, por conta da dificuldade do setor em promover o desenvolvimento profissional dos servidores públicos.

Nos hospitais que atuam em saúde suplementar, esses termos, conceitos e práticas de mercado traduzem-se na linha que divide a viabilidade do negócio hospitalar do seu fracasso.

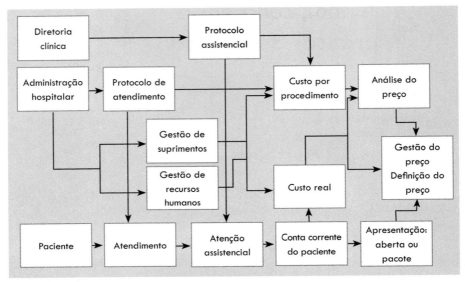

Figura 4.1 – Protocolos, pacotes e gestão do custo e preços.

PROTOCOLOS, PACOTES E GESTÃO DO CUSTO E PREÇOS
Protocolos

Em saúde significa modelo: especificar a forma padronizada para realizar alguma ação. Em ambiente hospitalar existem diversos tipos, sendo de especial atenção da administração hospitalar.

Protocolo de atendimento:

- Definido pela administração hospitalar.
- Define as etapas do atendimento do paciente.
- Não define o plano de cuidados, apenas descreve a sequência de eventos a que o paciente será submetido.
- Costuma-se definir um para cada tipo clássico de atendimento: internação, pronto-socorro, ambulatorial e Serviços de Apoio ao Diagnóstico e Tratamento (SADT):
    - Dependendo da diversidade de procedimentos ambulatoriais é comum definir protocolos específicos se necessário. Por exemplo: protocolo de

atendimento para oncologia clínica, protocolo de atendimento para pequena cirurgia ambulatorial etc.

- São regras particulares do hospital, adaptadas aos recursos disponíveis em cada hospital, sua planta física etc.
- São regras que podem variar dependendo da fonte pagadora, desde que não causem prejuízo à atividade assistencial básica oferecida ao paciente.

Protocolo assistencial:

- Definido pela diretoria clínica:
  - Geralmente essa atividade é delegada pela diretoria clínica para comissões médicas específicas da especialidade.
  - A área administrativa costuma apoiar o desenvolvimento dos pacotes fornecendo informações sobre custos e preços, viabilizando a rotina operacional de consultas e pesquisas de mercado etc.
- Define o plano de cuidados assistenciais de acordo com:
  - A premissa diagnóstica ou sintomática. Por exemplo, paciente recebido com dor abdominal aguda e vômito no pronto-socorro; parada cardíaca.
  - Do procedimento a ser realizado. Por exemplo, quimioterapia, cirurgia torácica.
- São usualmente chamados de *guidelines*.
- São regras de padrão universal, fundamentadas por estudos publicados em revistas científicas de reconhecida reputação no meio acadêmico.
- Não sofrem (ou, pelo menos, não devem sofrer) influência da fonte pagadora, uma vez que se referem exclusivamente à atenção assistencial do paciente.
- Para determinada situação pode haver dois ou mais tipos de protocolo a ser aplicado, mas sempre deve estar evidente qual o protocolo adotado (ou vigente).

Protocolo de relacionamento:

- Define a forma de recebimento de manifestações e retorno (*feedback*).
- Estabelece áreas envolvidas, tempo para resposta, padrão de comunicação etc.
- Uma vez estabelecido, deve ser cumprido na íntegra por todo o hospital para não perder a identidade nem a credibilidade.

O protocolo é uma carta de intenções, portanto, define como o hospital se propõe a fazer algo em relação ao paciente. Entretanto, não corresponde à realidade detalhada do atendimento, pois são diversos os fatores que impedem que o hospital

Administração hospitalar no Brasil

siga à risca o que foi definido no protocolo, uma vez que a atividade assistencial não é uma ciência exata, o que implica variações, sobretudo em relação ao custo.

Particularmente para a gestão do resultado econômico-financeiro do hospital, os protocolos de atendimento e assistenciais são da maior importância, mas essa análise depende também da gestão de suprimentos e da gestão de recursos humanos. É necessário valorizar (obter o custo) o protocolo para avaliar sua viabilidade.

Quadro 4.1 – Protocolos *versus* gestão de suprimentos e de recursos humanos

	Protocolo de atendimento	Protocolo assistencial	Gestão de suprimentos	Gestão de recursos humanos
Definição dos roteiros (processos)	Administrativos	Assistenciais	–	–
Definição e análise dos custos envolvidos	Insumos administrativos (formulários etc.) Mão de obra administrativa (indireta)	Insumos assistenciais (medicamentos, materiais, uso de equipamentos e salas, gases etc.) Mão de obra assistencial (direta e indireta)	Valorização de todo insumo material (medicamentos, materiais, gases etc.)	Valorização de toda mão de obra (assistencial e administrativa)
Abrangência	Grandes grupos de atendimento	Procedimento específico	Itens específicos e unidades hospitalares	Itens específicos e unidades hospitalares
Responsabilidade usual	Diretoria administrativa	Diretoria de serviços médicos	Diretoria administrativa	Diretoria administrativa

O atendimento do paciente baseado em protocolos

O protocolo de atendimento define o atendimento, os locais e a sequência de etapas a que o paciente será submetido. Quando o protocolo está formalizado (escrito e é de conhecimento de todos), é chamado de protocolo padronizado. Quando o protocolo não está formalizado (não está escrito) mas é praticado por todos é chamado de protocolo de fato.

O protocolo assistencial define a atenção assistencial – os procedimentos médicos, de enfermagem e demais assistências a que o paciente será submetido:

- A sequência de eventos.

- Os exames a serem realizados.
- Os medicamentos e posologia a serem prescritos.
- Os procedimentos e cuidados a serem realizados.

Conforme o atendimento vai sendo desenvolvido, o registro dos procedimentos e insumos vão carregando a conta corrente do paciente: são identificadas a alocação de mão de obra e insumos diretos e, eventualmente, é carregada a parcela correspondente ao rateio de custos fixos (custos indiretos).

No momento adequado, a conta corrente do paciente é transcrita em formato de conta de apresentação para a fonte pagadora, podendo ser:

- Uma conta tipo aberta, na qual os itens da conta corrente são transcritos e valorizados pelo preço de venda.
- Uma conta tipo pacote, na qual se identifica, a partir dos itens da conta corrente do paciente, qual o valor fechado de pacote a ser apresentado.
- A mescla de conta tipo pacote, com uma conta aberta correspondendo aos itens fora do pacote.

Pacotes

Pacotes são preços pré-definidos para procedimentos hospitalares, mas não definem o preço total de um atendimento (ou conta inteira). O atendimento pode representar:

- Um procedimento correspondente a um pacote, e procedimentos complementares que são apresentados na conta fora do pacote.
- Mais de um procedimento, podendo ser dois pacotes, ou um procedimento tipo pacote e outro não.

Estrutura básica do pacote:

- Procedimento a que se refere.
- Condições para aplicação:
  - Forma de autorização pela fonte pagadora e aceite pelo prestador.
  - Tipo de atendimento.
  - Histórico e/ou características do paciente.
- Honorários inclusos e não inclusos.
- Insumos inclusos e não inclusos.
- Taxas inclusas e não inclusas.

Administração hospitalar no Brasil

- Preço.
- Data de validade (ou de revisão do preço).

Considerações sobre o Sistema Único de Saúde (SUS):

- São considerados pacotes os procedimentos de baixa e média complexidade pagos por procedimento.
- Fora do pacote são apresentados os itens de alta complexidade, cobrados a parte.

Formação do preço do pacote (preço técnico do pacote)

O preço técnico do pacote é comumente calculado em hospitais de duas formas. Base custo por procedimento:

- Com base no protocolo de atendimento e no protocolo assistencial, define-se o custo por procedimento, de forma similar à determinação do custo de produto acabado em indústria:
  - ❏ Árvore de produtos: definição da quantidade estimada de cada insumo a ser utilizada no procedimento; valorização das quantidades a partir do custo médio de estoque; aplicação da margem de administração e manipulação do produto.
  - ❏ Roteiro de processo: definição das etapas de realização do procedimento; identificação do empenho de mão de obra em cada etapa do processo; valorização do empenho de mão de obra pelo custo proporcional de salários mais encargos; aplicação da margem de administração da mão de obra.
  - ❏ Cálculo do custo unitário: soma do custo obtido na árvore de produtos com custo obtido no roteiro de processos; aplicação da projeção de aumento de custo dos insumos estimado até a data final de vigência do pacote; aplicação da margem de sinistralidade (perda ou retrabalho) de acordo com o histórico de intercorrências.
  - ❏ Cálculo do preço do pacote: aplicação da margem operacional do hospital (lucratividade desejada).

Com base no histórico de contas correntes de pacientes da fonte pagadora para o procedimento, define-se o perfil médio de custo da conta, subtotalizando por:

- Tipo de item: diárias e taxas, honorários médicos, grupo de exames, gases, medicamentos e materiais.
- Cálculo do custo unitário: aplicação da projeção de aumento de custo dos insumos estimado até a data final de vigência do pacote; aplicação da mar-

gem de sinistralidade (perda ou retrabalho) de acordo com o histórico de intercorrências.
- Cálculo do preço do pacote: aplicação da margem operacional do hospital (lucratividade desejada).

O método de apuração por custo por procedimento aponta o custo teórico para a realização do procedimento com base em tudo o que é necessário para a sua realização, mas não o real, uma vez que parte de uma carta de intenções e não do que realmente acontece quando o procedimento é realizado na prática. Exige estrutura administrativa especializada e de custo relativamente alto. Já o método de apuração por perfil da fonte pagadora aponta o custo do que é regularmente apontado nos registros, mas não de tudo que realmente é utilizado na realização do procedimento, principalmente os custos fixos e os erros de apontamento. Traz todo o viés de registro baseado em contratos que têm regras diferentes de uma fonte pagadora para outra.

Os protocolos servem de guia para apuração dos custos, que são apurados:

- Na gestão de suprimentos, no que se refere aos insumos materiais de modo geral (medicamentos, materiais e gases).
- Na gestão de recursos humanos no que se refere à mão de obra (assistencial e administrativa).
- Pela análise do histórico das contas (o que realmente é apontado).

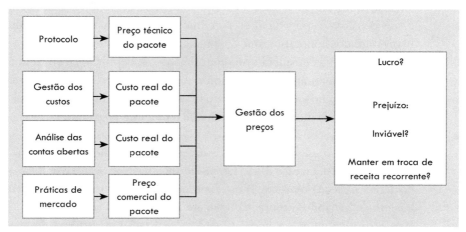

Figura 4.2 – Definição do preço do pacote.

Administração hospitalar no Brasil

Definição do preço do pacote (preço comercial do pacote)

O preço comercial do pacote é definido em consideração à tendência analisada de diversos fatores, sendo os mais comuns:

- Preço da concorrência:
  - Se os hospitais concorrentes praticam, no mercado, preços abaixo do custo calculado (preço técnico), a tendência é não adotar pacote para o procedimento, trabalhando exclusivamente com contas abertas (prática mais comum); adotar o valor do pacote da concorrência (prática menos comum) para não perder movimento complementar, obrigando-se a rever os custos, ajustando seus protocolos de atendimento assistencial; aplicar seu valor de pacote e trabalhar comercialmente para justificar a razão (casos raros).
  - Se os hospitais concorrentes praticam no mercado preços acima do custo calculado (preço técnico), a tendência é adotar seu preço quando deseja fortalecer seu *market share* (prática menos comum); adotar o menor entre os preços praticados pelos concorrentes (prática mais comum). Nos dois casos, costuma-se rever o cálculo antes de tomar a decisão.
- Impacto em relação aos médicos:
  - Ocorre uma vez que os pacotes estão de acordo com a prática médica local, porque foram baseados em protocolos assistenciais definidos pelo corpo clínico ou porque foram baseados na média histórica das contas, que representam a prática médica real no hospital.
  - O impacto em relação aos médicos se resume aos casos isolados de rejeição à utilização de determinados insumos, que são relativamente bem resolvidos com o apoio da diretoria clínica, ou à eventual reclamação do baixo valor dos honorários, que é o impacto a ser tratado pela adminstração. Nesse caso, considera-se a oportunidade de definir o pacote sem a inserção dos honorários ou os honorários médicos são cobrados a parte, de acordo com negociações individuais; ou, ainda, os honorários médicos são cobrados diretamente pelo médico da fonte pagadora.
- Impacto de insumos de alto custo:
  - Quanto menor o volume adquirido de determinado insumo, maior seu custo de aquisição e, no caso dos materiais de alto custo, agrava-se o problema de definir o preço do pacote, já que um único item pode ser representativo a ponto de inviabilizar o preço do pacote inteiro.
  - Nos procedimentos em que é prevista a utilização de insumo de alto custo, considera-se a oportunidade de não incluir no pacote. Negocia-

Termos, conceitos e práticas de mercado **267**

-se o valor complementar ao pacote correspondente aos insumos de alto custo envolvidos em cada caso.

Quadro 4.2 – Apuração dos custos para definição de preços de pacotes

Tipo de custo	Fixo	Variável
	Do atendimento específico	Do atendimento (ou do procedimento)
	Das unidades operacionais do hospital	
Protocolo de atendimento	Guia para definição dos rateios	Guia para definição da apropriação
Protocolo assistencial	Guia para definição dos rateios	Guia para definição da apropriação
Gestão de suprimentos	Valoriza custo real dos insumos	Valoriza custo real dos insumos
Gestão de Recursos humanos	Valoriza custo real da mão de obra indireta	Valoriza custo real da mão de obra direta
Histórico das contas	Custos reais para realização dos rateios	Custos reais para as apropriações

Gestão do custo e preços

Independentemente de praticar pacotes, o hospital analisa o custo e o preço praticado dos principais itens das contas.

Para definir o preço de diárias e taxas de sala, deve-se analisar e comparar basicamente os custos fixos de cada unidade em relação ao faturamento:

- Salários e encargos dos funcionários diretamente alocados na unidade.
- Margem de administração dos funcionários.
- Rateio de custo das utilidades (energia, água etc.).
- Custo de manutenção direta dos equipamentos, mobiliário etc.
- Depreciação do ativo fixo.
- Rateio dos impostos e taxas.
- Rateio do aluguel da área física (quando aplicável).

Sobre o custo é aplicada a margem operacional do hospital (lucratividade desejada). Se os hospitais concorrentes praticam, no mercado, preços abaixo do

Quadro 4.3 – Resumo geral da gestão de preços

Tipo de preço	Definição do preço	Protocolo de atendimento	Protocolo assistencial	Gestão de suprimentos	Gestão de recursos humanos	Gestão de preço e custos
Medicamento	Brasíndice	-	Medicamento a ser utilizado	Rentabilidade individual	-	Rentabilidade real
Material	Simpro ou própria	-	Material a ser utilizado	Rentabilidade individual	-	Rentabilidade real
Material de alto custo	Negociação	-	Material a ser utilizado	Rentabilidade individual	-	Rentabilidade real
Gases	Negociação	-	Material a ser utilizado	Rentabilidade individual	-	Rentabilidade real
Diárias e demais taxas hospitalares	Negociação	-	-	-	-	Rentabilidade real
Honorários médicos	AMB ou CBHPM	-	-	-	Custo de mão de obra	Rentabilidade real
SADT	AMB ou CBHPM	-	-	Custo dos insumos	Custo de mão de obra	-
Pacotes	Negociação	-	Procedimentos, medicamentos e materiais a serem utilizados	Custo dos insumos	Custo da mão de obra	Rentabilidade real

custo calculado para o mesmo padrão de acomodação, a tendência é cortar custos. Se os hospitais concorrentes praticam no mercado preços acima do custo calculado para o mesmo padrão de acomodação, a tendência é adotar o menor entre os preços praticados pelos concorrentes.

O preço de honorários médicos é analisado em relação ao repasse da receita feita aos médicos, podendo ser (formas mais comuns):

- Salários e encargos.
- Comissionamento direto (porcentagem sobre faturamento ou recebimento).
- Comissionamento participativo (porcentagem sobre o resultado da unidade, ou porcentagem sobre o faturamento menos o custo da unidade).

Como o preço é praticado de acordo com tabelas (AMB, CBHPM, SUS etc.), caso o custo seja superior ao preço o hospital em geral (de maneira simultânea):

- Assume o prejuízo direto, em troca do faturamento complementar obtido pela atividade médica.
- Renegocia preços com a fonte pagadora.
- Renegocia repasse junto aos médicos.

Preços de taxas de procedimentos de enfermagem, nutrição e outras

O preço de taxas de procedimento de enfermagem, nutrição e outras é analisado em relação ao custo da estrutura:

- Salários e encargos.
- Custos complementares necessários para administração das unidades.
- Margem de administração dos funcionários.
- Rateio de custo das utilidades (energia, água etc.).
- Custo de manutenção direta dos equipamentos, mobiliário etc.
- Depreciação do ativo fixo.
- Rateio dos impostos e taxas.
- Rateio do aluguel da área física (quando aplicável).

Esse custo deve ser absorvido pelo faturamento das taxas e/ou pelo faturamento das diárias. Caso não seja absorvido, o hospital deve reduzir custos (diminuir o quadro).

O preço das gases deve ser analisado basicamente comparando-se o custo médio de reposição com o preço de venda, ajustado (majorado) quando a relação não significar resultado (quando não atinge a lucratividade desejada).

O preço de medicamentos deve ser analisado basicamente comparando-se o custo médio de reposição com o preço de venda. Como o preço de venda é regrado pelo Brasíndice, o hospital deve permanentemente manter na lista de medicamentos em estoque apenas os que dão resultado (atingem a lucratividade desejada), restringindo a utilização dos deficitários. Essa atividade exige da administração o esforço de conscientização dos médicos, quando aplicável.

O preço dos demais insumos deve ser analisado basicamente comparando-se o custo médio de reposição com o preço de venda, o qual geralmente é definido em tabela própria do hospital. Nos casos em que os preços são baseados em tabelas tipo Simpro e são menores que o custo, para não inviabilizar a realização de determinados procedimentos, hospital e fonte pagadora acordam preços fora da tabela.

Para manter o hospital competitivo no mercado, a administração mantém atividade constante de identificação de materiais similares e menos onerosos, ajustando seus estoques de insumos sempre com os produtos que fornecem melhor margem operacional a um menor preço de venda.

CADASTRO, PRONTUÁRIO MÉDICO E PRONTUÁRIO ADMINISTRATIVO
Cadastro de clientes

Como em qualquer outro tipo de empresa, o hospital registra em seu cadastro de clientes todas as pessoas com quem ele se relaciona de alguma forma.

O cliente hospitalar não necessariamente é um paciente. Pode ter tido relacionamento em palestra, curso, campanha (p.ex., vacinação). Também pode ser cadastrado como cliente em potencial (ou *prospect*), por exemplo, recém-casados, que podem vir a comprar serviços de maternidade; funcionários de empresas, particularmente executivos, que podem vir a fazer parte de programas de *check-up*.

Também são registrados como clientes pessoas que se relacionam por meio de manifestações, sejam reclamações ou elogios sobre algum fato de conhecimento da opinião pública, sejam interessados em participar de alguma atividade hospitalar.

A característica que diferencia o cadastro de clientes hospitalares dos demais clientes é que ele só deve manter registros de eventos que não sejam relacionados aos atendimentos – somente manifestações e eventos não assistenciais.

É comum que esse cadastro tenha como atributos um código universal e único que identifica o indivíduo, sendo gerado normalmente a cada combinação de nome completo + data de nascimento + nome completo da mãe, e deve conter: nome, endereço e contatos, documentos de identificação e histórico do relacionamento não assistencial com o hospital.

Quadro 4.4 – Cadastros e prontuários.

Tipo de relacionamento com o hospital	Cadastro de clientes	Cadastro de pacientes	Prontuário administra-tivo	Prontuário médico simplificado	Prontuário médico tradicional
Clientes e potencial (*prospects*)	Sim	-	-	-	-
Manifestação	Sim	-	-	-	-
Atendimento tipo SADT	Sim	Sim	Sim	-	-
Atendimento ambulatorial	Sim	Sim	Sim	Sim	-
Atendimento tipo pronto-socorro	Sim	Sim	Sim	Sim	-
Atendimento tipo hospital-dia	Sim	Sim	Sim	Sim	-
Atendimento tipo internação	Sim	Sim	Sim	-	Sim

Cadastro de pacientes

Uma vez que o cliente tem algum atendimento hospitalar, independentemente do tipo de atendimento, seu cadastro ganha o *status* de paciente. É o mesmo registro do cadastro de clientes, porém com a classificação de paciente, passando a registrar eventos relacionados ao atendimento e a ser revestido de características relacionadas às regras da ética médica. O simples conhecimento de que um paciente foi atendido em um hospital, mesmo sem que haja a informação exata do motivo pelo qual foi atendido, pode ser extremamente danosa ao cliente, particularmente se for personalidade pública.

É comum que esse cadastro tenha como atributos todos os dados do cadastro de clientes e os registros de atendimento: tipo de atendimento, data e hora dos eventos de atendimento e data e hora da alta ou fim do atendimento.

Prontuário administrativo

É a coleção de registros e documentos de cada atendimento, para todos os efeitos de prestações de contas:

- Termos de responsabilidade.
- Guias de atendimento.
- Autorizações e senhas.
- Registros de consumos.
- Contas, notas fiscais e faturas.
- Registros de recebimento e depósitos.
- Registros de glosas.
- Recursos de glosas.

São as informações e documentos que tramitam pela área administrativa do hospital e pela fonte pagadora.

Prontuário médico

É a coleção de informações e documentos relacionados ao atendimento assistencial do paciente.

Os atendimentos tipo SADT não geram prontuário hospitalar, pois não se considera que a interação exclusiva para realização de exames deva ser registrada em prontuário, de modo que o hospital se obriga apenas a guardar registro do laudo. As imagens e sinais gráficos são entregues ao próprio paciente, embora alguns hospitais costumem manter cópia eletrônica das imagens e sinais gráficos, geralmente quando possuem sistema tipo Picture Archiving and Communication System (PACS) implantado (ver Capítulo 5 – Tecnologia hospitalar).

Nos atendimentos ambulatoriais, de pronto-socorro e hospital-dia, o prontuário é simplificado. O hospital não se obriga a manter nesses prontuários todos os tipos de documentos dos prontuários de internação, os quais são chamados prontuários médicos completos.

O prontuário do paciente pode ir migrando de tipo ao longo do tempo. Quando vem ao hospital apenas realizar um exame, somente o laudo fica em arquivo. Se a sequência for, por exemplo, um atendimento ambulatorial, um prontuário simplificado é gerado, e o laudo que estava em arquivo é adicionado ao final como registro histórico. Havendo internação posterior, o prontuário completo é formado, e o prontuário simplificado anterior é adicionado ao final como histórico.

A lógica do prontuário é ser único, contendo em ordem cronológica inversa todos os registros assistenciais de todos os atendimentos do paciente.

A composição do prontuário médico deve seguir requisitos mínimos exigidos em resoluções, e geralmente é complementado por normas internas do próprio hospital. É pouco provável encontrar dois hospitais que sigam exatamente o mesmo padrão de formação e organização do prontuário médico no Brasil.

Para exemplificar, vamos descrever o padrão adotado em 2010 pelo Instituto Central do HCFMUSP (hospital geral com porta 2 e cerca de 950 leitos):

Base legal:

- Resolução CFM n. 1.638, de 10 de julho de 2002. Define prontuário médico e torna obrigatória a criação da Comissão de Revisão de Prontuários nas instituições de saúde.
- Resolução CFM n. 1.639, de 10 de julho de 2002. Aprova normas técnicas para o uso de sistemas informatizados para guarda e manuseio de prontuário médico, dispõe sobre o tempo de guarda dos prontuários e estabelece critérios para certificação dos sistemas de informação.
- Resolução CFM n. 1.821, de 11 de julho de 2007. Aprova normas técnicas concernentes à digitalização e uso dos sistemas informatizados para guarda e manuseio dos documentos dos prontuários dos pacientes, autorizando a eliminação do papel e troca de informação identificada em saúde.

Documentos padronizados dos prontuários de internação:

- Resumo clínico de alta.
- Alta de pronto-socorro (ficha de pronto-socorro).
- História da internação.
- Exame físico.
- Evolução clínica/evolução de Unidade de Terapia Intensiva (UTI).
- Prescrições médicas.
- Evolução dietoterápica.
- Pedido de consultas/exames.
- Avaliação fisioterápica/evolução fisioterápica.

- Termo de responsabilidade com ficha leito grampeada.
- Avaliação pré-anestésica da disciplina de Anestesiologia.
- Ficha de anestesia.
- Relatório de cirurgia com etiqueta.
- Ficha da recuperação pós-anestésica.
- Ficha pré-operatória.
- Controles especiais de UTI.
- Atestado de óbito (Serviço de verificação de óbito – SVO/Instituto Médico Legal –IML/bem definido).
- Gráfico de sinais vitais.
- Histórico de enfermagem.
- Plano assistencial do paciente.
- Protocolo de recebimento de exames.
- Serviço de enfermagem em atendimento a pacientes externos.

Itens obrigatórios:

- Identificação do paciente.
- Anamnese.
- Exame físico.
- Hipóteses diagnósticas.
- Diagnóstico(s) definitivo(s).
- Tratamento(s) efetuado(s).
- Nome legível e registro da categoria de todos os profissionais envolvidos (CRM, Coen, Crefito etc.)

Acesso à informação do prontuário:

- Solicitação pelo próprio paciente.
- Solicitação dos familiares e/ou do responsável legal do paciente.
- Solicitação por outras entidades (convênios médicos ou outras empresas com autorização do responsável legal).
- Solicitação de autoridades policiais ou judiciárias.
- Conselhos de medicina.
- Médico, em benefício do paciente.
- Auditor autorizado.

Controle e acesso

Quadro 4.5 – Controle de acesso aos cadastros e prontuários

Permissão de acesso	Cadastro de clientes	Cadastro de pacientes	Prontuário administrativo	Prontuário médico simplificado	Prontuário médico tradicional
Marketing hospitalar	Sim	Não	Não	Não	Não
Recepções e secretarias de áreas assistenciais	Sim	Sim	Sim	Não	Não
Área financeira	Não	Sim	Sim	Não	Não
Comercial e auditores de contas hospitalares	Sim	Sim	Sim	Sim	Sim
Médicos e profissionais assistenciais	Não	Sim	Não	Sim	Sim

O Quadro 4.5 ilustra as melhores práticas de liberação de uso das informações pelos principais interessados no ambiente hospitalar. Em relação aos cadastros e prontuários, a administração hospitalar tem três desafios prioritários:

- *Qualidade da informação*: uma falha de cadastro pode trazer prejuízo assistencial, por exemplo, prescrição inadequada de medicação quando a dosagem depende da idade do paciente e a data de nascimento estiver com erro no cadastro ou preparação indevida de sala de procedimento quando o sexo, peso ou altura do paciente estiver com erro no cadastro; prejuízo financeiro, por exemplo, não conseguir lançar o resultado de um exame que só pode ser realizado em mulher (teste de gravidez), porque o cadastro está com erro de sexo ou não realizar a cobrança de um item de fornecimento obrigatório (alimentação para criança e idoso).
- *Unicidade da informação*: se um paciente tiver dois prontuários diferentes, o histórico do prontuário parcial poderá interferir na decisão adequada da conduta médica.

- *Acesso às informações*: deve ser restrito a quem realmente necessita e está autorizado a fazer uso dela. Além do conteúdo protegido pela ética médica, informações técnicas interpretadas inadequadamente podem causar danos à saúde do paciente.

CÓDIGOS IDENTIFICADORES
Codificação

- Atendimento: hospitais atendem milhares de pacientes por semana. As implicações do atendimento podem se estender por meses (entre o agendamento e o recebimento pelos serviços prestados). Para obter eficiência, o hospital se obriga a estruturar os códigos dos eventos a partir do código do paciente.
- Bens, materiais, produtos e serviços (BMPS): hospitais tratam dezenas de milhares de itens entre bens, materiais e produtos e serviços. Para manter o controle adequado da aquisição, manipulação e venda, os hospitais se obrigam a estruturar o BMPS em grupos e subgrupos, sem prejuízo da necessidade de inserir algumas dezenas de atributos adicionais para classificação auxiliar.
- Dígito verificador: como os códigos são escritos e digitados em sistema como rotina, a chance de erro no apontamento de um código é grande. Para minimizar o erro, os hospitais adotam a prática de inserir um código verificador ao final do código. O padrão mais adotado é o "Módulo 11" (Figura 4.3), que é a mesma forma de cálculo dos dígitos verificadores do cadastro de pessoa física (CPF – Receita Federal).

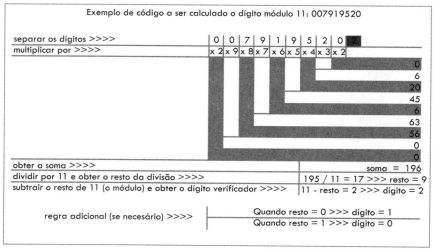

Figura 4.3 – Dígito verificador módulo 11.

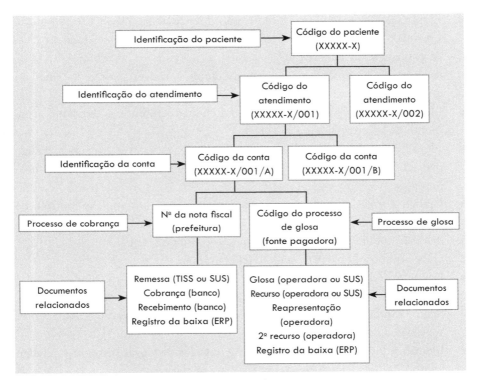

Figura 4.4 – Códigos relacionados aos atendimentos.

Códigos relacionados aos atendimentos

- Código do paciente: mesmo código do cliente, deve ser único para cada pessoa, contendo nome, data de nascimento e nome da mãe. Para simplificar, os controles devem ter o mesmo código do prontuário administrativo e médico.
- Código do atendimento: um código diferente para cada atendimento do paciente. Para simplificar, é desejável que seja o mesmo código do paciente, agregado a um número sequencial à direita.
- Código da conta: um código diferente para cada conta do paciente. Para simplificar, é desejável que seja o mesmo código da conta, agregado a uma letra à direita.
- Número da nota fiscal: o número é gerado automaticamente quando a nota fiscal eletrônica é emitida. Em associação ao número da nota fiscal existem diversos documentos e códigos relacionados ao processo de cobrança.

Administração hospitalar no Brasil

- Identificação da remessa à fonte pagadora: padrão TUSS (Terminologia Unificada para Saúde Suplementar) ou SUS, ou do próprio hospital, no caso de pacientes particulares.
- Número do documento de cobrança, quando aplicável: padrão do banco ou entidade financeira.
- Identificador do recebimento: padrão do banco referente ao depósito, pagamento de boleto (DOC, TED etc.)
- Identificador do registro da baixa nos controles de contas a receber: código padronizado da baixa no sistema Enterprise Resource Planning (ERP) hospitalar.
- Código do processo de glosa: código gerado pelo sistema de controle da fonte pagadora (operadora ou SUS). Em associação a esse código existem diversos documentos relacionados ao processo de recurso:
- Glosa: motivo da glosa no padrão da operadora.
- Recurso: código do recurso de glosa.
- Reapresentação: código da representação da glosa no padrão da operadora ou SUS.
- Segundo recurso: código do processo de segundo recurso referente à representação da glosa.
- Identificador do registro da baixa nos controles de glosas pendentes: código padronizado da baixa no sistema ERP hospitalar.

Códigos BMPS

O Quadro 4.6 ilustra as melhores práticas de mercado na estruturação dos grupos e subgrupos de bens, materiais, produtos e serviços.

O principais desafios da administração hospitalar são:

- Manter a disciplina de cadastramento de novos BMPS: quando o cadastramento é descentralizado, é comum a duplicação de códigos, que dificultam a adequada gestão. É comum também formar uma comissão de cadastro com representantes das principais áreas envolvidas.
- Eliminar itens obsoletos para reduzir (despoluir) o cadastro e simplificar os controles: dar baixa e eliminar bens dos controles ativos, especialmente equipamentos de tecnologia. Dar baixa e eliminar insumos (materiais, medicamentos e insumos administrativos) que estão há muito tempo sem utilização, especialmente os materiais descartáveis utilizados na assistência ao paciente.

Quadro 4.6 – Códigos BMPS (Bens – Materiais – Produtos – Serviços).

Tipo de cadastro	Estruturação dos grupos (práticas de mercado)	Subgrupos (práticas de mercado)
Bens	Imóveis Mobiliário Veículos Equipamentos médicos Equipamentos de tecnologia Outros equipamentos Instrumental	Similaridades
Materiais	Produtos (insumos que são vendidos) Insumos assistenciais (utilizados na assistência ao paciente mas não diretamente vendidos) Materiais de manutenção	De estoque Em consignação Aquisição conforme especificação Similaridades
Medicamentos	Conforme estrutura da Anvisa	Drágeas Líquidos Pomadas e pastas *Spray* Similaridades
Utilidades	Líquidos Energia e sinais eletromagnéticos Gases	Similaridades
Serviços	De fornecimento (vendidos) Assistenciais (utilizados na assistência do paciente mas não diretamente vendidos) De aquisição	Similaridades

TURNO, JORNADA, PLANTÃO E PASSAGEM DE PLANTÃO

Apesar de ser, por excelência, uma empresa que trabalha 24 horas por dia, isso não significa que não existam horários extraordinários em hospitais. Todas as atividades eletivas podem ser realizadas apenas no considerado horário comercial do mercado: das 7h00 às 18h00 de segunda a sexta-feira, das 7h00 às 12h00 aos sábados.

Nos domingos e feriados oficiais (municipais, estaduais e federais) não se aplica horário comercial. Fora do horário comercial, considera-se o período chamado horário extraordinário.

Não se aplica o horário extraordinário:

Administração hospitalar no Brasil

- Nas atividades assistenciais de rotina nas unidades de internação convencionais (visitas dos plantonistas, enfermagem, fisioterapia, nutrição, higiene etc.).
- Em todos os procedimentos realizados no pronto-socorro, exceto procedimentos médicos classificados como cirúrgicos.
- Em todos os procedimentos realizados nas UTI e semi-intensiva, exceto procedimentos médicos classificados como cirúrgicos.

Turno é o nome dado à determinado período. O plano de cuidados do paciente é definido em função do turno: análise do que foi feito no turno anterior, o que será feito no período, quais recursos devem estar disponíveis para que o que vai ser feito se viabilize.

Jornada de trabalho é o nome dado ao horário individual de trabalho de cada colaborador. No caso dos profissionais assistenciais, a jornada ou coincide com o turno ou é muito similar, a situação ideal seria que a jornada fosse exatamente o período do turno, mas os procedimentos de passagem de turno e as exigências da legislação trabalhista não permitem que a situação ideal aconteça.

Plantão é o período de trabalho determinado para um grupo de profissionais assistenciais permanecerem no posto de trabalho juntos, na melhor organização possível do horário de modo à maximizar a atenção assistencial dos pacientes. Não se aplica às atividades administrativas e de apoio assistencial.

Práticas de mercado:

- Turnos:
  - Manhã – das 6h00 às 12h00.
  - Tarde – das 12h00 às 18h00.
  - Noite – das 18h00 às 00h00.
  - Madrugada – de 00h00 às 6h00.
- Jornadas de trabalho:
  - Com folgas semanais:
    - Das 6h00 às 12h00 ou das 7h00 às 13h00.
    - Das 7h00 às 16h00 ou das 8h00 às 17h00 ou das 9h00 às 18h00, com intervalo de 1 hora.
    - Das 12h00 às 18h00 ou das 13h00 às 19h00 ou das 16h00 às 22h00.
  - Em regime 12 horas x 36 horas (um dia de trabalho alternado com um dia de folga):
    - Das 18h00 às 6h00 ou das 19h00 às 7h00, com intervalo de 1 hora;
  - Médicos:
    - Das 6h00 às 18h00, com intervalo de 1 hora (2 vezes por semana).
    - Das 7h00 às 13h00 ou das 12h00 às 18h00.
    - Das 18h00 às 6h00, com intervalo de 1 hora (2 vezes por semana).

Plantão

- Manhã – das 6h00 às 12h00.
- Tarde – das 12h00 às 18h00.
- Noite – das 18h00 às 06h00.

Emergência, urgência e horário extraordinário

Emergência é a definição de um fato que ocorre inesperadamente. Urgência é a definição de algo que deve ser feito o mais rapidamente possível para solucionar um problema, caso contrário esse problema pode se agravar.

No ambiente hospitalar, esses dois conceitos definem quando um procedimento realizado pode ser enquadrado em horário extraordinário. Nem todo evento ocorrido em emergência é urgente, já que o fato de ter ocorrido inesperadamente não qualifica a sua solução em regime de urgência. Para ser classificado como urgente deve haver evidência de que necessita ser tratado imediatamente.

Como nos hospitais a estrutura do centro cirúrgico (que é de alto custo) geralmente está disponível apenas em horário comercial, caso haja a necessidade de um procedimento de urgência as tabelas de remuneração de honorários médicos preveem acréscimo em horário extraordinário; enquanto as tabelas de preços de diárias e taxas hospitalares também preveem acréscimo, uma vez que uma estrutura será mobilizada para preparar a sala, e a jornada de trabalho provavelmente será remunerada com base em horas extras previstas na Consolidação das Leis Trabalhistas (CLT). A fonte pagadora só remunera o acréscimo de horário extraordinário quando for evidenciada a urgência.

Classificação da urgência

Nos hospitais públicos brasileiros é comum não ter recursos suficientes para atender a demanda de urgência. Mesmo em hospitais privados há períodos em que a estrutura disponível não atende a demanda momentânea. Por essa razão, todos os hospitais costumam manter protocolos de priorização da urgência. Esses protocolos variam de um hospital para outro.

A parada cardíaca é comumente tratada com protocolos específicos:

- Sinais sonoros codificados.
- Rotas de acesso diferenciadas.
- Recursos em espera estrategicamente dispostos para que o acesso ao paciente seja feito em poucos segundos.

Quando não existe recurso disponível, não existe prioridade.

Passagem de plantão da enfermagem

Prática para assegurar a continuidade da assistência ao paciente, devendo ocorrer transmissão de informações dos profissionais que terminam o turno anterior para os que iniciam o próximo turno:

- Estado dos pacientes.
- Tratamentos.
- Assistência prestada.
- Intercorrências.
- Pendências.
- Situações e fatos específicos da unidade de internação que merecem atenção.

O desafio da administração hospitalar é padronizar essa comunicação de forma escrita, como se observa no Quadro 4.7:

Quadro 4.7 – Passagem de plantão da enfermagem.

Por tarefas (anos 1980)	Em grupos (anos 1990)	Em subgrupos (1996)	Em subgrupos baseada em registros (atual)
Cada profissional assume determinado cuidado (ou grupo) e o realiza em todos os pacientes. O profissional informa sobre as atividades realizadas ao colega que prossegue no plantão seguinte com as mesmas tarefas. Implantou a sistematização da assistência de enfermagem: histórico, plano de cuidados diário e evolução de enfermagem. Ultraespecializa o profissional em determinadas atividades.	Reunião no posto de enfermagem com a participação de todos os enfermeiros. Cada profissional assume determinado cuidado (ou grupo) e o realiza em todos os pacientes. Mantém o grupo como um todo mais informado sobre os casos, simplificando o rodízio de atividades, mas dispersa a informação pelos que não têm interesse sobre determinados assuntos.	Pacientes sempre são assistidos pelos mesmos profissionais, em todos os seus cuidados. As reuniões são apenas para o grupo que cuida dos mesmos pacientes.	Mesma forma da passagem em subgrupos. As reuniões de passagem de plantão dão mais foco a ressaltar quais registros devem ser analisados, e menos em passar as informações no momento da reunião.

Todas as modalidades têm vantagens e desvantagens em relação umas às outras. A prática demonstra que a melhor modalidade é a mais aceita pela própria equipe, ou seja, aquela que permite a melhor comunicação e, dessa forma, dá mais segurança para o paciente e a própria equipe de enfermagem.

Independente da forma, a passagem de plantão é um fator decisivo para a qualidade assistencial, já que a equipe de enfermagem é a única no hospital que acompanha o paciente do início ao fim do atendimento. O paciente fica alguns dias internado, 24 horas por dia, passando geralmente por mais de uma unidade de internação, e por diversas trocas de turno. Desse modo, a passagem de plantão é a ferramenta hospitalar que garante a continuidade assistencial padronizada.

PRÁTICAS COMUNS DE ADMINISTRAÇÃO HOSPITALAR
Identificação ambiental por esquemas de cores

Figuras ilustram o esquema ambiental de cores adotado pelo Instituto de Psiquiatria do HCFMUSP.

Para simplificar a identificação dos locais, necessária principalmente por causa da convivência simultânea de pacientes que possuem tipos de atendimento diferentes, que buscam serviços espalhados pela complexa planta hospitalar, a administração guia o público por cores:

- Para identificar os blocos físicos, comuns na maioria dos hospitais, cada bloco de interesse é pintado com uma cor. Painéis com a planta hospitalar são inseridos em pontos estratégicos que facilitam a identificação do local em que a pessoa se encontra ou deseja ir.
- Para identificar rotas, em corredores e áreas comuns, principalmente em hospitais de grande fluxo de pessoas, uma ilha de determinada cor é pintada no chão, indicando o caminho a seguir de um local para outro. Em alguns hospitais, a linha é substituída por arte decorativa (p. ex., sequência de pássaros entre a recepção e o consultório infantil).

As cores são particularmente importantes em hospitais de alto fluxo de pessoas não alfabetizadas. Como regra prática:

- Não são utilizadas as cores branca e vermelha, próprias de equipamentos de segurança.
- Também não são utilizadas cores que eliminam o contraste desejado para identificação de onde os equipamentos de segurança se localizam.

Ronda técnica do administrador

Os administradores hospitalares são diretamente responsabilizados pela eventual indisponibilidade de algum recurso (intercorrência). As principais intercorrências hospitalares são:

- Falta de mão de obra em determinado período.
- Problemas com a instalação física.
- Tumultos relacionados a pacientes e acompanhantes.

O controle da mão de obra é realizado pelos gestores das áreas:

- Contingenciando o absenteísmo.
- Retendo colaboradores de um turno em outro.
- Mantendo o número mínimo de pessoas para executar as tarefas essenciais.

Os problemas com instalação física são controlados pela equipe de manutenção hospitalar e engenharia clínica:

- Cumprindo a manutenção recomendada pelos fornecedores, por meio da coleta de informações dos próprios equipamentos, quando aplicável (manutenção preditiva).
- Definindo e executando o plano de manutenção (manutenção preventiva).
- Reparando o que foi apontado como defeito (manutenção corretiva).

O controle do clima populacional, evitando e controlando eventuais tumultos, é feito pelos gestores das áreas comuns e das áreas assistenciais, os quais avaliam adequadamente a proporção do evento, solicitando apoio de outras áreas quando o hospital não possui competência técnica ou operacional para atuar isoladamente.

Essas três práticas geralmente não são eficientes para prevenir problemas que fogem da rotina do planejamento. Exemplos:

- A manutenção preventiva é executada em cima de um plano que supõe o prazo em que determinado equipamento pode chegar à fadiga. Mas não avalia se por algum fator excepcional a fadiga está ocorrendo de forma acelerada.
- O absenteísmo em determinada troca de turno de uma equipe assistencial só é percebido em caso de um acidente que impede o tráfego na região no horário da troca. Poderia ser mais bem solucionado se o gestor soubesse desse fato com maior antecedência.

Como o hospital é um edifício de múltiplas utilidades, a probabilidade de haver um problema inesperado nas suas instalações físicas é maior que nos edifícios de empresas de outros segmentos de mercado. Como no hospital transita grande volume de pessoas, das mais diversas características sociais, a probabilidade de ocorrer algum evento que tumultue o ambiente é grande. Para reduzir a probabilidade de surgimento de problemas e eventos inesperados, a administração hospitalar se utiliza da ronda. A ronda é executada diariamente, no início do dia e no início da noite, e consiste em visitar fisicamente os locais e verificar se existe algum indício de anormalidade:

- Condições ambientais (temperatura, luminosidade, odor etc.).
- Ocupação – quantidade de pessoas (muito maior ou menor do que o normal).
- Defeitos em mobiliários e equipamentos de uso público, principalmente em salas de espera.
- Sinais de anormalidade na estrutura física (manchas, vazamentos etc.).
- Apresentação e postura dos colaboradores no relacionamento com os clientes.
- Fatos e eventos fora do controle da administração hospitalar (greves, acidentes, casos de interesse da opinião pública, movimentos grevistas relacionados ao hospital, presença da imprensa, presença de polícia, presença de personalidades ou autoridades etc.).

Roteiro diário:

- Todas as áreas comuns.
- Todas as recepções.
- Todos os caixas e áreas administrativas de atendimento ao cliente.

Roteiro por amostragem:

- Uma unidade de internação diferente a cada dia.
- Um serviço de diagnóstico diferente a cada dia.
- Uma unidade de apoio diferente a cada dia.

O objetivo da ronda não é se tornar uma atividade executiva, uma vez que se espera que isso seja responsabilidade das próprias áreas de manutenção e dos gestores. Não se espera que a ronda resulte na abertura de ordens de serviço de manutenção, mas sim que a administração hospitalar tenha interação adequada com os gestores das áreas para encontrar a melhor solução para o eventual problema potencial identificado.

O desafio da administração hospitalar é conciliar o orçamento das áreas com as necessidades de ajustes estruturais que estejam prejudicando o atendimento, ou que sejam riscos potenciais não mapeados nos planos de manutenção de rotina.

Gestão do risco financeiro
Risco financeiro

Como qualquer outro tipo de empresa, o hospital é afetado pelos riscos financeiros mais comuns, relacionados aos processos de aquisição e fornecimento. Mas, especificamente em relação aos pacientes de operadoras de planos de saúde, o risco do hospital é muito maior:

- O cliente de fato é o paciente.
- A fonte pagadora é a operadora.
- O contrato com a operadora estabelece regras de cobertura que não são 100% claras. Mesmo quando são claras, a cobertura pode não ser total, havendo necessidade de complementação de pagamento por parte do próprio paciente.

Os principais eventos que maximizam o risco no atendimento de pacientes de operadora são relacionados às internações cirúrgicas. Nem todos os planos de saúde têm o mesmo tipo de regulamentação da ANS, e a regulamentação não define cobertura para tudo que se refere ao atendimento hospitalar – a consequência é que o próprio segurado não tem conhecimento adequado do que tem direito. Boa parte das internações cirúrgicas não são eletivas, decorrem de situações de urgência. E nem sempre a estrutura de autorização da operadora está disponível para atender no momento da necessidade; a internação ocorre antes da confirmação da autorização, que pode não se concretizar. A maioria absoluta da população não tem dimensão dos custos de uma internação hospitalar, sobretudo as cirúrgicas, comprometendo-se a pagar contas com as quais nem sempre têm condições de arcar.

O principal instrumento utilizado pelo hospital para minimizar o risco é estabelecer um contrato identificando que tudo aquilo que não for coberto pela operadora deve ser pago pelo próprio paciente. Na prática hospitalar, este contrato é um termo padronizado denominado "Termo de responsabilidade".

Estrutura básica do termo (prática mínima de mercado):

- Paciente: nome completo, filiação, data de nascimento, endereço e documento de identificação.

- Responsável no caso de pacientes não emancipados: nome completo, endereço e documento de identificação.
- Responsável pelo pagamento da conta: nome completo, endereço, documento de identificação e (quando possível) registro na Receita Federal.
- Identificação do atendimento hospitalar: tipo de atendimento, previsão de permanência no hospital e procedimento previsto.
- Plano de saúde: operadora, plano e identificação (número da carteirinha, data de emissão e/ou data de validade).
- Termo:
    - Obrigações do responsável:
        - "Declaro ter conhecimento de que estou sendo internado por autorização da operadora do meu plano de saúde, e de acordo com as condições estabelecidas no contrato de credenciamento entre ela e o hospital, as despesas não cobertas, assim definidas as despesas a que a operadora não der cobertura, serão pagas por mim."
    - Comunicação da não cobertura:
        - "O hospital se obriga a comunicar o responsável com antecedência sobre os itens não cobertos pela operadora: nos casos de urgência, em que a vida do paciente correr risco, o hospital se desobriga da comunicação antecipada. Nesses casos, se a operadora não der cobertura, fica o responsável obrigado a arcar com as despesas e buscar reembolso junto à operadora; não se tratando de urgência, o responsável deverá autorizar se responsabilizando pelas despesas, ou providenciar a transferência do paciente para outro estabelecimento de saúde: as custas da transferência são de responsabilidade exclusiva do responsável, bem como todas as despesas hospitalares não cobertas pela operadora enquanto o paciente estiver internado no hospital."

Gerenciamento do risco financeiro

O segundo instrumento utilizado pelo hospital é a gestão do risco, uma vez que ele seja inevitável.

Quando se planeja uma internação, às vezes não é possível identificar com precisão quanto tempo ela durará ou quais procedimentos serão realizados. Exemplos:

- O paciente vai realizar uma cirurgia exploratória (fato certo) e, dependendo do que for verificado, é possível que seja realizada uma cirurgia reparadora (fato incerto).

- Ao buscar a autorização junto à operadora, o hospital cita as duas cirurgias, mas dependendo da operadora é possível que autorize uma, para só decidir depois se autoriza a outra.
- Para o paciente, é mais adequado realizar a segunda cirurgia durante o próprio ato cirúrgico, para não ter de sair da cirurgia, aguardar a autorização para voltar ao centro cirúrgico, ou mesmo ter alta e fazer o procedimento em outro hospital. E para a própria operadora é menos oneroso arcar com o custo da cirurgia no mesmo ato cirúrgico.

A gestão do risco é basicamente analisar o quanto o hospital pode perder financeiramente se a operadora não autorizar a sequência do atendimento, levando em conta o quanto é danosa para o paciente esta situação, e assumir o risco de não receber o complemento, decidindo aceitar a internação mesmo com a autorização condicional e o eventual custo de acionar o paciente pela não cobertura, e o risco de não receber dele o pagamento. Ou recusar a internação, instruindo o paciente a interagir com a operadora até conseguir todas as autorizações necessárias.

Para a gestão do risco, considera-se a relação entre o valor do litígio de autorização e o total da conta. Na prática, se a porcentagem de litígio for inferior ao percentual de glosa da operadora, assume-se o risco. Caso a porcentagem seja superior, analisam-se os demais fatores, ou seja, se historicamente a operadora nega autorização; se o responsável tem garantias financeiras adequadas; se o quadro do paciente ainda supõe outras intercorrências que necessitarão de autorizações complementares.

Plano de gerenciamento de riscos

Como o risco financeiro envolve tanto o hospital como os médicos, uma vez que parte da conta são honorários que são repassados, é comum a administração hospitalar editar uma norma denominada plano de gerenciamento de riscos, a qual descreve as condições de aceitação do risco e deve ser aprovada pelo diretor clínico no que se refere aos aspectos das contas relacionadas aos honorários médicos.

Gestão do risco ambiental
Risco ambiental referente à infecção

Hospital é um grande produtor de material infectado.

A administração hospitalar deve dar atenção especial ao descarte desse material de acordo com a legislação e, principalmente, para dar segurança aos colaboradores, pacientes e acompanhantes.

Nos grandes centros urbanos, as prefeituras costumam ter sistema diferenciado de coleta de lixo hospitalar infectado, de modo que esse material não se misture ao lixo comum em aterros sanitários, que geralmente não têm controle de acesso adequado à proteção humana. Da mesma forma que a prefeitura tem fluxos diferentes de coleta de lixo comum e hospitalar, o próprio hospital deve ser provido de fluxos diferenciados, evitando misturar lixo comum ao infectado e vice-versa. O lixo infectado junto ao comum pode ser manipulado de forma inadequada, colocando os colaboradores em risco. Já o lixo comum junto com o hospitalar avoluma o material de maior cuidado de manipulação, aumentando os custos administrativos desse lixo.

A prática comum é manter coletores diferenciados na origem (nas próprias unidades assistenciais que produzem o lixo infectado) e rotina de coleta diferenciada.

Risco ambiental referente a acidentes

Hospital é um grande produtor de lixo perfurocortante (agulhas, lâminas etc.). Além do risco relacionado à infecção, esse tipo de material também apresenta risco de acidente para os colaboradores (cortes e furos). Quando se trata de material para descarte (p. ex., agulhas), o hospital deve segregá-lo ainda mais da coleta de lixo infectado, provendo recipientes adequados para depósito, que evitam o contato por amassamento. O acidente mais comum é quando o colaborador não vê o material perfurocortante e não sabe que em determinado recipiente existe um objeto dessa natureza: ao tentar compactar volume do recipiente amassando-o, o material perfura a embalagem, originando o acidente. O recipiente de coleta deve ter a rigidez física necessária para evitar a violação da embalagem, protegendo a manipulação para destinação adequada.

Risco ambiental referente a sinistros

Sendo o hospital um local de alto volume de pessoas com dificuldade de locomoção e, no caso de pacientes, até impossibilitadas de se locomover, a administração hospitalar deve manter plano diferenciado de evacuação de pessoas. Por exemplo, em uma empresa normal, bastaria um sinal de alerta no caso de incêndio e uma boa sinalização da rota de fuga para manter-se dentro das normas de proteção às pessoas do edifício. No hospital, é necessário manter equipes que saibam como agir para levar as pessoas impossibilitadas de se locomover para o local de fuga adequado.

As normas de evacuação em edifícios hospitalares são mais complexas porque envolvem trajeto mais amplo, permitindo que se possa deslocar macas e

Administração hospitalar no Brasil

cadeiras de rodas, acesso facilitado pelas janelas em caso de abordagem por escadas tipo "magirus" diretamente ao local em que ficam os pacientes, e comissões de prevenção de acidentes com pessoas treinadas em transporte de pessoas com traumatismos (paramédicos).

As melhores práticas de mercado recomendam que, pelo menos uma vez por ano, seja feita uma avaliação junto ao corpo de bombeiros, se possível com simulação de resgate nos pontos de maior dificuldade de acesso.

CENSO HOSPITALAR
Significado original do censo hospitalar

O censo é a atividade de administração hospitalar mais antiga. O mapa original do censo serve para identificar, em determinado horário, quais pacientes se encontram internados nos leitos e quais são os leitos vagos, interditados etc.

A estruturação do censo geralmente é segmentada. Primeiramente de acordo com a estrutura física do hospital: bloco, andar etc.; depois de acordo com a divisão dos tipos de unidade: UTI, semi-intensiva, apartamentos, enfermarias etc.

1° andar	2° andar
Unidade coronariana:	Ala A
Leito 101: vago	Leito 201: vago
Leito 102: paciente X	Leito 202: vago
Leito 103: paciente Y	Ala B
Unidade semi-intensiva:	Leito 203: paciente W
Leito 104: paciente Z	
Leito 105: interditado	
Leito 106: vago	

Todos os hospitais adotam como prática congelar a situação do censo à 0h00. Padronizar determinado horário permite comparar os dados sempre em relação a uma mesma base de horário, reduzindo os erros de análise em decorrência dos períodos de pico de atendimentos que ocorrem durante as 24 horas do dia. O período da madrugada é o de menor fluxo de movimentação de pacientes nos leitos, por essa razão, 0h00 é o horário mais estável para servir de base.

Praticamente todos os hospitais controlam o censo por sistema informatizado que vai alocando e deslocando os pacientes dos leitos automaticamente nas internações, transferências e altas. Nesses hospitais, é comum a emissão do censo por unidade por volta de meia-noite. A chefia de enfermagem da unidade verifica leito por leito se as informações do censo estão corretas; havendo divergência, providencia o ajuste.

Nos hospitais não informatizados, à meia-noite a enfermagem da unidade verifica a situação leito por leito e constrói o censo. Não é raro haver divergência entre a alocação real do leito do paciente e o registro no sistema, podendo ser decorrência de erro de registro no sistema ou nos controles ou de necessidade urgente de movimentação de um paciente de um leito para outro em regime de urgência (problema de instalação física, ou separação de pacientes em um mesmo quarto etc.).

Para todos os efeitos, esse relatório é a posição oficial de ocupação do hospital. Pode ser exigido pela autoridade pública à qual o hospital se vincula, e responsabilizar a administração hospitalar, ou pode ser exigido como prova pela fonte pagadora. É documento obrigatório, citado como referência em diversas leis e controles.

Epidemiologia hospitalar

Atualmente, o significado do censo é mais abrangente, incluindo o controle da epidemiologia hospitalar:

- Controle dos leitos.
- Perfil epidemiológico básico da população atendida pelo hospital.
- Registro de doenças de notificação compulsória.
- Indicadores de produtividade.
- Indicadores das características operacionais do hospital.

O censo hospitalar apresenta valores gerais do hospital, estratificando por unidade de internação, sendo mais comuns as informações listadas a seguir:
- Leitos:
  - Instalados.
  - Operacionais (disponíveis para internação).
  - Não operacionais.
  - Interditados pela CCH.
  - Interditados pela manutenção.
  - Não disponíveis por outras razões.
- Movimentação nos leitos:
  - Entradas (ou admissão no leito): por internação, por transferência de outra unidade hospitalar convencional, por transferência de outra unidade hospitalar tipo semi-intensiva, por transferência de outra unidade hospitalar tipo intensiva.

- Saídas: por óbito com permanência no leito menor que 24 horas; por óbito com permanência no leito maior que 24 horas; por transferência para outra unidade hospitalar com permanência no leito menor que 24 horas; por alta, com permanência no leito menor que 24 horas; por alta, com permanência no leito maior que 24 horas.
- Indicadores:
  - Leito-dia.
  - Paciente-dia.
- Média diária de pacientes:
  - SUS.
  - Operadoras.
  - Particulares.
- Média de permanência.
- Taxa de ocupação hospitalar.
- Índice de renovação ou de giro.
- Índice de intervalo de substituição.
- Taxa de mortalidade.

Exposição dos dados epidemiológicos

Os dados epidemiológicos do censo não são sigilosos, exceto a identificação dos pacientes alocados nos leitos. Publicar os dados epidemiológicos abertamente, preservando a identidade dos pacientes, é atualmente um dos mais importantes fatores de competitividade de mercado praticados pelos hospitais brasileiros, seguindo as tendências europeias e do mercado norte-americano.

É comum deixar uma via impressa completa do censo no Same (Serviço de Arquivo Médico e Estatístico), ou permitir o acesso ao censo no Same diretamente no sistema de controle, publicar anualmente um relatório completo com dados do último período e a evolução em relação aos períodos anteriores e publicar o censo completo na intranet e na *home page* do hospital.

CONSIGNAÇÃO, ÓRTESES, PRÓTESES E NUTRIÇÃO ESPECIAL
Consignação

Principalmente em relação a órteses e próteses, é grande a dificuldade de administração de materiais, em virtude do custo elevado, grande variedade de calibre e baixo giro de estoque, fatores pelos quais não se recomenda manter esse tipo de material em estoque. A situação ideal para o hospital seria adquirir somente no momento em que o material é necessário, mas o processo de aquisição regrado, necessário para manter o controle das compras, é incompatível com a velocidade que a assistência necessita. Por essa razão, utiliza-se a prática de trabalhar com materiais consignados. Formaliza-se um contrato do tipo "guarda-chuva" com o fornecedor, e o material fica à disposição do hospital. Somente se o hospital realmente vier a utilizá-lo, é formalizada a compra.

A consignação, na prática, é a terceirização do estoque com o próprio fornecedor. A margem de preço que o fornecedor aplica para administrar o fornecimento deve ser menor que o custo que o hospital teria para manter o produto em estoque. O fornecedor deve garantir uma quantidade mínima para a necessidade do hospital.

Práticas de consignação comuns em hospitais brasileiros
Órteses

Por definição, são dispositivos externos aplicados ao corpo para modificar os aspectos funcionais ou estruturais. Não substituem a estrutura, mas complementam-na para apoio ou correção. As órteses mais comuns são aparelhos ortopédicos destinados a alinhar, prevenir ou corrigir deformidades ou melhorar a função das partes móveis do corpo, podendo ser provisórias ou permanentes.

Embora o material utilizado geralmente não seja caro, por serem desenvolvidas em diversos tamanhos e exigirem ajustes, acabam tendo custo final elevado. A regra mais comum de mercado é estabelecer preços por tamanhos padronizados. Por exemplo, caso sejam botas ortopédicas, preço X para os tamanhos 30 a 35, Y para 36 a 40 etc.

Segundo a prática de mercado, o médico ou odontólogo prescreve a órtese e o hospital interage com o fornecedor no processo de prova e ajustes. O médico ou odontólogo examina a aderência do produto à necessidade prescrita e dá o aceite. Só então o fornecedor fatura o material contra o hospital para pagamento.

Próteses

Por definição, é o componente artificial que tem por finalidade suprir necessidades de estruturas do corpo humano. Na prática, considera-se prótese quando esta substitui integralmente a estrutura que não atende a necessidade funcional humana. As mais comuns são dispositivos ortopédicos que substituem membros amputados, e próteses odontológicas, que substituem a arcada dentária (superior, inferior ou ambas). Geralmente são permanentes.

O material utilizado para a confecção da prótese normalmente já tem seu custo elevado, e como a prótese tem a característica de ser desenvolvida sob medida, o custo final acaba sendo ainda maior. A regra mais comum de mercado é estimar (não estabelecer) preços por tamanhos padronizados. Por exemplo, se são pernas, o preço estimado para comprimento até 60 cm é X, entre 60 e 70 cm é Y, e assim por diante, de modo que o preço exato é definido após a confecção e ajustes. Costuma-se limitar o preço à quantidade de serviço agregado (quantidade de consultas de prova, quantidade de ajustes etc.)

Implantes

Diferente da prótese, que substitui integralmente uma estrutura; por definição, o implante é algo que acrescenta volume ou função a algo que já existe.

Os mais comuns são implante mamário (costuma ser chamado indevidamente de prótese de silicone, quando apenas eleva o volume aparente); implante dentário; implante peniano; *stents*, válvulas e outros dispositivos aplicados nas cirurgias vasculares e do coração.

São materiais de alto custo que ainda trazem a particularidade de, em muitos casos, só se ter a definição exata do tamanho durante o procedimento, o que eleva o custo de logística de fornecimento por parte do fornecedor. Via de regra são permanentes.

Os preços são pré-definidos por tamanhos padronizados, já incluídos os serviços.

Segundo a prática de mercado para procedimentos médicos, o médico prescreve o implante e uma variedade de tamanhos aproximados ao que se estima ser necessário fica à disposição durante o procedimento. O médico utiliza o implante mais adequado de acordo com seu critério de análise, e os implantes não utilizados são devolvidos ao fornecedor, que só então fatura o material contra o hospital para pagamento.

Para procedimentos odontológicos, o odontólogo prescreve e prepara um molde, de acordo com o qual uma peça é desenvolvida. O fornecedor entrega o implante e o odontólogo faz o teste: se não aderir adequadamente à necessidade, devolve a peça para ajuste ou substituição; se estiver aderente, dá o aceite. O fornecedor fatura o material contra o serviço de saúde para pagamento.

Desafio adicional da gestão de materiais consignados

Os contratos devem definir com muita clareza os conceitos do que é órtese, prótese e implante; o fluxo de entrada do material no hospital, documentos comprobatórios e recolhimento de tributos; o fluxo de validação e aceite; as regras de formação de preços; as regras de perda por obsolescência, validade etc.; e o fluxo de pagamento.

Por se tratar de material de alto custo, e boa parte das vezes de pequena dimensão, o controle físico do trâmite deve ser rígido, com rastreabilidade de onde passou e por quem foi manipulado em todo o processo logístico. Deve ser dada

Termos, conceitos e práticas de mercado **295**

preferência ao material que contenha número de série, o qual pode ser exigido pela fonte pagadora para comprovar a utilização e também ser de muita utilidade nos processos de auditoria interna. Sempre que aplicável, as embalagens e as notas fiscais de movimentação do material devem ser tratadas de forma diferenciada dos demais tipos de produto. Caso sejam estocados no hospital, deve-se segregar fisicamente dos demais objetos em local de acesso restrito aos responsáveis, principalmente evitando que um fornecedor tenha acesso aos materiais de outros.

Nutrição parenteral

Ministrada na veia do paciente, a nutrição parenteral serve para complementar ou substituir completamente a alimentação oral (dada pela boca – ou enteral).

Geralmente, é um líquido composto pela dosagem e combinação adequada de água, glicose, aminoácidos, lipídios, sódio, potássio, cálcio, fósforo, magnésio e vitaminas A, B1, B6, B12, C, D, J e K.

Em geral esses produtos também são consignados, uma vez que o hospital não tem como prever a quantidade de cada tipo de dieta de que fará uso – não consegue planejar com a precisão necessária de modo a evitar perdas com o processo de estocagem –, mas o fornecedor consegue fazer isso porque geralmente tem diversos clientes e utiliza o fator de demanda para evitar grandes estoques e desperdício. O insumo é relativamente caro e exige cuidados especiais para manipulação que a estrutura interna de logística hospitalar geralmente não possui. O fornecedor se obriga a fornecer a quantidade necessária sob demanda dos casos, imediatamente após a prescrição e, em muitos casos, chegando até o local de ministração da dieta.

Segundo a prática de mercado, o médico prescreve a nutrição parenteral e a enfermagem solicita diretamente a dieta prescrita ao fornecedor. O nutricionista afere a compatibilidade da prescrição com a alimentação entregue, dá o aceite e libera a utilização. O fornecedor então fatura o material contra o hospital para pagamento.

Nutrição enteral

Segundo o Ministério da Saúde, alimentação para nutrição enteral é

alimento para fins especiais, com ingestão controlada de nutrientes, na forma isolada ou combinada, de composição definida, especialmente formulada e elaborada para uso por sondas ou via oral, industrializada, utilizada exclusiva ou parcialmente para substituir ou complementar a alimentação oral em pacientes desnutridos ou não, conforme suas necessidades nutricionais, em regime hospitalar, ambulatorial ou domiciliar, visando a síntese ou manutenção dos tecidos, órgãos ou sistemas.[1]

Particularmente utilizada em pacientes com:

- Acidente vascular cerebral (AVC).
- Doenças desmielinizantes.
- Anorexia nervosa.
- Neoplasia de esôfago.
- Perfuração traumática de esôfago.
- Doenças inflamatórias intestinais.
- Síndrome do intestino curto.
- Fístulas digestórias.
- Queimaduras.
- Câncer.

O sentido da prática da consignação e da prática de mercado é o mesmo em relação ao controle da nutrição parenteral.

GESTÃO DE CONTRATOS
Contratos

Hospitais são empresas que administram milhares de contratos, sendo os principais com:

- Operadoras, vendendo serviços.
- Parceiros comerciais (outros hospitais e empresas de saúde), comprando e vendendo serviços.
- Profissionais assistenciais (médicos, odontólogos e outros de alta especialização), comprando serviços.
- Governo, em convênios, programas comunitários e outros tipos, atuando em parceria.
- Fornecedores, comprando insumos.
- Fornecedores, comprando serviços de assistência técnica e manutenção de equipamentos.
- Fornecedores, comprando serviços de tecnologia.

---

1 Resolução n. 449, de 9 de setembro de 1999: www.sna.saude.gov.br/legisla/legisla/nutr_p_e/RES449_99nut_p_e.doc

- Fornecedores, comprando serviços de mão de obra especializada (empreitada, manutenção predial etc.).
- Concessionárias, comprando utilidades.
- Fornecedores, comprando serviços profissionais especializados (advocacia, consultoria, propaganda, publicidade etc.).

Adequar os processos de gestão do ciclo de vida dos contratos é fundamental para que o hospital não tenha perda de faturamento, reduza custos de aquisição de BMPS e minimize riscos operacionais.

O Quadro 4.8 ilustra o volume usual estimado de contratos de um hospital privado de apenas 200 leitos em uma região metropolitana brasileira, sem considerar os contratos de trabalho dos funcionários em regime CLT.

Quadro 4.8 – Quantidade usual de contratos em um hospital de 200 leitos no Brasil – sem considerar contratos de trabalho CLT

Tipo de parceiro comercial	Quantidade estimada de contratos
Operadoras de planos de saúde	200
Parceiros comerciais	30
Profissionais assistenciais em regime PJ	800
Governo	10
Fornecedores de insumos hospitalares	30
Fornecedores de assistência técnica e manutenção de equipamentos	100
Fornecedores de serviços de tecnologia	100
Fornecedores de serviços de mão de obra especializada	20
Concessionárias	10
Fornecedores de serviços profissionais especializados	50

Gestão do ciclo de vida dos contratos

Para gestão adequada do ciclo de vida dos contratos, os hospitais adotam modelos que seguem os conceitos americanos de *Contract Lifecycle Management* (CLM). Um desses modelos é o Gestão do Ciclo de Vida dos Contratos (GCVC). Como característica principal, esse modelo distingue a gestão da contratação da gestão do contrato, partindo da métrica de que quem compra não deve pagar, e quem vende não deve receber, define que quem contrata não deve fazer a gestão do contrato; e partindo da premissa de que quem compra não deve vender e quem recebe não deve pagar, define que quem aprova o pagamento ou o recebimento não deve pagar ou receber.

Gestão da contratação:

- Etapa pré-contratação: processos que vão da especificação do objeto a ser contratado até o início do rito da contratação. Responsável: gestor do contrato.
- Etapa contratação: processos que vão do início do processo de contratação até a formalização do contrato. Responsável: gestor da contratação.

Gestão do contrato:

- Etapa de pré-execução: processos que vão desde a formalização do contrato até a liberação do contrato para a execução. Responsável: gestor da contratação.
- Etapa de execução: processos de controle dos eventos contratuais vigentes, do início ao fim da vigência do contrato. Responsável: gestor do contrato.

Para maiores detalhes sobre o modelo GCVC, acessar www.contratos.net.br. Para maiores detalhes sobre conceitos de CLM, acessar o *site* da National Management Contract Association (NCMA).

Definição de gestores do modelo GCVC em hospitais brasileiros

Gestores de contratações tradicionais:

- Gestores de credenciamento da área comercial.
- Compradores.
- Gestores da área de recursos humanos.
- Assessoria jurídica.
- Gestores de orçamento.

Gestores de contratos tradicionais:

- Gestores de engenharia.
- Gestores de manutenção.
- Gestores de tecnologia.
- Área de auditoria de contas hospitalares.

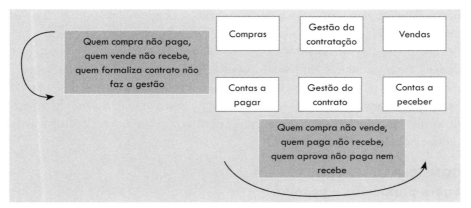

Figura 4.5 – Métricas da gestão do ciclo de vida dos contratos (www.contratos.net.br).

- Área de análise de glosas.
- Área de repasse de honorários médicos.
- Gestores de suprimentos.
- Gestores da engenharia clínica.
- Gestores de patrimônio.
- Departamento pessoal.
- Gestores da área comercial e de marketing.
- Gestores das áreas de ensino e pesquisa.

Desafio da gestão do ciclo de vida dos contratos em hospitais

Como a integração entre as diversas áreas é dificultada pela grande diferença de formação dos diversos tipos de gestores, os departamentos tendem a resolver isoladamente todos os seus problemas. Isso dificulta a padronização de processos administrativos, mesmo os que dão resultados operacionais indiscutíveis, como a forma de gerenciar processos de contratação e gestão dos contratos.

Para que a GCVC seja eficaz, a administração hospitalar deve adotar um modelo baseado em CLM, seja o modelo brasileiro GCVC ou outros americanos que conservem a essência do controle em todas as etapas do ciclo de vida dos contratos, e disseminar a cultura por todas as áreas que se envolvem nos processos de contratação e gestão dos contratos, que são a maioria das que existem na estrutura organizacional hospitalar. Padronização de atividades não assistenciais não é cultura no ambiente hospitalar, somente com o esforço da administração é possível disseminá-la por toda a organização. A administração hospitalar deve dar o exemplo, praticando nas áreas puramente administrativas os conceitos de gestão do modelo adotado. Se a administração não adota o modelo na prática, as outras áreas também não adotarão. Ainda, deve dar apoio às demais áreas na adoção do modelo: apoio técnico, dirimindo dúvidas sobre a metodologia e aplicação do melhor conceito em casos críticos, e redesenhando processos de gestão específicos da área; e apoio operacional, prestando serviço de auxílio nas atividades de controle dos eventos contratuais mais decisivos para reduzir perdas, custos e riscos.

CONSIDERAÇÕES FINAIS
Sobre protocolos e pacotes

A utilização de protocolos é fundamental para o programa de certificação da qualidade hospitalar, porque eles definem a forma como os hospitais têm intenção de atender seus pacientes, e também são importantes para a formação de preços, em particular dos pacotes. No entanto, não determinam os preços, porque a assistência ao paciente é multidisciplinar e multidepartamental, o que já faz com que o atendimento seja diferente caso a caso. A variação a cada caso é agravada, porque cada paciente tem uma característica física que o distingue dos demais. Para um mesmo procedimento assistencial, se o paciente é magro ou obeso, novo ou idoso, se tem alguma doença congênita ou associada, o resultado final é diferente. Os protocolos, entretanto, definem o padrão de preços que serve de base para análise de viabilidade dos preços praticados.

Pacotes são preços fixos cobrados por procedimentos, que as operadoras desejam que o hospital pratique para dividir parte do risco do negócio. Em troca dos pacotes as operadoras oferecem maior volume de atendimento.

Sobre cadastros, prontuários e codificações

Uma das dificuldades da administração hospitalar é organizar os cadastros de modo a não mesclar informações que caracterizam o cliente com informações que caracterizam o paciente, as quais são tratadas de forma diferente por questões de ética médica.

Isso define cadastros e prontuários distintos, inclusive com direitos de acesso diferentes, dependendo de quem necessita da informação. Além dos prontuários armazenarem diversos tipos de informação, cada tipo pode ter uma infinidade de classificações. Por exemplo, existe um livro só de descrição de diagnósticos, chamado Código Internacional de Diagnósticos (CID). No CID existem milhares de diagnósticos; existem livros só com descrição de procedimentos médicos, de enfermagem etc.

Para trabalhar com essas milhares de informações de forma organizada, os hospitais se utilizam de códigos. E para dar segurança à transmissão dessas informações de uma pessoa para outra, ou de uma pessoa para um sistema informatizado, utiliza-se o dígito verificador.

O trabalho em hospitais

Por ser uma empresa que funciona 24 horas por dia, a mão de obra é organizada em conceitos de turno, jornada de trabalho, plantão e retaguarda.

Apesar de o hospital funcionar ininterruptamente, as pessoas se revezam no trabalho, e para ser viável do ponto de vista econômico, o hospital não se obriga a ter todos os seus departamentos funcionando 24 x 7: apenas os estritamente necessários para o atendimento do paciente.

O hospital organiza-se para produzir informações estatísticas confiáveis para dimensionamento dos serviços e pessoas. As estatísticas se baseiam na característica das doenças e pacientes que são tratados, o que chamamos de epidemiologia hospitalar, sendo o relatório mais básico e comum o censo hospitalar.

Risco

Os riscos da atividade hospitalar são constantes e intensos. Do ponto de vista econômico são tratados por uma boa gestão de inadimplência e de contratos. Do ponto de vista técnico, protegendo a saúde dos próprios colaboradores e dos pacientes, tanto no caso de infecção como em sinistros. Ao administrador hospitalar cabe avaliar, por exemplo, como evacuar uma ala de doentes sem condições de locomoção em caso de incêndio.

5 Tecnologia hospitalar

INTRODUÇÃO

O ambiente hospitalar é particularmente propício à inovação. Algumas das invenções mais importantes da história da humanidade surgiram na Medicina, e acabaram sendo utilizadas em outros segmentos de mercado. Por exemplo, os aparelhos raios X, que surgiram para investigar problemas ortopédicos e pulmonares, atualmente são usados em larga escala em aeroportos para inspeção de bagagens e portabilidade de materiais perigosos por parte dos passageiros.

O desenvolvimento de uma nova tecnologia em Medicina geralmente ocorre em laboratórios de pesquisa das indústrias farmacêuticas, de equipamentos e materiais hospitalares, mas, para homologar definitivamente o produto, a inovação sempre é posta em prática em hospitais.

Os rigorosos processos de homologação de insumos e tecnologias em saúde, que, no Brasil, são regrados pela Agência Nacional de Vigilância Sanitária (Anvisa), necessitam das evidências dos resultados práticos e, principalmente, da ausência de riscos e danos (efeitos colaterais) que são apurados quando aplicados em massa, seguindo critérios científicos adequados, em ambiente hospitalar. Neste trabalho, atemo-nos a discutir a tecnologia no âmbito da administração hospitalar, o que significa basicamente relembrar alguns conceitos importantes, os aspectos do ambiente de tecnologia da informação e os sistemas hospitalares básicos.

No Brasil é nítido o quanto os hospitais se diferenciam como negócio quando se analisa o quanto são desenvolvidos em tecnologia. Os hospitais públicos são precariamente informatizados, e os mais informatizados podem ser considerados primários até quando comparados com os menos informatizados no setor privado. Já no setor privado, dividem-se basicamente em dois blocos: os que se informatizam por obrigação e os que utilizam a informatização como fator de competitividade.

Pode-se afirmar que, na área pública, não existe um único hospital que possa ser eleito como modelo de informatização, e, na área privada, poucos hospitais estão dotados de sistemas adequados para uma gestão hospitalar minimamente eficiente.

O baixo nível da informatização da gestão hospitalar pode ser atribuída a três fatores principais:

- A gestão geral costuma ser comandada por médicos. Como já discutido, a grade de disciplinas da formação em Medicina não privilegia a gestão, e sim a atenção assistencial. Como informatização é a automação dos processos, e os processos hospitalares dão foco à assistência, a gestão evidentemente fica prejudicada.
- Hospitais são empresas de crescimento orgânico. Ao contrário de uma planta industrial, que é rigidamente planejada para determinada produção e redimensionada para atender uma demanda futura, o hospital vai crescendo desordenadamente de acordo com a demanda que chega ao mercado, modificando a planta e os processos sem planejamento adequado. Como os processos variam de acordo com a característica física da empresa, e o hospital constantemente muda sua planta, a informatização dos processos é prejudicada.
- Os processos são interdependentes entre áreas, o que dificulta a implantação gradual de novos sistemas. Como a troca de sistema acaba tendo que ser feita instantaneamente em todo o hospital (estilo *big bang*) e isso envolve muito planejamento e custo, é comum o hospital manter a utilização de sistemas que não atendem plenamente suas necessidades, em decorrência da dificuldade de migrar de sistema.

O grande paradoxo da tecnologia hospitalar consiste em ter, de um lado, tecnologia de ponta aplicada nos processos assistenciais (tratamento do paciente), em especial no diagnóstico por imagem e cirurgias que utilizam cateteres e microvídeo; e, de outro, sistemas rudimentares para administração e gestão.

É fundamental que o administrador tenha consciência do quanto a tecnologia pode servir como diferencial competitivo, ao mesmo tempo em que entenda as limitações de tratar o assunto no âmbito administrativo: essa habilidade mantém o hospital competitivo no mercado.

DESAFIO DA INFORMATIZAÇÃO HOSPITALAR

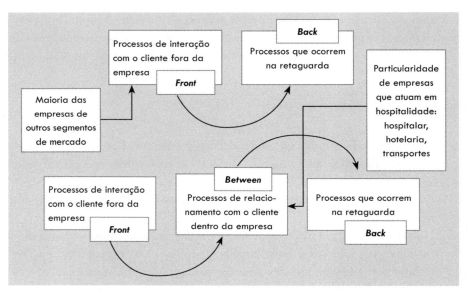

Figura 5.1 Desafio da informatização hospitalar.

O hospital vive rotineiramente o paradoxo da dificuldade de integração entre os diversos departamentos, ao mesmo tempo em que necessita, mais do que qualquer outro tipo de empresa, que ela esteja presente.

As empresas que atuam em segmentos de hospitalidade (hospitais, hotéis, transportes de pessoas etc.) têm a dificuldade da presença do cliente dentro da própria empresa, ao contrário das demais, em que o cliente adquire seus produtos em pontos de venda próprios ou terceirizados.

Quando se pensa em processos e sistemas de informação nos hospitais, o conceito de cliente acaba se confundindo com o de produto. Comparando com uma indústria, chegamos a dizer que o paciente é como se fosse a matéria-prima que será transformada na linha de produção, quando aplicados os insumos pelos equipamentos.

As empresas de outros segmentos estruturam seus sistemas isolando os processos e informações de relacionamento com o cliente, denominados *front*, dos processos e informações de retaguarda (ou de gestão empresarial), denominados *back*. No ambiente hospitalar, os processos mais críticos – de relacionamento com o cliente durante a estada dele no hospital – são denominados *between*, para seguir a lógica da estruturação das demais empresas. São os processos que constróem o prontuário médico e a conta hospitalar, exigindo estruturas de segurança da informação diferenciadas, e muitas vezes inviabilizam a utilização de sistemas consagrados em outros segmentos de mercado: apesar de o controle de processos aderir, a estrutura de segurança não adere. Uma vez sistematizados, criam para o hospital um grau de dependência que inviabiliza a indisponibilidade, exigindo contingências para não prejudicar a assistência ao paciente (de modo a não pôr em risco a vida humana).

Estruturação dos sistemas hospitalares

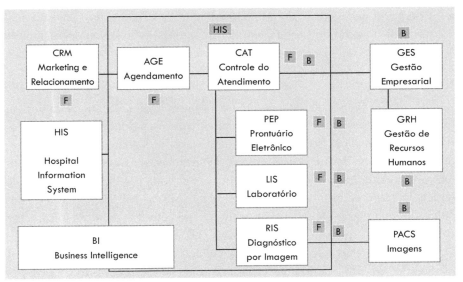

Figura 5.2 Estruturação dos sistemas hospitalares. F: front; B: back.

Existem soluções para todas as necessidades de informatização hospitalar disponíveis no Brasil, desde que alguns conceitos básicos sejam respeitados:

- Não é provável que um único fornecedor possa suprir todas as necessidades com o mesmo nível de aderência à necessidade do hospital. Como os hospi-

306 Administração hospitalar no Brasil

tais são muito diferentes, é evidente que os processos de controle também o sejam. Fornecedores desenvolvem seus sistemas a partir de uma linha de processo clássica. Se a linha é administrativa, é natural que os processos de controle do sistema sejam mais eficientes na área administrativa e menos na área assistencial e vice-versa.

- Os processos de retaguarda, geralmente supridos por sistemas do tipo ERP[1] do mercado geral, devem ser modelados, respeitando preceitos de ética médica que são muito particulares de hospitais.
- Processos, sobretudo os de integração, devem ser desenhados por profissionais especializados em processos, e não em sistemas. A modelagem de processos em um mesmo grupo de funcionalidades pode ser estruturada pelo fornecedor de sistema – ele tem como contribuir trazendo para o hospital a eficiência de processos consagrados que podem resultar em vantagens. A modelagem de de grupos de processos distintos não deve ser estruturada pelo fornecedor de sistemas – ele tenderá a desenhar os processos de forma a aderir à funcionalidade existente no sistema, e não o inverso, que é o desejável.
- Priorizar a necessidade do grupo dominante de usuários do sistema – não priorizar o ganho do hospital em detrimento da ineficiência operacional e de gestão de quem gere a informação, ou é o maior interessado nela como rotina.

Os grandes grupos de sistemas de um hospital (Figura 5.2) são definidos em função do tipo básico de informação manipulada, e os principais usuários dos processos envolvidos. É comprovadamente viável trabalhar com fornecedores diferentes para cada um desses grupos de sistemas, mas quanto mais grupos forem fornecidos pelo mesmo fornecedor, desde que a atenda à necessidade básica do grupo de usuários dominante, melhor: é provável que existam menos falhas de integração. Os sistemas que atuam em *between* são academicamente denominados Hospital Information System (HIS).

Existem diversos fornecedores de sistemas brasileiros que oferecem todos os módulos do HIS, sendo mais ou menos especializados em um ou outro módulo, utilizando fortemente como apelo de vendas a integração entre eles.

Os maiores hospitais brasileiros costumam trabalhar com fornecedores de três blocos de sistemas: CRM (Customer Relationship Management), HIS e

---

1   Enterprise Resourcing Planning (ERP) é o nome dado ao sistema que controla a gestão integrada das empresas, em todos os tipos de segmentos de mercado, inclusive o hospitalar.

gestão empresarial (ERP de mercado). Mas, mesmo nesses hospitais, é comum a introdução de diversos sistemas especialistas no ambiente, para atender com maior aderência necessidades específicas, principalmente das unidades de apoio assistencial.

Desafios da administração hospitalar em relação aos sistemas hospitalares

É pouco provável encontrar algum hospital no mundo em que os sistemas atendam todas as áreas. A demanda de informatização é, às vezes, maior que os recursos disponíveis para a implantação dos processos sistematizados. Dada a característica de inovação do segmento da saúde, os processos assistenciais estão continuamente sendo modificados, fazendo a demanda reprimida aumentar. Como as áreas têm dificuldade de integração e carência de tempo e recursos para redesenhar processos, tendem a passar essa atribuição para a área de tecnologia, que geralmente não tem competência técnica e operacional suficiente.

A administração hospitalar tem como desafio adequar a demanda aos recursos disponíveis e prover recursos para desenho adequado dos processos, mantendo a área de tecnologia no papel de suporte, que é a sua especialização nativa; e na liderança dos projetos de atualização de versão, que estão dentro da sua competência.

Conceitos de sistemas hospitalares necessários ao administrador hospitalar
Customer Relationship Management (CRM)

- Sistema para registro de manifestações de clientes.
- Dono do sistema: são áreas comercial e de marketing.
- Usuários:
    - Internos: área de marketing.
    - Externos: público em geral.
- Ferramentas usuais:
    - *E-mail* marketing.
    - *Home page*.
    - Estatísticas de visitação e mercado.
- Objetivo:
    - Divulgar produtos e serviços.
    - Atrair clientes, investidores e parceiros.
    - Relacionamento com a imprensa e opinião pública.

Utiliza a base de dados de clientes (não a de pacientes), e os processos de disparo de mala direta, *e-mail* marketing, prospecção de novos negócios, *feedback* de ações comerciais etc.

Existem no mercado brasileiro diversos fornecedores de CRM genéricos (nacionais e internacionais) que têm hospitais como clientes, e existem alguns fornecedores de CRM que se classificam como possuidores de produtos customizados para a área da saúde. Alguns hospitais usam um sistema totalmente disponível pela internet, utilizado por um grande número de empresas de outros segmentos de mercado.

Controle de agendamentos (AGE)

- Sistema para agendamento de exames, consultas, cirurgias e internações.
- Dono do sistema: central de atendimento.
- Usuários:
  - Internos: central de atendimento, centro cirúrgico, centro de diagnóstico, unidades ambulatoriais, recepções.
  - Externos: público em geral, se houver agendamento via *home page* – caso contrário, nenhum.
- Ferramentas usuais:
  - Sistema de agendamento.
  - Integração com telefonia.
  - Sistema de controle de *call center*.

Utiliza a base de dados de clientes (não a de pacientes). Integra informações referentes a requisitos de operadoras (o que cobre, o que não cobre) e de preparos para a realização de procedimentos.

Segundo a prática de mercado, há oferta de sistemas específicos para agendamentos na área da saúde, inclusive integrados com sistemas de atendimento. A prática mais comum é utilizar o próprio módulo de agendamento do fornecedor do HIS, eventualmente integrado com algumas funcionalidades de sistemas específicos.

Controle do atendimento (CAT)

Principal sistema hospitalar. Controla todos os processos de atendimento e a ocupação dos leitos, bem como estabelece a ligação entre o paciente e os processos assistenciais e, por definição, vai até o faturamento.

- Dono do sistema: administração.
- Usuários:

- ❏ Internos: praticamente todos os usuários do hospital.
- ❏ Externos: médicos (corpo clínico aberto), auditores de operadoras e outros eventuais.
- Ferramentas usuais:
  - ❏ Interfaces (portas – telefonia – mensageria).
  - ❏ Integrações (operadoras – Sistema Único de Saúde, SUS).
- Objetivo:
  - ❏ Controle dos cadastros e tabelas.
  - ❏ Registro de atendimento e alta.
  - ❏ Registro dos consumos.
  - ❏ Faturamento e controle de caixa.
  - ❏ Controle da logística interna.
  - ❏ Controle da alta administrativa.
- Particularidade – integração com inúmeros sistemas auxiliares:
  - ❏ Controle do serviço de nutrição e dietética.
  - ❏ Controle da rotina da CCIH (comissão de controle da infecção hospitalar).
  - ❏ Controle da lavanderia.
  - ❏ Controle do serviço de higiene e limpeza.
  - ❏ Controle da manutenção e engenharia clínica etc.

Parte da base de dados de clientes e compõe a base de dados de pacientes, controlando também a integração com sistemas externos (SUS, operadoras e outros).

Dependendo do nível de profissionalização das áreas de apoio assistencial, pode controlar os processos dentro das unidades, ou deve se integrar com sistemas específicos para essas finalidades.

- Práticas de mercado:
  - ❏ Oferta de sistemas específicos para hospitais.
  - ❏ Poucos grandes fornecedores oferecem sistemas com elevada abrangência de processos, com menos flexibilidade para customizações.
  - ❏ Centenas de pequenos e médios fornecedores oferecem sistemas que controlam alguns módulos, com maior eficiência do que os mais abrangentes, inclusive com maior flexibilização para customizações.

Alguns grandes hospitais brasileiros adotaram sistemas estrangeiros, investindo na tradução e adaptação à realidade brasileira.

310 Administração hospitalar no Brasil

Prontuário eletrônico do paciente (PEP)

Sistema que controla e auxilia os registros assistenciais, principalmente do médico:

- Prescrição e checagem eletrônica.
- Evolução (anamnese, exame físico, evolução e resumo de alta).
- Registro de procedimentos (cirurgia e procedimentos auxiliares).
- Registro da alta médica.

Controla a base de dados do prontuário médico do paciente, integrado ao cadastro de pacientes.

- Dono do sistema: diretoria clínica ou de serviços médicos.
- Usuários:
  - Internos: médicos, enfermeiros, fisioterapeutas, nutricionistas, farmacêuticos, odontólogos e outros profissionais de saúde;
  - Externos: médicos e pacientes, quando integrado ao portal.

- Ferramentas usuais: alertas (interações).
- Práticas de mercado:
  - Os próprios fornecedores do HIS ofertam módulos para prontuário eletrônico.
  - Existem vários fornecedores de pequeno porte que ofertam sistemas específicos para controle de prontuário eletrônico, aderentes a pequenas clínicas mas pouco aderentes às necessidades de integração dos sistemas de gestão hospitalar. Alguns hospitais implantam esses sistemas sem integrar informações com o HIS (*stand alone*), isolando completamente o PEP do cadastro de pacientes, mesmo com a necessidade de duplicação de alimentação de informações.

Ainda é o sistema menos utilizado em hospitais. Para haver ganho operacional é necessário que os processos eletrônicos comandados pelos médicos também sejam controlados eletronicamente pelas demais áreas, o que geralmente não ocorre. É comum haver prescrição eletrônica mas não haver dispensação eletrônica de medicamentos e checagem eletrônica por parte da enfermagem. Como os médicos trabalham em diversas empresas diferentes, a adaptação destes às regras do sistema hospitalar é mais difícil, pois têm que lembrar de regras de formação diferentes de um local para outro e das funcionalidades dos sistemas diferentes utilizados pelas diversas empresas em que trabalham.

Por essas razões, o sistema acaba não sendo utilizado, ou acaba sendo utilizado em determinadas unidades (p. ex., UTI). Basta uma única unidade que não utiliza o prontuário 100% eletrônico para que seja necessário imprimir todo o prontuário, uma vez que é inviável que a consulta seja feita, quando necessária, parte em papel e parte em sistema. Havendo custos em dois recursos para a mesma atividade (sistema e papel), a administração acaba optando por utilizar apenas um deles: o papel.

Até dezembro de 2010, não havia registro de um único hospital brasileiro que tenha abolido o prontuário do paciente em papel. As resoluções do Conselhor Federal de Medicina (CFM) impõem regras rígidas que não existem em países que já adotaram o PEP integralmente. Algumas entidades de classe brasileiras de informática em saúde impõem regras ainda mais rígidas de segurança que as adotadas em normas internacionais e exigem certificação das empresas fornecedoras (algo que não existe em outros países), e nem são exigidas para os demais sistemas. Alguns documentos padronizados dos prontuários médicos não são adequadamente produzidos pelos sistemas existentes, com destaque para a ficha de anestesia do centro cirúrgico. Ainda, boa parte dos hospitais não possui área física e equipamentos adequados para a substituição do papel no registro feito à beira do leito e nas salas de procedimentos, principalmente o centro cirúrgico.

Laboratory Information System (LIS)

- Sistema de controle interno do laboratório:
  - Controle de coleta.
  - Controle do recebimento das amostras.
  - Controle do fluxo de realização dos exames.
  - Interfaceamento dos equipamentos de análise (identificação da amostra no equipamento e captura automática do resultado).
  - Controle da liberação e geração do laudo.
  - Controle da destinação do laudo.
- Dono do sistema: laboratório de análises clínicas.
- Usuários:
  - Internos: médicos, biomédicos e administrativos do laboratório.
  - Externos: médicos e pacientes, quando integrados ao portal.
- Ferramentas usuais:
  - Interfaceamento com equipamentos de análise.
  - Códigos de barras.
- Práticas de mercado:
  - Oferta de sistemas específicos (nacionais ou estrangeiros já adaptados à realidade brasileira, com alta aderência tanto para laboratórios hospita-

lares quanto para laboratórios independentes). Alguns desses sistemas já são dotados de módulos de interfaceamento com os equipamentos de análises, outros são complementados por sistemas específicos de interfaceamento (nacionais e estrangeiros).

❑ Alguns fornecedores de HIS possuem módulo específico para este controle, geralmente com menos recursos para aderência às necessidades operacionais, mas com o apelo da simplificação da integração com o sistema de CAT.

Somente hospitais que têm laboratório próprio e com alto volume de realização de exames utilizam esse tipo de sistema.

Radiology Information System (RIS)

Apesar do nome (*radiology*), é o sistema de controle interno de todos os serviços de diagnóstico por imagem e métodos gráficos:

- Preparação do exame.
- Realização do exame.
- Controle da liberação e geração do laudo.
- Controle da destinação do laudo.
- Dono do sistema: serviços de diagnóstico por imagem e métodos gráficos (radiologia geral, tomografia computadorizada (TC), ressonância nuclear magnética (RNM), ultrassonografia, eletrocardiograma etc.).
- Usuários:
  - ❑ Internos: médicos, auxiliares e administrativos dos SADT.
  - ❑ Externos: médicos e pacientes, quando integrados ao portal.
- Ferramentas usuais:
  - ❑ Interfaces (equipamentos de análise).
  - ❑ Captura de imagens e sons.
- Práticas de mercado:
  - ❑ A maior parte dos fornecedores de HIS (nacionais ou estrangeiros) também fornecem o RIS.
  - ❑ Os fornecedores de equipamentos de diagnóstico por imagem costumam fornecer o RIS gratuitamente, integrado ao sistema do próprio equipamento, e com facilidades para integração com os principais sistemas de CAT disponíveis no mercado brasileiro.

Praticamente todos os hospitais utilizam RIS, e não é rara a convivência de mais de um tipo de RIS no ambiente, integrados ao mesmo CAT.

Tecnologia hospitalar **313**

Picture, archiving and communication system (PACS)

Sistema que gerencia as imagens digitais dos equipamentos de diagnóstico por imagem e métodos gráficos:

- Recebe os pedidos de exames registrados diretamente no CAT ou registrados no PEP e capturados pelo CAT (identificação do paciente e exame a ser realizado).
- Organiza a lista para realização dos exames (*work list*) do equipamento de diagnóstico (tomo, RNM, ultrassonografia etc.).
- Envia a identificação do paciente para o equipamento.
- Recebe (captura) as imagens do exame do equipamento.
- Arquiva as imagens.
- Envia cópia digital das imagens para o sistema de laudos (RIS).
- Imprime a imagem (em papel ou filme).

Dono do sistema: serviços de diagnóstico por imagem e métodos gráficos (radiologia geral, TC, RNM, ultrassonografia, eletrocardiograma etc.).

- Usuários:
  - Internos: médicos, auxiliares e administrativos dos SADT.
  - Externos: médicos e pacientes, quando integrado ao portal.
- Ferramentas usuais:
  - Tratamento das imagens.
  - Digitalização de imagens analógicas.
- Práticas de mercado:
  - Os grandes fornecedores de equipamentos de diagnóstico por imagem fornecem o PACS sob forma de licenciamento ou sob forma de serviço, incluindo licenciamento e armazenamento das imagens.

Ainda é pequena a utilização plena do PACS, que foi introduzido no mercado com o argumento da eliminação do filme, mas, na prática, isso não aconteceu. O que era para ser redução de custo com a eliminação do filme acabou sendo aumento de custo decorrente do armazenamento das imagens em meio digital (adicionalmente ao filme). Ainda é grande a dificuldade de introduzir terminais adequados para a consulta de imagem digital em diversos hospitais brasileiros, principalmente a maioria que se localiza fora dos grandes centros urbanos.

Gestão empresarial (GES)

Segundo sistema mais importante para a administração hospitalar.

Controla, entre outras funcionalidades:

- Processos de suprimentos: cadastro de materiais, controle de estoque, compras.
- Processos de controladoria: cadastro de empresas e pessoas físicas, contratos, planos de contas contábil e orçamentário, rotinas contábeis de controle orçamentário e de controle patrimonial.
- Processos financeiros: contas a pagar, contas a receber, caixa e fluxo de caixa.

Dono do sistema: controladoria.

- Usuários:
  - Internos: áreas financeiras e controladoria.
  - Externos: raro.
- Ferramentas usuais:
  - Integração (bancos, fisco, fornecedores).
- Práticas de mercado:
  - Alguns fornecedores de HIS possuem módulos de gestão, mas geralmente são mais aderentes aos pequenos hospitais:
    - Vários fornecedores de HIS estabelecem parcerias com fornecedores de ERP de mercado.
    - Dependendo da especificação de necessidades do hospital, oferecem seus próprios módulos ou ofertam o HIS já integrado com o ERP de outro fornecedor, propondo-se a liderar os processos de implantação de ambos.
  - Os grandes hospitais com administração hospitalar mais evoluída utilizam ERP de mercado, inclusive módulos de *Business Intelligence* (BI) e de gestão de custos com simulação de cenários.

Praticamente todos os hospitais brasileiros utilizam sistema de gestão empresarial em maior ou menor escala, integrado ou não ao HIS.

Gestão de recursos humanos (GRH)

Como qualquer outro tipo de empresa brasileira, em virtude da legislação trabalhista, é necessário um complexo sistema de controle para a folha de pagamento dos funcionários:

- Controlar o ponto (assiduidade).
- Controlar o salário (verbas do tipo receita, como salários e encargos, e verbas de desconto, como tributos e faltas).

- Controlar afastamentos, férias e rescisões.
- Controlar rotinas de treinamento e análise de desempenho individuais.
- Controlar rotinas da medicina e segurança do trabalho.

  Dono do sistema: recursos humanos.

- Usuários:
  - Internos: todos os funcionários do hospital, quando o modelo de gestão é evoluído.
  - Externos: raro.
- Ferramentas usuais: integração (ponto, fisco).
- Esse mesmo sistema é geralmente utilizado para:
  - Controlar vagas.
  - Gerenciar o cadastro de currículos de candidatos.
  - Administrar a evolução da carreira dos funcionários (cursos, intercorrências, histórico etc.).
- Práticas de mercado:
  - Boa parte dos hospitais terceirizam completamente essas atividades.
  - Os que não terceirizam, adotam os mesmos sistemas utilizados pelas empresas dos outros segmentos de mercado:
    - Regime de licenciamento, instalando o sistema no seu próprio ambiente.
    - Ou em regime de prestação de serviço, remunerando o fornecedor por funcionário. Nesse regime, inclusive, é prática hospedar as bases de dados no próprio fornecedor, sendo a atualização dos parâmetros realizada pelo hospital via internet.

Perfil do mercado brasileiro de *software* hospitalar

É muito pouco provável encontrar dois hospitais brasileiros que se utilizem dos mesmos sistemas, na mesma proporção e com o mesmo nível de integração.

Os hospitais são empresas que utilizam sistemas centrais de CAT integrados com uma infinidade de sistemas de apoio.

A antiga tendência de desenvolvimento próprio já foi abandonada pela quase totalidade dos hospitais, uma vez que há muitas opções de mercado e dezenas de sistemas com alto grau de aderência, nacionais e estrangeiros. Além disso, é mais caro manter equipes próprias de desenvolvimento do que licenciar sistemas, além da difícil missão de manter a equipe no hospital por muito tempo, a documentação adequada, a tecnologia atualizada etc.

Mesmo não obtendo o mesmo nível de aderência do sistema próprio, a administração hospitalar da quase totalidade dos hospitais brasileiros já optou pela utilização de sistemas de mercado.

Por mais incrível que possa parecer, alguns dos grandes hospitais brasileiros ainda insistem em utilizar sistemas desenvolvidos por equipes próprias e justificam a iniciativa em nome da maior aderência às necessidades definidas pelos gestores, e não consideram riscos que causam grande apreensão ao administrador hospitalar:

- Não aproveitam as melhores práticas que os sistemas de mercado incorporam por interagir com maior número de hospitais usuários.
- Dependem das pessoas da equipe interna, e os problemas de *turn over* e *job rotation* característicos das carreiras de tecnologia.
- Ficam expostos ao baixo potencial de investimento para manter o sistema no estado da arte da tecnologia, que se renova com grande rapidez.
- Obrigam-se a arcar com maiores custos e só têm a dimensão exata deles quando conseguem abandonar a ideia de comparar o custo da manutenção do sistema com o custo da mão de obra da equipe, e passam a considerar os custos gerais envolvidos, como o de recrutamento, seleção e treinamento de novos funcionários, por exemplo.

BASES DE DADOS E SEGURANÇA DA INFORMAÇÃO
Particularidade da informação hospitalar

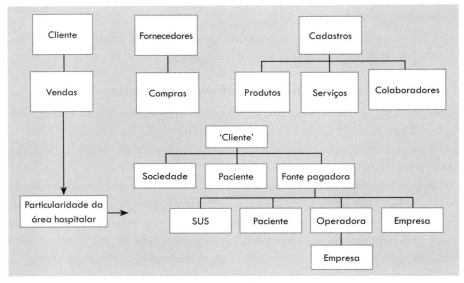

Figura 5.3 Cadastro de clientes em ambiente hospitalar.

A estrutura das bases de dados hospitalares difere daquela das empresas dos outros segmentos de mercado, principalmente porque a autorização de acesso não se faz por tipo de informação, mas sim pela informação em si. Por exemplo, por similaridade a uma empresa de outro segmento, um médico deveria ter acesso ao cadastro de pacientes, mas, no ambiente hospitalar, no exercício da medicina, o médico só pode ter acesso aos dados dos seus pacientes. Se o médico não atende paciente (p. ex., caso trabalhe em auditoria de contas de convênios), só pode ter acesso às contas de pacientes que estiver auditando para a operadora; se trabalha no serviço de epidemiologia, deve ter acesso aos dados de todos os pacientes, mas só no que se refere às informações assistenciais – não pode ter acesso às informações financeiras.

Outra característica é que, em ambiente hospitalar, o "cliente" pode ser o governo, a fonte pagadora ou o paciente.

O desafio da gestão da informação hospitalar

Informações hospitalares importantes originam-se nas mais diversas áreas, e muito comumente não são estruturadas (normatizadas).

Essas informações, quando são requeridas para processos de atendimento, geralmente são armazenadas nas bases de dados corporativas do sistema de CAT ou no sistema de GES. Isso ocorre, com certeza, quando a informação tem alguma relação com um pagamento ou recebimento (um evento financeiro), mas a maior parte das informações de atendimento que não têm relação com fatos financeiros geralmente não são armazenadas em sistemas corporativos. As informações não requeridas em processos de atendimento (as que não têm relação direta com eventos financeiros) são armazenadas em bases de dados distribuídas.

O desafio da administração hospitalar é prover recursos para que todas as informações, inclusive as que não se hospedam em bases de dados corporativas, possam ser acessadas por quem tenha real necessidade de permissão de acesso.

Principais bases de dados corporativos do hospital
Base de dados de pessoas físicas

O cadastro de clientes e de pacientes é um repositório de informações de pessoas que vai sendo alimentado com informações (ou atributos) diferentes conforme o relacionamento da pessoa vai se incrementando com o hospital.

Cada pessoa do cadastro tem três tipos de informação:

- Registros de relacionamento, como reclamações, dúvidas etc. (atributos do cadastro de clientes).

- Dados demográficos, que são dados cadastrais usuais, como nome, endereço, documento de identificação etc., incrementado com informações referentes às características físicas do paciente, como sexo, peso, altura, fator sanguíneo etc. (atributos do cadastro de pacientes, sendo que algumas delas também fazem parte do cadastro de clientes).
- Informações sobre os atendimentos (atributos exclusivos do cadastro de pacientes).

As informações dos atendimentos se dividem em dois grupos:

- De prontuário, ou assistenciais, que registram dados do atendimento em si, como tipo, data e horário de atendimento, e informações assistenciais mais detalhadas, como diagnóstico, prescrições etc.
- De contas, ou administrativas, que registram basicamente eventos financeiros ou diretamente relacionados a eles.

A Figura 5.4 ilustra a estruturação lógica dessas informações.

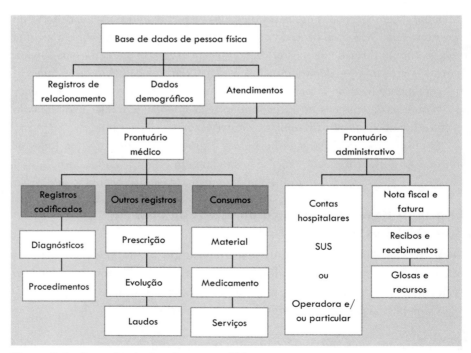

Figura 5.4 Base de dados de pessoa física.

Na prática, dada a diversidade de sistemas no ambiente hospitalar, é comum que várias dessas informações estejam hospedadas em bases de dados distribuídas, inclusive com duplicidade, sem prejuízo dos processos. Quanto mais automatizada for a integração dessas informações, melhor será a qualidade da gestão hospitalar, independente de haver ou não duplicidades no ambiente.

É pouco provável encontrar um hospital brasileiro em que as informações estejam absolutamente integradas e sem duplicidade. De modo geral, essas informações são prioritariamente geridas pelo sistema de CAT, e integradas ou replicadas para os demais sistemas. Toda atualização é feita no CAT, os demais sistemas apenas consultam as informações; quando agregam informações, estas também são replicadas na base do CAT.

Base de dados de produtos e serviços

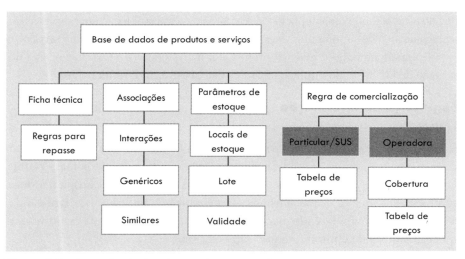

Figura 5.5 Base de dados de produtos e serviços.

Repositório de informações referentes aos bens, materiais, produtos e serviços (BMPS) hospitalares. Na essência, trata-se de um cadastro de itens padronizado, que registra todos os insumos e serviços adquiridos e vendidos pelo hospital.

Cada item do cadastro tem quatro tipos de informação:

- As especificações técnicas, necessárias para aquisição ou fornecimento aos pacientes.

Administração hospitalar no Brasil

- Eventuais associações do item com outros, como, no caso de medicamentos, as interações indesejáveis e as similaridades.
- Os parâmetros de controle de estoque, como limites máximo e mínimo, estoque atual etc.
- Regras de comercialização, como preço, coberturas de operadoras etc.

A Figura 5.5 ilustra de forma simplista uma parte do complexo cadastro de itens hospitalares que entre produtos e serviços ultrapassa 10 mil tipos de itens em hospitais de atendimento de baixa complexidade, não gerais. A variedade de atributos de um item necessário às mais diversas áreas hospitalares faz com que esse cadastro seja replicado em dezenas de bases de dados pelo hospital.

O controle básico da administração hospitalar é manter a codificação centralizada. Apenas uma área atribui código a um novo produto, essa área tem atribuição de pesquisar nas bases conhecidas, especialmente no CAT e na GES, para se certificar de não estar gerando uma duplicidade. Geralmente, essa atribuição em hospitais fica a cargo da área de suprimentos, mesmo para os produtos de venda do tipo serviço.

Sistematicamente, é mais comum que a manutenção do cadastro ocorra no sistema de GES, sendo duplicada para os demais sistemas, se for o caso.

Segurança da informação
Conceito

A informação hospitalar publicada indevidamente pode causar prejuízos financeiros, perante a opinião pública, perante os conselhos de medicina e outras entidades de classe, e de diversos outros tipos. A administração hospitalar deve rever periodicamente os mecanismos de segurança da informação, certificando-se de que estão definidos adequadamente em relação à imagem da instituição, e que estejam sendo cumpridos para evitar os riscos.

Praticamente todas as práticas da tecnologia da informação utilizadas nas empresas dos demais segmentos de mercado devem ser utilizadas no ambiente hospitalar.

Melhores práticas do mercado em segurança da informação hospitalar

- Termo de responsabilidade:
  - Qualquer pessoa que utilizar algum recurso de informação do hospital deve formalizar um termo que basicamente descreve que ela está ciente de que:
    - Equipamentos, senhas, informações e demais recursos tecnológicos que ela vai manipular são de propriedade do hospital, que pode a qualquer momento resgatar a propriedade sem prévio aviso.

Tecnologia hospitalar **321**

- Tudo que ela fizer em relação às informações hospitalares deve ser em benefício do hospital, que se reserva o direito de auditar a qualquer momento, inclusive copiando ou analisando informações por ela manipuladas, para aferir se estão em conformidade com o contrato que estabelece seu vínculo com o hospital.
- Não deve utilizar dispositivos de armazenamento de nenhum tipo, a não ser os fornecidos pelo hospital, sendo que esses dispositivos devem ser empregados para executar as atividades definidas no contrato que estabelece seu vínculo com o hospital.
- Deve zelar pelo sigilo das informações, particularmente as senhas dos *logins* de sistema que lhe forem fornecidas, que são pessoais e intransferíveis e que devem ser devolvidas no momento em que seu vínculo com o hospital se extinguir.
- Deve responsabilizar-se pelos danos que os equipamentos e insumos que lhe forem entregues vierem a causar ao hospital, especialmente as chaves de salas, que não devem ser emprestadas ou fornecidas a outras pessoas sem que haja autorização formal do hospital.

Quadro 5.1 – Termo de responsabilidade básico

Declaração de que:

Conhece a política

Reconhece que a empresa tem a prerrogativa de alterar a qualquer momento, e que fica vigente a partir da comunicação

Denunciará à empresa ocorrências de desrespeito à política por parte de colaboradores e terceiros

Seguirá as normas complementares de segurança

Guarda dos equipamentos (*notebook*, celular, placa tipo 3G, *pen drive* etc.)

Condições de uso e limitações de uso

Deve ser devolvido em condições de uso e não existe sigilo das informações que nele contiver

Utilizar apenas para a atividade profissional que o vincula com a empresa

A empresa pode pedir a devolução a qualquer momento

Dados são propriedade da empresa

Não podem ser utilizados para outros fins, senão para as atividades que o vinculam com a empresa

Não podem ser cedidos ou tornados públicos para outros colaboradores ou terceiros a não ser quando for do interesse da empresa, ou para desempenho das atividades

Não podem ser gravados em dispositivos que não sejam os de propriedade da empresa

322 Administração hospitalar no Brasil

- Rodízio de senhas:
  - Obrigatoriedade de alterar as senhas de sistemas e recursos de acesso periodicamente para que o *login* não seja bloqueado.
  - Bloqueio do acesso após tentativas sucessivas de acesso com senha errada.
- Barreiras de acesso:
  - Bloqueios de liberação de passagem por meio de senhas e/ou cartões nas áreas que armazenam informações sigilosas.
- Configuração padronizada da estação de trabalho:
  - *Login* individual obrigatório.
  - Ausência de dispositivos de gravação de mídias ou dados em unidades do tipo *pen drive*.
  - *Log* (rastreabilidade) de uso, inclusive em transações de consulta, principalmente nos sistemas que manipulam informações do prontuário médico.
- Descarte seguro de relatórios:
  - Equipamentos para fragmentação de relatórios a serem descartados.
  - Norma que define o tipo de descarte por tipo de informação.
- Alta disponibilidade da informação para quem necessita:
  - Rotina estruturada de *backup* (cópia de segurança) e *recover* (recuperação de dados em casos de pane).
  - Contingenciamento de recursos (existência de pelo menos um recurso reserva para o caso de falha).
  - Sistema de energia de emergência (*no break* ou circuito de emergência nas estações de processos críticos de atendimento ao paciente e segurança patrimonial).
- Uso consciente do *e-mail* (correio eletrônico):
  - Declaração de que reconhece o risco da utilização indevida e que, sendo recurso fornecido pelo hospital, este tem o direito de fiscalizar (vigiar) e tornar público o conteúdo de mensagens.

Quadro 5.2 – Política de utilização do serviço de correio eletrônico do hospital

Política de utilização de e-mail
Cada conta com um único responsável
Cada responsável com uma única conta
Contas que representam a empresa devem ser departamentais
Contas nominais devem ser de uso interno
Restringir trânsito de informações privilegiadas através de listas de distribuição (grupos) institucionais

(Continua)

Tecnologia hospitalar 323

Quadro 5.2 – Política de utilização do serviço de correio eletrônico do hospital
(Continuação)

O recurso é da empresa – por ela financiado
Portanto, a empresa pode rastrear a utilização

Não é recomendável que a TI administre direitos – apenas faça a administração do que é definido

Coibir *spams* – de dentro para fora e de fora para dentro
Restringir respostas automáticas com identificação do destinatário e endereço de substituto
Limitar tamanho de *e-mails*
Limitar número de disparos por dia e por hora

Reduzir a replicação da guarda do mesmo *e-mail* por diversas pessoas
Definir regra de guarda – quem e por quanto tempo dependendo do assunto
Forçar a limpeza de histórico, limitando áreas de *back-up* dos arquivos pst's

Coibir espionagem
Excluir a conta quando o vínculo deixar de existir
Não permitir direcionamentos, apelidos e cópias ocultas automáticas

- Uso consciente da navegação na internet:
  - ❑ Declaração de que reconhece o risco da utilização indevida e que, sendo recurso fornecido pelo hospital, este tem o direito de fiscalizar (vigiar) e tornar público os *sites* visitados.

Quadro 5.3 – Política de navegação na internet

Política de navegação na internet

Divulgação dos *sites* '*best seller*' por área/usuário
Lista dos *sites* mais visitados por cada departamento
Lista dos *sites* mais visitados por usuário

Bloqueio de sites ilegais
Testes de banda
Redes sociais e bate-papos

Limitação de *download* por tempo
Impedir que longos *downloads* seja executados diretamente pelos usuários
Implantar rotina sistemática de longos *downloads* com apoio da TI

Acesso *wi-fi* nas áreas comuns
Autenticador
Controle de banda
Rastreabilidade de uso

- Criptografia dos dados:
  - Utilização de chave de "embaralhamento" das informações de forma que só possam ser reconhecidas por quem possui a chave adequada de leitura.
  - Fundamental para garantia do sigilo requerido pela ética médica.
- Certificação digital:
  - Validação eletrônica e segura da autenticidade dos dados e documentos que transitam nas redes interna e externa.
  - Assinaturas eletrônicas.

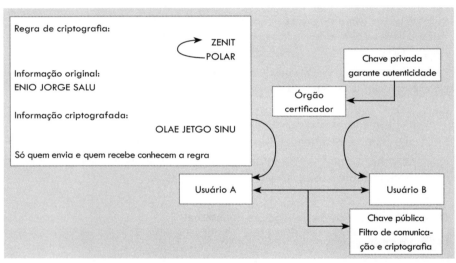

Figura 5.6 – Criptografia e certificação digital.

CONECTIVIDADE

Para ilustrar o ambiente de conectividade hospitalar, vamos considerar o que acontece na maioria dos hospitais privados brasileiros, conforme esquema da Figura 5.7.

Os hospitais privados brasileiros possuem planta física que raramente representa seu planejamento original. Em geral, possuem um edifício original, chamado principal, não necessariamente o maior, e, invariavelmente, o menos moderno e equipado que, conforme o complexo hospitalar vai crescendo, se mantém como sede. Conforme a demanda de mercado exige maiores instalações, a primeira providência costuma ser adquirir edifícios próximos e interligá-los ao principal, de modo que, quando circulem pelo complexo hospitalar, as pessoas percebam que estão transitando entre edifícios diferentes. No dito popular são os chamados "puxadinhos", feitos para desafogar o fluxo. Quando a demanda

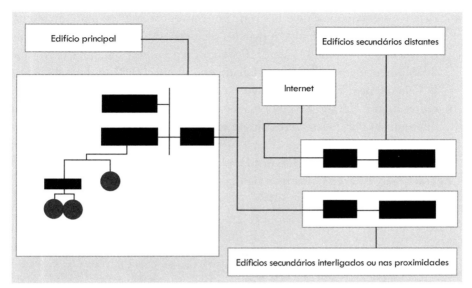

Figura 5.7 – Conectividade em ambiente hospitalar.

cresce ainda mais, ou razões mercadológicas são favoráveis, os hospitais costumam abrir postos avançados ou distantes, geralmente para captar pacientes em ambulatórios de especialidades e centros de diagnósticos.

A conectividade hospitalar divide-se, então, em três grupos:

- As redes locais de dados, voz e vídeo internas de cada edifício.
- A conexão direta entre edifícios interligados, ou muito próximos.
- A conexão indireta, ou via internet, dos edifícios distantes.

Mas, nesse ponto, para discutir aspectos de conectividade, é importante revisar alguns conceitos básicos de tecnologia que podem dificultar a análise de alguns problemas hospitalares típicos ao administrador hospitalar.

Primeiro, a importante diferença entre bit e byte:

- Bit é um estado físico do dispositivo que pode estar ligado (valor 1) ou desligado (valor 0). Um meio físico na sua essência não pode representar estados diferentes (meio ligado, meio desligado etc.). Seja quando uma informação é gravada em um disco magnético ou ótico, ou quando transita por cabo ou onda de rádio, é representada por milhares de sequências de sinais ligados e desligados, que são os bits. O símbolo do bit é b.

326 Administração hospitalar no Brasil

■ Byte é uma sequência de 8 bits, que por convenção representam uma informação. Por exemplo: 8 bits desligados seguidos (0000 0000) por convenção representam o número 0 (zero). Poderiam representar qualquer outro tipo de informação, mas foi convencionado que significa 0. O símbolo do byte é B. Como 8 bits representam 1 byte e cada bit tem 2 estados, cada byte pode representar 2 elevado a 8 combinações diferentes, ou seja, 256 informações diferentes (ou 256 caracteres diferentes).

Por convenção, também foram adotadas unidades práticas para representar três grandezas, conforme ilustrado na Figura 5.8.

Símbolo	Unidades para armazenamento	Bits	Bits	Byte (hexadecimal)
b	Bit: unidade binária (0 ou 1)	0000	0000	0
B	Byte: conjunto de 8 bits	0000	0001	1
kB	Quilo byte: byte * 1.024	0000	0010	2
MB	Mega byte: quilo * 1.024	0000	0011	3
G	Giga byte: mega * 1.024	0000	0100	4
t	Tera: giga * 1.024	0000	0101	5
		0000	0110	6
Símbolo	**Unidades para velocidade**	0000	0111	7
-	Unidade	0000	1000	8
		0000	1001	9
k	Quilo bit: unidade * 1.000	0000	1010	10
M	Mega bit: quilo * 1.000	0000	1011	11
G	Giga bit: mega * 1.000	0000	1100	12
Símbolo	Unidade para velocidade de processamento	0000	1101	13
		0000	1110	14
Hz	Hertz = unidade por ciclo	0000	1111	15
	Ex: Energia elétrica no Brasil = 60 Hz/s	0001	0000	16

8 bits representam 1 byte
256 combinações diferentes = 2 elevado à 8ª potência

Figura 5.8 – Unidades, bits e bytes.

- Armazenamento: para medir capacidade de dispositivos e tamanho de arquivos, utiliza-se o byte como informação primária, porque as informações são representadas por bytes, não por bits. Como os números são relativamente grandes para se representar em unidades simples, utilizam-se as grandezas k (quilo), M (mega), G (giga) e T (tera). Por convenção, para adequar o tradicional k, que representa 1.000 a uma potência de 2, adotou-se a potência de 2 mais próxima de 1.000, que é o número 1.024. Então quando se trata de armazenamento, 1 kB = 1.024 bytes, 1 MB = 1.024 kB, 1 GB = 1.024 MB, e assim por diante.
- Velocidade de transmissão: para medir velocidade de transmissão, utiliza-se o bit como informação primária. Também se utilizam as grandezas k, M e G, mas a sua forma de aplicação tradicional, ou seja, 1 kB = 1.000 bits, 1 MB = 1.000 kB, e assim por diante.
- Velocidade de processamento: para medir a velocidade de processamento, convencionou-se caracterizar quantas instruções padronizadas são executadas em um ciclo. Para entender o conceito, a energia elétrica é uma sequência de ondas que são senoidais e, portanto, ficam "ligadas" uma parte do tempo e "desligadas" em outra, dependendo do referencial (eixo) que se escolhe. A energia elétrica no Brasil, por exemplo, é de 60 Hz/s (sessenta hertz por segundo, ou sessenta ciclos por segundo) – isso significa que uma lâmpada do tipo incandescente, por exemplo, "acende e apaga" 120 vezes por segundo. Então, quando ouvimos que um processador tem capacidade de 1 GHz, significa que executa 1 bilhão de instruções por ciclo.

Bit de paridade

Não é raro o administrador hospitalar ouvir dos técnicos que a rede de dados "está com latência" ou "perda de pacotes".

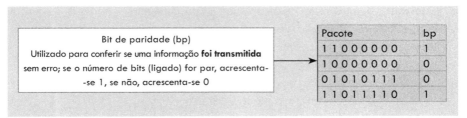

Figura 5.9 – Bit de paridade.

Administração hospitalar no Brasil

Como ocorre em todo meio físico, a rede de dados sofre influências externas (elétricas, eletromagnéticas, do movimento etc.) e as informações que trafegam nela podem ser prejudicadas (podem ocorrer erros de transmissão). Para minimizar os efeitos desses erros, grupos de informações (ou pacotes de dados), que são na essência sequências de bits, recebem ao seu final um bit de paridade, que se convencionou manter ligado quando o número de bits ligados do pacote for par, ou desligado, quando for ímpar. Dessa forma, o equipamento que recebe o pacote de informação checa o bit final e verifica se está condizente com os dados enviados. Se não estiver, solicita ao equipamento que enviou a mensagem que a retransmita.

Os pacotes de informação recebidos com erro são desprezados, daí o nome "perda de pacotes". Quanto maior a quantidade de informação perdida, maior a "latência". Latência e perda de pacotes são sintomas de problemas da rede e fazem com que a comunicação fique lenta, em função da necessidade de retransmitir os dados.

Compactação de dados

Também não é raro o administrador hospitalar receber reclamações de falta de espaço para armazenamento das informações. O ambiente hospitalar é propício para produzir informações em massa e desestruturadas, que são vitais para a vida humana quando exigidas, mas que são raramente necessárias após o atendimento do paciente.

Mais do que em qualquer outro segmento de mercado, o ambiente hospitalar exige cuidados de compactação dos dados para economizar espaço de armazenamento.

Compactação, na verdade, é outra convenção:

- A Figura 5.10 ilustra um exemplo de dois endereços armazenados sem compactação, que ocupam 21 bytes cada.
- Aplicando-se uma regra de compactação (ou "zipagem" – nome dado porque o mais popular compactador em informática se chama "zip"), convenciona-se que dois espaços seguidos significam um caractere especial, e dois zeros seguidos, outro caractere especial.
- Ao substituir os espaços e zeros seguidos, seguindo a regra, uma informação de 21 bytes passa a ter 15, e a outra, 16 bytes.

Tecnologia hospitalar **329**

Figura 5.10 Compactação de dados ('zipagem').

	Compactação
A V B R A S I L 0 0 0 1 0 0	21 *BYTES*
R U A A U R O R A 0 0 0 0 5 2	21 *BYTES*
= A	CONVENÇÃO: 2 ESPAÇOS = A
0 0 = B	CONVENÇÃO: 2 ZEROS = B
A V B R A S I L A A A B O B	15 *BYTES*
R U A A U R O R A A A B B 5 2	16 *BYTES*

Energia elétrica

Não basta existir energia elétrica para o funcionamento dos equipamentos: é fundamental que esteja disponível com qualidade, ou seja, dentro dos limites estabelecidos para utilização adequada dos equipamentos, sem danos ao investimento e sem colocar em risco as pessoas que manipulam os equipamentos.

Um primeiro cuidado do administrador é manter os circuitos de energia elétrica dentro dos padrões estabelecidos pelas normas brasileiras.

A Figura 5.11 ilustra os cuidados mínimos:

- Utilizar conectores padronizados (fase + neutro + terra para 127 V, ou fase + fase + terra para 220 V).
- Limite máximo de 5 V entre o terra da instalação e a terra.
- No caso de redes de 127 V, limite máximo de 5 V entre o neutro e o terra da instalação.
- A Figura 5.11 ilustra propositalmente um plugue de padrão antigo. Vivemos e viveremos, durante alguns anos, a migração dos padrões antigos para os novos, e é importante que o administrador hospitalar esteja atento à necessidade de adaptadores adequados durante essa fase de transição.

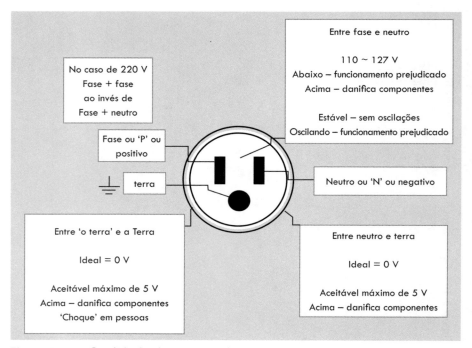

Figura 5.11 – Qualidade da energia elétrica.

Aterramento e para-raios

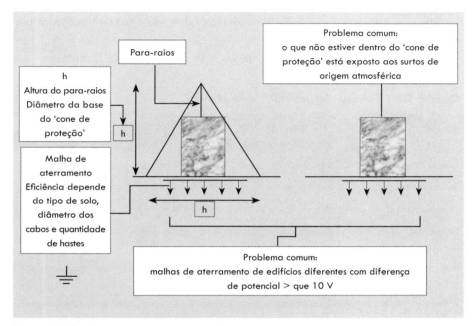

Figura 5.12 – Aterramento e para-raios.

Também por conta do crescimento desordenado dos hospitais, são mais comuns dois tipos de problemas:

- O sistema de aterramento dos prédios interligados é diferente, e não pode ser adequadamente interligado ou revisado. A diferença de potencial entre o terra de um edifício e outro pode facilmente ultrapassar os 5 V. Por essa razão, não devem ser utilizados cabos de rede metálicos (de sinal elétrico) para interligação das redes de edifícios diferentes. Devem ser utilizados cabos de fibra ótica, que, por utilizarem luz em vez de energia elétrica, não sofrem influência da eventual diferença de potencial entre as redes de aterramento.
- O para-raios, originalmente projetado para proteger determinada área, não dá cobertura aos "puxadinhos" (edifícios que foram sendo anexados ao complexo hospitalar). A não cobertura coloca em risco toda a instalação elétrica, podendo danificar equipamentos, o que por si só já pode significar risco à saúde dos pacientes e também dos funcionários, que podem ser alvo de choques elétricos.

Circuitos de emergência

O administrador também deve estar atento às normas que definem locais e serviços que devem dispor de circuitos elétricos de emergência alimentados por geradores ou por *no breaks* locais.

A Quadro 5.4 ilustra as práticas mais comuns em ambiente hospitalar.

Quadro 5.4 – Energia elétrica para emergência

	Mínimo que deve ser atendido pelo circuito de emergência (geradores e/ou *no breaks*)
Centro cirúrgico	Completo: iluminação e equipamentos
Terapia intensiva	Equipamentos de monitoração e iluminação de vigia
Pronto-socorro	Completo nas salas de procedimento e iluminação em toda a área
Farmácia	Iluminação em toda a área e pelo menos um dos equipamentos de informática
Posto de enfermagem	Iluminação em toda a área e pelo menos um dos equipamentos de informática
Áreas de apoio assistencial	Iluminação em toda a área e pelo menos um dos equipamentos de informática
Recepções	Iluminação de vigia e pelo menos um dos equipamentos de informática
Datacenter	Completo: iluminação e equipamentos
Rede de dados e de telefonia	Todos os equipamentos
Sistema de segurança	Iluminação na central de monitoração, e cobertura para todos os equipamentos
Elevadores	Iluminação nos acessos e cobertura para toda a casa de máquinas
Utilidades	Iluminação em todas as casas de máquinas e energia para bombas
Rotas de fuga	Iluminação completa
Equipamentos do SADT	Energia suficiente para desmobilizar envolvidos nos procedimentos em curso

Rede estruturada e convergente

De maneira similar a qualquer empresa, os hospitais adotaram o cabeamento (conexão dos equipamentos via cabo – ou *cabling*) do tipo estruturado, ou seja, no mesmo cabo que chega ao local onde estão os equipamentos existem fios suficientes para conectar computadores, telefones e televisão (sinais de dados, voz e vídeo).

Transmitir dados, voz e vídeo em hospitais, como acontece em hotéis, não é apenas necessidade de comunicação institucional. À beira do leito, o telefone e a televisão são fontes de receita, bem como a internet em áreas comuns.

O que em tecnologia se denomina convergência (unificação das redes e serviços de dados, voz e vídeo) faz parte da infraestrutura dos hospitais desde o início do século XXI.

Conexão do hospital com as redes públicas

A conexão do hospital com as redes públicas exige dois tipos de equipamentos básicos:

- Roteador, no qual são conectados os sinais de:
    - Internet: geralmente uma conexão (*link*) dedicada principal via cabo e uma conexão secundária via rádio, de operadoras diferentes.
    - Voz: geralmente canais digitais das operadoras de telefonia, com capacidade de 30 troncos cada um.
    - Vídeo: geralmente uma conexão digital fornecida pela operadora de TV.
- No roteador, definem-se as rotas (para quais trechos da rede interna determinado sinal deve ou pode ser utilizado).
- *Firewall*, equipamento utilizado para:
    - Controlar o tráfego: distribuir os serviços (navegação na internet, *e-mail*, *virtual private network* – VPN etc.) pelos *links*.
    - Controlar a contingência: fazer com que o serviço de um *link* passe a funcionar no outro em caso de pane.
    - Proteger a rede: contra vírus e intrusões (acessos externos não autorizados); má utilização da internet por parte de usuários da rede interna do hospital.

É comum utilizar pares de roteadores e equipamentos tipo *firewall* em locais diferentes do hospital, que podem ser configurados de duas formas:

- Contingência: um só equipamento funciona, e o outro fica em espera (sem utilização). No caso de pane, uma manobra faz com que o equipamento reserva comece a atuar.
- Redundância: os dois equipamentos funcionam simultaneamente com metade da carga cada um (balanceamento de carga). Caso haja pane em um deles, o outro assume toda a carga.

Quanto maior a rede do hospital, mais equipamentos e *links* de conexão são utilizados.

Quando o hospital tem várias plantas próximas umas das outras (complexo hospitalar), cada hospital mantém essa estrutura, e adicionam-se *links* dedicados (ponto a ponto) interligando os roteadores:

- Entre eles, as redes funcionam como se fossem uma única rede (zona desmilitarizada – DMZ). Também chamada de VPN.
- Entre cada um deles e as redes públicas (p. ex., a internet), a proteção do *firewall* atua como se fosse um único hospital conectado com o mundo externo.
- Nessa estrutura, os *firewalls* funcionam geralmente em regime de redundância.

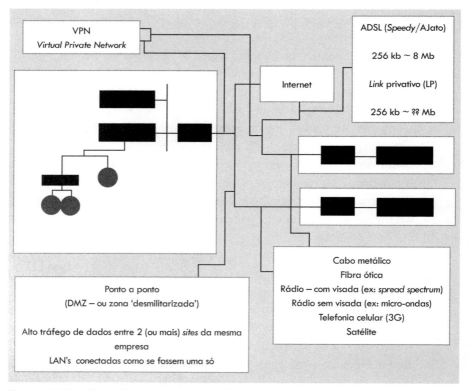

Figura 5.13 – Conexão com as redes públicas.

Estruturação da rede interna

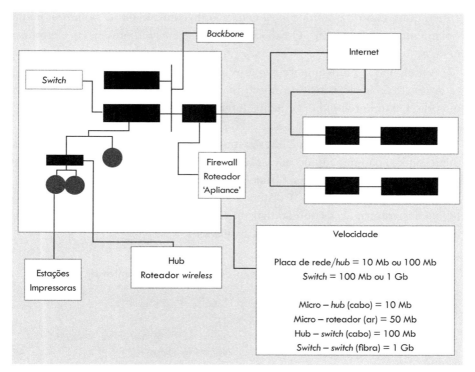

Figura 5.14 – Rede estruturada e convergente.

Backbone

Nome dado à conexão do roteador com os equipamentos que distribuem o sinal aos equipamentos: *switches*.

Pelo mesmo cabo de interligação físico podem passar todos os sinais dos roteadores de entrada. Não existe risco de utilização inadequada quando a configuração estiver correta. O *switch* só pode tratar os sinais que o roteador deixar.

Se a planta hospitalar for constituída de um mesmo edifício, que contém uma única malha de aterramento elétrico, a conexão entre os roteadores e *switches* pode ser feita por cabo metálico:

- Para conectar edifícios diferentes, utiliza-se cabo de fibra óptica ou rádio.
- Para conectar locais diferentes do mesmo edifício servidos por sistemas elétricos distintos, ou sistemas de aterramento distintos, utiliza-se fibra óptica.

Administração hospitalar no Brasil

O cabo metálico pode ser utilizado em distâncias de até 100 metros. Uma tabela do fabricante geralmente reduz essa distância dependendo do número de curvas que o cabo faz, a redução varia de acordo com o material utilizado (metal, isolamento e acabamento). O cabo metálico é sensível a influências eletromagnéticas.

A fibra óptica praticamente não tem limite de distância, mas tem custo elevado e exige raio de curvatura muito maior que os cabos metálicos para não quebrar. Quando rompida, a emenda é feita através de fusão. A conexão com o equipamento também exige fusão.

O sinal de rádio, tipo de conexão mais barata que existe, pode ser do tipo micro-ondas, não impedindo que as antenas tenham objetos em sua visada; ou *spread spectrum*, exigindo que o trajeto entre as antenas não seja interrompido por nenhum tipo de objeto. A distância de alcance depende do tamanho e potência das antenas. É a conexão mais instável, mais irregular e mais sensível às interferências eletromagnéticas e atmosféricas.

Quadro 5.5 – Considerações a respeito de alguns componentes de redes.

Componente	Considerações
Cabo (par trançado)	Velocidade = 100 Mb Distância máxima recomendável = 100 metros em linha reta Sujeito à interferência eletromagnética Conexões 'clipadas'
Fibra ótica	Velocidade = 1 Gb Distância máxima recomendável = 2 km Curvas com raio mínimo Conexões 'soldadas'
Rádio	Velocidade = 10 Mb ~ 100 Mb Distância máxima recomendável = 30 km Sujeito a vários tipos de interferências
Satélite	Velocidade = 128 kb ~ 5 Mb (comercialmente)
Edge – 3G	Velocidade = 256 ~ 512 kb Sujeito à instabilidade por excesso de usuários na central de conexão Não permite compartilhamento de uso
Switch	Velocidade por porta (ex: 100 Mb) Pode ser gerenciado
Hub	Velocidade por equipamento (ex: 100 Mb para compartilhar por todas as portas)

Segmentos de rede

Cada *switch* é responsável pelo controle de um segmento de rede. O *switch* é um equipamento que pode cascatear o sinal (é um equipamento gerenciável):

- Permite conectar um *switch* a outro sem perda de qualidade da rede.
- Se em determinado setor a quantidade de portas (conexões) do *switch* passar a ser insuficiente, coloca-se um ao lado e faz-se a configuração adequada.

Do *switch* saem os cabos que podem conectar equipamentos de periferia da rede:

- Computadores.
- Impressoras.
- Equipamentos de distribuição de sinal sem fio (*wireless*).
- *Hubs*.

Hub é um equipamento similar ao *switch*:

- Insere-se um cabo que recebe o sinal.
- Deriva-se (multiplica-se) o sinal por diversas saídas.
- Ao contrário do *switch*, não é gerenciável.
- A velocidade do sinal é dividida entre as portas de saída.

O equipamento de distribuição *wireless* tem a mesma característica do *hub*:

- Divide o sinal de entrada por todas as portas (sinais sem fio) simultaneamente.
- Esses sinais simultâneos são denominados canais.

Normalmente, utiliza-se um *switch* para cada grande área física hospitalar (por exemplo: cada unidade de internação; um equipamento de distribuição *wireless* para cada área comum, por exemplo, um para o restaurante, um para a biblioteca etc.); e um *hub* para cada evento que requer mais pontos que os existentes durante determinado período (por exemplo, na área de eventos, para um evento específico).

PABX

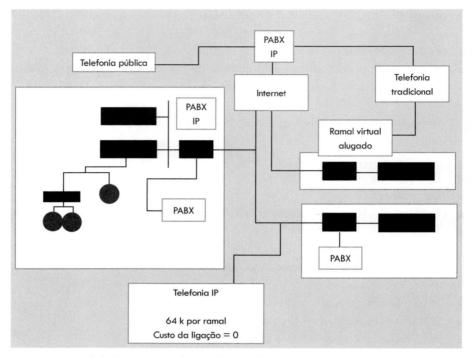

Figura 5.15 – Telefonia em ambiente hospitalar.

Equipamento de telefonia que executa funções similares às do roteador na rede de dados. Sua função básica é identificar os pontos físicos de conexão dos aparelhos aos endereços lógicos das linhas telefônicas e ramais.

Atualmente, utilizam-se exclusivamente equipamentos digitais com serviços nativos incorporados:

- Atendedor automático com menu de opções que direciona ao toque do teclado o ramal a ser chamado.
- Bilhetagem de tempo de utilização com identificação do tipo de ligação (local, interurbana e internacional).
- Identificador de operadora e roteamento de chamadas de acordo com as regras de discagem para redução do valor da conta telefônica.

Não é comum utilizar PABX de contingência em hospitais. Algumas linhas são adquiridas e conectadas diretamente em painéis de distribuição (sem passar pelo PABX) para servir como pontos estratégicos de comunicação.

Equipamentos acessórios são largamente utilizados em hospitais:

- *Call center* – sistema de controle de recebimento de chamadas, distribuição pelos ramais de atendimento e gerenciamento da conversação.
- Secretária eletrônica individual por ramal.
- Gerenciador de serviços de desvio automático (siga-me), teclas de atalho, rechamada e programação de chamadas.

Serviços de comunicação
Telefonia institucional

A telefonia para fins institucionais em hospitais é similar à utilizada nas empresas de outros segmentos de mercado:

- Elevada utilização interna, entre ramais.
- Médio volume de ligações para fora (externas), basicamente para fornecedores e parceiros comerciais.
- Alto volume de recebimento de chamadas, sobretudo no *call center*. Caso o hospital disponha de um centro de diagnóstico e/ou ambulatório com elevado volume de atendimento externo, é comum a utilização de um número do tipo 0800 e a utilização de números 4xxx (não gratuitos) para a região metropolitana em que se encontra.

Dependendo da configuração das chamadas externas, utilizam-se serviços de telefonia por internet (VoIP), roteando chamadas interurbanas e internacionais para números próprios do hospital nas cidades de maior frequência. É comum a utilização de serviço VoIP totalmente terceirizado, evitando o investimento em equipamentos próprios, cuja obsolescência é acelerada.

Internet institucional

A internet institucional em hospitais também é similar à utilizada nas empresas de outros segmentos de mercado:

- Navegação na internet.
- Serviço de correio eletrônico (*e-mail*).
- Circuitos fechados de comunicação (VPN).

Algumas características diferenciam um pouco a utilização da internet em hospitais para fins institucionais:

- Elevada utilização de imagens diagnósticas, que representam necessidade de banda maior que a média.
- Regras de bloqueio de navegação mais flexíveis – alguns assuntos que geralmente são bloqueados em empresas de outros segmento de mercado (p. ex., sexo), em hospitais podem ser objeto de estudo.
- Auditoria constante do conteúdo de mensagens eletrônicas enviadas para fora (questão da vigilância em relação à proteção dos dados dos pacientes e ética médica).
- Elevado número de VPN específicas, comunicando o hospital com centros de estudo, parceiros comerciais (p. ex., laboratório de apoio) e fornecedores (sistemas compartilhados em padrão *web*, com acesso restrito).

Telefonia para pacientes e acompanhantes

Similar ao que acontece em hotéis, o telefone à beira do leito é um produto de venda, tarifado e cobrado de acordo com as tabelas das operadoras de telefonia fixa locais, acrescido de margem de serviços.

É comum, no caso de hospital que se localiza em um grande centro urbano, ter alto volume de ligações para outras localidades; já no caso de hospital que não se localiza em um grande centro urbano, alto volume de ligações interurbanas para o grande centro mais próximo.

Essas condições são ideais para que o hospital trabalhe com ligações via internet (VoIP), reduzindo os custos operacionais e mantendo a mesma tarifa (receita).

Várias empresas atuam no mercado terceirizando a oferta de VoIP em hospitais:

- O hospital não investe em ativos, que são de propriedade do parceiro, inclusive eventuais serviços de suporte técnico e apoio ao cliente (paciente ou acompanhante).
- A receita é dividida entre o hospital e o fornecedor – na prática, quanto maior o volume de negócios, menor o percentual de receita atribuído ao fornecedor parceiro.

Internet para pacientes, acompanhantes e eventos

Também similar ao que acontece em hotéis, a internet é um produto de venda, utilizado:

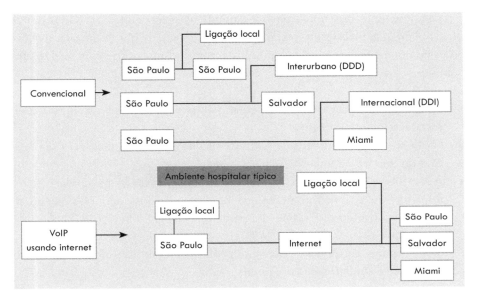

Figura 5.16 – Utilizando VoIP para minimizar custos com telefonia.

- À beira do leito pelo paciente e/ou acompanhante.
- Em salas do tipo *lan house* (*business center*), bibliotecas e salas de conforto (*lounge*).
- Nas áreas comuns, utilizadas pelos acompanhantes (restaurante, lanchonete etc.).
- Em salas de reuniões. Em hospitais que atendem pacientes de camada social mais elevada, dependendo do tempo que o paciente fica internado, o acompanhante literalmente transfere seu escritório para o hospital, utilizando VPN em salas de reuniões.

Exceto no caso de VPN, em que é mais comum a utilização de conexões físicas via cabo/*hub*, as demais conexões geralmente são disponibilizadas por meio de rede sem fio (*wireless*).

Por exigência legal, qualquer empresa que forneça internet ao público, paga ou não, deve possuir sistema de identificação e rastreabilidade para os casos de utilização indevida (pedofilia, racismo etc.). Para isso é necessário:

- *Link* dedicado.
- Servidor com sistema de autenticação e senhas.
- Sistema de monitoração de utilização.

Geralmente, o próprio sistema de autenticação tem funcionalidades de tarifação. Para não investir em tecnologia de alto índice de obsolescência, os hospitais compram esse serviço das mesmas empresas que controlam o acesso em hotéis:

- Toda a infraestrutura é do fornecedor, inclusive o *call center* de suporte técnico, geralmente bilíngue.
- O cliente compra bilhetes de horas de uso de internet, que podem ser cartões do tipo "raspadinha".
- A receita é dividida entre o fornecedor e o hospital de forma similar à telefonia terceirizada: quanto maior o volume de negócios, menor o percentual de receita atribuído ao fornecedor parceiro.

Nos hospitais com centros de estudos que possuem salas de eventos, também acontece a similaridade com hotéis:

- Fornecedores de *links* via rádio instalam antenas no topo dos hospitais para fornecer *links* de altíssima banda.
- Esses *links* de custo bem inferior aos demais são cobrados por demanda – a banda necessária para o evento é fornecida no momento do evento.
- Quando não há evento, o *link* fica inativo.

DATA CENTER

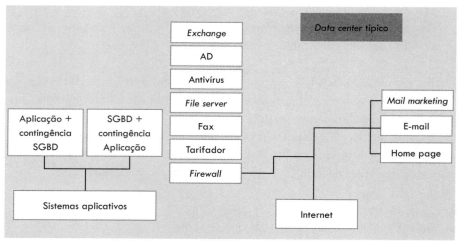

Figura 5.17 – *Data center* hospitalar típico no Brasil.

Data center é o local em que se concentram os principais equipamentos de armazenagem e distribuição dos dados: os servidores corporativos, equipamentos de conectividade etc.

Antes da internet, e até a profissionalização da segurança da informação no Brasil, era comum encontrar nos hospitais grandes *data centers* que abrigavam absolutamente todos os servidores. Não se admitia a ideia de utilizar servidores hospedados em empresas especializadas de tecnologia, primeiro porque se afirmava que os dados médicos não poderiam ficar expostos, e segundo porque se afirmava que os hospitais já possuíam estrutura de redundância de energia que garantia o funcionamento dos equipamentos em casos de pane no sistema da concessionária. Atualmente, esses dois mitos (são mitos porque nunca corresponderam à realidade) já fazem parte do passado e os hospitais mais profissionalizados terceirizam a hospedagem de praticamente 100% dos servidores e serviços, com ganhos operacionais e de qualidade imensuráveis.

Os dados são armazenados em diversos tipos de equipamentos:

- Servidor (*server*): computadores de uso geral, com configuração adequada e dispositivos de armazenamento, mais comumente discos magnéticos.
- Dispositivo de armazenagem específico (*storage*): equipamentos específicos para armazenagem de dados, geralmente com dispositivos de três tipos:
  - Discos de alta velocidade, mais caros, nos quais são armazenados os dados de maior utilização (dados utilizados constantemente).
  - Discos de baixa velocidade, mais baratos, nos quais são armazenados os dados de menor utilização (dados utilizados eventualmente).
  - Fitas de baixíssima velocidade, de baixo custo, nas quais são armazenados os dados de rara utilização. O dispositivo costuma ter um mecanismo tipo robô, que insere e retira as fitas automaticamente da leitora/gravadora.
- Mídias avulsas: DVD, CD e fitas magnéticas de baixíssimo custo.

No *data center*, além dos servidores, também são instalados os principais dispositivos de conectividade (roteadores, *switch* etc.).

O ambiente do *data center* costuma ser climatizado, uma vez que a concentração de equipamentos exige refrigeração adequada, e exige circuito de energia estabilizado necessário para o funcionamento regular dos equipamentos. Necessita também de circuito de energia de emergência e *no breaks* no caso de falta de energia – se os servidores desligarem, todos os sistemas de informação hospitalar são afetados –, e de sistema de proteção contra incêndio, com sensores de fumaça e temperatura – os dados do *data center* têm valor inestimável e não podem ser perdidos.

Administração hospitalar no Brasil

É comum haver uma sala longe do *data center* que possa funcionar provisoriamente no caso de sinistro. Nessa sala, costuma-se manter cópia de segurança (*backup*) dos dados do *data center* e alguns equipamentos de reserva.

Tipos de servidores mais comuns do *data center* hospitalar

Quadro 5.6 – Servidores mais comuns em *data center* hospitalar.

Servidor	Sistema Operacional	Utilidade
Autenticação	Windows	Controle de acesso (MS AD®, Linux LDAP)
Antivírus	Windows	Proteção contra vírus (NAV®, Avast® etc.)
Tarifador	Windows	Tarifar ligações telefônicas (NEC®, Siemens® etc.)
Acesso remoto	Windows/Linux	Controle de acesso remoto e compartilhamento de licenças (Metaframe®, MS Terminal Server®, Linux SSH)
E-mail e colaboração	Windows/Linux	Correio eletrônico e controle de processos (MS Exchange®, PostFix, Mozila)
Telefonia IP	Linux	Telefonia pela internet (Asterisk)
Call center	Windows/Linux	Controle de atendimento telefônico (NEC®, Siemens® etc.)
URA	Windows/Linux	Interface de voz ou unidade de resposta audível (NEC®, Siemens® etc.)
File server	Windows/Linux	Controle de arquivos de usuários
Print server	Windows/Linux	Controle de filas de impressão
Vídeo	Linux	Segurança (filmagens)
Fax	Windows/Linux	Controle de recebimento e envio de fax
Automação	Windows/Linux	Interface com sistemas de chaves, iluminação etc.
Aplicação	Windows/Linux	Programas dos sistemas
SGDB	Windows/Linux	Sistema gerenciador de banco de dados (MS SQL Server®, Oracle®, MySQL)
Storage	Windows/Linux	Dados
E-mail marketing	Windows/Linux	Controle de campanhas por envio de *e-mails*
DNS	Windows/Linus	Controlador de domínios (servidor de internet)
Firewall	Linux	Conectividade e segurança

- Servidor de autenticação:
  - Responsável pelo controle unificado de autenticação dos usuários nos mais diversos aplicativos.
- Servidor antivírus:
  - Responsável pela proteção da rede interna contra vírus eletrônicos.
- Tarifador:
  - Recebe os bilhetes de ligações telefônicas do PABX, tarifa e envia para o sistema de cobrança.
- Servidor para acesso remoto:
  - Permite que usuários externos tenham acesso aos recursos internos da rede do hospital.
  - Também permite que uma licença de *software* possa ser compartilhada por diversos usuários, controlando simultaneidade.
- Servidor *e-mail* e de colaboração:
  - Controla o recebimento e envio de mensagens eletrônicas, e a integração das ferramentas de colaboração dos usuários finais. Por exemplo, MS Outlook®, MS NetMeeting® etc.
- Telefonia IP:
  - Controla a conectividade entre a rede de voz (telefonia tradicional) e de dados (telefonia sob internet *protocol* – IP)
- *Call center*:
  - Controla o atendimento telefônico do *call center*, gerenciando filas de chamadas, estatísticas de recebimento, direcionamento automático para atendentes etc.
- Unidade de resposta audível (URA):
  - Controla os menus de atendimento telefônico e consegue traduzir palavras em textos, interfaceando as informações recebidas sob voz para dados, de modo a serem tratadas automaticamente pelos sistemas de informação.
- *Print server*:
  - Controla o cadastro de impressoras da rede, direciona a impressão de acordo com as configurações automáticas ou necessidades específicas dos usuários e permite inserção de regras de segurança e contingenciamento no caso de falhas.
- Vídeo:
  - Controla a captura, o armazenamento e a distribuição dos arquivos de vídeo, especialmente os das câmeras do sistema de segurança.
- Servidor de fax:

- Controla o recebimento e envio de fax, transferindo informações do sistema de telefonia para a rede de dados.
- Automação:
  - Controla sistemas específicos de interface com utilidades, como bloqueio e desbloqueio de portas de quartos, controle de acesso em barreiras etc.
- *E-mail* marketing:
  - Controla os cadastros e campanhas que utilizam envio em massa de mensagens eletrônicas.

Sobre o storage (armazenamento de dados)

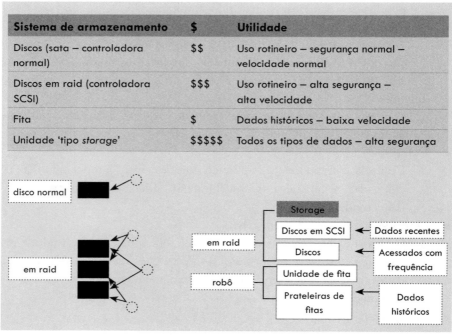

Figura 5.18 – *Storage central* – melhor custo-benefício possível em ambiente hospitalar.

Storage é um servidor que tem função exclusiva de armazenar dados. Funciona como se fosse os discos de cada servidor da instalação.

O melhor custo-benefício é trabalhar com servidores com o mínimo possível de armazenamento próprios, concentrando no servidor *storage* o máximo de dados possível.

À primeira vista, esses equipamentos aparentam ser caros, mas, considerando a demanda por espaço sempre crescente, o espaço que sempre está disponível em todos os dispositivos de armazenamento que ficam espalhados em diversos equipamentos e o custo associado aos processos de *backup* (cópia de segurança) distribuído, o custo final do equipamento central de *storage* acaba sendo significativamente menor, além de dar maior segurança ao ambiente como um todo.

A Figura 5.24 ilustra que, dados como os prontuários recentes dos pacientes, devem ficar em dispositivos de armazenamento rápido (geralmente caros), mas imagens de exames diagnósticos antigos são arquivos pesados, podem comprometer o tempo de resposta das transações que necessitam de maior desempenho e podem ficar em dispositivos lentos (mais baratos).

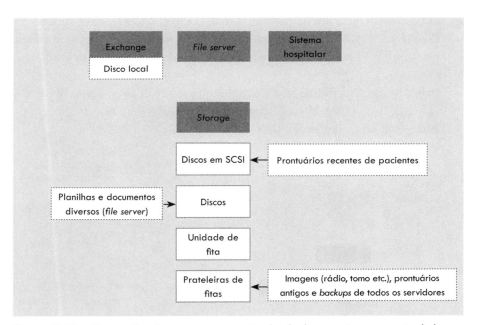

Figura 5.19 – Ilustração do armazenamento de dados no *storage* central de um hospital.

Uma característica dos servidores tipo *storage* é a capacidade que eles têm de mover os dados mais acessados para suas áreas mais rápidas, e os menos acessados para as mais lentas automaticamente – sem a necessidade de um administrador para analisar o que deve ser feito.

Sobre o domain name system (DNS), ou servidor de internet

Controla os domínios e a comunicação dentro do protocolo internet (TCP/IP). Para se conectar à internet, é necessário possuir um endereço. Vulgarmente chamado de "endereço IP", é um número que identifica o usuário, da mesma forma que o código de endereçamento postal (CEP) é utilizado pelos Correios para localizar um endereço, ou como as coordenadas mundiais são utilizadas como referência nos GPS (*global position system*).

Como qualquer outra empresa, para se conectar à internet, um hospital necessita de um domínio:

- O endereço IP, o código, é fornecido pela concessionária que fornece o *link* com a internet, ou o provedor de acesso à internet.
- O hospital associa um nome ao domínio, por exemplo: www.xxx.com.br.
- Essa associação é feita solicitando ao órgão que controla essa atividade no Brasil: a Fundação de Amparo à Pesquisa do Estado de São Paulo (Fapesp).
- Para acessar uma página, por exemplo, quando se digita o nome (www.xxx.com.br), o provedor interage com o serviço da Fapesp, que traduz para o código, ou seja, o endereço IP.

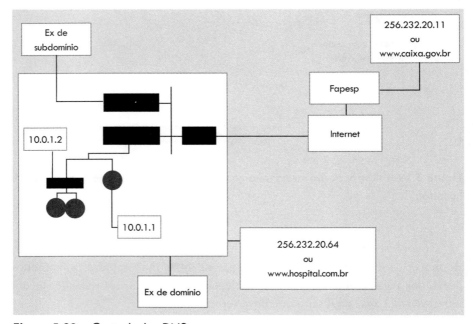

Figura 5.20 – Controlador DNS.

Dentro do hospital, a rede interna também funciona fixando endereços IP para cada componente da rede, mas dentro da rede não é necessário seguir a mesma padronização (ou codificação) da Fapesp, sendo possível utilizar um código reduzido, ou a formatação de nome desejada. O servidor DNS do hospital é que faz o papel da Fapesp dentro da rede quando um dispositivo precisa se conectar à outro.

A Figura 5.25 ilustra essas definições de forma bem simples. A explicação dada aqui é extremamente simplista, chegando apenas ao nível de detalhe que o administrador hospitalar necessita conhecer. A administração de domínios é tarefa complexa e requer especialização para que não ponha o hospital em risco.

Quando o ambiente do hospital é pequeno, costuma-se hospedar a página institucional (*home page*) no mesmo servidor DNS, embora não seja recomendável. Quando o ambiente é mais robusto, utilizam-se dois servidores: um para DNS e um para *hosting* (ou hospedagem da página). Nos ambientes mais profissionalizados, a hospedagem da página é feita em *data center* especializado (terceirizado).

Sobre o firewall

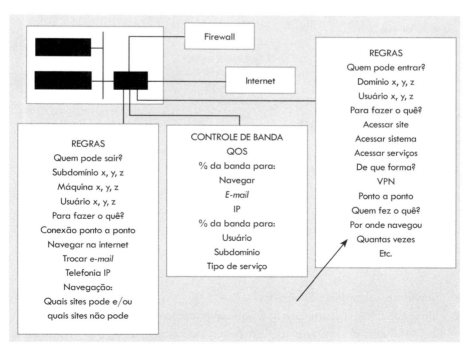

Figura 5.21 – O papel do *firewall*.

Utilizado para proteção do ambiente contra intrusões e para definição das regras de comunicação da rede interna com o mundo externo. É o componente de rede mais importante, porque isola a rede interna do mundo externo no que é exigido, impedindo que qualquer usuário faça acesso indevido às informações do hospital; permite acesso externo ao que é necessário, por exemplo, acesso via internet ao paciente para consulta do resultado do exame; fornece o rastreamento necessário, viabilizando a aferição do acesso indevido ou abusivo dos recursos do ambiente, por exemplo, fornecendo estatísticas de acessos aos *sites* da *web*.

A Figura 5.27 ilustra uma curiosidade: apesar da importância do *firewall*, costuma ser um dos equipamentos mais simples e baratos do ambiente. Geralmente, trata-se de um microcomputador comum, com baixa capacidade de processamento e de armazenamento, com sistema operacional Linux, que a maioria dos analistas de suporte técnico, mesmo com pouca experiência, consegue configurar e administrar.

Existem os chamados *apliances*, equipamentos fabricados especificamente para cumprir a função de *firewall*. Desde equipamentos ainda mais baratos que um microcomputador até os mais sofisticados para controlar ambientes mais complexos, e com mais recursos nativos.

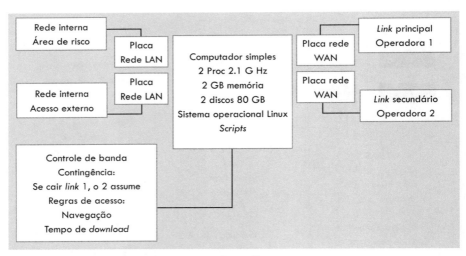

Figura 5.22 – Configuração típica do *firewall*.

- Servidores de aplicação e SGBD
- Uma aplicação (ou aplicativo) é o processamento de informações (dados):
    - Os dados são armazenados em bases (ou bancos) de dados estruturados, que um programa (p. ex., MS SQL Server® ou Oracle®) controla, não

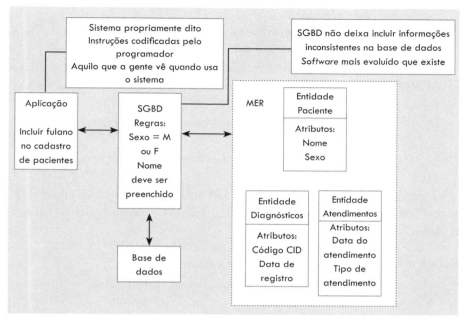

Figura 5.23 – Relacionamento entre os servidores de aplicação e de gerenciamento do banco de dados.

permitindo que uma informação definida para ter determinado conteúdo seja armazenada indevidamente (p. ex., o campo "sexo" só pode ter conteúdo "M" ou "F").

- O processamento é o ato de ler a informação e dar-lhe algum tratamento (transformar, exibir na tela ou em um relatório etc.).

Em um ambiente de tecnologia organizado, os dados não são armazenados de forma repetitiva. Utiliza-se uma mesma base (ou banco) de dados para gravar informações do mesmo tipo – por exemplo, utiliza-se armazenar os dados do paciente em um único banco de dados. Os dados são estruturados seguindo uma metodologia denominada modelo entidade-relacionamento (MER), mas existem diversas aplicações (ou aplicativos) que utilizam essas informações – por exemplo, os dados do paciente são utilizados pelo sistema de prescrição, mas também são utilizados pelo sistema de faturamento.

Por essa razão, existem servidores distintos para fazer o processamento e o armazenamento:

- Servidor de aplicação:
  - Responsável pelo processamento das transações. Onde são instalados os sistemas aplicativos. Por exemplo, HIS, GES etc.
  - Sua função principal não é armazenar informações, apenas processá-las.
- SGBD ou servidor para gerenciamento de banco de dados, ou simplesmente servidor de banco de dados:
  - Responsável pelo controle do armazenamento dos dados nas bases de dados estruturadas.
  - Pode ser também o próprio *storage* (servidor de armazenamento de dados).

É muito comum nos hospitais, como em qualquer outro tipo de empresa de grande porte, existirem muitos servidores de aplicação e poucos servidores de banco de dados.

Sobre o file server *(ou servidor de arquivos)*

Servidores para armazenamento de informações não estruturadas:

- Dados controlados pelo usuário final.
- Por exemplo, textos, planilhas eletrônicas; bancos de dados não corporativos etc.

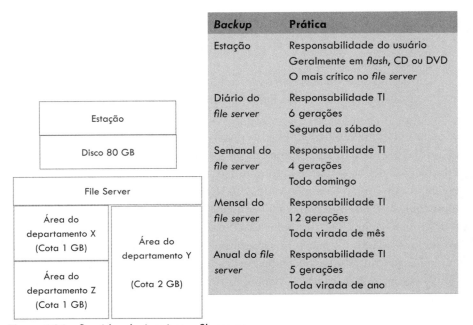

Figura 5.24 – Servidor de Arquivos – *file server*

Backup (cópia de segurança dos dados)

O problema mais grave que pode ser reportado ao administrador hospitalar é a ausência de cópia de segurança de um arquivo incidentalmente danificado.

O Quadro 5.7 ilustra a prática de mercado mais comum:

- O que o usuário armazena no disco de seu próprio equipamento é pessoal, e a cópia de segurança é responsabilidade do próprio usuário.
- Os dados dos servidores são copiados:
  - ❑ Em 6 séries diárias, o que permite ter a posição dos últimos 6 dias da semana (p. ex., do último domingo até a última sexta-feira).
  - ❑ Em 4 séries semanais, que permite ter a posição dos últimos 4 finais de semana (p. ex., dos últimos 4 sábados).
  - ❑ Em 12 séries mensais, que permite ter a posição dos últimos 12 meses (p. ex., do dia 1º dos últimos 12 meses).
  - ❑ Em 5 séries anuais, que permite ter a posição dos últimos 5 anos (p. ex., do dia 31/12 dos últimos 5 anos).

Práticas comuns com servidores

Quadro 5.7 – Práticas com servidores em hospitais no Brasil

Prática	Significado
Contingenciamento	Recurso reserva Quando o recurso original for objeto de pane, já existe outro pronto para substituí-lo
Redundância	Vários recursos executando a mesma ação Para suprir a necessidade 1 é suficiente, mas alocam-se vários para a tarefa simultaneamente Caso um seja objeto de pane, o outro assume toda a carga
Balanceamento de carga	Ao invés do recurso A executar a tarefa A, e o recurso B executar a tarefa B, tanto o recurso A quanto o B executam as duas tarefas dividindo o serviço Se um recurso for objeto de pane, o outro executa as duas tarefas, com menor eficiência, mas ambas continuam sendo executadas
Virtualização	Configura-se o mesmo equipamento (físico) para executar a tarefa de vários servidores (servidores lógicos) Utiliza-se ao máximo os recursos de cada equipamento, o que faz com que o número de equipamentos físicos seja menor do que o número de servidores lógicos (menor custo)

(Continua)

Quadro 5.7 – Práticas com servidores em hospitais no Brasil (Continuação)

Computação em nuvem ou *cloud computing*	Utiliza-se o recurso via internet, sem se preocupar com o equipamento que está executando Paga-se pelo nível de serviço prestado
Colocation	Aluga-se espaço e infraestrutura no *data center* de uma empresa especializada para alocação de um equipamento que será administrado pelo hospital. A infraestrutura costuma ter, no mínimo, energia elétrica redundante, proteção contra sinistros e conexão com redes públicas
Hospedagem ou *hosting*	Aluga-se um servidor no *data center* de uma empresa especializada, com ou sem o serviço de administração do *hardware* e/ou *software* Praticamente 100 % das *home pages* e serviços de e-*mail* hospitalares no Brasil são *hosting* externo

- Contingenciamento:
  - ❑ Para serviços que podem aguardar a manutenção em caso de pane. Por exemplo, fax.
- Redundância
  - ❑ Para serviços que não podem parar, nem ter seu desempenho prejudicado em caso de pane. Por exemplo, atendimento na recepção do pronto-socorro.
- Balanceamento de carga:
  - ❑ Para serviços que não podem parar, mas suportam queda de desempenho em caso de pane. Por exemplo, recepção da internação.
- Virtualização, *cloud computing*, *colocation* e *hosting*:
  - ❑ São alternativas técnicas de configuração dos servidores.
  - ❑ Necessitam entendimento adequado do cenário e que o responsável pela TI (CIO) seja isento de preferências pessoais ao decidir pelo modelo a ser adotado. Ao administrador hospitalar só é possível avaliar o real entendimento do resultado operacional que essas tecnologias trazem quando o CIO tem conhecimento adequado do assunto e prepara um plano de negócios (*business case*) consistente. Na maioria dos casos, o CIO não tem conhecimento adequado e não consegue justificar o custo-benefício.

Construção dos sistemas aplicativos

O administrador hospitalar deve ficar atento aos tipos de sistemas que são introduzidos no ambiente, porque a estrutura dos aplicativos define o tipo de investimento que deve ser feito: em *data center* e/ou em conectividade e/ou em estações de trabalho (ou periferia da rede).

- Cliente servidor (Figura 5.25): a aplicação é instalada integralmente na estação de trabalho. Não existe a figura do servidor de aplicação. O desempenho da aplicação depende exclusivamente da potência da estação de trabalho.

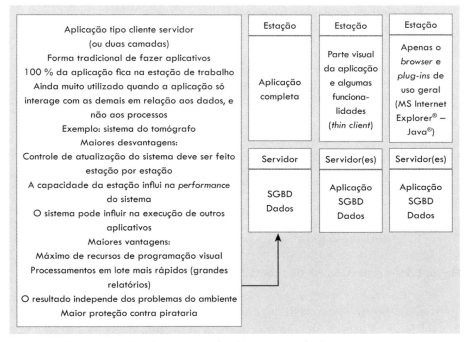

Figura 5.25 – Aplicação cliente servidor (duas camadas).

- Três camadas (Figura 5.26): uma parte da aplicação fica na estação de trabalho, geralmente as funcionalidades relacionadas à exibição dos dados, na tela do computador, e as funcionalidades mais críticas são executadas pelo servidor de aplicação. O desempenho da aplicação depende um pouco menos da potência da estação de trabalho e mais da potência do servidor de aplicação.
- Sistema padrão WEB (Figura 5.27): nada é instalado na estação de trabalho. Eventualmente, são instalados alguns componentes que não são da aplicação, mas de que ela necessita para poder executar. São exemplos: *applet* do Java® ou do Direct X®. Na verdade, são componentes que se ligam ao sistema operacional (Windows, Linux etc.) e são utilizados para navegação na internet com alguns recursos gráficos que não são nativos deles. A apli-

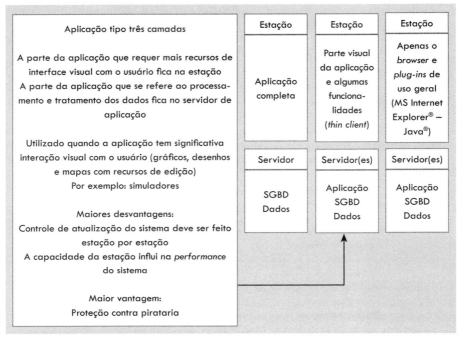

Figura 5.26 – Aplicação em três camadas.

cação é executada exclusivamente no servidor de aplicação. Para acesso à aplicação, o usuário se conecta por meio do próprio navegador de internet do computador: MS Internet Explorer® ou Thunderbird® etc.

Quanto mais aplicativos forem instalados na estação de trabalho, mais potência ela deve ter. Mas, ao contrário do que pode se imaginar, cada vez menos problemas de desempenho são atribuídos às estações de trabalho, mesmo em sistemas de duas camadas. A evolução dos processadores, da memória e dos dispositivos de armazenamento dos micros supera em muito a necessidade de recursos para os aplicativos.

Ao contrário do CIO, que analisa aspectos técnicos puros da construção dos sistemas, o administrador deve ficar atento ao custo-benefício. Se o hospital renova constantemente seu parque de equipamentos, a perda de desempenho das estações deixa de ser tão relevante na definição da tecnologia – embora continue sendo importante.

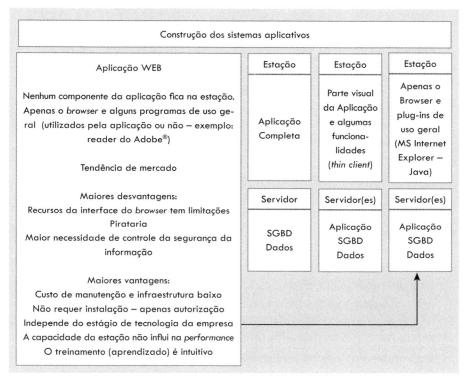

Figura 5.27 – Aplicação WEB.

TECNOLOGIAS USUAIS EM HOSPITAIS
Gerenciamento eletrônico de documentos (GED)

O volume de documentos em papel regularmente manipulados pelo hospital além de elevado é basicamente composto de informações em leiautes não padronizados. O prontuário médico, por exemplo, é uma coleção de papéis de tamanhos, formatos e conteúdos diversos, e deve ser mantido em arquivo por até 20 anos.

As legislações e resoluções existentes exigem assinatura, e só permitem a utilização de documentos eletrônicos (sem papel) se forem cumpridas rígidas exigências, não existentes em outros países, e que inviabilizam o abandono do papel. Para não perder o controle e utilizar essas informações de forma eficiente, os hospitais utilizam, em larga escala, praticamente todos os recursos de gerenciamento eletrônico de documentos disponíveis no mercado:

- Digitalização: os documentos são digitalizados (copiados em imagens eletrônicas). Esse processo exige preparação adequada: eliminar amassados,

358 Administração hospitalar no Brasil

clipes, *post-its*® anexos etc.; codificação ou identificação do documento por meio de um código; e ordenação de acordo com o padrão de cada tipo de documento.

■ Publicidade adequada: o documento digitalizado é vinculado aos registros de sistemas aplicativos correspondentes, ou são armazenados no servidor de arquivos em local com controle de acesso que permita que só as pessoas autorizadas possam fazer uso. A publicação considera o tipo de acesso que se pode ter ao documento: somente leitura, leitura e impressão etc.

■ Arquivo: o documento original é enviado para o arquivo. Ao remeter o documento, é definida a data de expurgo, assim definida como a data a partir da qual, se ninguém solicitar diferente, o documento deve ser descartado. A forma de descarte também é definida: inutilização ou descarte simples.

■ Manipulação: o documento pode ser requisitado somente pelas pessoas autorizadas. O registro da manipulação é feito pelo responsável do arquivo.

■ Terceirização: nos grandes centros urbanos, os hospitais terceirizam completamente todas as etapas do GED, pois existe oferta de serviços de qualidade por parte de empresas nacionais e estrangeiras, o custo do serviço externo é bem menor que a adminstração interna, sobretudo para os hospitais cuja planta física é densamente ocupada, e o custo da área física (m²) nos grandes centros urbanos brasileiros na média é muito elevado.

Canetas digitalizadoras

São vários os locais do hospital em que não é viável a instalação de equipamentos para coleta de dados. O exemplo clássico é o centro cirúrgico, ambiente potencialmente infectado, com pouco espaço para acomodação de equipamentos que não sejam diretamente relacionados ao ato cirúrgico.

A utilização das canetas em hospitais brasileiros ainda não é abrangente em todas as aplicações que possibilitam resultado operacional, mas já é largamente utilizada:

■ No centro cirúrgico, para coletar automaticamente informações de monitoração anotadas pelo anestesista na ficha de anestesia.

■ Em consultórios, alimentando o sistema de informações com dados de prescrição de medicamentos e cuidados.

■ Na manutenção, coletando informações do *check-list* de manutenção preventiva.

■ Pela hotelaria, coletando informações do *check-list* de liberação dos leitos após a higienização.

- Nos postos de enfermagem, coletando informações de consumo de insumos para carregar automaticamente o sistema de controle de contas hospitalares.

Código de barras

Largamente utilizado em praticamente todos os hospitais brasileiros:

- Na logística de materiais: registro da entrada de insumo, com identificação do lote; registro da dispensação interna por parte da farmácia; registro do recebimento na unidade de consumo.
- Na identificação do paciente: utiliza-se uma pulseira, a qual permite o trânsito do paciente nos locais autorizados.
- Na identificação da coleta – o coletor (de sangue por exemplo): possibilita a leitura do código do tubo e o da pulseira do paciente. O sistema afere se a coleta corresponde ao exame correto no paciente correto.
- No laboratório: os tubos são todos identificados com códigos do paciente, da amostra e do exame a ser realizado. O equipamento de análise lê o código de barra e só realiza o exame se estiver condizente, devolvendo automaticamente o resultado identificando o paciente, exame e resultado de acordo com os mesmo códigos da amostra.
- A identificação dos colaboradores: um cartão identifica o funcionário ou prestador de serviços. Barreiras com leitoras controlam o acesso às áreas permitidas e, no caso de funcionários, registra o ponto e a localização, simplificando chamados de emergência.

Protocolos de comunicação

O segmento da saúde utiliza protocolos de comunicação eletrônicos próprios, aderentes às necessidades recomendadas por órgãos internacionais de padronização da informação em saúde. São diversos protocolos para padronização das mais variadas formas de comunicação, sendo os dois principais o DICOM e o HL7.

- Dicom: do inglês *Digital Imaging Communications in Medicine*, padroniza a comunicação de imagens digitais em Medicina. É o conjunto de normas para tratamento, armazenamento e transmissão de imagens médicas em um formato eletrônico, padronizando a formatação das imagens diagnósticas geradas na TC, RNM, radiologia, ultrassonografia etc. Estabelece uma linguagem comum entre os equipamentos de diagnósticos de marcas diferentes, e entre eles e os computadores. É um padrão largamente utilizado.

360 Administração hospitalar no Brasil

■ HL7: Do inglês *Health Level 7*, é um padrão ANSI utilizado para padronização da linguagem médica, eliminando a necessidade de um conversor de termos. É uma norma necessária, mas ainda pouco praticada: ainda não é um padrão de fato.

Integração de dados com outras tecnologias

■ *Short Message Service* (SMS), ou mensagens de celular: utilizado para alertas disparados a partir de eventos registrados em sistemas. Existem várias aplicações largamente utilizadas em hospitais, sendo as mais comuns:
  ❑ Quando é registrada a alta ou transferência de um paciente, um alerta SMS é enviado à supervisão de higiene da unidade, buscando reduzir o tempo de indisponibilidade do leito até a próxima ocupação.
  ❑ No momento do registro da internação, um alerta SMS é enviado à supervisão da nutrição e, se for paciente cirúrgico, ao banco de sangue, identificando que o paciente já chegou.
  ❑ Ao detectar um sinal de fumaça ou elevação exagerada de temperatura, o sistema de controle dispara um SMS ao líder da segurança.
■ Portal de voz: utilizado para fornecer informações sem a intervenção humana. Existem várias aplicações largamente utilizadas em hospitais, sendo as mais comuns:
  ❑ Acesso ao valor da conta, pela integração do serviço de portal de voz com o sistema de faturamento.
  ❑ Acesso ao resultado do exame, pela integração do serviço de portal de voz com o sistema de laudos.

Práticas de mercado:

■ Existem diversas empresas que ofertam os serviços de integração.
■ A modalidade mais comum é remunerar pelo uso, sem custo fixo.

Business intelligence (BI)

Dada a diversidade de sistemas e bases de dados existentes em grandes hospitais, é pouco provável que exista outro segmento de mercado com maior necessidade de utilização de BI do que o hospitalar.

Estruturação do BI:

■ A administração define visões das informações necessárias para as diversas áreas poderem fazer sua gestão de forma eficiente.

Tecnologia hospitalar **361**

- Utilizando uma das ferramentas do BI denominada *Extract Transform Load* (ETL), a TI carrega uma base de dados com essas informações, que geralmente estão espalhadas por diversos sistemas – essa base de dados é denominada *Data Warehouse* (DW).
- O DW pode ser único ou dividido em assuntos de interesses diversos – caso seja adotada essa divisão, cada uma delas é denominada *data mart*.
- Uma ferramenta simples de exploração das informações, com recursos muito parecidos com os disponíveis em planilhas eletrônicas e bancos de dados tipo Microsoft Access® é utilizada diretamente pelo usuário final, preferencialmente sem a intervenção da TI, para geração de relatórios – vulgarmente, essa ferramenta é denominada BI.

Na essência, o BI é uma ferramenta que permite ao usuário final extrair informações da forma como desejar da base de dados DW, sem que haja necessidade do envolvimento da TI. Na prática, alguns fornecedores de sistemas vendem um módulo formatado de informações gerenciais com o nome de BI – essa prática foge de dois conceitos básicos do BI (não é BI):

- Não é o próprio usuário final que define o resultado das pesquisas à base de dados.
- Os dados estão pré-formatados pelo desenvolvedor, e não pelo usuário.

Os maiores hospitais privados brasileiros aplicam BI na essência, utilizando a ferramenta como fator de competitividade:

- Análise crítica de produtos.
- Prospecções de mercado.
- Estatísticas epidemiológicas confiáveis.
- Visão operacional precisa (ocupação, rentabilidade etc.).

O BI exige usuários com visão processual e habilidades em modelagem de dados (estruturação das informações).

ESTRUTURAÇÃO DA EQUIPE DE TI DOS HOSPITAIS

A área de tecnologia hospitalar divide-se em três grupos:

- Sistemas, composta por profissionais que zelam para que os processos hospitalares sejam executados da melhor forma com a utilização dos sistemas

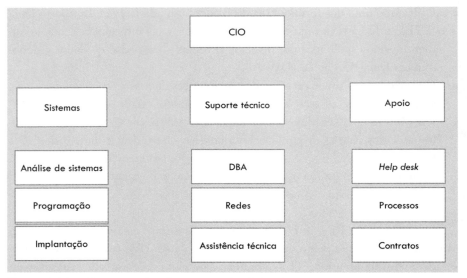

Figura 5.28 – Organização da equipe de TI dos hospitais.

hospitalares existentes, ou que especificam os sistemas que devem ser desenvolvidos ou adquiridos para isso.
- Suporte técnico, composto de profissionais que configuram e zelam pelo adequado funcionamento dos equipamentos e das suas conexões com as redes interna e externa.
- Apoio, composta de profissionais que recebem notificações de incidentes e dão encaminhamento para a solução, desenham processos e administram os diversos contratos de prestação de serviços inerentes ao ambiente de tecnologia da informação.

O administrador hospitalar deve se atentar ao fato de que são áreas formadas por profissionais de especialização muito distintas: não existe profissional de TI que possa dominar todas essas especialidades ao nível de detalhe de que um hospital necessite.

CONCLUSÕES SOBRE TECNOLOGIA HOSPITALAR

Se um administrador hospitalar visitar hospitais brasileiros com os conceitos e práticas discutidos neste capítulo para aferir seu nível de informatização e aplicação de inovação, certamente vai chegar a duas conclusões. Primeiro, que chega a ser deprimente verificar o baixo nível de tecnologia disponível nos hospitais públicos brasileiros. O funcionalismo público do sistema de saúde, além de estar despreparado em relação ao mercado privado porque não existe plano de carreira e aperfeiçoamento profissional à disposição, também não tem recursos tecnológicos mínimos para gestão hospitalar. Administra de maneira heroica os recursos e tem plena consciência do quanto a atenção à saúde poderia ser melhor se a realidade fosse diferente. Segundo, que, na iniciativa privada, existem alguns hospitais com excelente infraestrutura tecnológica, não devendo em nada às melhores práticas de segmentos de mercado notadamente definidos como de altíssima tecnologia. Na maioria dos hospitais da rede privada, no entanto, os sistemas são utilizados para gestão básica administrativo-financeira e da cadeia de suprimentos.

Pode-se constatar também que mesmo nos hospitais com sistema de informação evoluído, o que se utiliza dele e os resultados obtidos são tímidos. Nos hospitais privados, as funcionalidades do sistema de gestão normalmente sobram em relação ao que é exigido deles pela administração e pelo corpo assistencial.

6 Processos hospitalares

INTRODUÇÃO

As melhores práticas para processos hospitalares são relativamente conhecidas e padronizadas. Como nos demais segmentos de mercado, o hospital tem uma lógica de funcionamento que define os processos de atendimento do paciente de forma básica e não variam significativamente de um hospital para outro.

Essa lista de processos básicos é apresentada aqui e pode-se admiti-la como padrão.

Discute-se se o processo é aplicado ao caso específico do hospital. Por exemplo: conforme discutido anteriormente, é comum a existência de hospitais que são entidades benemerentes, isentas de determinados impostos, de maneira que processos relacionados à tributação são aplicáveis somente aos não benemerentes. Mas para os demais, são aplicáveis de forma muito similar. Discute-se também com qual rigor de controle determinado processo é executado no caso específico do hospital. Por exemplo, dependendo da planta hospitalar, podem existir ou não farmácias satélites. Assim, processos de ressuprimento das farmácias satélites não se aplicam aos que não as têm, mas nos demais são aplicáveis de forma muito similar.

Os processos de gestão financeira são muito similares, mesmo quando são analisados em hospitais públicos e privados. É necessário se abster da ideia de que podem não ser executados em determinados hospitais públicos, cuja gestão é política, e os controles não são executados porque não existe mecanismo de auditoria eficiente. Para analisar os processos, devemos considerar que, se a administração for idônea, o processo adere e, quando não é idônea, ou não existe, deixa de ser caso de estudo para se enquadrar em delito. É preciso também considerar que a administração privada, dependendo da proximidade do dono na realização de um controle, pode ser mais ou menos flexível, negligenciando determinados controles, ou pecando pelo excesso de controles em situações desnecessárias. Para analisar os processos no ambiente privado, devemos considerar que, se forem executados de acordo com a necessidade e não pela vontade ou impulso, são aderentes.

Para o administrador, conhecer e discutir os processos hospitalares básicos é a única forma de aplicar os recursos de forma adequada, sem exageros ou escassez, nos locais em que darão melhores resultados.

Isso significa maior certeza no planejamento dos investimentos e nas reservas de recursos para os momentos de crise ou oscilação de movimento.

ESTRUTURAÇÃO DA ANÁLISE DOS PROCESSOS

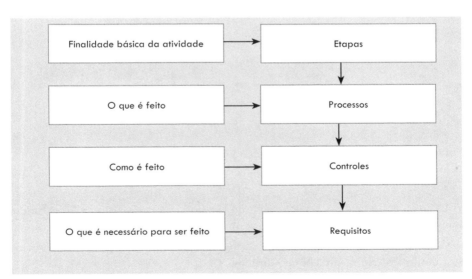

Figura 6.1 – Etapas, processos, controles e requisitos.

Apesar da grande diferença entre o modelo de administração hospitalar e o das empresas dos outros segmentos de mercado, a análise e gestão dos processos são feitas da mesma forma.

O funcionamento do hospital pode ser dividido em *etapas*. Cada etapa define uma finalidade básica relacionada à atividade fim do hospital, que é tratar de pessoas doentes. Agrupamos as etapas em *grupos de etapas*, porque existem etapas muito similares, dependendo do tipo de atendimento do paciente, o que simplifica a análise e a visualização geral da tabulação. As etapas são divididas em *processos*, que definem o que é necessário fazer para que a atividade da etapa seja cumprida. Os processos são analisados segundo os *controles*, que definem como são realizados. Para executar os controles, são necessários requisitos, ou seja, aquilo que é necessário para realizar o controle dentro de determinado padrão.

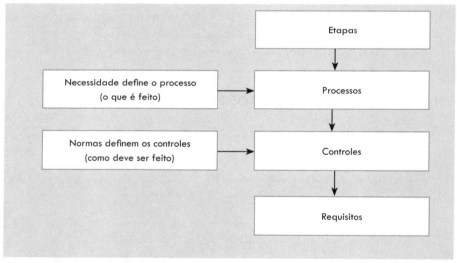

Figura 6.2 – Importância da estruturação para o programa de qualidade.

Particularmente para o programa de qualidade, essa estruturação é fundamental, porque, antecipando uma das discussões dos próximos capítulos, qualidade é a capacidade de fazer algo sempre da mesma forma, o que exige processos, controles e requisitos bem definidos.

Didaticamente, dividimos o funcionamento dos hospitais em seis grupos de etapas:

Processos hospitalares 367

- Pré-atendimento: interação do hospital com os clientes antes de sua chegada física.
- Admissão: recepção física do paciente no ambiente hospitalar.
- Atendimento assistencial: a cura da doença ou o tratamento do sintoma/consequência da doença.
- Apoio assistencial: suporte das áreas de apoio para que o atendimento assistencial possa ser realizado.
- Pós-atendimento: o que se relaciona com o paciente após sua saída do ambiente hospitalar.
- Gestão empresarial: gestão administrativo-financeira do hospital, comuns a todos os tipos de empresas.

As etapas pré-atendimento, admissão, atendimento assistencial e pós-atendimento são praticamente sequenciais, ou seja, ocorrem em ordem cronológica, enquanto as etapas de apoio assistencial e gestão empresarial ocorrem simultaneamente às primeiras etapas citadas.

Análise objetiva dos processos hospitalares (nível de maturidade dos processos)

Quadro 6.1 – Análise do nível de maturidade dos processos

Nível de maturidade do processo	Enquadramento
0	O processo não se aplica (não existe na empresa): Não existe necessidade dos controles OU os controles não são executados
1	O processo existe: É executado mas não sistematicamente; Mas não existe norma que defina que o processo deve ser executado.
2	O processo existe: É executado sistematicamente; E existe norma que define que ele deve ser executado.
3	O processo existe: É executado sistematicamente; E existe norma que define que ele deve ser executado, e como deve ser executado (controles e requisitos).

(Continua)

368 Administração hospitalar no Brasil

Quadro 6.1 – Análise do nível de maturidade dos processos (Continuação)

4	O processo existe:
	É executado sistematicamente;
	Existe norma que define que ele deve ser executado, e como deve ser executado (controles e requisitos);
	E existe um sistema automatizado que dá apoio à realização dos controles, aderentes às normas.
5	O processo existe:
	É executado sistematicamente;
	Existe norma que define que ele deve ser executado, e como deve ser executado (controles e requisitos);
	Existe um sistema automatizado que dá apoio à realização dos controles, aderentes às normas;
	E não existe necessidade de controles paralelos complementares ao sistema.

O Quadro 6.1 ilustra a aplicação do conceito de nível de maturidade aos processos:

- O nível de maturidade é maior quanto mais padronizado e automático for o modo como o processo é realizado.
- Os processos que se situam em níveis de maturidade inferior não são aderentes aos programas de qualidade. Para aderir a um programa de qualidade, o processo deve estar avaliado pelo menos no nível 3.
- Do nível 3 para cima, o processo é realizado sempre da mesma forma, com maior ou menor esforço por parte de quem realiza, mas sempre com o mesmo resultado.

A análise do nível de maturidade dos processos fornece uma visão objetiva da forma como os processos são realizados. Essa visão objetiva, além da importância em relação ao programa de qualidade, serve para saber sobre outras três importantes análises do administrador hospitalar:

- Se os controles estão evoluindo, ou seja, se a administração/gestão está evoluindo no tempo. Quando se compara o resultado da análise do nível de maturidade de um período passado com o atual, é possível aferir em números se está havendo progresso na forma como os processos são executados.
- Se os controles do hospital estão mais ou menos evoluídos em relação ao mercado. Comparando o nível de maturidade dos processos do hospital com os de outro, é possível aferir em números qual está mais evoluído.

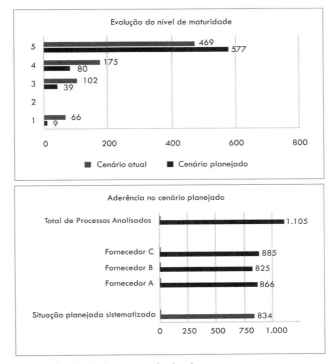

Figura 6.3 — Análise do nível de maturidade dos processos.

- Se o sistema de gestão hospitalar é mais ou menos abrangente do que uma eventual oferta de outro. Pode aferir em números se a troca de um sistema por outro vai trazer resultado prático.

A Figura 6.3 ilustra um trabalho real de consultoria hospitalar, comparando cenários da situação atual dos processos em relação a uma eventual troca de sistema de gestão.

Tabulação dos processos

A apresentação dos processos hospitalares costuma ser organizada da seguinte forma: como nível básico, quebra-se a análise por grupo de etapas e, em cada grupo, listam-se as etapas e os processos de cada etapa. Para cada processo, indica-se o sistema de informação hospitalar que trata o processo e qual o nível de maturidade correspondente a ele.

Na lista descrita neste material:

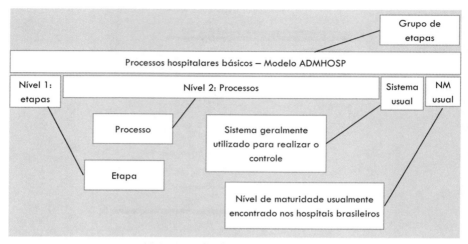

Figura 6.4 – Tabulação dos processos. NM = nível de maturidade.

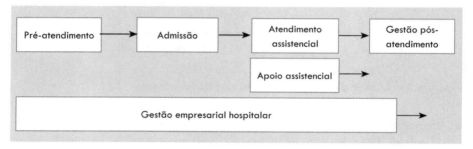

Figura 6.5 – Grupos de etapas.

- Indica-se o sistema mais apropriado para realizar os controles, segundo a definição dos tipos de sistemas hospitalares básicos apresentada neste livro.
- Apresenta-se o nível de maturidade usual em hospitais privados, segundo experiência pessoal do autor em projetos de consultoria em mais de vinte hospitais públicos e privados, e no relacionamento com centenas de alunos de nível gerencial que participaram de cursos da empresa Escepti.

Análise subjetiva dos sistemas que controlam os processos

É importante que o administrador hospitalar sempre considere que a análise do nível de maturidade dos processos define uma análise objetiva de aderência dos sistemas aos processos, mas não o quanto o sistema agrada aos usuários.

Análise objetiva dos processos

Nível de maturidade do processo

X

Análise subjetiva dos sistemas de informação que controlam os processos

Cores
Tamanho das letras
Quantidade de 'cliques' necessários para a execução de uma tarefa
Tempo de resposta
Quantidade de telas que se passa para chegar ao ponto que se deseja

→ Até são fatores que podem ser tratados de forma objetiva, mas dependem do uso que cada usuário faz do sistema
→ Para um pode ser considerado bom, para outro, não
→ Define-se o quanto o sistema é amigável dependendo da opinião da maioria, mesmo que não seja objetiva

Figura 6.6 – Análise objetiva *versus* análise subjetiva.

Não basta que o sistema de informação atenda à necessidade do processo. É necessário que atenda aos requisitos para a realização dos processos. Por exemplo:

- Se o registro do paciente no Centro de Diagnóstico não pode demorar mais do que 3 minutos para que não haja fila exorbitante, mesmo que o sistema atenda à funcionalidade do registro, a alimentação das informações não pode exigir que o atendente demore esse tempo para realizar a transação, caso contrário não sobra tempo para a realização das tarefas que não estão associadas ao sistema, como coletar documentos etc.
- Existem requisitos relacionados à facilidade de uso que só podem ser medidos pelo usuário, mesmo que de forma subjetiva. Se o usuário não se sente confortável no uso de um sistema, afirmando que seus problemas são originados por ele, deve-se trocar o sistema ou o usuário, caso contrário o reflexo se dará sempre no atendimento ao cliente.

A análise do quanto um sistema é aderente à necessidade é complexa. Passa inicial e obrigatoriamente pela análise de aderência. Se o sistema não tem funcionalidade para suporte ao processo, isso já o desqualifica.

O administrador hospitalar deve estar atento à opinião do usuário, independentemente do nível de aderência, porque, em geral, a equipe de TI tende a julgar que, se existe problema, trata-se do usuário e não do sistema. Esse julgamento sempre é feito indevidamente porque o analista de sistemas não consegue medir com exatidão o impacto de uma funcionalidade não amigável na prática – só na teoria.

PROCESSOS DO GRUPO DE ETAPAS DO PRÉ-ATENDIMENTO

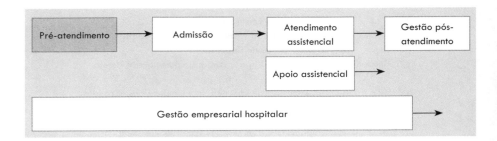

Etapas em que se concentram os processos de:

- *Call center* (agendamentos).
- Obtenção de guias de autorizações para atendimentos em operadoras.
- Conciliação de agendas médicas, de salas e equipamentos.
- Validação financeira da fonte pagadora.
- Instruções de preparo para exames e procedimentos.
- Termo de responsabilidade.

Quadro 6.2 – Grupo de etapas: pré-atendimento.

Etapas	Processos	Sistema usual	NM usual
Agendamento de procedimento ambulatorial	Identificar procedimento, paciente, médico, equipe, equipamentos, responsável e fonte pagadora	AGE	3
	Verificar se o procedimento é cadastrado		3
	Verificar se o médico é cadastrado		3
	Verificar pendências do paciente e responsável		3
	Verificar cobertura e preços		3

(Continua)

Processos hospitalares 373

Quadro 6.2 – Grupo de etapas: pré-atendimento. (Continuação)

Agendamento de procedimento	Agendamento de procedimento ambulatorial	Verificar disponibilidade de sala	AGE	3
		Verificar disponibilidade do médico		3
		Verificar disponibilidade da equipe		3
		Verificar disponibilidade de equipamentos		3
		Verificar disponibilidade de material		3
		Agendar procedimento		4
		Informar preparo para procedimento e preços		4
		Controlar autorizações para procedimentos e materiais		4
		Confirmar agendamento de procedimento		3
		Divulgar programação de procedimentos ambulatoriais		4
Agendamento de exames		Identificar exames, paciente e fonte pagadora	AGE	4
		Verificar pendências do paciente e responsável		4
		Verificar cobertura e preços		4
		Verificar disponibilidade de horários		4
		Verificar compatibilidade de horários dos exames		4
		Agendar exames		4
		Informar preparo para exame e preços		4
		Controlar autorizações		4
		Confirmar agendamento dos exames		4
		Divulgar programação dos exames		4

PROCESSOS DO GRUPO DE ETAPAS DE ADMISSÃO DO PACIENTE

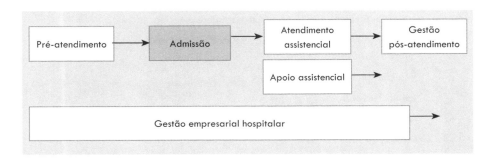

374 Administração hospitalar no Brasil

Etapas que iniciam o atendimento do paciente no hospital:

- Resgate e remoção do paciente e doador.
- Recepção.
- Registro do atendimento.
- Procedimentos preliminares de controle assistencial e financeiro do atendimento.

Quadro 6.3 – Grupo de etapas: admissão

Etapas	Processos	Sistema usual	NM Usual
	Identificar paciente, localização, tipo de resgate, fonte pagadora e retaguarda de atendimento necessárias	CAT	3
	Verificar se a localização é coberta		3
	Verificar pendências do paciente e responsável		3
	Verificar cobertura e preços		3
	Verificar disponibilidade da unidade de resgate/remoção		3
	Confirmar o resgate/remoção		3
Controle de resgate e remoção	Traçar rota		2
	Acionar equipe/unidade		2
	Monitorar resgate		2
	Registrar chegada ao destino		2
	Liberar equipe/unidade		3
	Encaminhar documentos para controle da conta		3
	Identificar paciente, responsável, fonte pagadora e queixa		4
	Identificar paciente, responsável, fonte pagadora e queixa	CAT	4
	Verificar disponibilidade de especialidade e/ou retaguarda a partir da queixa		4
Recepção do paciente no pronto-socorro	Verificar pendências do paciente e responsável		4
	Identificar coberturas e preços		4
	Identificar documentação necessária		4
	Cadastrar paciente		4
	Cadastrar responsável		4

(Continua)

Quadro 6.3 – Grupo de etapas: admissão (Continuação)

Recepção do paciente no pronto-socorro	Registrar atendimento tipo pronto-socorro	CAT	4
	Abrir contas do paciente		4
	Controlar autorizações		3
	Acionar retaguarda ou retaguarda a partir da queixa		4
	Emitir documentos de atendimento		4
	Priorizar lista de atendimento		3
Recepção do paciente no Centro de Diagnóstico (SADT)	Controlar fila de atendimento, priorizando exames com preparo e agendamento	CAT	3
	Identificar paciente, exames e fonte pagadora		4
	Coletar documentos		4
	Verificar agendamentos e preparo		4
	Verificar pendências do paciente		4
	Identificar coberturas e preços		4
	Cadastrar paciente		4
	Registrar atendimento tipo externo (SADT)		4
	Abrir contas do paciente		4
	Registrar exames a serem realizados		4
	Emitir documentos de atendimento		4
	Comunicar SADT da chegada do paciente		3
	Controlar autorizações		3

PROCESSOS DO GRUPO DE ETAPAS DO ATENDIMENTO ASSISTENCIAL

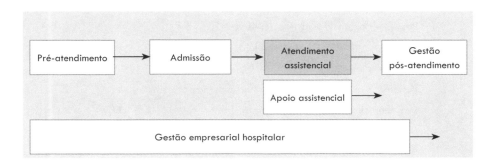

Administração hospitalar no Brasil

Etapas da atenção assistencial propriamente dita:

- Prática médica.
- Cuidados assistenciais das equipes de enfermagem, fisioterapia, nutrição e outros profissionais assistenciais.

Quadro 6.4 – Grupo de etapas: atendimento assistencial.

Etapas	Processos	Sistema usual	NM usual
	Registrar exames físicos e/ou avaliação médica	PEP	3
	Registrar exames físicos e/ou avaliação odontológica		3
	Registrar exames físicos e/ou avaliação de enfermagem		3
	Registrar exames físicos e/ou avaliação nutricional		3
	Registrar exames físicos e/ou avaliação de outros profissionais assistenciais		3
	Calcular índices de criticidade médicos		3
	Registrar plano de cuidados de enfermagem		3
	Prescrever dietas		4
	Prescrever medicamentos – médico		4
	Prescrever exames		4
	Prescrever procedimentos – médico		4
	Prescrever hemocomponentes		4
	Prescrever gases		4
	Prescrever cuidados – médico		4
Assistência ao paciente internado	Prescrever interconsultas		3
	Prescrever medicamentos – enfermagem		3
	Prescrever cuidados – enfermagem		3
	Registrar diagnósticos	CAT	4
	Registrar exames físicos e/ou avaliação médica		3
	Descrever procedimentos – enfermagem	PEP	3
	Descrever procedimentos – fisioterapia		3
	Registrar evolução – médico		3
	Registrar evolução – enfermagem		3

(Continua)

Processos hospitalares   377

Quadro 6.4 – Grupo de etapas: atendimento assistencial. (Continuação)

		Registrar evolução – nutrição		3
		Registrar evolução – fisioterapia		3
		Registrar evolução – outros profissionais assistenciais		3
		Ministrar medicamento		3
		Realizar procedimento de enfermagem		3
		Realizar procedimento clínico médico		3
		Realizar procedimento cirúrgico médico		3
		Realizar procedimento cirúrgico odontológico		3
Assistência ao	paciente internado	Realizar procedimento odontológico		3
		Realizar procedimento de fisioterapia		3
		Realizar procedimento de outros profissionais assistenciais		3
		Transferir paciente de unidade	CAT	3
		Controlar estoque do posto de enfermagem		3
		Registrar exames físicos e/ou avaliação médica	PEP	3
		Registrar exames físicos e/ou avaliação odontológica		3
		Registrar exames físicos e/ou avaliação de enfermagem		3
		Calcular índices de criticidade médicos		3
		Prescrever medicamentos – médico		3
		Prescrever exames		3
		Prescrever procedimentos – médico		3
		Prescrever gases		3
		Prescrever cuidados – médico		3
Assistência ao paciente em pronto-socorro		Prescrever interconsultas		3
		Registrar diagnósticos	CAT	3
		Descrever procedimentos – médico	PEP	3
		Descrever procedimentos – enfermagem		3
		Registrar evolução – médico		3
		Registrar evolução – enfermagem		3
		Ministrar medicamento		3
		Realizar procedimento de enfermagem		3
		Realizar procedimento clínico médico		3

(Continua)

378 Administração hospitalar no Brasil

Quadro 6.4 – Grupo de etapas: atendimento assistencial. (Continuação)

	Realizar procedimento cirúrgico médico		3
	Realizar procedimento cirúrgico odontológico		3
	Realizar procedimento odontológico		3
	Registrar exames físicos e/ou avaliação médica	PEP	4
	Registrar exames físicos e/ou avaliação odontológica		4
	Registrar exames físicos e/ou avaliação de outros profissionais assistenciais		4
	Prescrever dietas		4
	Prescrever medicamentos – médico		4
	Prescrever exames		4
	Prescrever procedimento – médico		4
	Prescrever gases		4
	Prescrever cuidados – médico		4
	Prescrever interconsultas		4
	Registrar diagnósticos		4
	Descrever procedimentos – médico		4
	Descrever procedimentos – fisioterapeuta		4
	Registrar evolução – médico		4
	Registrar evolução – nutrição		4
	Registrar evolução – fisioterapia		4
	Registrar evolução – outros profissionais assistenciais		4
	Ministrar medicamento		4
	Realizar procedimento de enfermagem		3
Assistência ao paciente ambulatorial	Realizar procedimento clínico – médico		3
	Realizar procedimento cirúrgico – médico		3
	Realizar procedimento cirúrgico – odontológico		3
	Realizar procedimento odontológico		3
	Realizar procedimento de fisioterapia		3
	Realizar procedimento de outros profissionais assistenciais		3
	Comunicar outros profissionais assistenciais da prescrição de procedimento		4
	Comunicar outros médicos da prescrição de interconsulta		4
	Comunicar odontólogos da prescrição de odontologia		4

(Continua)

Quadro 6.4 – Grupo de etapas: atendimento assistencial. (Continuação)

Assistência ao paciente ambulatorial		Comunicar ADT da prescrição de exames		4
		Comunicar banco de sangue da prescrição de hemocomponentes		4
		Controlar pendências da realização		4
		Baixar atendimento da ordem		4
Controle de execução de ordens assistenciais		Comunicar farmácia da prescrição do medicamento	CAT	4
		Comunicar nutrição da prescrição da dieta		4
		Comunicar enfermagem da prescrição de cuidados		4
		Comunicar fisioterapia da prescrição de procedimentos de fisioterapia		4
Realização da cirurgia		Preparar paciente	CAT	3
		Preparar carro cirúrgico		3
		Preparar carro anestésico		3
		Preparar equipamentos		3
		Preparar sala		3
		Alocar paciente na sala		3
		Anestesiar e manter paciente anestesiado		3
		Realizar ato cirúrgico		3
		Descrever procedimento cirúrgico		3
		Registrar participantes		3
		Registrar tempos e etapas		3
		Desmontar carros e lançar consumos		3
		Destinar instrumental e equipamentos para esterilização		3
		Alocar o paciente na recuperação pós-anestésica		3
		Monitorar o paciente na recuperação pós-anestésica		3
		Transferir o paciente para outra unidade		3
Assistência intensiva ao paciente		Alocar o paciente no leito	CAT	4
		Instalar e monitorar sinais vitais		3
		Ministrar medicamento		3
		Realizar procedimentos de enfermagem		3
		Realizar procedimentos de fisioterapia		3
		Realizar procedimentos de outros profissionais assistenciais		3

(Continua)

Quadro 6.4 – Grupo de etapas: atendimento assistencial. (Continuação)

	Instalar e ministrar nutrição		3
	Transferir o paciente para outra unidade		4
	Controlar e registrar alta médica	CAT	4
	Controlar e registrar alta odontológica		3
Alta médica	Controlar e registrar alta de enfermagem		3
	Controlar e registrar alta de nutrição		3
	Controlar e registrar alta de fisioterapia		3
	Controlar e registrar alta de outros profissionais assistenciais		3

PROCESSOS DO GRUPO DE ETAPAS DE APOIO ASSISTENCIAL

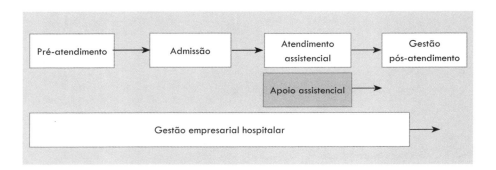

Etapas de processos da retaguarda técnica e operacional necessária para que o atendimento assistencial se viabilize:
- Realização de exames.
- Dispensação da farmácia.
- Controle de infecção.
- Preparação de alimentação.
- Gestão do prontuário do paciente.
- Demais atividades de outras áreas de apoio assistencial.

Quadro 6.5 – Grupo de etapas: apoio assistencial

Etapas	Processos	Sistema usual	NM usual
Controle do laboratório de análises clínicas	Identificar pedidos e prescrições	LIS	4
	Planejar e realizar coletas		5
	Triar amostras e pedidos		5
	Realizar o exame		5
	Analisar e liberar o resultado		5
	Gerar e destinar o laudo		5
	Controlar soroteca		3
Controle da anatomia patológica	Identificar pedidos e prescrições	RIS	4
	Recepcionar peça		3
	Realizar o exame		3
	Gerar e destinar o laudo		4
	Controlar arquivos de peças		4
Controle de área de diagnóstico por imagem ou método gráfico	Identificar pedidos e prescrições	RIS	4
	Preparar o paciente		3
	Preparar a sala		3
	Preparar os equipamentos	RIS/PACS	4
	Preparar o *kit* de medicamentos e materiais		3
	Realizar o exame		5
	Liberar o paciente		3
	Gerar e destinar o laudo		5
	Controlar o arquivo de imagens e sinais		5
Controle da caução	Identificar expiração de autorizações	CAT	3
	Identificar necessidades de autorizações complementares		3
	Identificar falta da cobertura para o saldo da conta		4
	Controlar autorizações complementares		3
	Controlar recebimento de depósitos		4
	Identificar períodos padronizados de fechamento (geração de contas parciais)		4

(Continua)

Administração hospitalar no Brasil

Quadro 6.5 – Grupo de etapas: apoio assistencial (Continuação)

Controle de leitos	Registrar entrada no leito (internação/transferência)	CAT	4
	Registrar saída do leito (alta/óbito/transferência)		4
	Identificar leitos com alta e transferência		4
	Higienizar leito		3
	Avaliar condições do leito		3
	Instalar enxoval		3
	Interditar leito		4
	Liberar leito para alocação de paciente		4
Controle da conta	Lançar diárias	CAT	5
	Lançar taxas		4
	Lançar honorários médicos		4
	Lançar honorários de odontologia		4
	Lançar exames		4
	Lançar procedimentos de enfermagem		4
	Lançar procedimentos da nutrição		4
	Lançar procedimentos da fisioterapia		4
	Lançar procedimentos de outros profissionais assistenciais		4
	Lançar medicamentos controlados		4
	Lançar medicamentos		4
	Lançar materiais especiais		4
	Lançar materiais		4
	Lançar gases		4
	Lançar nutrição		4
	Lançar utilidades		4
Controle da farmácia e de estoques distribuídos a paciente	Dimensionar estoque de medicamentos	CAT	4
	Dimensionar estoque de materiais		4
	Receber prescrições		4
	Triar prescrições		4
	Obter autorizações de medicamentos controlados		4
	Dispensar		4
	Controlar estoque		4

(Continua)

Quadro 6.5 – Grupo de etapas: apoio assistencial (Continuação)

Controle da nutrição	Identificar prescrições	CAT	4
	Preparar dietas normais		3
	Preparar dietas especiais enterais		3
	Preparar dietas especiais parenterais		3
	Realizar avaliação nutricional		3
	Prescrever dietas		4
	Controlar balanço nutricional		3
Esterilização de materiais	Recepcionar material infectado	CAT	3
	Esterilizar		3
	Inspecionar		3
	Enviar material para calibração ou conserto		3
	Montar caixas padronizadas		3
	Dispensar		3
	Controlar acervo (entradas, saídas, perdas, reposição)		3
Controle do serviço de nutrição dietética	Identificar dietas	CAT	4
	Controlar estoque de gêneros alimentícios		4
	Planejar cardápios		4
	Preparar refeições para pacientes		4
	Preparar refeições para acompanhantes		4
	Preparar refeições para funcionários		4
	Distribuir refeições		3
	Controlar refeitório		3
	Gerenciar restaurante		4
	Gerenciar lanchonete		4
Controle da infecção hospitalar (CCIH)	Classificar procedimentos por potencial de contaminação	CAT	4
	Classificar resultados de exames de interesse		4
	Receber, analisar e liberar prescrições de antimicrobianos		3
	Tabular infecções em procedimentos		3
	Tabular infecção em resultados de exames		3
	Calcular índices de infecção		3
	Comunicar envolvidos		2
	Fornecer informações legais		3

(Continua)

Quadro 6.5 – Grupo de etapas: apoio assistencial (Continuação)

Controle do serviço de higiene e limpeza	Estabelecer e realizar rotinas de higiene	CAT	3
	Receber e executar ordens de serviço		3
	Controlar estoques de produtos de higiene		3
	Controlar destinação do lixo hospitalar		3
Controle estatístico e de prontuários (Same)	Definir critérios de classificação dos pacientes e prontuários	CAT	3
	Definir padrão de organização de prontuários de pacientes		3
	Receber documentos, organizar e consolidar os prontuários dos pacientes		3
	Produzir estatísticas legais		4
	Produzir estatísticas do uso geral		4

PROCESSOS DO GRUPO DE ETAPAS DA GESTÃO PÓS-ATENDIMENTO

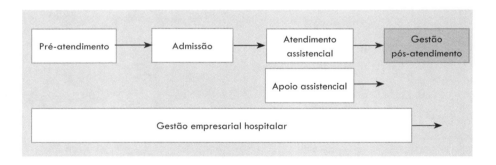

Etapas de realização da receita junto à fonte pagadora e de repasse aos prestadores envolvidos.

Processos hospitalares 385

Quadro 6.6 Grupo de etapas: gestão pós-atendimento

Etapas			Processos	Sistema usual	NM usual
Alta	administrativa		Identificar alta médica	CAT	4
			Fechar conta preliminar		4
			Liberar leitor para higienização		4
Controle	da conta por	particular	Identificar saldo de contas particular e particular diferença	CAT	4
			Gerar nota fiscal ·		4
			Receber e emitir recibo		4
Controle da conta de operadora			Auditar internamente de forma preventiva (auditoria concorrente) e realizar ajustes	CAT	3
			Identificar períodos de geração de contas (contas parciais)		4
			Identificar altas (contas de fechamento)		4
			Identificar lançamentos complementares à alta (conta complementar)		4
			Gerar a conta preliminar		4
			Auditar internamente a conta fechada e realizar ajustes		4
			Formalizar o capeante com o auditor externo e realizar ajustes		3
			Gerar a conta definitiva e a nota fiscal		4
			Gerar lote e realizar a remessa		4
			Receber glosa		3
			Recusar glosa		4
Controle da conta SUS			Auditar internamente de forma preventiva (auditoria concorrente) e realizar ajustes	CAT	3
			Gerar conta preliminar		4
			Auditar internamente a conta fechada e realizar ajustes		3
			Gerar a conta definitiva e a nota fiscal		4
			Gerar lote e realizar a remessa		4
Controle do	repasse de	honorários	Registrar produção na conta corrente	CAT	4
			Registrar recebimento na conta corrente		3
			Calcular repasse, de acordo com as regras contratuais		3
			Realizar o pagamento do repasse		4

PROCESSOS DO GRUPO DE ETAPAS DA GESTÃO EMPRESARIAL HOSPITALAR

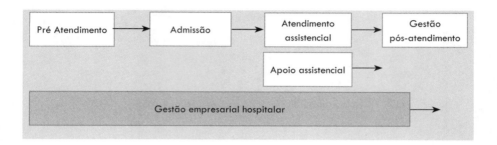

Etapas dos processos de gestão empresarial, em que os hospitais se assemelham às empresas dos demais segmentos de mercado:

- Gestão orçamentária.
- Gestão financeira.
- Controladoria.
- Gestão de suprimentos.
- Gestão de recursos humanos.

Quadro 6.7 – Grupo de etapas: gestão empresarial

Etapas	Processos	Sistema usual	NM usual
Controle da manutenção	Cadastrar equipamentos	GES	3
	Cadastrar regras de manutenção preventiva		3
	Cadastrar fichas técnicas de manutenção		3
	Registrar parâmetros de custeio de mão de obra		3
	Registrar parâmetros de insumo		3
	Registrar critérios de rateio		3
	Planejar manutenção preventiva		3
	Receber solicitações (ordens de serviço)		4
	Executar ordens de serviço		3
	Acionar e monitorar serviços de empresas contratadas		3

(Continua)

Processos hospitalares **387**

Quadro 6.7 – Grupo de etapas: gestão empresarial (Continuação)

Controle da manutenção	Controlar envio de equipamentos e insumos para manutenção externa		3
	Controlar acervo de ferramentas e equipamentos de manutenção		3
	Controlar estoque de peças de reposição e insumos de manutenção		3
Controle patrimonial	Incorporar bens ao centro responsável	GES	4
	Transferir bens entre centros responsáveis		4
	Baixar bens		4
	Vender/doar ativos baixos		2
	Calcular depreciação		4
	Inventariar bens		4
Planejamento de insumos	Classificar insumos (curva ABC)	GES	4
	Calcular estoque mínimo por local e geral		4
	Calcular lotes de compra		4
	Gerar requisições de compra		4
	Gerenciar contratos consignados		2
	Registrar preço de venda de insumos para venda (medicamentos, materiais e nutrição)		4
Compras	Aprovar requisições de compras (enquadramento orçamentário e de alçadas)	GES	4
	Cotar e negociar		3
	Comprar (gerar pedido)		4
	Formalizar contrato		3
	Monitorar entrega		3
Recepção de materiais	Aferir recebimento contra pedido		4
	Aferir pedido contra nota fiscal		4
	Instruir processo de inspeção		2
	Aprovar recebimento		3
	Gerar autorização de pagamento (AP)		4
	Acionar controle de patrimônio para registro do bem		2
	Destinar material de estoque para almoxarifado		3
	Destinar material que não é de estoque para a área solicitante		2

(Continua)

388 Administração hospitalar no Brasil

Quadro 6.7 – Grupo de etapas: gestão empresarial (Continuação)

Controlar estoques		Receber e atender requisições de material ao centro de custo	GES	4
		Movimentar e registrar trânsito de insumos do estoque central (entradas, transferências e saídas)		4
		Realizar inventário geral		4
		Instruir inventários rotativos e de subestoques		4
		Calcular custo médio de estoque		4
		Calcular custo de reposição		4
Controle de contas a pagar		Obter provação da autorização de pagamento (AP) de acordo com alçadas	GES	3
		Negociar prazo e ajustar vencimentos de compromissos		3
		Programar e aprovar pagamentos		4
		Realizar pagamento		4
		Baixar parcial ou totalmente os compromissos		4
Controle de caixas		Definir limites de sangria	GES	3
		Receber em espécie		3
		Receber em cheque		3
		Receber por cartão		3
		Depositar sangria		3
		Fechar caixa por operador		4
Controle de contas a receber		Receber e controlar descontos conforme pedidos e alçadas	GES	4
		Identificar recebimentos		3
		Conciliar recebimentos por cartões de débito		3
		Conciliar recebimentos por cartões de crédito		3
		Conciliar recebimentos por cheque e destinar ação de cobrança para cheques devolvidos		3
		Conciliar recebimento contra remessas às operadoras		3
		Identificar glosas e destinar análises		3
		Baixar parcial ou totalmente os títulos		4
		Protestar títulos		3
		Destinar cobranças judiciais		3
Controle de tesouraria		Aplicar e resgatar investimentos	GES	3
		Conciliar extratos e controlar saldos de contas bancárias		4
		Gerenciar contratos de empréstimo, *leasing* e subvenção		3

(Continua)

Processos hospitalares **389**

Quadro 6.7 – Grupo de etapas: gestão empresarial (Continuação)

Controle do fluxo de caixa	Atualizar previsões de compra e recebimento	GES	4
	Atualizar realizado: pagamentos e recebimentos		4
	Planejar cenários		3
	Consolidar fluxo		3
Controle orçamentário	Definir plano de contas orçamentário	GES	3
	Definir orçamento do período		3
	Atualizar verbas orçamentárias decorrentes dos eventos financeiros		3
	Apurar saldo, evolução e projeções orçamentárias		3
	Apurar lucratividade e custo departamental		3
Controlar contratos de aquisição	Definir objeto	GES	2
	Instruir processo de contratação		3
	Habilitar e negativar fornecedores		3
	Monitorar apresentação de documentos legais, certidões e certificados		2
	Formalizar contratos		2
	Preparar contratos para execução		2
	Controlar vigência, renovação, prorrogação e rescisão		3
	Controlar acréscimo e supressão		2
	Controlar repactuação e reequilíbrio financeiro		2
	Controlar penalidades		2
	Controlar recebimento e liberação de pagamentos		4
Controle de produtos	Definir ficha técnica dos produtos	GES	2
	Definir árvore de produtos		2
	Definir roteiro de processos		2
	Apurar custos por procedimentos (produto)		2
Contabilização	Definir plano de contas contábil	GES	3
	Classificar documentos		3
	Registrar eventos contábeis		5
	Elaborar diários auxiliares		5
	Elaborar diário geral		5
	Elaborar razão analítico		5

(Continua)

390 Administração hospitalar no Brasil

Quadro 6.7 – Grupo de etapas: gestão empresarial (Continuação)

		Elaborar balancetes		5
		Elaborar demonstrativos exigíveis		5
		Elaborar balanço geral		5
Gestão comercial		Definir produtos de venda	GES	2
		Definir e atualizar preços, coberturas e requisitos de atendimento		2
		Prospectar clientes		2
		Formalizar contratos e atualizar parâmetros de faturamento, remessas, glosas, recursos e recebimentos		4
		Controlar vigência, renovação, prorrogação e rescisão de contratos		3
		Controlar acréscimos e supressão de contratos		2
		Controlar reajuste de preços, repactuação e reequilíbrio financeiro de contratos		2
		Controlar penalidades contratuais		2
Gestão de marketing		Elaborar campanhas publicitárias	CRM	5
		Registrar manifestações		5
		Definir ajustes operacionais e comerciais	BI	3
Auditoria financeira		Definir plano de auditoria	BI	2
		Receber e analisar evidências de fraudes		2
		Realizar auditoria		2
		Elaborar relatórios demonstrativos		2
Gestão da qualidade		Definir equipes de controle	BI	2
		Formalizar processos de interesses e da qualidade		2
		Auditar processos		3
		Elaborar relatórios demonstrativos		3
Gestão de pessoas		Definir plano de cargos e salários	GRH	1
		Controlar bancos de vagas		1
		Controlar banco de dados de currículos		1
		Controlar admissões, demissões, férias, licenças e absenteísmos		5
		Controlar frequência		5
		Elaborar folha de pagamento		5

(Continua)

Quadro 6.7 – Grupo de etapas: gestão empresarial (Continuação)

Gestão de pessoas	Controlar guias de recolhimento de taxas, contribuições e tributos		5
	Monitorar atualizações de certificados e certidões		1
	Realizar rotinas legais de medicina do trabalho e exigências do Ministério da Saúde		1
	Elaborar relatórios exigíveis		5
	Definir plano de desenvolvimento, treinamento e educação continuada		1
	Gerenciar realização de cursos		1
	Realizar pesquisas salariais		1
	Administrar dissídios e atualização salarial		1
	Controlar concessão de benefícios		3
Planejamento geral	Estatísticas gerais de produção	BI	1
	Perfil epidemiológico dos clientes		1
	Definição de protocolos assistenciais, de atendimento e de relacionamento		1
	Gestão dos preços e custos		1
	Plano de investimentos e controle de projetos institucionais		1
	Tabulação dos resultados gerais e dados epidemiológicos para divulgação		1

RESUMO SOBRE PROCESSOS HOSPITALARES

Em uma empresa cuja atividade se baseia na integração de inúmeras áreas distintas, com colaboradores de formações diferentes e focos diferentes (assistenciais, administrativos, financeiros, benemerência etc.), o estudo dos processos é fundamental.

O administrador hospitalar necessita dominar os processos hospitalares básicos antes de se aventurar em qualquer tipo de planejamento, porque a atividade assistencial é muito sensível a todo tipo de mudança em processo. Uma mudança administrativa em compras pode se transformar em um pesadelo de desabastecimento de insumo imprescindível ao atendimento de pacientes graves, pondo em risco a vida deles.

Como a missão principal do administrador é prover recursos para que as diversas equipes multidisciplinares convivam com um mínimo de harmonia, ele assume a responsabilidade automaticamente pela eficiência dos processos hospitalares, mesmo não dominando ao nível extremo de detalhes cada um deles.

Administração hospitalar no Brasil

Os processos estão aqui descritos em um nível generalista. É de praxe que, quando alguma alteração estrutural não seja planejada no funcionamento do hospital, o administrador hospitalar deve:

- Rever a documentação do processo atual e aferir se o processo está realmente ocorrendo de acordo com a documentação.
- Envolver as próprias áreas relacionadas na discussão, procurando validar com elas os possíveis impactos.
- Detalhar ao máximo os processos para se certificar do risco.
- Testar a mudança antes da implantação. Faz parte do teste a rotina de contingência, ou seja, o que fazer se algo der errado.
- Acompanhar de perto o que realmente está acontecendo em função da mudança após a implantação, e estar preparado para aplicar a contingência, se necessário.

Prioritariamente, o administrador deve sempre avaliar as consequências assistenciais da mudança de processos, e certificar-se de que o risco ao paciente não aumenta, para só então avaliar os aspectos administrativo-financeiros e seus resultados.

7 Fatores de competitividade hospitalar

GESTÃO DO TRABALHO EM EQUIPE

É pouco provável que exista outro tipo de empresa que possa exigir tanto que o trabalho seja executado em equipe quanto um hospital. Não é possível imaginar um médico executando tudo o que seja necessário para o restabelecimento do paciente (ou sua cura) sem a participação da enfermagem, da fisioterapia, da nutrição, da farmácia, do almoxarifado, da tecnologia etc.

Assistência à saúde exige tanta interação de tamanha diversidade de especialidades que os colaboradores acabam nem se dando conta da importância de trabalhar em sintonia com os demais, e necessitam periodicamente ser lembrados disso.

Um agravante do ambiente hospitalar quando se trata de trabalho em equipe é que, como a formação das especialidades mais frequentes do ambiente prega a necessidade de firmeza de comando, acaba-se confundindo a figura do gestor e do líder, com a necessidade de haver comando nas ações. Por exemplo, o médico é exaustivamente treinado para comandar o ato cirúrgico, mesmo que não seja gestor ou líder, e invariavelmente não assume nenhuma das duas figuras no ambiente hospitalar.

É missão do administrador hospitalar desenvolver mecanismos para fixar os conceitos de gestor, líder e trabalho em equipe para todos os que atuam no hospital. Essa missão não pode ser substituída pela premissa de que determinado nível de formação acadêmica pressupõe que o profissional deva saber a diferença; o conceito deve ser periodicamente rediscutido, porque a rotina hospitalar tende a fazer com que as pessoas esqueçam os conceitos.

Figura 7.1 – Gestão do trabalho em equipe.

Importância do trabalho em equipe nos hospitais

As atividades hospitalares, sobretudo as assistenciais, raramente iniciam e terminam na mesma área ou são realizadas por uma só pessoa.

O cenário é de interdependência. É mais presente em hospitais o conceito de que um depende do outro, porque, na verdade, uma atividade não existe sem a outra. É o mais puro conceito "cliente-fornecedor". Por exemplo, na maioria absoluta dos casos, o médico só pode prescrever cuidados se existir enfermagem para realizar, e a enfermagem só pode executar o cuidado se tiver sido prescrito pelo médico.

No âmbito assistencial, a atenção se dá com a interação de equipes multiprofissionais em atividades que extrapolam o turno de trabalho. Por exemplo, um médico atende o paciente e indica uma cirurgia que poderá ser realizada por outro médico. Ao internar para a cirurgia, o paciente recebe cuidados da equipe de enfermagem, provavelmente utiliza medicação, que é aferida pelo farmacêutico, deve alimentar-se sob cuidados da equipe de nutrição, e pode ser que necessite da fisioterapia para se reabilitar de algumas funções; em cada especialidade citada, vários profissionais diferentes fazem contato com o paciente.

No âmbito administrativo, as atividades inter-relacionam áreas de um mesmo departamento ou de departamentos distintos. Por exemplo, a admissão do paciente é feita pela recepção; os registros assistenciais são observados pela área administrativa (ou auditoria), que vão compondo sua conta; a alta, dada pelo médico, dispara atividades de faturamento, auditoria de contas, cobrança e todos os demais eventos administrativo-financeiros que qualquer empresa precisa executar. Em cada departamento, a atividade se desenvolve passando pelas mãos de diversos funcionários.

As atividades de desenvolvimento de novas técnicas assistenciais, sobretudo as de pesquisa, exigem evidências que só podem ser produzidas envolvendo grupos de pessoas.

A administração hospitalar deve privilegiar a simplificação do trabalho em equipe como principal fator de sucesso de competitividade.

Atores do trabalho em equipe
Gestor

Termo genérico associado a um cargo definido pela empresa, que resume responsabilidade e meta. Por exemplo:

- Supervisor: supervisiona atividades de outros.
- Coordenador: coordena atividades de diversas pessoas.
- Encarregado: responde por determinadas atividades ou pelas atividades de determinadas pessoas.
- Chefe: superior hierárquico de determinado grupo de pessoas.
- Gerente: responsável maior de um projeto, ou de um grupo de contratos (ou contas) ou de uma seção ou divisão.
- Diretor: responsável maior de um grupo de seções ou setores, ou de determinada linha decisória associada a uma finalidade específica.

Em resumo, designa um colaborador que tem a responsabilidade de administrar pessoas e recursos materiais ou intelectuais. É uma responsabilidade formal, explícita no próprio cargo, reconhecida por toda a organização e formalizada, geralmente, em um organograma.

O gestor, independentemente de ser líder, tem responsabilidade definida, tem autoridade para cumprir sua responsabilidade, cumpre e deve fazer cumprir a regra e recebe metas (operacionais, financeiras etc.).

Espera-se que o gestor cumpra as metas, seja capaz de identificar deficiências e providenciar ajustes nos recursos necessários para cumprir as metas,

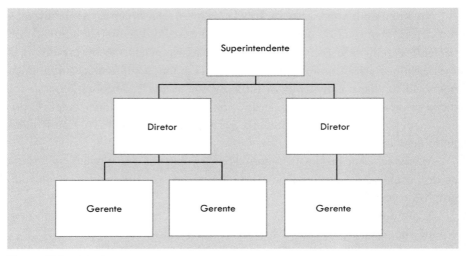

Figura 7.2 – Gestor.

ensine de acordo com as regras, preocupe-se com o presente, mas que seu foco seja o futuro e que a meta cumprida seja apenas uma das metas que ainda tem a cumprir.

Líder

Termo genérico que não representa cargo, mas identifica uma pessoa que representa uma equipe (ou grupo), facilita a interação com a equipe e a influencia – forma opinião.

Não se atém necessariamente ao formalizado no organograma da empresa, podendo ter facilidade para transitar em níveis hierárquicos diferentes: para cima e/ou para os lados.

Refere-se ao comando não operacional, mas pode se tornar o comando operacional de fato. É o exemplo a ser seguido, o modelo que o liderado deseja ser. Tem poder de convencimento e é a representação autêntica do grupo.

O líder é identificado pela equipe como comandante, ele entende a real e eventual dificuldade da equipe em seguir as regras e cumprir as metas, propondo alterações nas regras ou ajustes na equipe para o cumprimento das metas. Ensina o que as regras e normas não definem (as lacunas administrativas) e treina e acompanha o desenvolvimento das pessoas, preocupando-se tanto com elas como com as metas.

Classifica-se o líder como benéfico quando atua considerando o que é melhor para a empresa e para a equipe, preocupando-se mais com o presente que

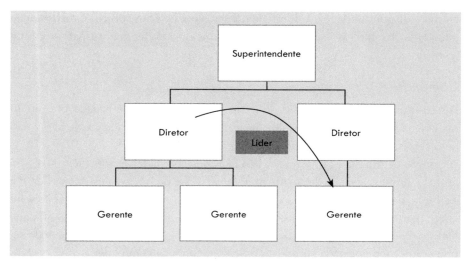

Figura 7.3 — Líder.

com o futuro – este é responsabilidade do gestor – e motivando as pessoas. Pode ser maléfico quando atua em benefício próprio, priorizando os seus interesses em vez do benefício coletivo e da empresa, quando desmotiva as pessoas nos momentos de dificuldade e diminui a autoridade do gestor.

Equipe

Termo que designa uma célula organizacional produtora, que pode ou não ser um departamento, unidade, área, setor etc. Em hospitais, uma equipe pode ser composta de colaboradores de diversos departamentos diferentes, atuando em conjunto em determinada atividade, especialmente na atenção assistencial ao paciente.

Sua existência significa custo e depende do resultado que produz:

- Resultado não lucrativo: existe porque alguma lei assim determina (p. ex., comissão de ética médica) ou porque alguma lei obriga que seu trabalho seja feito (p. ex., controle de validade de medicamentos).
- Resultado lucrativo: existe enquanto a receita que aufere é maior que seu custo.

Quanto à organização, uma equipe pode ter um aspecto formal, subordinando-se a um gestor, e um aspecto informal, desenvolvendo seus próprios líderes.

Espera-se de uma equipe autossuficiência e organização para fazer o que é de sua responsabilidade, distribuição equitativa das tarefas, competência operacional – disponibilidade e volume de recursos necessários (braço) e distribuição adequada das tarefas – e competência técnica – conhecimento para executar (cabeça).

Comando

Pessoa que tem a responsabilidade de instruir determinada atividade por direito, quando a lei, a empresa ou a equipe lhe atribui a responsabilidade; ou de fato, quando assume a posição de comando por alguma circunstância.

Serve de guia para os demais. Em algumas atividades é imprescindível, em outras é dispensável e pode ser até prejudicial. Pode ou não ser gestor ou líder. Por exemplo, durante o ato cirúrgico, o cirurgião está no comando, mas pode não ser o chefe (gestor) dos demais participantes do ato cirúrgico (geralmente não é), pode não ser o responsável (gestor) pelo centro cirúrgico (geralmente não é) e pode ser que nenhum membro da equipe cirúrgica o reconheça como líder.

Técnicas para gestão do trabalho em equipe
Organograma

Responsabilidades e metas bem definidas para cada gestor. Não deve ser exigido do gestor, ou do líder, que tenha mais competência técnica ou operacional que todos da equipe, mas é exigido do líder que tenha a competência adequada para entender quando uma das duas competências não está adequada e o gestor deve buscar a solução. O líder não deve assumir posição de gestor se não tiver formação adequada para tal.

Gestão das lideranças

Avaliar se as lideranças estão sendo benéficas ou maléficas:

- Liderança maléfica:
  - Ato isolado ou atitude pessoal.
  - Cria barreiras que impeçam o *feedback* da equipe.
  - Favorece o *feedback* abusivo ou pejorativo.
  - Trabalha e faz a equipe trabalhar em demasia.
  - Manda fazer a qualquer custo.
  - Técnica pura (o que diz o manual e a norma).
  - Promete o que não se pode cumprir.
  - Pune informalmente quem faz algo errado ou quem não produz (punição é ato de gestão).
  - Impede o desenvolvimento de outras lideranças.

Fatores de competitividade hospitalar **399**

- Liderança benéfica:
  - Ato participativo com a equipe (obter *feedback*).
  - Favorece o *feedback* consciente.
  - Muda a rotina para reduzir a complexidade e o risco da atividade.
  - Faz a equipe produzir o máximo possível dentro das suas competências normais.
  - Orienta e verifica se precisa de ajuda.
  - Decide e apoia nos casos omissos (em prol da equipe e da empresa).
  - Mostra sua limitação quando não pode decidir.
  - Orienta para que não continue fazendo errado.
  - Orienta e apoia para melhorar a produtividade individual (apoio é ato de liderança).
  - Busca reconhecimento da outra liderança.

Favorecer o exercício das lideranças:

- Manter o clima organizacional em equilíbrio.
- Propiciar inovação.

Regras universais do trabalho em equipe

1. Não invadir o espaço do outro. Respeitar a distribuição das competências técnica e operacional e não fazer nada que não gostaria que fosse feito a si com outro membro da equipe.
2. Não se omitir. Assumir sua competência técnica e operacional e realizar sua meta.
3. Respeitar o nível de conhecimento dos outros. O aprendiz precisa do apoio dos demais para se desenvolver. O sênior deve ensinar o que sabe da mesma forma como aprendeu com outro quando era aprendiz.
4. Respeitar a hierarquia. Cumprir normas e aceitar a subordinação organizacional.
5. Ter atitude de quem quer colaborar com a equipe. Evitar posicionamento político (o político esconde suas reais intenções – seu desejo –, necessita articular e a equipe rejeita – não sente segurança para confiar) e ser transparente (deixar claro o objetivo que deseja alcançar e suas reais competências. A equipe suspeita, mesmo quando não concorda).

Priorização de atividades

Para que a equipe produza adequadamente, deve estar convencida de que:

- O que faz é importante.
- Existe lógica em fazer primeiro o que foi pedido.
- O que não pode ser feito causará menos dano do que se tivesse deixado de fazer outra coisa para fazê-lo.

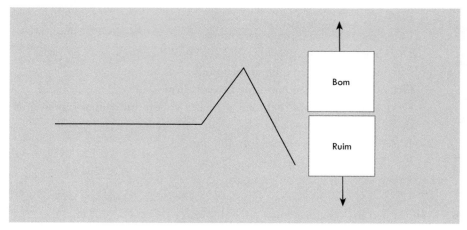

Figura 7.4 – Problema.

Deve-se conceituar o que é um problema. Algo que passou a acontecer de forma diferente do que era ou aquilo que deixa de acontecer da forma como sempre aconteceu é um problema, porque não se sabe se todos saberão lidar com o assunto, e necessita de atenção. Não se pode julgar que uma mudança é boa ou ruim antes de analisar todo o contexto. Aquilo que é ruim sempre não é um problema, pois todos sabem como lidar com o assunto.

É preciso utilizar técnica que seja do conhecimento coletivo para definir as prioridades (análise de problemas e tomada de decisão), a saber:

- Enunciar bem o problema:
    - O que não está acontecendo como deveria?
    - Qual é a razão (a real origem do problema)?
    - Desconsiderar os "achismos" (técnica do é – não é).
    - Considerar os fatos comprovadamente verdadeiros.
- Priorizar:
    - Primeiro, a urgência – dar solução aos problemas em que, se nada for feito, a situação piora.

- Segundo, o crítico – dar solução aos problemas que apareceram e, se nada for feito, continuam da mesma forma.
- Terceiro, as atividades de rotina – maior prioridade para as que têm prazo; menor prioridade para as que não têm.

■ Seguir o fluxo PDCA (planejar, desenvolver, capacitar e aferir):
- Formular a solução (planejar e desenvolver).
- Testar – pedir apoio para aferir o teste.
- Aplicar – e depois verificar se o resultado foi satisfatório.

Avaliação 360°

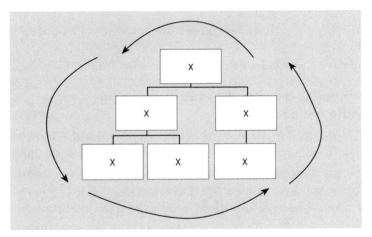

Figura 7.5 – Avaliação 360°.

Técnica de avaliação cruzada em que os membros da equipe se avaliam. Ou seja:
■ Superiores avaliam subordinados.
■ Subordinados avaliam superiores.
■ Pares (pessoas do mesmo nível) avaliam uns aos outros dentro do mesmo departamento.
■ Departamentos avaliam uns aos outros (não as pessoas, mas o serviço que o outro departamento presta).
■ A equipe se autoavalia em relação aos resultados, indicando o que deve ser ajustado para que as metas passem a ser cumpridas.

Pré-requisitos:

- Todos os cargos devem estar definidos e descritos.
- Todos os que avaliam devem conhecer a descrição de cargo de quem vai avaliar.
- Uma área (geralmente Recursos Humanos ou Qualidade) deve filtrar (eliminar) o que não é inerente à avaliação feita.

Benefícios:

- Justiça para premiar e penalizar.
- Reduz a importância dos ruídos (fofocas – "rádio-peão").
- Limita o poder dos gestores.
- Dá ao colaborador maior conhecimento do seu papel e importância na organização.
- Orienta as necessidades de desenvolvimento individual e coletivo.

Particularidades da área da saúde na gestão do trabalho em equipe

Quanto à formação dos profissionais assistenciais no Brasil, o curso de Medicina é mais forte em liderança e competência técnica, pois a grade curricular tem poucas disciplinas de gestão. Enfermagem e outras disciplinas assistenciais são mais fortes em gestão e competência operacional.

O médico não está acostumado a ser liderado, é treinado para decidir considerando fortemente aspectos técnicos: causa, evidência, publicações científicas. Já Enfermagem e outras áreas assistenciais consideram fortemente aspectos operacionais e emocionais: interação constante com o paciente e acompanhantes, limitação dos recursos.

Como em nenhum outro segmento de mercado, o trabalho de equipe em saúde exige:

- Respeito à competência do outro.
- Tolerância ao nível de formação do outro.
- Conscientização de que em equipe todos devem estabelecer limites de decisão, julgamento etc.

Dificuldades da implantação da avaliação 360°:

- É muito difícil para um leigo avaliar a atuação de especialistas (médicos, enfermagem).

Fatores de competitividade hospitalar **403**

- O hospital é uma empresa que vive essencialmente da mão de obra:
  - ❏ Tem volume elevado de colaboradores – grande variedade de cargos.
  - ❏ Tem volume elevado de lideranças – rodízio de funções.
- Exige uma equipe exclusiva para organizar e tabular adequadamente as avaliações:
  - ❏ A autoavaliação das equipes (sem apoio externo) costuma ser inviável por falta de recurso operacional para realização adequada.

Dificuldade para avaliação da frequência ao trabalho:

- O profissional de saúde é muito suscetível ao absenteísmo, pois convive com doenças, e ausenta-se e deprime-se com maior frequência que os dos demais segmentos de mercado.
- O profissional de saúde especializado costuma trabalhar em mais de um local, tendo pouco tempo para atividades que não sejam assistenciais e convivendo com colegas em outros hospitais em posições diversas (sendo superior em um lugar, subordinado em outro).

Diversidade de formação nas equipes:

- É comum a existência de equipes em hospitais de colaboradores diretamente envolvidos, com níveis de escolaridade diversos.
- Boa parte da mão de obra tem baixo nível de instrução e especialização, e por isso usa a avaliação de forma inadequada.
- É inerente do ser humano de maior escolaridade, em relação aos de menor nível de escolaridade, gostar de receber elogios e não aceitar críticas, mesmo as construtivas, por julgar que o avaliador não tem poder de discernimento para tal.

O ambiente hospitalar é tradicionalmente formado por equipes que só possuem recursos de mão de obra para realizar as atividades de rotina, sem muita chance de sobrar tempo para realizar atividades de planejamento, auditoria ou, no caso das equipes assistenciais, atividades administrativas. Por exemplo, a quantidade de enfermeiros de uma ala assistencial geralmente representa o mínimo necessário para que a atividade assistencial seja realizada; a quantidade de recepcionistas costuma representar o mínimo necessário para atender os pacientes nos horários de pico. Nos hospitais públicos, pode ser verificada quantidade exorbitante de funcionários, mas são pessoas despreparadas para a função.

404 Administração hospitalar no Brasil

No resultado operacional, a ineficiência desses profissionais acaba se traduzindo também em falta de pessoas para realizar as atividades.

Esse cenário de trabalhar no limite do tempo disponível das pessoas para realizar as atividades básicas leva o hospital a dificultar ao máximo a inserção dos colaboradores em atividades complementares, como treinamentos, avaliação 360° etc.

O desafio do administrador hospitalar na gestão do trabalho em equipe

Aplica-se, em administração hospitalar, uma analogia entre a gestão das lideranças em hospitais e a antiga parábola do sol e da lua: durante o dia não se veem as estrelas, porque o nosso sol, que é uma estrela de pequena grandeza, ofusca a visão e não nos deixa ver as outras. Mas de noite, a lua, um astro que não tem brilho próprio, embora apareça com destaque no céu, nos deixa apreciar todas as estrelas. Os líderes estão espalhados pelo hospital, mas não os vemos porque os gestores de menor grandeza não os deixam brilhar. O administrador hospitalar não pode deixar de perceber que eles existem, mesmo que não apareçam quando está claro.

A história, desde a Antiguidade até a Contemporaneidade, materializa exemplos da diferença entre gestor e líder, liderança e comando, a saber:

- Há vários exemplos de líderes maléficos e benéficos.
- Há vários exemplos de líderes que se tornaram gestores, alguns se arrependendo e outros não, porque gestão se aprende, liderança não, e quando um líder se torna um gestor pode ou não se adaptar a um papel totalmente diferente.
- Guerras são iniciadas e encerradas pela ação de líderes, do bem e do mal, administradas por gestores e desenvolvidas pelo comando de pessoas que, em sua maioria, têm dimensão do seu papel na batalha, mas não entendem ou não concordam necessariamente com ela.

É obrigação da administração hospitalar delimitar a responsabilidade e as metas para que a batalha da assistência ao paciente seja vencida por todos. E é diferencial competitivo da administração hospitalar disseminar a importância do papel de cada um no contexto para que, de forma integrada, consiga executar suas atividades com menor esforço e maior eficiência, propiciando que os líderes possam representar livremente a representação que, de fato, têm nos seus grupos.

ATENDIMENTO HUMANIZADO E ATITUDES COMPORTAMENTAIS

O noticiário exibe constantemente erros grosseiros em procedimentos hospitalares. Por exemplo, cirurgias malfeitas, troca de um medicamento por outro, procedimento não realizado ou realizado em momento inadequado, falta de vaga para procedimentos urgentes e excesso de vaga para procedimentos eletivos. Esses erros enquadram-se basicamente em duas origens:

- Ganância por lucro, que pode levar profissional de qualquer especialidade a realizar atividades sem o preparo adequado.
- Falta de humanização no atendimento.

A própria palavra atendimento tem a ver com atenção. Atendimento humanizado significa não perder a atenção. É o cuidado em não esquecer que o segmento da saúde gira em torno de necessidades pessoais, risco de vida, dor, impossibilidade do próprio indivíduo se cuidar. Enfim, do relacionamento com o único bem que todos igualmente têm: a vida.

Preservar e dar qualidade de vida e reduzir a dor são a essência da atividade hospitalar. O administrador hospitalar é diferente do administrador de empresas, principalmente porque está inserido no contexto de uma organização que trata do bem-estar de seres humanos, independentemente da vontade deles, ou seja, os pacientes vão ao hospital porque necessitam do serviço, e não porque o desejam.

Humanizar o atendimento em hospitais passa pela questão técnica, fundamental para evitar o risco ao paciente, e pela questão emocional. Primeiro porque o serviço é ofertado para pessoas, e depois por uma questão de fidelização, como ocorre em qualquer outro tipo de empresa.

Vamos nos propor a discutir a humanização, ignorando o aspecto da ganância, porque pessoa má intencionada existe em qualquer segmento de mercado, e não existe evidência de que um material como este possa mudar sua maneira de ser, infelizmente.

Tendência a mecanizar o atendimento

Como em qualquer outro tipo de empresa, a tendência do colaborador é ir executando as tarefas "mecanicamente", o que pode causar problemas ao atendimento assistencial e ao relacionamento com o cliente:

- Desatenção para observar mudanças que podem comprometer a atenção à saúde (aspecto técnico ou objetivo).

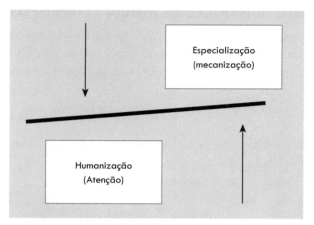

Figura 7.6 – Mecanização *versus* humanização.

- Relacionamento frio, passando a impressão ao paciente de que é apenas mais um número na estatística, o que pode fazer com que o cliente procure outro local para ser atendido, mesmo que assistencialmente esteja servido de forma adequada.

Para contrapor a tendência, os hospitais trabalham intensamente em:

- Humanização: manter os colaboradores sempre conscientizados de que o "produto da empresa" é a saúde das pessoas.
- Atitudes comportamentais: lidar com o cliente mais complicado que uma empresa pode ter – um doente.

Se lembrarmos o conceito de problema (algo que acontece de forma diferente do que sempre foi) e juntarmos com a evidência de que quando alguém aprende a fazer algo tende a fazer mecanicamente (com desatenção), chegamos à clara conclusão de que a mecanização das atividades leva ao risco da desatenção em relação a um problema iminente.

Conceituação de cliente em hospitais
Clientes

Como em qualquer outro tipo de empresa, o cliente é a razão de sua existência. Uma empresa só existe enquanto vende produtos (ou serviços) aos seus clientes.

Dependendo da profissão de quem atua no hospital, a visão de quem é o cliente pode se confundir.

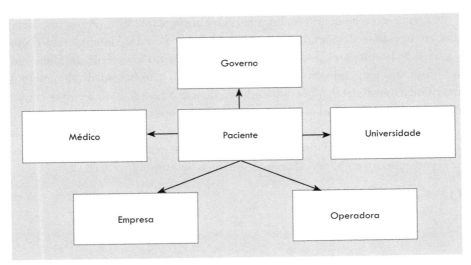

Figura 7.7 – Cliente hospitalar.

Em relação aos hospitais públicos, o governo é a fonte pagadora, que pode a qualquer momento encerrar as atividades do hospital que não cumpre seu objetivo social. Não se confunde a estrutura do governo que administra o hospital (porque é uma instituição pública), da que fiscaliza sua atividade, que é um cliente. Em relação aos hospitais privados, é o órgão regulador que pode a qualquer momento encerrar as atividades do hospital caso não esteja cumprindo as normas de atenção à saúde, mesmo que atue especificamente na saúde suplementar. Em relação à qualquer hospital, é o órgão coordenador que insere o hospital nas ações coordenadas relacionadas à saúde da população por meio do controle da transmissão da doença (epidemias). Em última instância, é o responsável por garantir a saúde da população.

A universidade desenvolve as técnicas de atendimento assistencial e provê profissionais certificados para atuar no hospital de acordo com a legislação.

A operadora de planos de saúde é a fonte pagadora, que pode encerrar o contrato caso o hospital não cumpra as obrigações, e também cumpre papel de órgão auditor, aferindo se as contas hospitalares estão corretas, limitando a cobrança indevida.

A empresa, que contrata o plano de saúde para seus funcionários, é a fonte pagadora, que pode descredenciar o hospital da rede de atendimento dos seus funcionários; é também representante dos usuários reais.

Os médicos e outros profissionais assistenciais utilizam serviços do hospital para sua subsistência, e muitas vezes compram esse serviço. São formadores de opinião, podem trazer ou afastar clientes do hospital.

O paciente é o usuário real dos serviços hospitalares. Em última instância, é quem decide se deseja ou não utilizar o hospital. Seu descontentamento com os serviços hospitalares pode fazer com que o governo intervenha diretamente no hospital, independente de ser público ou não; a universidade denuncie a má prática assistencial; a operadora descredencie o hospital; ou a empresa que contrata a operadora descredencie o hospital ou a operadora.

Em qualquer situação, o paciente é o cliente que requer maior atenção da administração hospitalar, uma vez que os demais só permanecem como clientes se o paciente estiver adequadamente servido pelo hospital.

O "cliente-paciente"

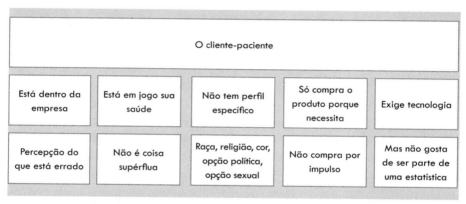

Figura 7.8 – O "cliente-paciente".

Não é paciente no sentido de ter paciência. É o agente passivo na relação do tratamento. O agente ativo é o médico, a enfermagem, a fisioterapia etc. Justamente por estar doente, é o tipo de cliente menos propenso a manter-se calmo e paciente. É um cliente que está dentro da empresa – não está do lado de fora comprando um produto (vendo só o produto). Ele vê e percebe tudo que está acontecendo dentro da empresa, tem percepção para saber o que está sendo feito certo e errado e tem percepção para saber se os funcionários do hospital são capazes para fazer o que é necessário.

Está em jogo a sua própria saúde:

- O produto "curar uma doença" não é algo que ele gosta de comprar.
- Ao contrário de outros produtos, geralmente não gosta que os outros saibam que ele o tem.

Fatores de competitividade hospitalar **409**

- A posição de paciente pode atrapalhar a vida e os negócios dele.
- Ele sabe melhor que ninguém quando o produto fornecido pelo hospital lhe atende ou não.

O cliente hospitalar não tem perfil específico. Atende-se pessoas de todas as classes sociais, todos os credos, todas as raças, de qualquer idade, peso, altura, sexo, de todos os graus de instrução e de todas as opções sexuais. O paciente só compra o produto quando necessita: geralmente não tem condições de avaliar tecnicamente o hospital, guiando-se pela aparência (hotelaria) e pelo bom atendimento.

Exige o máximo de tecnologia, mas não entende a tecnologia a que está sendo submetido (complexidade) e não gosta de ser invadido (métodos invasivos).

Turismo da saúde

Notícia do jornal *Folha de São Paulo* – Cidade de São Paulo – Brasil – 4/9/2010:

> Concorrentes no mercado de saúde brasileiro, os hospitais Albert Einstein, Sírio-Libanês, Oswaldo Cruz, Samaritano e Hospital do Coração uniram forças para garantir uma fatia do mercado mundial de turismo médico, que movimenta por ano cerca de US$ 60 bilhões. [...] Representam até 5% dos atendimentos [...] 18% dos hóspedes internacionais nos hotéis da cidade de São Paulo vieram ao país em busca de atendimento médico.

Globalização é um fenômeno mais antigo na área da saúde que o trazido pela banalização da tecnologia. A saúde traz para o hospital clientes de outras comunidades, costumes e idiomas diferentes.

Os hospitais brasileiros, especialmente os privados localizados em grandes centros urbanos, disputam clientes de outras localidades, nacionais e internacionais, e a administração hospitalar deve se preocupar em atendê-los da melhor maneira possível.

Sentimento do paciente em relação ao hospital

- Tecnologia x paciente: sinônimo de frieza – chama a atenção mas afasta as pessoas. Leva à atenção metódica, esconde erros humanos.
- Atendimento mecanizado: o paciente se sente apenas mais um caso, mais um número da estatística. A saúde é vista como um negócio, a vida não tem importância, o paciente é um objeto.
- Situação pessoal fragilizada: doente, chorando, debilitado de sua força física, impedido de agir por conta própria.

410 Administração hospitalar no Brasil

- Sobre o que está fazendo no hospital – nem sempre busca a cura: doença incurável, tratando apenas o sintoma, prolongando uma vida sofrida.
- Sobre sua permanência no hospital: exposição de sua intimidade a pessoas estranhas, instabilidade de humor, problemas familiares, exposição de seu corpo (nudez), exposição de seus defeitos (deficiências) físicos.
- Sobre o resultado de sua estada no hospital: geralmente, não tem dimensão exata do seu problema, nem condições de avaliar seu tratamento. Não sabe o custo exato do tratamento e preocupa-se com o trabalho que está causando aos familiares.
- Sente-se solitário e pode ficar deprimido. Necessita ser tratado por seres humanos, com humanização.

Atendimento humanizado
Premissa

O procedimento técnico está sendo bem realizado. O tratamento assistencial é o mais adequado ao seu caso e o paciente não corre risco em relação ao processo assistencial definido, ao conhecimento técnico necessário para realizar os procedimentos e à habilitação dos profissionais envolvidos (certificação adequada).

Humanização é complemento à questão técnica: não mecanizar o atendimento utilizando-se apenas de tecnologia, tornar humano o relacionamento com o paciente e afável o relacionamento com o paciente, sendo delicado no trato, cortês e agradável nas maneiras e na conversação.

O conceito de humanização na saúde consiste em tornar a estada do paciente no hospital afável, minimizar seu desconforto e tratá-lo como um cliente.

Foco do atendimento humanizado para profissionais assistenciais (mínimo esperado)

Quadro 7.1 – Aspecto técnico (assistencial) da humanização

Tópico	
Reduzir ao máximo o risco	Estar atento a qualquer coisa que está acontecendo de forma diferente do esperado
Deparando-se com alguma pessoa diferente	Identificação, habilitação, alçada para atuar, a par do, adequadamente equipada
Ausência do insumo	Plano alternativo, comunicação à autoridade competente para sanar o problema, denunciar má conduta

(Continua)

Fatores de competitividade hospitalar **411**

Quadro 7.1 – Aspecto técnico (assistencial) da humanização (Continuação)

Alteração da característica usual da apresentação do insumo	Aferir embalagem, questionar, denunciar má conduta
Aferir condições do paciente para a realização do procedimento	Certificação de que é o paciente, de que é o procedimento indicado e prescrito
Tratar o paciente com dignidade	Não expor o paciente ao constrangimento desnecessário Restringir a dor, a sede, a fome...
Respeitar costumes e crenças	Ao limite do risco de vida ou sequela

Deve-se reduzir ao extremo a possibilidade de colocar o paciente em risco, identificando qualquer coisa que esteja diferente no processo que está acostumado a realizar.

Ao se deparar com pessoa diferente da que estava acostumado a lidar em relação ao assunto, certificar-se de que:

- A pessoa está adequadamente identificada.
- A pessoa tem habilitação para realizar o procedimento.
- A pessoa foi introduzida no processo por quem tem alçada para definir a alteração.
- A pessoa está a par do caso – tem as informações de que necessita para realizar o procedimento.
- A pessoa está adequadamente equipada e com os insumos adequados para a realização do procedimento.

Ao se deparar com ausência do insumo adequado para cumprir o protocolo de realização do procedimento, deve-se:

- Identificar se existe plano de contingência formal para realizar de forma diferente.
- Comunicar a autoridade organizacional competente a respeito da realização do procedimento segundo o plano de contingência.
- Não realizar e impedir a realização do procedimento caso a ausência do insumo ponha em risco o paciente.
- Denunciar à autoridade organizacional competente o mais rapidamente possível, de modo que uma decisão seja tomada em tempo hábil para não colocar o paciente em risco.

Aferir características básicas dos medicamentos antes da ministração:

- Dosagem prescrita.
- Via de ministração prescrita.
- Viabilidade para ministração segundo frequência prescrita.
- Preparos e cuidados de ministração.

Ao se deparar com algum indício de alteração na embalagem de insumo, deve-se aferir se apenas a embalagem foi alterada, certificando-se de que as características técnicas do insumo são exatamente as necessárias.

Aferir condições do fornecimento do insumo:

- Violação da embalagem.
- Sinais de contaminação e/ou sujeira.
- Data de validade.

Aferir a condição do paciente para a realização do procedimento:

- Certificar-se de estar tratando do paciente correto.
- Certificar-se de estar tratando do órgão correto.
- Certificar-se de estar preparando o procedimento correto da forma correta.
- Evidenciar preparo.
- Avaliar condições físicas e psicológicas adequadas.

Tratar o paciente com dignidade:

- Restringir ao máximo a exposição íntima do paciente a qualquer pessoa, a não ser quando inevitável.
- Restringir ao máximo a exposição do paciente a quaisquer pessoas que não tenha envolvimento com o seu caso.

Restringir ao máximo:

- A dor.
- A sede.
- A fome.
- A repreensão de realizar necessidades fisiológicas.
- O constrangimento declarado ou notado.

Respeitar ao máximo os costumes e crenças, até o limite da necessidade do risco de vida ou sequela.

Atitudes comportamentais da humanização

Quadro 7.2 – Atitudes comportamentais da humanização

Tópico	
Respeitar as diferenças	Mesmo não concordando Raça, religião, opção sexual, instrução, ostentação...
Preocupação com o conforto físico e mental do paciente	Não basta estar preocupado Demonstrar com atos simples, organização, asseio...
Demonstrar que o paciente é mais importante	Relação cliente x fornecedor Hospital é fornecedor – paciente é cliente
Atitude anfitriã	Sorrir, olhar nos olhos... Tratar todos da mesma forma
Valorizar a vida	Não julgar o sentimento do paciente em relação à doença e/ou o procedimento
Agir com profissionalismo	Respeitar as especialidades
Respeitar costumes e crenças	Ao limite do risco de vida ou sequela

Respeitar as diferenças

Os pacientes (clientes hospitalares) são de culturas, etnias e costumes diferentes e os colaboradores devem respeitar as diferenças, mesmo que não as entendam ou não concordem com elas.

No Brasil, costuma-se requerer menos esforço para aceitar as diferenças relativas[1] a:

- Costumes diferentes absorvidos na comunidade (cidade, país) em que o paciente habita.
- Atitudes inerentes às pessoas com baixo nível de instrução (escolaridade).
- Orientação política.
- Etnia.
- Opção religiosa.

---

1   Existem variações significativas dependendo da região geográfica em que o hospital se situa.

414 Administração hospitalar no Brasil

E costuma-se requerer mais esforço para aceitar as diferenças relativas[2] a:

- Opção sexual.
- Ostentação (riqueza) e costumes de pessoas da camada socioeconômica menos favorecida.

Preocupação com o conforto físico e mental do paciente

Demonstrar com atos que está preocupado com o bem estar do paciente. Não basta estar preocupado (responsabilidade do cargo), deve-se demonstrar (missão do profissional da saúde em ambiente de hospitalidade) nas ações. Realizar pequenos atos simples de demonstração de atenção, sem invadir a privacidade do paciente, sem faltar com o respeito que ele merece, sem infringir as normas de segurança (assistência técnica ao paciente).

Surpreender o paciente e acompanhante com detalhes:

- Oferecer um mimo – p. ex., copo d'água, cobertor ou travesseiro.
- Chamar respeitosamente pelo nome sempre que possível.
- Carregar seus pertences pesados, sempre pedindo permissão antecipadamente.

Demonstrar asseio e organização. Reduzir a frieza tecnológica, oferecendo um pouco de calor humano.

Demonstrar que o paciente é mais importante

Como em qualquer atividade humana, no hospital nenhuma pessoa é mais importante que a outra. Mas, na relação cliente (paciente)-fornecedor (hospital), o paciente deve sentir-se mais importante.

Respeitar o pensamento do paciente, de que o caso dele é mais importante do que os demais, não deixando transparecer algum privilégio para outros.

Preservar ao máximo a individualidade do paciente:

- Respeitar o sigilo do seu caso.
- Respeitar sua nudez, quando o contato for inevitável.
- Não se envolver em nenhuma hipótese com questões pessoais dele e dos seus acompanhantes.

---

2   Idem.

Sempre tratá-lo como cliente: aquele que, em última instância, paga as contas e salários hospitalares.

Atitude anfitriã

Como acontece nos hotéis, o colaborador deve receber o paciente como se estivesse recebendo uma pessoa em sua casa, demonstrar zelo pelas instalações e intermediar, sempre que possível, alguma dificuldade do paciente em relação ao hospital.

Tratar todos pessoalmente da mesma forma, de preferência com atitudes que deixem o paciente a vontade:

- Sorrir.
- Não dar risadas exageradas.
- Falar em tom respeitoso.
- Não gritar, nem falar muito baixo.
- Olhar nos olhos quando fala.

Não levar ao paciente os problemas que tem com o hospital, o paciente não tem culpa, e o colaborador deve pensar que o paciente poderia ser um familiar seu sendo atendido em outro hospital.

Evitar contatos físicos afetivos:

- Abraço.
- Beijo.
- Caso tenha contato físico com um paciente que seja parente ou afeto, deixar transparecer a todos os presentes, de modo que não se configure diferença de tratamento a um paciente específico (privilégio).

Valorizar a vida

O paciente espera que as pessoas que estão cuidando da sua saúde deem valor à vida, já que ele está buscando manter ou melhorar a sua. Os colaboradores do hospital devem valorizar a vida:

- Passar a mensagem de que a vida vale a pena, seja qual for a dificuldade e respeitar o destino que provocou a doença.
- Respeitar e não subestimar a dor do próximo: a intensidade da dor é diferente de pessoa para pessoa, e a mesma doença dói de forma diferente em cada pessoa.

Agir com profissionalismo

Conscientizar os colaboradores hospitalares de que devem respeitar as especialidades. Por exemplo:

- Quem entende de medicina é médico e odontologista.
- Quem entende de cuidados é a enfermagem.
- Quem entende de dietas é a nutrição.
- Quem entende de medicamentos é a farmácia.
- Quem entende de reabilitação é a fisiologia e a fisioterapia.

Fazer apenas o que sua competência permite, da melhor forma possível, e pedir apoio sempre que necessário.

Reduzir ao máximo os risco ao paciente, agindo dentro das regras de segurança e seguindo as recomendações dos especialistas.

A imagem do colaborador é a imagem do hospital. Seu acerto é obrigação, e seus erros não devem ser escondidos ou transferidos para outro, deve-se consertar o erro da melhor forma possível. Errar é humano, humanização é humana.

MOTIVAÇÃO
Clima de desmotivação hospitalar

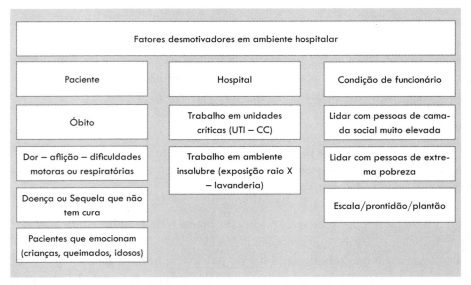

Figura 7.9 – Fatores de desmotivação em ambiente hospitalar.

"O hospital está no meio do caminho entre a alegria que uma empresa de entretenimento pode oferecer aos seus clientes, e a tristeza de uma funerária que cobra pelos serviços que ninguém quer pagar." Esta frase, de autoria desconhecida, comumente ouvida no ambiente hospitalar, sintetiza o clima de desmotivação que o hospital oferece aos seus colaboradores, e a necessidade que a administração hospitalar tem de reduzir sua incidência.

São vários os fatores que levam os colaboradores do hospital à desmotivação. O paciente é um cliente especial. Em uma loja, ele compra o produto e pode ficar contente ou chateado a ponto de devolvê-lo. No hospital, ele é o "produto", e o colaborador convive e emociona-se com ele, porque é obrigado a lidar com eventual óbito, com pessoas agonizado de dor, aflição e dificuldades motoras e respiratórias, conviver com pessoas que procuram os serviços do hospital pagando pela cura que não terão, nos diversos casos em que a doença é irreversível, com crianças doentes, queimadas e pessoas portadoras de necessidades especiais, que não necessariamente têm formação psicológica para o relacionamento. Se o colaborador se apegar a um doente crônico (habitual) e não puder ajudá-lo, porque ele não tem condições financeiras ou porque não existe solução técnica para o caso, isso também causa desmotivação no colaborador.

Algumas áreas do ambiente hospitalar se caracterizam pelo constante *stress*, pois permanecem muito tempo em ambiente de terapia intensiva, convivendo com pacientes em estado vegetativo e estável; trabalham continuadamente em ambiente sem luz natural ou confinado e constantemente sob risco de contaminação.

A própria condição de "funcionário" em ambiente hospitalar causa desmotivação, por fazer parte de uma classe social economicamente menos favorecida e tratar da vida de pessoas das classes sociais mais elevadas, ter noção do dano causado à saúde, ou mesmo à vida, de um ser humano quando eventualmente comete um erro, mesmo que não intencional; e ainda por trabalhar em regime de escala, em rodízio de sábados, domingos e feriados, estar em carreiras assistenciais em que se alcança a senioridade rapidamente, mas sabe-se que daquele nível não é possível progredir.

Como a atividade hospitalar é totalmente baseada em mão de obra, o hospital só pode se tornar viável se mantiver programa contínuo de motivação dos seus colaboradores. É fato que os melhores hospitais brasileiros são aqueles em que os colaboradores sentem orgulho de fazer parte do seu quadro e sentem-se motivados em afirmar isso.

Essência da motivação

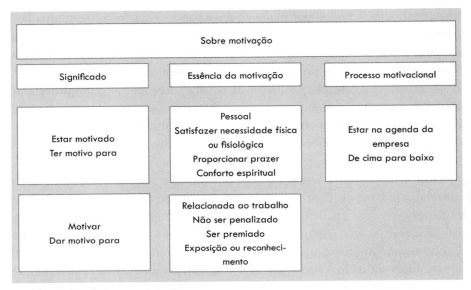

Figura 7.10 – Sobre motivação.

A motivação é discutida em empresas sob dois aspectos:

- O fato de alguém ter motivo para fazer algo – estar motivado para fazer algo.
- O fato de dar motivo para que alguém faça algo – motivar alguém.

A motivação (ato de motivar) não tem subjetividade: existe para satisfazer necessidade pessoal ou relacionada ao trabalho.

Necessidades pessoais:

- Satisfazer uma necessidade física ou fisiológica, como prover recursos para alimentação, reduzir o estresse ou a depressão.
- Proporcionar prazer, por exemplo, adquirir ou acumular bens, ganhar uma competição.
- Conforto espiritual, por exemplo, sentido à vida, princípios éticos.

Relacionada ao trabalho:

- Não ser penalizado: cumprir suas obrigações e metas e não causar prejuízo.
- Ser premiado: promoção, prêmio em dinheiro ou benefícios.
- Exposição ou reconhecimento: da empresa, dos companheiros de trabalho, da sociedade.

Processo motivacional

O centro da atenção é o indivíduo (o colaborador): não se motiva uma equipe, motiva-se cada indivíduo de uma equipe.

O coletivo (a empresa) se aparelha para motivar o particular (o colaborador). Quanto mais particulares motivados, maior será a motivação do coletivo. O coletivo deve estar adequadamente estruturado para motivar o particular, mas, como o coletivo é abstrato, estará estruturando quando os particulares assim estiverem.

Processo motivacional na empresa:

- 1º passo: está na agenda do coletivo (empresa) que seus colaboradores devem estar motivados.
- 2º passo: aparelhar-se para manter os colaboradores motivados pessoalmente.
- 3º passo: aparelhar-se para manter os colaboradores motivados profissionalmente.

Quadro 7.3 – Evolução da relação trabalhista – instrumento: motivação

Processo motivacional	1º passo: estar na agenda do coletivo (empresa) que seus colaboradores devem estar motivados
	2º passo: aparelhar-se para manter os colaboradores motivados pessoalmente
	3º passo: aparelhar-se para manter os colaboradores motivados profissionalmente
Hospital de funcionários	Perfil de cargo e remuneração definida para que o trabalho seja feito conforme combinado
	Eficiência: as tarefas serão feitas conforme descrição – não se garante o cumprimento das metas
Hospital de colaboradores	A empresa dá motivos para o funcionário ter orgulho de trabalhar, como se a empresa fosse dele. O funcionário se torna um colaborador, participando e opinando sobre como a empresa deve atuar no mercado
	Eficácia – as metas são alcançadas: os processos e os próprios colaboradores evoluem naturalmente.
Hospital de parceiros	A empresa divide lucros e prejuízos com os colaboradores. Os colaboradores se tornam parceiros do resultado (lucro ou prejuízo) da empresa
	Efetividade – o cliente tem satisfação plena: as metas são estabelecidas em conjunto entre a empresa e seus parceiros.

O quadro demonstra como o hospital evolui a relação trabalhista quando permeia a motivação e a utiliza como fator de competitividade. Os funcionários se transformam em colaboradores e, no maior estágio de maturidade, em parceiros, participando dos resultados bons ou ruins. As tarefas deixam de ser executadas simplesmente porque devem ser, e passam a ser analisadas e discutidas com o foco de entregar ao cliente o melhor produto – e, evidentemente, fidelizando o cliente e aumentando a competitividade do hospital.

Evidente e infelizmente, essas métricas aderem aos hospitais privados com maior facilidade, porque a área pública no Brasil se regra por legislação trabalhista, que privilegia a descrição de cargo, e não o resultado do trabalho.

Mas, pessoalmente, sou testemunha da existência de hospitais públicos cujos funcionários se transformaram em colaboradores, pela motivação de serem profissionais da saúde, ou seja, pela consciência da sua missão e do que a população espera do seu trabalho. Também sou testemunha de que isso aconteceu, mesmo na área pública, porque o corpo diretivo estava motivado, e passou tal motivação de cima para baixo. Nossa legislação trabalhista insana e injusta inviabiliza aos hospitais públicos pleitear o nível de trabalhar com parceiros, mas não é empecilho transformar funcionários em colaboradores.

Melhores práticas de motivação em hospitais

Quadro 7.4 – Melhores práticas de motivação em hospitais

Condições básicas de trabalho	Infraestrutura Estrutura organizacional Carga de trabalho
Motivação na agenda	De cima para baixo
Automotivação	Missão do profissional de saúde
Clima organizacional	Quebrar o clima de desmotivação Incentivar tarefas de integração
Fomentar a participação individual	Incentivar a discussão da inovação Incentivar a exposição de habilidades
Prêmios e penalidades	Enaltecer as coisas boas (prêmio, exposição...) Indicar as falhas (conversar, advertir, penalizar...) Igualdade, justiça e método de aplicação

Condições básicas de trabalho

Para motivar um colaborador, antes de mais nada, é necessário que ele sinta segurança na empresa, que a empresa dê condições mínimas de trabalho e que ele confie na organização.

Infraestrutura (condições ergométricas e ambientais) adequadas para a realização das suas tarefas:

- Espaço (área física) adequada.
- Alternar horas de trabalho sentado e em pé.
- Movimentar-se pouco (evitar o cansaço físico).
- Temperatura climatizada e constante.
- Ausência de poluição sonora.
- Local claro, preferencialmente com iluminação natural indireta.
- Ausência de odores e de poluição do ar.
- Equipamento de proteção individual (EPI) adequado.

Estrutura organizacional:

- Chefia bem definida.
- Responsabilidades e metas bem definidas.
- Plano de carreira bem definido, não necessariamente com oportunidade de crescimento. Oportunidades para todos ou nenhuma oportunidade (ou privilégio) para ninguém.

Carga de trabalho adequada:

- Metas nem exageradas, nem simples.
- Esforço físico e nível de atenção exigidos dentro da capacidade normal das pessoas.
- Distribuição equivalente à capacidade e competência de cada um.

Motivação na agenda da empresa

O processo motivacional só pode ter sucesso se estiver na agenda da empresa. Isso significa que a iniciativa da motivação só ocorre quando é um movimento de cima para baixo na estrutura organizacional. Se a alta direção não estiver motivada e disposta a disseminar a motivação no hospital, os gestores das áreas também não estarão. Se os gestores das áreas não estiverem motivados, os líderes também não estarão. Se o líder não estiver motivado, os colaboradores também não estarão.

Motivação na agenda da empresa significa a alta direção estar constantemente preocupada com o fato de que os gestores estejam trabalhando o aspecto motivacional.

422 Administração hospitalar no Brasil

A administração hospitalar não pode permitir que a motivação se resuma a eventos isolados – deve ser pauta institucional do hospital para que seja bem-sucedida.

Missão do profissional de saúde (automotivação)

O primeiro aspecto motivacional a ser trabalhado é a missão do profissional de saúde. Por mais diversos e maiores que sejam os fatores de desmotivação, a razão de existir a atenção à saúde é ajudar as pessoas em momentos difíceis: doença, dor, tragédia etc.

Existem empresas que atuam no mercado prejudicando a saúde das pessoas:

- Fábricas de cigarro e de bebidas alcoólicas, que são produtos que prejudicam diretamente a saúde da população.
- Fábricas de motocicletas, que é um produto pivô de acidentes que já são considerados na área de saúde como epidemia: só na cidade de São Paulo, em 2010, morreu mais de um motociclista por dia, vítima de acidente de motocicleta.
- Empresas que produzem alimentos que fazem mal à saúde, especialmente os *fast-foods*, que utilizam sal e gorduras em excesso, comprovadamente fatores de doenças cardiovasculares.

Essas empresas de alta rentabilidade e poder econômico vendem a imagem de consumidores inteligentes, alegre e sadios, e funcionários motivados. O hospital é justamente o contrário, cura a doença que as pessoas adquirem por consumir os produtos delas.

O profissional de saúde, seja ele médico, enfermeiro, fisioterapeuta, administrador hospitalar, faturista, copeiro ou faxineiro, deve conscientizar-se de que sua motivação inicial é poder trabalhar em uma empresa que realmente faz o bem para as pessoas da sociedade. O pior hospital do mundo cura centenas de pessoas por dia. Todas as pessoas que trabalham em hospital colaboram direta ou indiretamente para que as pessoas sejam curadas.

A mensagem de que a missão do profissional de saúde é a mais nobre entre todos os tipos de atividade econômica deve ser a principal motivação dos colaboradores do hospital.

Clima organizacional

O segundo aspecto motivacional a ser trabalhado é incentivar a formação de grupos de pessoas que mantêm clima amistoso de trabalho, de modo que a motivação de um contagie os outros.

É inerente do ser humano sentir-se motivado a participar de grupos de pessoas motivadas, respeitando a característica dos que preferem se reservar.

O clima organizacional deve equilibrar a cooperação entre os colaboradores e as metas profissionais (ou funcionais) de cada um, e dar condições para que exista um clima organizacional que proporcione bem-estar aos colaboradores, em meio à diversidade de características dos vários tipos de profissionais que atuam no ambiente hospitalar e da constante tensão de lidar com a doença. É um dos maiores desafios do processo motivacional.

Inovação e habilidades

As pessoas se motivam em apresentar ideias e demonstrar suas habilidades. As maiores descobertas em Medicina ocorreram por iniciativas pessoais. Um hospital, mais do que qualquer outro tipo de empresa, deve crer que a inovação está diretamente relacionada à liberdade de as pessoas terem oportunidade de expor suas ideias.

Em um hospital, pode-se utilizar qualquer tipo de habilidade pessoal em prol do resultado. Propiciar que o colaborador possa apresentar habilidades pessoais que aparentemente não têm nada a ver com a assistência à saúde pode ser fator-chave de competitividade, além de fator motivacional.

Diversos exemplos reais são mundialmente conhecidos, como palhaços que atuam nas unidades infantis e comprovadamente dão resultado terapêutico; palestrantes de assuntos sociais que se apresentam para pacientes e acompanhantes e comprovadamente ajudam na prevenção de diversas doenças; voluntários com habilidades para entreter e motivar pacientes deprimidos.

O custo de apoiar a inovação e as habilidades pessoais dos colaboradores é comprovadamente devolvido em motivação e resultado operacional: um fator de competitividade dos mais importantes em ambiente hospitalar.

Premiação e penalidades

Como em qualquer atividade econômica, a forma de aplicar penalidades e as premiações são fatores motivacionais.

- Penalidades sempre devem ser evitadas, mas os colaboradores se sentirão desmotivados se houver impunidade. Quando houver alguma infração, se houver a regra da penalidade, esta deve ser aplicada, caso contrário os colaboradores não se motivarão a cumprir as regras, e o processo de desmotivação pode acabar permeando toda a empresa. Se a infração não é pública (só é percebida pela chefia), a penalidade deve ficar confinada, e, na medida do possível, deve ser de conhecimento apenas da chefia, do colaborador e da área registrante. Se a infração é pública, a penalidade deve ser pública: chefia, colaborador, área registrante e demais colaboradores que tiveram conhecimento da infração.

- Prêmios não necessariamente devem ser em dinheiro (aumento de salário, promoção etc.). Em ambiente hospitalar, outras formas de premiação comprovadamente também têm alto valor para o colaborador: exposição pessoal, particularidade na escala de trabalho em determinado período, trabalhar em área assistencial de maior especialização (ainda que executando a mesma tarefa), cursos e programas de atualização profissional. Como em qualquer outra empresa, se o critério de premiação não for claro e aplicado igualmente para todos, ao invés de se tornar um fator motivador, pode resultar em fator altamente desmotivador.

GESTÃO OPERACIONAL POR ANÁLISE DE *GUEST COMMENTS*

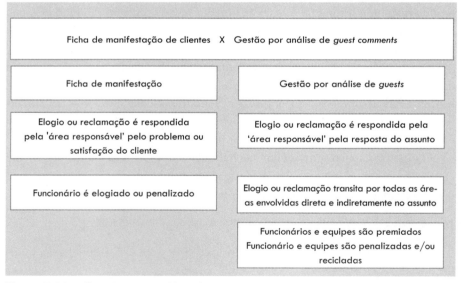

Figura 7.11 – Gestão por análise de *guest comments*.

Foco na hospitalidade do cliente

Hotéis perceberam antes dos hospitais a real necessidade de colocar o hóspede no centro da análise dos resultados operacionais. Os principais indicadores são desenvolvidos a partir da opinião dos hóspedes em relação aos serviços que lhe são oferecidos.

Seguindo o mesmo princípio de hospitalidade, os hospitais passaram a avaliar seus serviços pela opinião dos pacientes:

- Como o principal cliente hospitalar é o paciente, e a percepção do paciente sobre o nível de serviço do hospital é um aspecto de hotelaria, passou a ser tão importante a opinião do paciente, mesmo que subjetiva, quanto os aspectos técnicos do tratamento a que ele se submete.
- E a opinião do paciente (cliente) deve ser soberana quanto ao serviço que o hospital presta, uma vez que ele (o paciente) é quem decide se voltará ao hospital novamente ou não.

Sob o aspecto técnico, praticamente tudo o que se faz em hospitais tem normas que definem minimamente como os procedimentos devem ser realizados. Os conselhos de entidades de classe regram a forma como deve ocorrer a prática assistencial (médica, de enfermagem etc.). O Ministério da Saúde regra os controles de medicamentos, materiais etc.

O que acaba diferenciando um hospital do outro é a forma como o paciente é acolhido, ou seja, os aspectos da hospitalidade, que só podem ser realmente aferidos a partir da opinião do próprio paciente.

Tal como ocorre nos hotéis, o *guest comment* (formulário em que o cliente dá sua opinião sobre o atendimento) é uma consultoria gratuita, de valor imensurável para o negócio hospitalar, e deve ser a base da avaliação das equipes de colaboradores que lidam direta e indiretamente com o paciente.

Objetivo da análise do *guest comments*

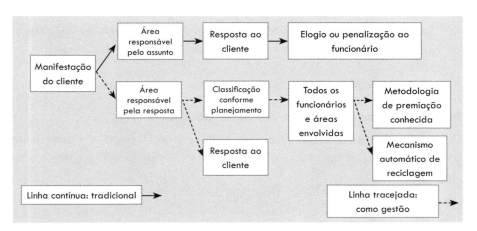

Figura 7.12 – Fluxo da análise do *guest comments*.

Diferentemente dos antigos formulários de avaliação, que serviam para registrar reclamações que se transformavam em brigas internas de departamentos justificando de quem era a culpa, ou dos elogios que acabavam no "jornalzinho" da empresa elegendo o funcionário do mês, o *guest comments* deve ser desenvolvido para servir de instrumento de gestão.

O registro de uma deficiência (reclamação) deve servir de instrumento para reciclagens e motivação para a mudança de processos, e um processo invariavelmente envolve várias pessoas e departamentos:

- A reclamação do ar-condicionado não deve ser simplesmente encaminhada à manutenção. Boa parte das vezes nenhum defeito existe no sistema, e a eventual reclamação é da fixação em temperatura inadequada ao cliente (que inclusive pode não ser inadequada aos demais).
- A reclamação do atendimento na recepção pode ser decorrente de um processo ruim de acolhimento, que começa do lado de fora do hospital com a pessoa que guarda o veículo.

A reclamação deve servir de orientação para todas as áreas envolvidas e não apenas ser respondida pela área que teoricamente é a responsável.

O registrar um elogio deve servir de instrumento de motivação a toda a cadeia de atendimento e não ao eventual colaborador citado, que muitas vezes não teve papel:

- Um elogio sobre a simpatia de uma recepcionista que serve de motivação para ela e as demais da mesma área deve servir de motivação para a área de seleção de pessoal que escolheu o colaborador para o posto.
- O elogio sobre a alimentação deve dar crédito tanto ao serviço de nutrição quanto ao serviço de suprimentos que adquire os gêneros e o arsenal.

O registro do *guest comments* deve alimentar a cadeia de análise completa.

Processo de análise *versus* resposta ao cliente

O processo de análise do *guest comments* deve ser criterioso, e invariavelmente leva tempo e não pode ser apressado em relação ao fato de ter que haver uma resposta ao cliente.

Ao captar o *guest comments*, o hospital deve disparar dois processos distintos e paralelos:

Fatores de competitividade hospitalar **427**

- A utilização com instrumento de gestão, passando por todas as áreas envolvidas, demorando o tempo que for necessário para que todos tirem o melhor proveito do relacionamento com o cliente.
- A resposta imediata ao cliente. Na maioria absoluta dos casos, o cliente não necessita de análise apurada do fato, mas deseja apenas uma satisfação, retratação ou compensação, independente do que vai acontecer dentro da empresa com os envolvidos.

A habilidade do hospital em trabalhar bem os *guest comments* está diretamente relacionada ao fato de separar o relacionamento com o cliente da utilização do registro como instrumento de gestão.

Desenhando o *guest comments*

A melhor forma de obter o *guest comments* ainda é o formulário em papel. Incentivar o cliente a utilizar outros canais, como *site* (fale conosco, *blog*, formulário de relacionamento etc.):

- Dá caráter impessoal ao relacionamento (não humanizado).
- Transparece que o caso do cliente é apenas mais um na estatística.
- Restringe a relação com os clientes que não gostam de registrar dados em meio eletrônico ou usar ferramentas via *web*.
- Tende a não captar elogios: o que motiva uma pessoa a utilizar um canal de relacionamento em *site* geralmente é apenas a reclamação.

O formulário deve ter perguntas objetivas sobre o que se deseja avaliar, e cada pergunta deve permitir que o cliente aponte o nível de satisfação por meio de um esquema de múltipla escolha, e também espaço para algum comentário. Por exemplo:

- Como avalia o atendimento na recepção:
  ( ) Ótimo ( ) Bom ( ) Regular ( ) Ruim

  Comentários sobre o nosso atendimento na recepção
  _____
  _____

A múltipla escolha sempre deve ter número par de opções, pois isso evita que o cliente posicione sua resposta no nível médio (neutro) e possibilita conhecer, no mínimo, a tendência de o paciente ter sido mais ou menos satisfeito.

428   Administração hospitalar no Brasil

Deve haver espaço para comentários adicionais em todas as perguntas, para que o cliente se motive a comentar antes de mudar de assunto. Os comentários gerais ao fim do formulário vão dificultar a classificação do endereçamento para as áreas envolvidas.

Definindo as perguntas

Quadro 7.5 – Definindo as perguntas

Pergunta	Diretamente avaliados
Como avalia nosso atendimento na recepção?	Hotelaria (processos, dimensionamento e treinamento da equipe) Comercial (autorizações de operadoras) Recursos humanos (seleção de pessoal)
Como avalia a refeição?	Hotelaria (processo de distribuição, horários e relacionamento) Nutrição (produção e apresentação da alimentação)
Como avalia o quarto: Mobiliário e equipamentos? Espaço, banheiro e higiene?	Hotelaria (enxoval, higiene, serviços não assistenciais, temperatura, claridade, odor etc.) Manutenção (mobiliário, utilidades etc.)
Como avalia seu tratamento e cirurgia?	Profissionais assistenciais (aspecto técnico e de relacionamento) Comercial (aspecto financeiro: coberturas, serviços não disponíveis etc.)
Como avalia o processo de alta: Comunicação e tempo de liberação? Procedimentos de apresentação da conta e pagamento?	Médico (horário de alta) Enfermagem (liberação do paciente) Faturamento (processo de apresentação da conta e cobrança)

O Quadro 7.5 ilustra exemplos de como as perguntas devem ser elaboradas, objetivando análise das áreas envolvidas e minimizando a importância da análise por parte da central de relacionamento.

A pior situação que pode acontecer é as perguntas serem definidas em uma área central de relacionamento, sem a participação das áreas que serão avaliadas. É inerente do profissional de relacionamento julgar que sabe o que o cliente quer. A área central de relacionamento historicamente direciona as perguntas ao que julga importante, com base na sua experiência no registro de reclamações, e o *guest comments* acaba sendo um formulário de reclamação.

O objetivo da avaliação por *guest comments* não é registrar reclamações. Deve captar principalmente o que deixa o cliente satisfeito para poder replicar o sucesso no relacionamento com ele nas áreas em que isso não acontece, e para motivar os colaboradores a multiplicar seu empenho em tratar bem os clientes com os demais clientes e colaboradores.

No projeto de avaliação por *guest commnets,* a definição das perguntas é um projeto. Todas as áreas hospitalares definem o que desejam que o cliente avalie, e cada área deve fundamentar o que fará com a avaliação. Se a área não quiser ser avaliada, se não tiver estrutura para analisar as manifestações da sua área ou se não consegue definir o que deve ser avaliado, não vale o esforço de pedir que o cliente se manifeste – existe na área um problema de gestão que deve ser resolvido antes do processo de avaliação do cliente.

As áreas devem definir em conjunto suas necessidades comuns, escolhendo questões que otimizem o relacionamento com o cliente.

Cada pergunta do formulário, obrigatoriamente, deve estar relacionada a um ou mais itens que as próprias áreas desejam avaliar e privilegiar, tanto ao registro de reclamações quanto ao de elogios. Cada área destino deve especificar o objeto da análise que fará, ou seja, quais são os colaboradores e os processos envolvidos.

Uma vez definidas as perguntas, a área de relacionamento deve adequar a forma de apresentação ao cliente. A linguagem deve ser compatível com a característica dominante do público atendido pelo hospital:

- Uma linguagem muito popular para um público de nível socioeconômico mais privilegiado fará com que o cliente ache que o *guest comments* não é direcionado a ele.
- Uma linguagem muito formal, com palavras de uso menos corriqueiro, fará com que o público de nível socioeconômico menos privilegiado não entenda as questões adequadamente.

O formulário deve chamar a atenção e manter a identidade visual do hospital, não pode ser muito extenso, com muitas questões, senão o cliente se dispersa durante o preenchimento, nem muito pequeno a ponto de o cliente julgar que o hospital não dá real importância à sua opinião.

Obtendo o *guest comments*

O principal desafio de qualquer sistema de avaliação por *guest comments* é motivar o cliente a preenchê-lo. O brasileiro tem como característica não se expor, com receio de ser prejudicado por reivindicações, e reclama apenas em situações de extremo descontentamento. Tende a proteger o emprego do funcionário, mesmo quando a reclamação é contra a empresa, e não à pessoa do funcionário propriamente dita; não elogia; e acha que a manifestação não vai dar resultado algum. Historicamente, no Brasil, os sistemas de registro de manifestação foram implantados sem estrutura de análise, e realmente se transformaram apenas em instrumento de campanhas de marketing, sem benefício aos processos internos das empresas.

A gestão dos *guest comments* deve quebrar dois paradigmas:

- Dar ao cliente a certeza de que sua manifestação realmente será importante. Diferente do que prega a maioria das empresas, tentar passar-lhe que todo o sistema de avaliação interna está baseado na sua manifestação.
- Implantar no hospital a cultura de que o elogio é a base da avaliação dos processos e colaboradores. A reclamação é importante para corrigir erros, e o elogio é importante para fazer o hospital se diferenciar no mercado e premiar seus colaboradores.

O cliente deve ser incentivado a preencher o *guest comments*, preferencialmente ao final do atendimento. Ele pode preencher durante, mas é melhor que o faça quando já tiver passado por todas as etapas do atendimento e estiver saindo do hospital.

Formas de incentivo ao preenchimento mais comuns no mercado brasileiro:

- Doar uma quantia simbólica (por exemplo, R$ 1,00) para uma entidade beneficente para cada *guest comments* recebido: é comum que, no próprio *guest comments,* haja uma lista de entidades para que o cliente escolha a de sua preferência. Em geral, costuma-se designar entidades que tenham relacionamento íntimo com o hospital.
- Dar um brinde ao cliente que responde o *guest comments*, por exemplo, a caneta que ele utiliza para preencher, kit relacionado à higiene ou prevenção à saúde, material instrutivo para leitura, relacionado à prevenção da saúde.

A escolha da forma de incentivo deve estar diretamente relacionada ao tipo de cliente predominante do hospital:

- Se é uma população crítica e participativa, o simples fato de demonstrar que a sua opinião vai fazer diferença na forma como o hospital passará a tratar seus pacientes é suficiente – mas é necessário demonstrar.

Fatores de competitividade hospitalar **431**

- Se é uma população menos participativa, só reagirá em troca do brinde, e neste caso deve-se avaliar se o "brinde ao cliente" ou o "brinde do tipo responsabilidade social" é o mais adequado para o público.

O mais importante é quebrar o paradigma de selecionar quem se deseja ouvir, julgando se o paciente tem discernimento para dar opinião: todas as opiniões devem ser tidas como igualmente importantes, em qualquer situação.

Classificando a manifestação do cliente

As manifestações são classificadas como:

- Espontânea, quando parte do cliente. Por alguma razão ele resolve reclamar ou elogiar, não motivado por um colaborador do hospital.
- Incentivada, quando o cliente se manifesta motivado por um processo definido pelo hospital para que ele registre sua manifestação.

Todas as manifestações são importantes, mas quando se faz gestão por *guest comments*, um critério de priorização é levado em conta:

- 1º – espontânea de elogio. Representa a percepção do cliente em relação às atitudes comportamentais dos colaboradores. Como elogiar não é cultura do brasileiro, quando ele o faz espontaneamente significa que foi surpreendido pela estrutura de atendimento.
- 2º – incentivada de reclamação. Se o cliente estiver extremamente descontente, a tendência é que a manifestação seja espontânea. Como foi resultado de um incentivo, é uma reclamação que geralmente não seria registrada, não muito grave e que pode estar presente com regularidade sem que haja percepção da estrutura interna do hospital.
- 3º – espontânea de reclamação. Geralmente se refere a uma falha que não representa o processo normal de atendimento. São mais comuns as reclamações espontâneas relacionadas a defeito de equipamento, quebra de mobiliário e perda de controle emocional de um colaborador.
- 4º – incentivada de elogio. Geralmente é uma "doação" do cliente em relação à atitude do próprio colaborador que incentiva o preenchimento do *guest comments*. Terá mais valor se o elogio se referenciar a fato passado específico. Todos os elogios são muito importantes, mas se for referente a algo que aconteceu há mais tempo, significa que o fato foi realmente marcante para o cliente.

Administração hospitalar no Brasil

O critério de priorização serve fundamentalmente para a administração hospitalar entender se a gestão dos *guest comments* está sendo conduzida de forma adequada. Se só existe um tipo de manifestação – espontânea de reclamação, por exemplo –, alguma barreira está impedindo as demais e deve ser eliminada.

Tabulando *guests comments*

O Quadro 7.6 ilustra o exemplo de tabulação de um elogio e de uma reclamação sobre o mesmo assunto: tempo entre a alta e o fechamento da conta em um hospital privado.

Quadro 7.6 – Exemplo de ações na tabulação de um *guest comments*

Manifestação	Ações da tabulação
Cliente elogiou a rapidez entre a alta e o fechamento da conta	Crédito para o médico que comunicou adequadamente Crédito para a enfermagem que estabelece processo adequado de comunicação ao acompanhante Crédito à equipe de enfermagem que estava no posto e não criou problema no caso específico Crédito para a(o) enfermeira(o) que comunicou especificamente no caso Crédito para o caixa que tem um processo adequado de fechamento Crédito para a equipe que estava no caixa no caso específico Crédito para o funcionário do caixa que atendeu o acompanhante Aferir se houve atitude comportamental que mereça figurar na lista de premiação considerando o peso da origem (espontânea ou incentivada)
Cliente reclamou da demora entre a alta e o fechamento da conta	Aferir se houve demora em relação ao padrão – se não houve a manifestação, deve servir apenas para avaliar o tempo padrão Identificar em que etapa(s) do processo houve a demora Notificar a(s) área(s) responsável(is) pela demora Notificar a equipe específica da área envolvida na demora Reciclar os colaboradores diretamente envolvidos na demora

Nota-se que o crédito sobre o elogio deve ser tabulado para a área responsável, para a equipe específica da área relacionada ao caso particular, e aos funcionários diretamente relacionados ao caso, e deve ser repetido para cada departamento envolvido.

Se for um elogio relacionado a uma atitude comportamental, algo que geralmente está além da obrigação do funcionário, e que surpreende o cliente, deve ser considerado como atitude comportamental do período de análise.

No caso de reclamação, primeiro é necessário definir se deve ser considerada como falha. Por exemplo:

- Se existe um padrão de fechar a conta em, no máximo, até uma hora após a alta e o cliente reclama da demora porque esperou 30 minutos.
- A reclamação deve servir apenas para discutir se o padrão de uma hora é inadequado, devendo ser revisto com todos os seus processos.
- As áreas responsáveis devem ter ciência da reclamação para rediscutir o padrão.
- Mas a equipe e os funcionários específicos não devem ser envolvidos na discussão do caso – apenas do padrão, se for aplicável.

Se realmente foi uma falha, a área, equipe específica e funcionários específicos devem ser notificados. Um processo de reciclagem sobre o processo deve ser disparado para tentar evitar que a falha se torne recorrente.

Os hospitais mais evoluídos em gestão de *guest comments* criam um prontuário por área, equipe e colaborador, registrando os créditos e encaminhamentos de reciclagem. Esse prontuário costuma servir de base para promoções dos funcionários, porque representam o resultado do trabalho dos colaboradores em relação ao que a empresa mais necessita: atender a expectativa do cliente. Essa avaliação não se confunde com a 360°, na qual os colaboradores são avaliados em relação à sua rotina de trabalho, aderência à subordinação e resultado em relação ao cliente interno.

Melhores práticas da utilização dos *guests comments*

Os elogios devem servir de motivação aos colaboradores, para que eles continuem a agir de modo a receber elogios e para que os colaboradores não elogiados se automotivem a produzir atitudes comportamentais dignas de elogios.

O responsável de cada equipe seleciona cinco elogios no mês, e a própria equipe elege a melhor atitude anfitriã do mês. Caso hajam equipes distintas que atuem no mesmo tipo de serviço, todas as equipes selecionam a atitude anfitriã do mês entre a atitude escolhida por cada equipe. O colaborador envolvido da atitude anfitriã do mês ganha um prêmio.

O prêmio começa com a exposição da atitude anfitriã vencedora do mês, e é complementado de várias formas, sendo as mais comuns:

Administração hospitalar no Brasil

- Acúmulo de pontos para que o colaborador ganhe um curso de aperfeiçoamento.
- Prêmios que incentivam o desenvolvimento da cultura (ingresso para evento cultural).
- Acúmulo de pontos para o sistema de plano de carreira.

No caso de pontos, a manifestação do cliente deve valer mais ou menos pontos dependendo da classificação da manifestação, sendo o elogio espontâneo o de maior peso.

As reclamações devem servir de subsídio para o programa de reciclagem dos colaboradores envolvidos.

- A reclamação não deve penalizar o colaborador, a não ser que seja decorrente de um atitude comportamental intencional. Nesse caso, a chefia deve avaliar a frequência e gravidade, e aplicar penalidades cabíveis.
- Quando a reclamação é decorrente de falha por falta de treinamento, atualização profissional ou inadequação do colaborador à função que está executando, deve ser tratada apenas como balizadora do seu plano de capacitação.

TÉCNICAS DE PRODUTIVIDADE

Quando tratamos de determinados assuntos, um hospital é muito parecido com uma indústria. Algumas das técnicas mais aplicadas no chão de fábrica parecem ter sido desenvolvidas para hospitais, tamanha a aderência e o resultado operacional que se obtêm com sua aplicação no ambiente hospitalar.

Como tive o privilégio de trabalhar em uma indústria japonesa durante alguns anos, sendo responsável pelas áreas de tecnologia e processos, permito-me afirmar que os resultados que a indústria japonesa obteve ao adotar técnicas desenvolvidas por americanos, inicialmente em montadoras de veículos e, depois, em praticamente todo o parque industrial dentro e fora do Japão, servem de inspiração para que o administrador hospitalar, sem medo de errar, incentive sua aplicação tanto nos processos assistenciais como nos administrativos.

Algumas técnicas aqui descritas podem ser conhecidas com outro nome. Vou me permitir utilizar o nome que aprendi ao participar como facilitador no programa de certificação da qualidade dessa empresa japonesa na década de 1990 (uma das primeiras empresas do Brasil a se certificar pela ISO). Tenho utilizado esses mesmos nomes desde então, nos cursos, projetos de consultoria e programas de capacitação na área da saúde.

Gestão do conhecimento utilizando imagens e vídeos

Textos *versus* ilustrações		
Texto puro	Texto com imagens	Vídeos
Disponível em qualquer tipo de mídia Exige menos pessoas para elaboração	Evidencia os detalhes que se deseja dar destaque Disponível em grande variação de tipos de mídia	Pode ser autoexplicativo, sem necessidade de texto ou voz Transmite o sentimento de quem passa a mensagem
Dificuldade para descrever detalhes Exige maior concentração para entendimento	Exige preocupação com direitos autorais de imagem Exige maior tempo de elaboração	Exige mídia específica Exige maior envolvimento de pessoas na elaboração

Figura 7.13 – Gestão do conhecimento através de imagens e vídeos.

Texto versus *imagem*

Ao descrever em palavras (texto) como se dá um nó de gravata, é simples perceber o quanto é difícil explicar como um procedimento manual deve ser realizado. Pessoas que dão nó em gravata todos os dias em geral são incapazes de descrever como isso deve ser feito.

Hospitais são empresas nas quais milhares de procedimentos diferentes são realizados, e é inerente à área da saúde a modificação do procedimento com certa frequência, tanto para otimizar a realização, como em decorrência da inovação que modifica constantemente os insumos e equipamentos relacionados. Não é viável descrever todos os procedimentos em forma de texto, e por essa razão os hospitais utilizam em larga escala imagens e vídeos, denominados materiais instrucionais ilustrados.

Mesmo nas áreas administrativas hospitalares utilizam-se inúmeros formulários que são padronizados por empresas diferentes (agência reguladora governamental, fonte pagadora etc.), sistemas de informação que não se interligam entre si e baseiam-se em tecnologias diferentes, exigindo que os manuais de procedimentos sejam baseados na inserção de figuras ilustrativas para serem adequadamente compreendidos.

Fotos

Utilizadas na parte instrumental, nos manuais de montagem dos *kits* cirúrgicos, permitem identificar claramente as diferenças entre instrumentais similares e as diferenças de calibre. A melhor prática de mercado é vincular a imagem do instrumental no próprio cadastro de bens patrimoniais, e utilizar essas imagens e fotos adicionais nos manuais.

São usadas também na documentação de procedimentos (situações reais), formalizando a evidência de que um procedimento foi realizado, assim como em determinadas condições particulares de interesse do caso específico.

Ilustrações

Usadas na área administrativa, principalmente para descrever a preparação de um equipamento para determinado procedimento. Em geral, utiliza-se uma foto com comentários, a aplicação mais importante no hospital é a preparação da mesa para o ato cirúrgico.

Na área médica, são usadas para descrever um procedimento, geralmente utilizando-se um desenho, com comentários descrevendo as principais etapas da técnica.

Vídeos

Utilizados para descrever detalhadamente um processo completo, etapa por etapa, sendo os mais comuns:

- Etapas de preparação de equipamento para realização de exame.
- Técnica cirúrgica.
- Preparação de instrumental para a realização de ato cirúrgico.

Especificamente em hospitais com grande atividade em ensino e pesquisa, são chamados de "vídeos instrucionais". Antigamente, havia dificuldade para gravar vídeos, mas, nos dias atuais, os hospitais privados mais evoluídos no conceito incentivam os colaboradores a produzirem vídeos, mesmo que de baixa qualidade de imagem (p. ex., gerados por celulares), com menos foco na apresentação, e mais no resultado que o vídeo trará.

Já é relativamente comum na própria intranet de hospitais privados existir, na área do colaborador, uma funcionalidade para postagem de dicas, em que se pode vincular vídeos.

Lead time (ou just in time)

Figura 7.14 — Ilustração do conceito *lead time*.

Consiste em obter o insumo no momento exato da utilização – nem antes, nem com atraso. O conceito pode ser bem ilustrado pela figura de dois trapezistas em um circo: se não estiverem no ponto em que ficam exatamente juntos, terão de aguardar o próximo ciclo para completar a manobra.

Particularmente importante em ambiente hospitalar por três motivos básicos:

- O custo dos insumos hospitalares é elevado – quanto mais tempo o insumo permanecer em estoque, maior o custo de reposição.
- Não é muito previsível saber quando será utilizado determinado insumo, sobretudo os que são utilizados em doenças menos frequentes.
- Um procedimento médico, particularmente o de urgência, não pode esperar o insumo, que deve estar disponível no momento do ato para não prejudicar a assistência ao paciente.

Pode ser controlado através de mapeamento dos insumos de maior criticidade, ou desenhando o fluxo de aquisição e de logística, otimizando os processos de modo que o tempo seja o menor possível.

O estado da arte da empresa que pratica *just in time* se atinge quando ela passa a não se preocupar mais em organizar as tarefas aos insumos que tem em

438   Administração hospitalar no Brasil

estoque, porque seu processo está ajustado para obter o material no menor tempo possível, independentemente do que tiver de fazer.

Esse estado da arte em hospitais pode ser traduzido da seguinte maneira:

- Um hospital que não tem controle de *lead time* eficiente tende a planejar cirurgias parecidas em determinados períodos para simplificar o processo de obtenção do material para essas cirurgias. Quando age dessa forma, o hospital pode ter problema de ociosidade na agenda do centro cirúrgico em determinados períodos.
- O hospital evoluído no conceito ajusta seu processo de modo que, independentemente do tipo de cirurgia que será realizado no dia seguinte, o insumo estará disponível, porque o processo de obtenção assim o garante.

Kaisen

Consiste em melhoria contínua do processo. Parte do princípio de que o processo atual sempre pode ser melhorado, todos os envolvidos no processo devem estar motivados a analisar porque o processo foi definido da forma como está e pensar se alguma melhoria é possível. Uma vez idealizada a melhoria, simula-se ou testa-se a nova forma de fazer, dando conhecimento aos envolvidos e solicitando avaliação. Somente após os envolvidos validarem, começa-se a praticar a nova forma.

O fator de sucesso do *kaisen* é a conscientização de que é um processo cíclico (contínuo). Após o redesenho e a implantação de um novo processo, ele passa a ser novamente avaliado, buscando-se uma nova melhoria.

O *kaisen* só é obtido na plenitude quando os colaboradores passam a entender que não é necessário pensar em uma grande mudança, que produza um grande impacto. É necessário se conscientizar de que as pequenas mudanças, que trazem pequenos resultados, são mais simples de serem implantadas, e, ao juntar o resultado de várias delas, o impacto final passa a ser grande.

Kanban

Consiste em um alerta metódico de que uma ação deve ser realizada antes que o problema ocorra. Está relacionado ao suprimento do insumo para a produção, mas não é um sistema de controle de estoque: é o controle para que o processo não sofra interrupção.

A tradução literal da palavra significa placa (ou *outdoor*).

Kanban é a união dos conceitos *just-in-time* e *kaisen*.

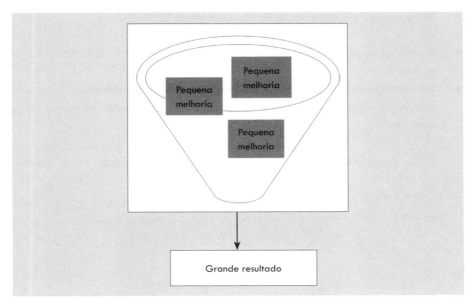

Figura 7.15 — *Kaisen*.

Figura 7.16 — Exemplos de *kanban*.

Exemplo:

- Pilha de papel-toalha de uma sala de procedimentos utilizada por diversos profissionais de áreas diferentes.
- Como são colaboradores de áreas diferentes, naturalmente nenhum se obriga a avisar que o papel está acabando.
- O aviso é colocado na pilha de papel marcando a última embalagem fechada.
- Quando qualquer colaborador vir o aviso, vai entregar na área responsável (o próprio aviso instrui a pessoa a ler as instruções e a tomar a atitude).

Em hospitais, é fundamental no ato cirúrgico:

- Posicionar os insumos e o instrumental na sequência em que o cirurgião vai necessitar.
- Ao requisitar determinado insumo, o auxiliar (ou instrumentador) o repõe imediatamente, de modo que, se for necessário outro consumo, o insumo esteja disponível.

A maior parte do desperdício na utilização de mão de obra ocorre quando existe um problema (algo que começa a ocorrer diferente do que deveria), por isso o *kanban* invadiu nossas vidas. É mais fácil percebê-lo em avisos que os equipamentos eletrônicos nos dão, por exemplo:

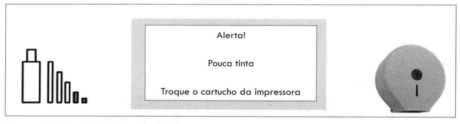

Figura 7.17 — Exemplos de *kanban*.

- Nos "palitinhos" do visor de um celular que indica que a bateria vai acabar.
- No aviso de uma impressora cuja tinta de impressão está chegando perto do fim.

Porém, vemos também em equipamentos mecânicos, como o visor de um grande rolo de papel higiênico. No ato cirúrgico de hospitais profissionalizados, é possível verificar a união dos conceitos *kanban* + *kaisen* + controle do *lead time* em todos os atos cirúrgicos:

- Somente o que é necessário à beira da mesa cirúrgica.
- O que é necessário presente no ato, nem antes nem depois.
- Todos os instrumentos dispostos na sequência que serão utilizados.

Monomossu

Figura 7.18 – Monomossu.

Parte do conceito de que os próprios objetos "falam". Consiste em sinalizar o local, a direção ou o que existe dentro de algum compartimento, eliminando a necessidade de abrir uma embalagem ou um armário para saber o que se encontra no seu interior, minimizando a necessidade de ter que perguntar algo para alguém quando a dúvida é frequente.

Como se deve evitar ao máximo a manipulação de tudo em ambiente hospitalar (reduzir risco de contaminação), é prática identificar do lado de fora do armário claramente o que se encontra dentro dele. Especialmente para medicamentos, a necessidade é ainda maior, porque a movimentação do medicamento não é recomendada, já que, ao abrir e fechar uma gaveta com medicamentos, o balanço pode ser prejudicial.

É prática comum, entre outras:

- Armários de insumos com identificação clara de conteúdo na porta.
- Escaninhos de insumos de pacientes identificando o nome do paciente.
- Caixas de instrumental com etiquetas identificando sua composição.
- Embalagem de dieta descrevendo minuciosamente sua composição.

O hospital que pratica bem o conceito é aquele que consegue restringir as informações em *monomossu* apenas para quem necessita. Por exemplo:

- Em um local em que transitam pacientes não é recomendável que exista, na porta de armários, a indicação de que dentro dele existem medicamentos.
- Em um local em que transitam funcionários não assistenciais não é recomendável que exista *monomossu* indicando onde ficam os prontuários.

O trabalho do administrador hospitalar na identificação da aplicação do *monomossu* é medir onde as perguntas e informações são requeridas e quem as fornece – e substituir o "trabalho mecânico" de informar pelo *monomossu*, se isso não se traduzir em exposição inadequada de informação a quem não deve recebê-la.

5 S

Técnica japonesa mais utilizada em hospitais brasileiros.

Figura 7.19 – 5 S.

Destinada ao planejamento sistemático de classificação, ordem, limpeza e manipulação de insumos.

5 S é a abreviação de cinco palavras japonesas que descrevem o conjunto da técnica:

- *Seiri* – senso de utilização: manter no local somente os itens essenciais para o trabalho que está sendo realizado, tudo mais é guardado ou descartado, diminuindo obstáculos à realização do trabalho.
- *Seiton* – senso de ordenação: dispor equipamentos, instrumental e insumos na ordem que permita melhor fluxo do trabalho. Tudo deve ser deixado no lugar em que quem necessitar sabe onde encontrar. Deve-se eliminar movimento (ou esforço) desnecessário de procurar.
- *Seisō* – senso de limpeza: manter o local o mais limpo possível. Ao final do trabalho, a área deve estar pronta para que o trabalho seja reiniciado ou outra atividade seja feita. Conscientizar que a área deve estar sempre disponível para todos, sem impedimentos.
- *Seiketsu* – senso de higiene: preocupar-se com a higiene própria e dos outros. O senso de limpeza refere-se a limpar, enquanto o senso de higiene

refere-se a não sujar. Conscientizar que, quanto menos sujar, menos terá que limpar.

- *Shitsuke* – senso de autodisciplina: fazer tudo dentro dos padrões. Cumprir os outros 4 S e fazer tudo o que for possível para que os outros também o façam.

Principais benefícios da metodologia 5 S:

- Maior produtividade pela redução da perda de tempo procurando objetos.
- Só ficam no ambiente os objetos necessários e ao alcance da mão.
- Redução de despesas e melhor aproveitamento de materiais.
- Melhoria da qualidade de produtos e serviços.
- Redução dos acidentes de trabalho.
- Maior satisfação das pessoas com o trabalho.

Apesar de ser a técnica mais utilizada em hospitais – e talvez em razão disso – é a que invariavelmente é implantada com defeito. É comum ouvir alguém dizer "dia tal é o dia do 5 S" e, naquele dia, se fazer uma espécie de mutirão de limpeza. Essa prática, tão comum, é a evidência de que não existe 5 S no hospital, pois basta olhar o significado de cada "S" aqui descrito para saber que, quando o 5S está realmente implantado, ele faz parte da rotina, justamente para que não haja necessidade de um dia para faxina geral para se limpar o que deveria estar limpo.

Qualidade (acreditação e ISO), evidências e provas
Conceito de qualidade

Como em qualquer outro segmento de mercado, qualidade no ambiente hospitalar não significa ter um produto melhor ou pior. Qualidade significa fazer algo sempre da mesma forma.

O exemplo dado em qualquer curso de qualidade de qualquer segmento de mercado é totalmente aderente ao ambiente hospitalar. A maior rede de *fast food* do mundo é o melhor exemplo do que é qualidade, produzindo seus lanches exatamente da mesma forma e com os mesmos ingredientes, mantendo o mesmo padrão para servir e descartar lanches, recebendo os pedidos e cobrando o cliente da mesma forma em qualquer loja do mundo. Quando percebe a necessidade de mudar algum processo, aplica a mudança em todas as lojas.

Figura 7.20 – Exemplo de qualidade: empresas de *fast food*.

As maiores empresas de *fast food* do mercado têm tanta qualidade que se permitem a arrogância de dar um prêmio ao cliente (e sofrer uma penalidade) caso não consiga lhe entregar o alimento em determinado prazo, o qual é estabelecido por elas porque suas atividades seguem um padrão (ou protocolo) e, por isso mesmo, produzem sempre da mesma forma, ou seja, com qualidade.

O exemplo da loja de *fast food* não garante que ela produza o melhor lanche do mercado, porque melhor ou pior é julgado por meio de muitos critérios subjetivos, que variam de pessoa para pessoa, mas assegura que o lanche que produz tem a melhor qualidade, e, em qualquer loja, o cliente vai consumir o mesmo lanche: se gosta do lanche, gosta em todas as lojas, e, se não gosta do lanche, não gosta em nenhuma das lojas.

No ambiente hospitalar, o conceito de qualidade é o mesmo:

- Padronizar processos de modo que o serviço oferecido ao cliente seja sempre o mesmo: igualmente para todos os clientes, todas as vezes que o cliente vier ao hospital.
- Caso haja necessidade de alterar um processo, primeiro estuda-se a alteração do processo, depois implanta-se o novo processo, de modo que ele passe a ser o novo padrão.

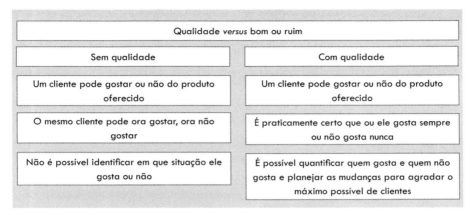

Figura 7.21 — Qualidade *versus* agradar ou não o cliente.

Garantia da qualidade

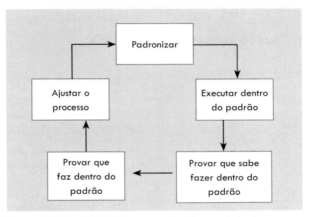

Figura 7.22 — Ciclo de garantia da qualidade.

Garantir a qualidade é demonstrar que o hospital consegue fazer o que se propõe, produzir evidências de que segue os padrões que ele mesmo definiu.

A garantia da qualidade é um ciclo contínuo:

- Padronizar: definir os processos desejados para garantir a execução padronizada.
- Executar o controle dos processos dentro do padrão definido.
- Provar que tem competência (especialização adequada) para executar o controle dentro do padrão.

- Provar que faz o controle dentro do padrão estabelecido.
- Caso não consiga executar os controles, identificar claramente o que deve ser ajustado para que uma nova definição seja desenvolvida.

O ajuste de processo, quando se está no ciclo de garantia da qualidade, é simples, porque, como está padronizado, basta mudar o padrão e disseminar aos envolvidos para que operem de forma diferente. Por isso, esse ajuste é utilizado não apenas quando o hospital tem problema para manter o padrão, mas também quando realmente quer mudar seu produto, assim como fazem as redes de *fast food*, por exemplo. Se determinado lanche vende muito e existe a oportunidade de reduzir seu tamanho (e seu custo), muda-se o padrão, passa-se a produzir o novo lanche em toda a rede e analisa-se o resultado. Se for satisfatório, mantêm-se o novo padrão, se não, volta-se para o padrão antigo.

Como qualquer outro tipo de empresa, quando o hospital entra no ciclo de garantia da qualidade pode requerer certificação, ou seja, que alguém comprove que ele tem qualidade.

Tipos de certificação comuns em hospitais

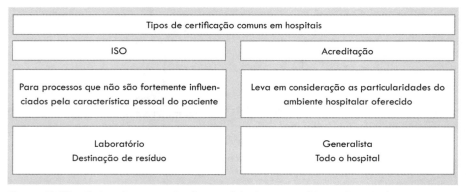

Figura 7.23 – Selos de garantia da qualidade em ambiente hospitalar.

Acreditação

Acreditação é o termo utilizado para certificar a garantia de qualidade hospitalar e significa o reconhecimento formal por um organismo de acreditação de que a empresa atende aos requisitos previamente definidos e demonstra ser competente para realizar suas atividades com confiança.

Na norma ABNT NBR ISO/IEC 17011/2005, da Associação Brasileira de Normas Técnicas, significa:

> Atestação de terceira-parte relacionada a um organismo de avaliação da conformidade, comunicando a demonstração formal da sua competência para realizar tarefas específicas de avaliação da conformidade. [...] Organismos independentes (organismos acreditadores) executam uma verificação imparcial da competência dos OACs (Organismos de Avaliação da Conformidade) para executarem atividades de avaliação da conformidade, transmitindo confiança para o comprador e às autoridades reguladoras sobre os produtos, processos ou serviços avaliados.

A maioria dos grandes hospitais brasileiros, seguindo a iniciativa pioneira do Hospital Albert Einstein (São Paulo), adotaram a *The Joint Commission* (TJC), antes designada como *Joint Commission on Accreditation of Healthcare Organizations* (JCAHO), que é um organismo de acreditação de unidades de saúde baseada nos Estados Unidos como órgão certificador. Nos Estados Unidos, a maioria dos governos estaduais exige a acreditação da TJC para licenciamento e reembolsos do *Medicaid* (um dos sistemas de financiamento em saúde norte-americano). O modelo classifica a certificação em níveis de aderência – quanto maior o nível de aderência, maior o nível de certificação atribuído, podendo chegar ao máximo de 5.

A TJC define controles básicos e específicos para serviços de saúde, e os passos para certificação (acreditação) e manutenção do certificado são:

- Definição da abrangência do programa: todo o hospital; uma unidade específica (p. ex., um dos hospitais do complexo, ou determinada área hospitalar); uma área de atendimento específico (p. ex., apenas o atendimento em urgência).
- Formalização: especificação dos processos e controles a serem adotados; definição dos responsáveis e atribuições dos envolvidos no processo de certificação.
- Auditoria: da capacitação técnica e operacional compatível; das evidências de que os processos são realizados conforme normas.
- Certificação: emissão do relatório de qualidade, identificando o nível de certificação atribuída.

Na metodologia TJC, as auditorias (inspeções) são feitas a cada três anos, sendo as conclusões disponibilizadas pela publicação do relatório de qualidade da acreditação no *site* de verificação de qualidade (*quality check*).

ISO

Também é comum a utilização da ISO, cujo objetivo pode ser outro, sendo os mais comuns:

- Certificar apenas áreas que têm características semelhantes a de uma linha de produção industrial (p. ex., processos internos do laboratório de análises clínicas).
- Complementar a certificação em áreas nas quais a TJC não adere com a profundidade desejada.

A ISO é definida pela Organização Internacional para Padronização (International Organization for Standardization), entidade que congrega os órgãos normatizadores de cerca de 170 países. Exemplos:

- Alemanha – Deutsches Institut für Normung (DIN).
- Brasil – Associação Brasileira de Normas Técnicas (ABNT).
- Estados Unidos da América – American National Standards Institute (ANSI).

Diferente da TJC, os órgãos certificadores ISO não se restringem a determinado segmento de mercado. São órgãos que certificam os processos da empresa à norma, independente do seu ramo de atividade, segmento de mercado etc.

Existem centenas de normas ISO, sendo as principais de interesse especial do segmento da saúde:

- ISO 2108 – Sistema internacional de identificação de livros (ISBN).
- ISO 5800 – Sensibilidade das películas fotográficas.
- ISO 7816 – Cartões ID-1 com microcircuitos integrados.
- ISO 9000 – Sistema de gestão da qualidade em ambientes de produção.
- ISO 10006 – Gestão da qualidade (aplicada em gestão de projetos).
- ISO 14000 – ISO 14064 – Normas de gestão do ambiente em ambientes de produção.
- ISO/IEC 17024 – Avaliação de conformidade para estabelecer requisitos gerais para organismos que realizam certificação de pessoas.
- ISO/IEC 17799 – Tecnologia da informação: código de conduta para a gestão da segurança da informação.

Dentre todas as normas ISO, a série 14.000 passou a ser a de maior interesse após o início do século XXI, pois se relaciona a:

- Condições ambientais das áreas hospitalares de maior potencial de insalubridade (lavanderia, expurgos etc.).
- Descarte de lixo hospitalar (material infectado);
- Controle da poluição (manejo e confinamento de produtos químicos).

Certificação da garantia da qualidade hospitalar

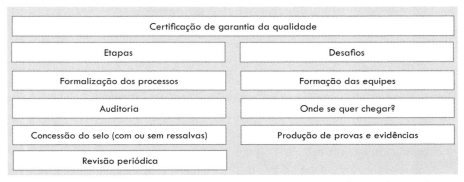

Figura 7.24 – Certificação da garantia da qualidade em ambiente hospitalar.

O processo de certificação da garantia da qualidade em hospitais é similar ao das empresas dos demais segmentos de mercado. O hospital precisa formalizar seus processos e entregar para a empresa certificadora, a qual vem auditar para aferir se o hospital cumpre o que promete e concede um selo de garantia, que pode ter ressalvas (ajustes que devem ser feitos para que não se perca o selo). Depois de determinado período, a auditora vem aferir novamente se o hospital continua cumprindo o que promete, e se corrigiu o que foi apontado nas ressalvas.

Desafios do administrador no processo de certificação:

- Criação das equipes de implantação. Não é simples desviar os colaboradores-chave das áreas assistenciais das tarefas rotineiras para o necessário envolvimento nas tarefas de formalização dos processos e auditorias periódicas. Justamente nas áreas em que a coordenação do programa de qualidade mais necessita do envolvimento das pessoas-chave das áreas, a dificuldade do envolvimento é maior no ambiente hospitalar.
- Especificação da abrangência adequada. Cada hospital tem seu limite técnico e operacional, que definirá o nível possível de classificação do certificado

de acreditação. É imprescindível que tal limite esteja claro no início do programa de qualidade para definir:
- Qual o nível de certificação viável que o hospital pode se comprometer a obter.
- Que ajustes na estrutura organizacional e na infraestrutura são necessários para se obter certificação em nível superior ao que se pode obter com a configuração atual.

■ Produção de provas e evidências. A principal mudança de cultura que o programa de qualidade traz é a necessidade de produzir evidências, demonstrar formalmente que fez da forma como se propôs a fazer.

O ambiente hospitalar historicamente foi construído sem essa preocupação. É mais comum observar como características fundamentais dos colaboradores a tendência de priorizar o resultado com o apelo de estar lidando com a vida humana, deixando o controle em segundo plano (e muitas vezes até mesmo negligenciando o controle).

Conscientizar os colaboradores da necessidade dessa mudança de cultura é uma das maiores dificuldades da administração hospitalar.

Principais resultados do programa de qualidade hospitalar

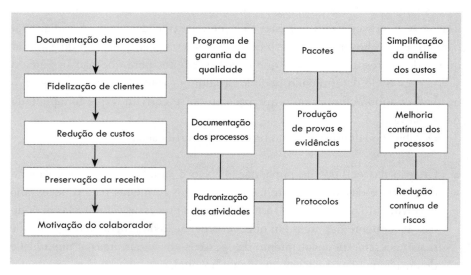

Figura 7.25 – Resultados da implantação do programa de qualidade hospitalar.

Documentação dos processos

Não se tem notícia de que uma área central de documentação de processos tenha tido êxito na formalização de todos os processos hospitalares. A quantidade de processos é elevada em relação ao que uma área central poderia produzir de documentação, e, mesmo restringindo o escopo da documentação, sempre faltou a especialização no assunto para que a documentação produzida fosse adequada.

O programa de qualidade distribui a responsabilidade pelas chefias das próprias áreas, e estabelece meta: se uma área falhar, o certificado do hospital inteiro é prejudicado.

Mesmo sem considerar os demais benefícios do programa de qualidade, só o fato de, após a implantação, o hospital passar a dispor de documentação adequada dos processos é de valor praticamente imensurável, pois minimiza os riscos com absenteísmo, *job rotation* e *turn over*, e simplifica o redesenho e ajustes de processos.

Fidelização de clientes

Não pelo fato de ter o certificado, mas pela qualidade dos serviços, os pacientes (os clientes que escolhem onde querem ser tratados) naturalmente preferem ser atendidos nos hospitais que trabalham de forma padronizada. A qualidade é sentida pelo cliente, independentemente do certificado, que determina o vínculo do hospital com a fonte pagadora.

Redução de custos

O investimento no programa de qualidade costuma retornar antes mesmo do processo de certificação. A documentação dos processos, com o envolvimento direto das próprias chefias das áreas, costuma expor as deficiências e sugerir os ajustes. Estes geralmente representam redução nos custos operacionais: redução de tempo, de insumos e eliminação de controles duplicados do mesmo evento.

Preservação da receita

A introdução da cultura de produção de provas é diretamente relacionada à eliminação de perdas de receita:

- Aumenta o nível de registro de consumos: se o consumo não é registrado, não se transforma em receita. Como os processos padronizados definem os registros, e as auditorias exigem as evidências, o nível de registros naturalmente cresce, e, como consequência, a perda de receita é reduzida.

- Garante a retenção de provas: parte dos insumos, particularmente órteses e próteses, só tem seu crédito reconhecido pela fonte pagadora se houver apresentação de prova específica (embalagem do produto, por exemplo). O processo padronizado define o processo de produção da prova e, como consequência, a receita é garantida nos processos de auditoria.

Motivação do colaborador

As atribuições de cada colaborador passam a ser mais claras. O colaborador tem noção exata do seu envolvimento no processo, e os perfis de cargos são definidos com menos requisitos subjetivos, com base nos processos formalmente definidos.

8 Considerações finais

INTERATIVIDADE

Exercícios sobre o conteúdo deste livro estão disponíveis no site www.manoleeducacao.com.br.

COMENTÁRIO FINAL

Hospital é uma empresa complexa pela própria finalidade de suas atividades, que exigem diversidade de especializações e a busca constante de desenvolvimento do conhecimento humano para a cura de doenças.

O insano posicionamento do governo brasileiro de prover saúde integral à população por meio de ações de empresas públicas ineficientes e que contam com um corpo de funcionários que o governo esquece de atualizar profissionalmente fortalece a saúde suplementar, ao mesmo tempo que também fortalece as regras burocráticas que privilegiam o negócio saúde, em detrimento da assistência ao paciente.

Discutimos que não existe verba para prover a saúde, mas demonstramos que a verba existente é suficiente para oferecer um serviço público muito melhor que o existente.

No meio da dificuldade em que a saúde se encontra no Brasil, um hospital privado bem administrado é uma empresa altamente rentável. Isso supõe que a administração dos hospitais públicos, que negam atendimento e prestam serviços de baixa eficiência e eficácia, ou não têm administração adequada ou a verba que lhe cabe é destinada para outras finalidades.

O fator-chave do sucesso para melhorar a saúde pública e suplementar no Brasil é o desenvolvimento da administração hospitalar, porque, na cadeia de atenção da saúde, a terciária, que é papel dos hospitais e a mais onerosa, é a mais crítica em um sistema de saúde que não privilegia a prevenção.

Da mesma forma que a indústria só se desenvolveu quando a formação de administradores banalizou-se, precisamos formar mais administradores hospitalares para gerir os serviços de saúde como um todo ou para geri-los com eficiência.

O que discutimos aqui é a abrangência básica da formação do administrador. Em cada tema, ele pode aprofundar-se no rico, mas infelizmente desorganizado, conteúdo disponível na internet.

A saúde está doente no Brasil. A cura dessa doença não se faz injetando cada vez mais dinheiro, o que só alimenta a ineficiência do sistema atual, mas se obtém com um choque de gestão, e não se faz isso em hospitais sem administradores capacitados.

Nesse cenário, conclui-se que administração hospitalar é um desafio. O administrador hospitalar deve estar motivado, buscar automotivação e permear sua motivação pelo hospital. Se ele não estiver motivado, toda a cadeia que o cerca certamente também não estará.

Deve estar motivado porque é um profissional de saúde como os demais, e, na essência, o resultado do seu trabalho é curar doenças, preservar a vida e dar dignidade para pessoas que procuram o hospital, a fim de disseminar a todos o que vai aprendendo, porque os melhores administradores hospitalares ensinam que, no hospital, aprende-se algo fundamental para a vida a cada dia.

Referências

SITES DE REFERÊNCIA[*]

Associação de Fisioterapeutas de Campinas (Aficamp): www.aficamp.org.br
Associação dos Hospitais do Estado de São Paulo (Ahesp): www.ahesp.com.br
Associação Médica brasileira (AMB): www.amb.org.br
Associação Nacional das Instituições de Autogestão em Saúde (Unidas): www.unidas.org.br
AMIL Assistência Médica Internacional: www.amil.com.br
Agência Nacional de Saúde Suplementar (ANS): www.ans.gov.br
Agência Nacional de Vigilância Sanitária (Anvisa): www.anvisa.gov.br
Associação Paranaense de Empresas Prestadoras de Serviços de Fisioterapia (Apfisio): www.apfisio.org
Fundação Assistencial dos Servidores do Ministério da Fazenda (Assefaz): www.assefaz.org.br
Bradesco Saúde: www.bradescosaude.com.br
Centro de Oncologia e Radioterapia Cuiabá: www.centronrad.com.br

---

[*] Sites acessados no período de outubro a novembro de 2011.

Clínica São Vicente Rio de Janeiro: www.clinicasaovicente.com.br

Conselho Federal de Medicina (CFM): www.cfm.org.br

Conselho Federal de Nutricionistas (CFN): www.cfn.org.br

Conselho Federal de Odontologia (CFO): www.cfo.org.br

Conselho Federal de Enfermagem (Cofen): www.cofen.gov.br

Conselho Federal de Fisioterapia e Terapia Ocupacional (Coffito): www.coffito.org.br

Conselho Federal de Psicologia: www.pol.org.br

Conselho Regional de Enfermagem do Estado do Rio de Janeiro (Coren-RJ): www.coren-rj.org.br

Conselho Regional de Medicina do Estado de Minas Gerais (CRM-MG): www.crmmg.org.br

Conselho Regional de Nutricionistas da 5ª Região – Bahia e Sergipe (CRN5): www.crn5.org.br

Conselho Regional de Odontologia do Distrito Federal (CRO-DF): www.cro-df.org.br

Federação das Santas Casas e Hospitais Beneficentes do Estado de São Paulo (Fehosp): www.fehosp.com.br

Federação Nacional dos Farmacêuticos (Fenafar): www.fenafar.org.br

Fleury Medicina e Saúde: www.fleury.com.br

Governo Brasileiro – Constituição da República Federativa do Brasil: www.planalto.gov.br

Governo Brasileiro – Informações Oficiais do Governo Brasileiro: www.brasil.gov.br

Grupo Santa Casa de Belo Horizonte: www.santacasabh.org.br

Guia Farmacêutico Brasíndice: www.brasindice.com.br

Hermes Pardini: www.hermespardini.com.br

Hospital A C Camargo – Hospital do Câncer de São Paulo: www.hcanc.org.br

Hospital Auxiliar de Suzano HCFMUSP: www.hcnet.usp.br/haux/has

Hospital e Maternidade São Joaquim Franca: www.saojoaquimhospital.com.br

Hospital Itaci: www.itaci-fc.org.br

Hospital Santa Catarina: www.hsc.org.br

Instituto de Psiquiatria da FMUSP: www.ipqhc.org.br

Instituto de Seguridade Social do Metropolitano de São Paulo www.metrus.org.br

Instituto do Coração HCFMUSP: www.incor.usp.br

Instituto Halsted de Quimioterapia Curitiba: www.institutohalsted.com.br

Modelo ADMHOSP – Administração Hospitalar no Brasil: www.admhosp.net.br

Modelo GACH para Gestão de Auditoria de Contas Hospitalares: www.auditoriahospitalar.net.br

Modelo GCVC para Gestão do Ciclo de Vida dos Contratos: www.contratos.net.br

National Contract Management Association (NCMA): www.ncmahq.org

Nipomed: www.nipomed.com

Omint: www.omint.com.br

Pronto Socorro Infantil Unimed Manaus: www.unimedmanaus.com.br

Pronto Socorro Santa Marcelina São Paulo: www.santamarcelina.org/sm/ps.asp

Simpro Publicações e Teleprocessamento Ltda.: www.simpro.com.br

Sindicato Patronal dos Estabelecimentos de Saúde (Sindhosp): www.sindhosp.com.br

Sindicato dos Auxiliares e Técnicos de Farmácias, Drogarias, Distribuidoras, Perfumarias, Similares e Manipulações do Estado de São Paulo (Sindifarma): www.sindifarma.com.br

Sindicato dos Farmacêuticos do Estado de São Paulo (Sinfar): www.sinfar.org.br

Sociedade Beneficente Israelita Brasileira Hospital Albert Einstein: www.einstein.br

Sul America Saúde: www.sulamericasaudesa.com.br

Superintendência de Seguros Privados do Ministério da Fazenda (Susep): www.susep.gov.br

Unimed Porto Alegre: www.unimedpoa.com.br

Uniodonto: www.uniodonto.com.br

PUBLICAÇÕES CONSULTADAS E DE REFERÊNCIA

BEERS, Mark H.; BERKOW, Robert. *Manual Merck*. Roca, 2000.

JORGE, M. Helena P. de Mello; GOTLIEB, Sabina Léa Davidson; SOBOLL, M. Lúcia de Moura Silva; BALDIJÃO, Márcia Furquim de Almeida; LATORRE, M. Rosário D. de Oliveira. *O sistema de informações sobre nascidos vivos*. Divisão de Artes Gráficas NEPS/USP, 1999.

KEPNER, Charles Higgins; TREGOE, Benjamin B. *O novo administrador racional*. McGraw-Hill, 1986.

LAURENTI, Ruy; JORGE, Maria Helena Prado de Mello; LEBRÃO, Maria Lúcia; GOTLIEB, Sabina Léa Davidson. *Estatísticas de saúde*. EPU (Editora Pedagógica e Universitária), 1987.

LEBRÃO, Maria Lúcia. *Estudos de morbidade*. São Paulo: Edusp, 1997.

MARINHO, Fernando. *Como proteger e manter seus negócios*. Campus, 2003.

PIERACCIANI, Valter. *Qualidade não é mito e dá certo*. Canal Certo, 1996.

POWELL, Don R. *Saúde no lar*. Micelli, 1999.

PRITCHETT, Price. *Gestão transversal*. Editora Prichtt Rummler-Brachedo Brasil, 2001.

SÊMOLA, Marcos. *Gestão da segurança da informação*. Campus, 2003.

SOUZA, Cesar. *Você é do tamanho dos seus sonhos*. Gente, 2003.

SZAFIR, Alexandra Lebelson. *desCasos*. São Paulo: Saraiva, 2010.

TROUT, Jack. *Estratégia de marketing*. M. Books do Brasil Editora, 2005.

VIEIRA, Eduardo. *Os bastidores da internet no Brasil*. Barueri: Manole, 2003.

Índice remissivo

A

Acreditação 446
Administração 164
Administração hospitalar 165, 168
Admissão 367
Agência Nacional de Saúde Suplementar (ANS) 36
Alerta metódico 438
Almoxarifado central 154
Ambulatório 103, 217
Análise dos processos 365
Análise e recurso de glosas 185
Análise objetiva dos processos hospitalares (nível de maturidade dos processos) 367
Anamnese 218
Anatomia patológica 119
Anestesista 141
Angiografia 124
Antivírus 345
Apartamento 133

Apoio administrativo 169
Apoio assistencial 367
Apoio jurídico 170
Área de cultos ecumênicos 212
Área de gêneros perecíveis 155
Arquivo 170
Assessoria de imprensa 183
Atenção primária 41
Atenção secundária 43
Atenção terciária 45
Atendimento assistencial 367
Atendimento do tipo ambulatorial 51
Atendimento do tipo hospital-dia 48
Atendimento do tipo SADT 50
Atendimento do tipo urgência 49
Atendimento humanizado 405
Atendimento tipo interno 46
Atitude anfitriã 415
Atitudes comportamentais 405
Auditoria administrativo-financeira 175
Auditoria concorrente 184

460 Administração hospitalar no Brasil

Auditoria de contas 86, 184
Auditoria preventiva de contas 184
Autenticação 345
Autogestão 34-5
Automotivação 422
Auxiliar 140
Auxiliares de enfermagem 141
Avaliação 360° 401
Avaliação fisioterápica 273

B

Backbone 335
Backup 353
Balanceamento de carga 354
Banco de sangue 119
Barreiras de acesso 322
Base de dados de pessoas físicas 317
Base de dados de produtos e serviços 319
Bases de dados 316
Bens, materiais, produtos e serviços (BMPS) 276
Biblioteca 211
Bit de paridade 327
Bloco cirúrgico 140
BMPS 276, 278
Brasíndice 73
Broncoscopia 126
Business center 211
Business intelligence (BI) 314, 360
Byte 326

C

Cadastro de clientes 270
Cadastro de pacientes 271
Call center de relacionamento 183
Canetas digitalizadoras 358
Carências 32
Cartões de desconto 36
CCIH 216, 236
Censo hospitalar 290
Central de agendamento (*call center*) 199
Central de esterilização de materiais 144-7
Central de guias 202
Central de informações 201

Central de materiais 144
Central de notificações compulsórias e notas sociais 241
Central de voluntariado 176
Centro cirúrgico 140
Centro de diagnósticos 38
Centro de estudos 248
Certificação digital 324
Circuitos de emergência 332
Cirurgia 140
Cirurgião 140
Civil 191
Classificação das especialidades médicas 255, 256
Cliente 406
Cliente-paciente 408
Clima organizacional 422
Clínica 37
CLM 298
Cobertura 32, 58
Código da conta 277
Código de barras 359
Código do atendimento 277
Código do paciente 277
Código Internacional de Diagnósticos (CID) 300
Colonoscopia 126
Comando 398
Comercial 181
Comissão da dor 216
Comissão de controle da infecção hospitalar 236
Comissão de ética médica 239
Comissão de farmácia 243
Comissão de prontuários 237
Comissões de enfermagem 243
Compactação de dados 329
Compras 151
Conectividade 324
Conselho de acionistas ou da entidade mantenedora 165
Conselho Federal de Enfermagem 31
Conselho Federal de Fisioterapia e Terapia Ocupacional 31

Índice remissivo **461**

Conselho Federal de Medicina 31
Conselho Federal de Nutricionistas 31
Conselho Federal de Odontologia 31
Conselhos 31
Consignação 292
Constituição Federal 23
Consultórios 40, 217
Contabilidade 173
Contas a pagar 172
Contas a receber 172
Contingenciamento 354
Contract Lifecycle Management (CLM) 297
Contrato de prestação e serviços em saúde 58
Contratos 296
Contribuição 55
Controle de agendamentos (AGE) 308
Controle do atendimento (CAT) 308
Controle do expurgo 143
Controle financeiro 174
Controle patrimonial 174
Conveniência 211
Cooperativas 36
Coordenação de pesquisa 249
Coparticipação 32
Corpo clínico 214
Correio eletrônico 322
Criptografia dos dados 324
Curso de especialização 253
Customer Relationship Management (CRM) 307
Custos 175

D

Dados epidemiológicos 292
Data center 196, 343
Data mart 361
Data Warehouse (DW) 361
Departamento pessoal 177
Depósito de material de limpeza (DML) 209
Diagnóstico 219
Diárias 67
Dicom 359
Digitalização 357
Dígito verificador 276
Diretoria clínica 166

Diretoria executiva 166
Distrito Federal 21
Domain name system (DNS) 348

E

Educação continuada da enfermagem 251
Eletrocardiograma 128
Eletroencefalograma 128
E-mail marketing 346
Emergência 281
Endoscopia 126
Energia elétrica 330
Enfermagem 219
Enfermaria 133
Engenharia clínica 188
Engenharia hospitalar 186
Ensino e pesquisa 248
Enterprise Resourcing Planning (ERP) 306-7
Epidemiologia hospitalar 291, 301
Equipe 397
Equipes assistenciais 212
Equipes médicas 213
Escolas hospitalares 251
Especialidade médica 253, 254
Estados 21
Estoque de controlados 161
Estoque de material não perecível 156
Estoque de semiperecíveis 156
Evolução 219
Evolução clínica 273
Evolução de UTI 273
Evolução dietoterápica 273
Evolução fisioterápica 273
Exame físico 273
Extract Transform Load (ETL) 361

F

Farmácia 159
Farmácia ambulatorial 163
Faturamento 171
Fax 345
Federação Nacional dos Farmacêuticos 31
Fibra óptica 336

462 Administração hospitalar no Brasil

Ficha da recuperação pós-anestésica 274
Ficha de anestesia 274
File server 352
Financiamento do SUS 52
Fisiatria 129
Fisioterapia 129, 228
Fisioterapia respiratória 129
Formação da conta 80, 81

G

Gerenciamento eletrônico de documentos (GED) 357
Gestão da contratação: 298
Gestão das lideranças 398
Gestão de contratos 296
Gestão de recursos humanos (GRH) 314
Gestão do Ciclo de Vida dos Contratos (GCVC) 79, 297
Gestão do conhecimento 435
Gestão do contrato 298
Gestão do custo e preços 267
Gestão empresarial 367
Gestão empresarial (GES) 314
Gestor 395
Gestor do contrato 298
Glosa 278
Governança 203
Guest comments 424

H

Hemodiálise 127
Hemoterapia 119
Hidráulica 191
Hierarquização da atenção à saúde 40
Histórico de enfermagem 274
HL7 360
Holter 125
Home page 349
Honorários médicos 269
Horário extraordinário 281
Hospital 37
Hospital de referência 42
Hospital especializado 41
Hospital geral 48

Hospitalidade 424
Hospital Information System (HIS) 306
Hotelaria 199
Hub 337
Humanização 410

I

Identificação ambiental por esquemas de cores 283
Implantes 294
Imposto 54
Inovação e habilidades 423
Instrumentador 141
Intensivistas 215
Intercâmbio 256
Internet institucional 339
Internet para pacientes, acompanhantes e eventos 340
Inventário 157

J

Jornada de trabalho 280

K

Kaisen 438
Kanban 438
Kits 70

L

Laboratory Information System (LIS) 311
Lavanderia 205
Líder 396

M

Manual do prestador 79
Manutenção 190
MAPA 125
Marketing 182
Mecânica 191
Medicina do sono 128
Medicina do trabalho 129
Medicina nuclear 123
Medicina ocupacional 129, 178
Medicinas de grupo 36

Médicos 213
Melhoria contínua 438
Modelo GACH para gestão de auditoria de contas hospitalares 79
Modelo GCVC 79, 154, 298
Monomossu 441
Motivação 416
Multidisciplinar 212
Municípios 22

N

National Management Contract Association (NCMA) 298
Navegação na internet 323
Notificação compulsória 242
Nutrição enteral 295
Nutrição parenteral 295
Nutrição técnica 230

O

Odontologia 231
Operadoras de planos de saúde 34
OPME 75
Órteses 293
Outras disciplinas 402
Ouvidoria 176

P

PABX 339
Pacotes 70, 263
Passagem de plantão 224, 282
Patologia clínica 119
Penalidades 423
Pesquisa de mercado 186
Picture, archiving and communication system (PACS) 313
Planejamento 189
Planejamento de cargos e salários 178
Planejamento de materiais 149
Planejamento e controle orçamentário 169
Plano de saúde 31, 58
Plantão 280
Plantas hospitalares 92

Plantonistas do pronto-socorro 215
Polissonografia 128
Portal de voz 360
Pós-atendimento 367
Posto de enfermagem 134
Pré-análise de contas 184
Pré-atendimento 367
Preço comercial do pacote 266
Preço das gases 270
Preço de diárias 267
Preço de medicamentos 270
Preço dos demais insumos 270
Preços de taxas de procedimentos de enfermagem, nutrição e outras 269
Preço técnico do pacote 264
Prêmios 424
Prescrição 219
Prescrições médicas 273
Print server 345
Priorização de atividades 399
Processo de glosa 278
Processo motivacional 419
Processos hospitalares 364
Projetos 188, 189
Pronto-socorro 42, 95
Prontuário administrativo 272
Prontuário eletrônico do paciente (PEP) 309
Prontuário médico 272
Próteses 293
Protocolo assistencial 261
Protocolo de atendimento 260
Protocolo de relacionamento 261
Protocolos 260

Q

Quimioterapia 127

R

Rádio 335
Radiologia vascular 124
Radiology Information System (RIS) 312
Radioterapia 126
Reabilitação 129
Reapresentação 278

Recepção 204
Recepção e inspeção 155
Recuperação pós-anestésica 144
Recurso 278
Rede credenciada 59
Redundância 354
Remessa à fonte pagadora 278
Residência médica 253
Ressonância magnética 122
Ressuprimento 163
Restaurantes e lanchonetes 211
Resumo clínico de alta 273
Resumo de alta 219
Retaguarda do pronto-socorro 215
Risco ambiental referente a acidentes 289
Risco ambiental referente à infecção 288
Risco ambiental referente a sinistros 289
Risco financeiro 286
Ronda técnica do administrador 284
Roteador 333

S

Sala de cirurgia 145
Saúde pública 52
Saúde suplementar 28, 58
Seguradoras 35
Segurança da informação 316, 320
Segurança do trabalho 179
Segurança patrimonial 210
Seleção 177
Senhas 322
Serviço de Apoio ao Diagnóstico e Tratamento (SADT) 38,50,109
Serviço de arquivo médico e estatístico (Same) 233
Serviço de higiene e limpeza 209
Serviço de laudos à distância 246
Serviço de nutrição e dietética 207
Serviço de saúde privado 45
Serviço de saúde privado benemerente 47
Serviço de saúde próprio de operadora de planos de saúde 48
Serviço de saúde público 44
Serviço de saúde público com porta 2 46

Serviço de saúde tipo organização social 45
Serviço de segunda opinião de diagnóstico 247
Serviço de segunda opinião de laudo 246
Serviço de transporte 176
Serviços de apoio assistencial 232
Serviços de saúde 37
Serviços gerais 169
Servidor de aplicação 352
Servidor de arquivos 352
servidor de banco de dados 352
Servidor de internet 348
Servidores 344
Servidores de aplicação 350
SGBD 350, 352
Short Message Service (SMS) 360
Simpro 74
Sinais vitais 274
Sinistralidade 32
Sistema padrão WEB 355
Sistemas aplicativos 354
Sistemas de informação 195
Sistemas hospitalares 305
Sistema Único de Saúde (SUS) 24, 28
Sobre gestão do ciclo de vida dos contratos 154
Storage 347
Suíte 133
Superintendência 166
Suporte técnico 197
Suprimentos 148
Switch 337

T

Tabela Ciefas 73
Tabela de diárias, taxas, pacotes e kits 67
Tabela de honorários médicos 70
Tabela de materiais 74
Tabela de materiais especiais (OPME) 75
Tabela de medicamentos 73
Tabela de preços referencial 76
Tabela particular 76
Tabelas da AMB 70
Tabelas de preços 67

Tarifador 345
Taxa 54
Taxas de consumo de gases medicinais 69
Taxas de nutrição 70
Taxas de procedimentos de profissionais assistenciais 69
Taxas de sala 68, 267
Taxas de uso de equipamentos 69
Tecnologia hospitalar 193
Telecirurgia 247
Telecom 195
Telecomunicações 195
Telefonia institucional 339
Telefonia IP 345
Telefonia para pacientes e acompanhantes 340
Telemedicina 244
Telessaúde Brasil 245
Termo de responsabilidade 274, 320
Tesouraria 174
Teste ergoespirométrico 125
Teste ergométrico 125
Testes físicos 125
Tipos de quartos 133
Tomografia computadorizada 122
Trabalho em equipe 394, 398
Três camadas 355
Triagem e separação 162

Tributos 54
Turismo da saúde 411
Turno 280
TUSS 278

U

Ultrassom 124
Ultrassonografia 124
União 18
Unidade coronariana 135
Unidade de planejamento estratégico 168
Unidade de resposta audível (URA) 345
Unidade de terapia intensiva (UTI) 135
Unidade de terapia semi-intensiva 135
Unidades de internação 131
Unidades de internação não convencionais 135
Unidades de repouso 138
Urgência 281

V

Velório 211
VoIP 341
VPN 334, 341

Z

Zona desmilitarizada (DMZ) 334